FILOSOFIA DAS LÓGICAS

FUNDAÇÃO EDITORA DA UNESP

Presidente do Conselho Curador
Herman Jacobus Cornelis Voorwald

Diretor-Presidente
José Castilho Marques Neto

Editor-Executivo
Jézio Hernani Bomfim Gutierre

Conselho Editorial Acadêmico
Alberto Tsuyoshi Ikeda
Célia Aparecida Ferreira Tolentino
Eda Maria Góes
Elisabeth Criscuolo Urbinati
Ildeberto Muniz de Almeida
Luiz Gonzaga Marchezan
Nilson Ghirardello
Paulo César Corrêa Borges
Sérgio Vicente Motta
Vicente Pleitez

Editores-Assistentes
Anderson Nobara
Henrique Zanardi
Jorge Pereira Filho

SUSAN HAACK

FILOSOFIA DAS LÓGICAS

Tradução
Cezar Augusto Mortari
Luiz Henrique de Araújo Dutra

©1978 Cambridge University Press
Título original em inglês: *Philosophy of Logics*

©1998 da tradução brasileira:
Fundação Editora da UNESP (FEU)
Praça da Sé, 108
01001-900 – São Paulo – SP
Tel.: (0xx11) 3242-7171
Fax: (0xx11) 3242-7172
www.editoraunesp.com.br
www.livrariaunesp.com.br
feu@editora.unesp.br

Dados Internacionais de Catalogação na Publicação (CIP)
(Câmara Brasileira do Livro, SP, Brasil)

Haack, Susan
  Filosofia das lógicas / Susan Haack; tradução Cezar Augusto Mortari, Luiz Henrique de Araújo Dutra. – São Paulo: Editora UNESP, 2002.

  Título original: Philosophy of logics
  ISBN 85-7139-399-0

  1. Filosofia   2. Lógica   I. Título.

02-2892   CDD-160

Índice para catálogo sistemático:
1. Lógica: Filosofia 160
2. Filosofia da lógica 160

Editora afiliada:

Asociación de Editoriales Universitarias
de América Latina y el Caribe

Associação Brasileira de
Editoras Universitárias

para RJH

AGRADECIMENTOS

Este livro é baseado, em grande parte, em aulas de filosofia da lógica ministradas na Universidade de Warwick desde 1971. Agradeço a todos os colegas e amigos com quem discuti as questões levantadas aqui; especialmente a Nuel Belnap, Robin Haack, Peter Hemsworth, Paul Gochet, Dorothy Grover, Graham Priest e Timothy Smiley, por seus comentários detalhados a meu manuscrito. Sou grata também a meus alunos, que muito me ensinaram; e a Jeremy Mynott, por sua orientação editorial e seu apoio.

SUMÁRIO

Prefácio à edição brasileira		13
Prefácio		17
Notação e abreviaturas		23

1 **'Filosofia das lógicas'**   25
    Lógica, filosofia da lógica, metalógica   25
    O âmbito da lógica   27

2 **Validade**   37
    Avaliando argumentos   37
    Validade dedutiva: com alguns breves comentários sobre
        força indutiva   40
        Validade em um sistema; Validade extrassistemática;
        Logica utens e logica docens; Força indutiva
    Sistemas lógicos formais: o 'L' em 'válido-em-L'   45
        Variantes notacionais; Constantes primitivas alternativas;
        Formulações axiomática e de dedução natural; Axiomas
        e/ou regras alternativos
    Validade e forma lógica   51

3 **Conectivos sentenciais**   57
    Considerações formais   57
        Conjuntos adequados de conectivos: completude funcional;
        Matrizes características: decidibilidade; Lógica polivalente
    Os significados dos conectivos   60

Linguagens formais e leituras informais; 'tonk'; Objetivos
da formalização; '&' e 'e', '∨' e 'ou', etc.

4 Quantificadores — 71
Os quantificadores e sua interpretação — 71
Interlúdio metafísico: Quine sobre quantificação e
ontologia; — 75
*O critério de compromisso ontológico;
Quantificação substitucional e ontologia*
A escolha da interpretação — 84
*Quantificadores substitucionais e verdade; Muito poucos
nomes?; Tempo verbal; Modalidade; Quantificação de segunda
ordem*

5 Termos singulares — 91
Termos singulares e sua interpretação — 91
Nomes — 92
*Nomes como puramente denotativos; Nomes assemelhados
a descrições*
Descrições — 102
Nomes não denotativos: ficção — 108

6 Sentenças, enunciados, proposições — 113
Três abordagens — 113
Sentença, enunciado, proposição — 114
'Letras sentenciais', 'variáveis proposicionais', ou o quê? — 118
Os portadores de verdade — 119
Os portadores de verdade e a teoria da verdade
O problema reformulado — 124
Validade outra vez

7 Teorias da verdade — 127
Um breve resumo — 127
Definições versus critérios de verdade
Teorias da correspondência — 133
Teorias da coerência — 136
Teorias pragmáticas — 140
A teoria semântica — 143
*Condições de adequação para definições de verdade;
Adequação material; Correção formal; A definição de
verdade de Tarski; Explicação informal; Explicação formal*
Comentário sobre a teoria semântica — 156

	A teoria da redundância	177
	Ramsey; Portadores de verdade; A distinção linguagem-objeto/metalinguagem; Os quantificadores: '(p)(se ele afirma que p, p)'; A 'teoria prossentencial da verdade'	
8	**Paradoxos**	185
	O Mentiroso e paradoxos relacionados	185
	Paradoxos 'da teoria de conjuntos' versus paradoxos 'semânticos'?	
	'Soluções' para os paradoxos	189
	Requisitos para uma solução; A solução de Russell: a teoria dos tipos, o princípio do círculo vicioso; A solução de Tarski: a hierarquia de linguagens; A solução de Kripke: fundamentação	
	Paradoxo sem 'falso'; algumas observações sobre a teoria da verdade como redundância; e o PCV outra vez	202
9	**Lógica e lógicas**	207
	Lógica 'clássica' e lógicas 'não clássicas'	207
	Respostas à pressão para mudar o formalismo clássico	208
	Primeiro estudo de caso: a lógica do discurso temporal	212
	Segundo estudo de caso: precisificação *versus* 'lógica difusa'	219
	Pós-escrito: graus de verdade	
10	**Lógica modal**	229
	Verdade necessária	229
	Sistemas modais	235
	Extensões da lógica clássica; Observações históricas; Um esboço formal; Relações entre os sistemas modais	
	Críticas da lógica modal	239
	A lógica modal 'foi concebida em pecado'; A lógica modal não é necessária; A interpretação da lógica modal é cheia de dificuldades	
	Semânticas para lógicas modais	249
	Semântica formal – um esboço; Semântica 'pura' e 'depravada'; Abordagens de mundos possíveis; Abordagens de indivíduos possíveis: identidade transmundana; Confirmadas as dúvidas de Quine?	
	Perspectivas	258
	De novo, a implicação: um pós-escrito sobre a 'lógica da relevância'	261

Os 'paradoxos' da implicação estrita; Lógica da relevância

11 **Lógica polivalente** 269
   Sistemas polivalentes 269
   Restrições da lógica clássica: lógicas alternativas;
   Observações históricas; Esboço formal
   Motivações filosóficas 274
   Futuros contingentes; Mecânica quântica; Paradoxos
   semânticos; A falta de significado; Sentido sem denotação;
   Sentenças indecidíveis
   Lógicas polivalentes e valores de verdade 280
   Lógicas alternativas não funcional-veritativas 282
   Sobrevalorações; Lógica intuicionista

12 **Algumas questões metafísicas e epistemológicas**
   sobre a lógica 289
   Questões metafísicas 289
   Monismo, pluralismo, instrumentalismo; As questões
   resumidas; Comentários
   Questões epistemológicas 302
   O que é falibilismo?; O falibilismo estende-se à lógica?;
   Uma digressão: 'Dois Dogmas' novamente; Revisão
   da lógica
   Lógica e pensamento 309

Glossário 315

Sugestões de leituras 327

Bibliografia 331

Índice 345

PREFÁCIO À EDIÇÃO BRASILEIRA

Por que *Filosofia das Lógicas*? Por que "filosofia das", afinal, e não apenas simplesmente lógica? E por que "lógicas", no plural, e não apenas lógica, no singular?

Claro que é possível – e pode ser proveitoso – estudar lógica apenas enquanto uma teoria formal, uma pequena parte da matemática, e mesmo ensinar lógica formal como um jogo intelectual. Mas tratar a lógica *apenas* de tais maneiras é deixar escapar o essencial do assunto. Dissimular o fato de que a lógica formal dedutiva – a lógica no sentido estrito, e, hoje, senso comum da palavra – é apenas uma parte da lógica no sentido amplo de "teoria do que é bom em matéria de raciocínio" faz que seja fácil esquecer por que a lógica é relevante.

Os pioneiros da lógica dedutiva moderna, que desenvolveram a poderosa e unificada teoria formal que agora consideramos estabelecida, também pensaram muito a respeito dos objetivos e das finalidades da lógica. Ao defender seu *Begriffsschrift*, Frege avaliou as vantagens e desvantagens das linguagens formal e natural – comparando a primeira a ferramentas especializadas eficientes para um âmbito limitado de tarefas e a última à mão humana, mais versátil, porém menos eficiente para qualquer tarefa mais específica. Insistiu também na superioridade das linguagens formais sobre as naturais para a tarefa especializada de representar provas de forma explícita e sem ambiguidade.[1] E ao perguntar "Por que estudar lógica?" Peirce explorou a relação da lógica com a psicologia, a natureza da validade, as pressuposições sobre a verdade e o raciocínio, que dão às investigações lógicas seu objetivo.[2] Contudo, os estudantes para quem as realizações de Frege e Peirce na formalização da lógica, alcançadas com esforço, são o conhecido material dos manuais podem não estar conscientes dessas profundas raízes e dessas amplas ramificações, todas de caráter filosófico. Portanto, minha abordagem de questões tais como do escopo e finalidade da lógica; da natureza da validade, da verdade, da necessidade lógica; da relevância da teoria lógica para os processos de raciocínio; da interpretação do aparato lógico formal fundamental, como os conectivos funcional-veritativos, as letras sentenciais, os quantificadores, os termos singulares; e, de modo mais geral, da relação da lógica formal com os argumentos informais em linguagem natural.

Claro que também é possível, e pode também ser proveitoso, estudar apenas o cálculo unificado bivalente proposicional e de predicados de primeira ordem, que agora denominamos "lógica clássica". Mas prestar atenção *apenas* à lógica clássica é deixar escapar as sutilezas e complexidades destacadas por aqueles que acreditam que ela seja restritiva demais (que há verdades lógicas ou argumentos válidos que ela não pode representar adequadamente), ou, de fato, equivocada (que nem tudo o que ela reconhece como uma verdade lógica ou como um argumento válido é realmente logicamente verdadeiro/válido). Por isso, enfoco as lógicas, no plural – as muitas e variadas extensões da lógica clássica e desvios em relação a ela: lógicas modais, do tempo, e da relevância, lógicas polivalentes e difusas, e assim por diante.

Afinal de contas, em certa medida, o aparecimento do sistema que agora denominamos "lógica clássica" foi produto da história. Mesmo no momento em que a lógica clássica adquiria sua articulação canônica nos *Principia Mathematica*, Hugh MacColl e o próprio Peirce questionavam a adequação da implicação material, e concebiam lógicas intensionais, com uma relação de implicação mais

---

[1] Frege, 1882a, 1882b.
[2] Peirce, *Collected Papers*, 2.119ss (1902).

forte que o condicional material, e começavam a investigar aquilo que MacColl denominou "lógica de três dimensões", e Peirce, "lógica triádica". E encontramos já a observação de Peirce em seu *Logic Notebook*, em 1909, de que "a lógica triádica é universalmente verdadeira"!

A própria possibilidade de alternativas à lógica clássica põe em grande destaque questões metafísicas e epistemológicas fundamentais: faz sentido descrever um sistema lógico como correto ou incorreto? Se é o caso, existe apenas um sistema de lógica correto, ou poderia haver mais que um? E com base em que razões deveríamos determinar se um sistema de lógica é correto ou não?

E examinar cuidadosamente os argumentos a favor de lógicas não clássicas específicas coloca as questões filosóficas conhecidas em nova perspectiva. Ao avaliar os argumentos a favor das lógicas polivalentes, devemos sondar mais profundamente o conceito de verdade, a questão dos portadores de verdade, os paradoxos semânticos, a vaguidade. Ao avaliar os argumentos a favor da lógica difusa, devemos pensar se a própria verdade não poderia ser uma questão de grau – e como os problemas que aparecem ao se projetarem termostatos para condicionadores de ar e fornos de cimento teriam a ver com verdades da lógica ou com a natureza das regras lógicas de inferência. Ao avaliar os argumentos a favor das lógicas modais, devemos sondar mais profundamente a necessidade, a analiticidade, a verdade lógica. Ao avaliar os argumentos a favor das lógicas da relevância, devemos sondar mais profundamente o conceito de validade, e assim por diante.

Descobri que essas questões tão difíceis e profundas atraem o interesse tanto de estudantes mais avançados, que logo percebem as interconexões com a filosofia da linguagem, a metafísica, a epistemologia, a filosofia da mente, quanto de estudantes menos avançados, que apenas gostariam de ter uma resposta para: "Por que estudar lógica?".

Olhando para trás, vejo que no Prefácio à edição inglesa expressei minha esperança de que meu livro fosse de interesse para professores, bem como útil para estudantes. Deixe-me aproveitar esta grata oportunidade para dizer a meus novos leitores em língua portuguesa que gostaria de ter acrescentado naquela oportunidade o seguinte:

é claro que também espero que meu livro seja de interesse para os estudantes, assim como útil para os professores!

Susan Haack
Coral Gables, Florida
Outubro de 1997

PREFÁCIO

O século que se seguiu à publicação do *Begriffsschrift* de Frege assistiu a um extraordinário crescimento no desenvolvimento e no estudo de sistemas lógicos. A variedade desse crescimento é tão impressionante quanto sua dimensão. Podem-se distinguir quatro áreas principais de desenvolvimento, duas em estudos formais, duas em estudos filosóficos: (i) o desenvolvimento do aparato lógico padrão, começando com a apresentação, por Frege e por Russell e Whitehead, da sintaxe dos cálculos sentencial e de predicados, subsequentemente provida de uma semântica pela obra de, por exemplo, Post, Wittgenstein, Löwenheim e Henkin, e estudada de uma perspectiva metalógica na obra de, por exemplo, Church e Gödel; (ii) o desenvolvimento de cálculos não clássicos,* tais como as lógicas modais iniciadas por C. I. Lewis, as lógicas polivalentes iniciadas por Łukasiewicz e Post, as lógicas intuicionistas iniciadas por Brouwer. Paralelamente a isto, tem-se (iii) o estudo filosófico da aplicação desses sistemas ao argumento informal, da interpretação dos conectivos sentenciais e dos quantificadores, de conceitos como os de verdade e verdade lógica; e (iv) o estudo dos objetivos e capacidades da formalização por aqueles

---

* Em geral, traduzimos o termo inglês '*standard*' por 'padrão' ou 'usual', em português. Contudo, em alguns contextos, pareceu mais apropriado utilizar o termo 'clássico' para traduzir '*standard*'. (N. T.)

que, como Carnap e Quine, são otimistas a respeito da importância filosófica das linguagens formais, por aqueles que, como F. C. S. Schiller e Strawson, são céticos a respeito das pretensões de relevância filosófica da lógica simbólica, e por aqueles que, como Dewey, reclamam uma concepção mais psicológica e dinâmica da lógica que aquela predominante.

Vejo alguma importância filosófica no fato de que esses desenvolvimentos tiveram lugar em paralelo e não em série; pois é bom lembrar que as lógicas 'não clássicas' se desenvolveram lado a lado com os sistemas clássicos, e que também sempre houve críticos não apenas de sistemas formais específicos, mas das aspirações da própria formalização.

Os desenvolvimentos nas quatro áreas que distingui não foram, é claro, independentes uns dos outros; e vejo também importância filosófica na interação entre elas. Por exemplo, embora algumas das ideias principais tanto da lógica modal quanto da lógica polivalente tenham sido antecipadas por MacColl já em 1880, seu desenvolvimento formal sistemático ocorreu, respectivamente, em 1918, depois da formalização canônica dos cálculos não modais nos *Principia Mathematica*, e em 1920, depois da elaboração da semântica de tabelas de verdade para a lógica bivalente.* Contudo, a motivação para o desenvolvimento de cálculos não clássicos derivou não apenas do atrativo matemático da possibilidade de extensões e modificações da lógica clássica, mas também da crítica filosófica: no caso das lógicas modais, da pretensão do condicional material de representar a implicação, e, no caso das lógicas polivalentes, da suposição de que toda proposição é ou verdadeira ou falsa. E um desenvolvimento em lógica não clássica provocou outro: dúvidas a respeito do sucesso das lógicas modais em formalizar a ideia intuitiva de acarretamento (*entailment*) levaram ao desenvolvimento das lógicas da relevância, ao mesmo tempo em que o apelo matemático dos sistemas modais encorajou o desenvolvimento, por analogia, das lógicas epistêmicas,

---

* Estamos traduzindo ambas as expressões inglesas '2-*valued*' e '*bivalent*' por 'bivalente'. A expressão '2-*valued*', à semelhança de '3-*valued*' e '*many-valued*', poderia ser traduzida por '2-valorada' (e '3-valorada', 'multi-valorada'), mas o uso técnico corrente em português é de 'bivalente', 'trivalente', 'polivalente' etc. (N. T.)

deônticas e temporais; ou ainda, a reflexão sobre a motivação filosófica das lógicas polivalentes levou à ideia de sobrevalorações. As inovações formais, por sua vez, deram uma nova dimensão às questões filosóficas originalmente levantadas pelos cálculos clássicos: como, por exemplo, questões sobre a interpretação dos quantificadores e sua relação com termos singulares surgiram de uma forma nova e aguda quando a inteligibilidade da lógica modal de predicados foi contestada; ou, como antigas preocupações, se a lógica trata de sentenças, enunciados ou proposições, acabaram sendo implicadas no desafio à bivalência feito pelos sistemas polivalentes. Algumas vezes, novos sistemas formais até mesmo desafiaram, explícita ou implicitamente, e mais ou menos radicalmente, pressuposições aceitas sobre os objetivos e aspirações das lógicas formais: a lógica da relevância, por exemplo, questiona não apenas a adequação dos condicionais material e estrito, mas ainda a concepção clássica de validade; o caráter distintivo da lógica intuicionista deriva em parte de um desafio à presunção 'logicista' da prioridade da lógica em relação à matemática; e a lógica difusa (*fuzzy logic*) rompe com o princípio tradicional de que a formalização deveria corrigir ou evitar a vaguidade, mas não se comprometer com ela. E, como lembra este último exemplo, novos desenvolvimentos formais, algumas vezes, aspiraram a superar aquilo que tanto os defensores quanto os críticos da lógica formal tomaram como suas limitações inerentes – tal como sua suposta incapacidade, enfatizada tanto por Schiller quanto por Strawson, de tratar dos aspectos pragmáticos que afetam a aceitabilidade do raciocínio informal, talvez superada, ao menos em parte, pela 'pragmática formal' iniciada por Montague.

Minha preocupação neste livro é com a filosofia da lógica e não com sua história. Porém, minha estratégia foi formulada prestando atenção à história da interação entre questões formais e questões filosóficas que acabo de esboçar. Começo com a consideração de alguns problemas levantados pelo aparato lógico padrão – a interpretação dos conectivos sentenciais, letras sentenciais, quantificadores, variáveis, constantes individuais, os conceitos de validade, verdade, verdade lógica. A partir do Capítulo 9, volto-me para a consideração da maneira pela qual alguns destes problemas motivaram inovações formais, lógicas 'ampliadas' (*extended*) e 'alternativas' (*deviant*), e os modos pelos quais estes novos formalismos levaram, por sua vez, a uma reavaliação das questões filosóficas. E concluo, no último capítulo, com algumas questões – e bem poucas respostas – sobre o *status* metafísico e epistemológico da lógica, as relações entre linguagens formais e naturais, e a relevância da lógica para o raciocínio.

Dois temas recorrentes no livro também refletem essa perspectiva histórica. Aquelas que me parecem ser as questões filosóficas vitais na lógica são postas em evidência pela consideração (i) da pluralidade dos sistemas lógicos e (ii) das maneiras pelas quais os cálculos formais têm a ver com a avaliação do argumento informal. Mais especificamente, vou insistir que, em vista da existência de lógicas alternativas, a prudência requer uma postura razoavelmente radical sobre a questão do *status* epistemológico da lógica, e que a interpretação dos resultados formais é uma tarefa delicada na qual é altamente desejável uma atenção criteriosa aos propósitos da formalização.

Tentei produzir um livro que seja útil como uma introdução aos problemas filosóficos levantados pela lógica, que seja inteligível a estudantes com uma noção da lógica formal elementar e algum conhecimento de questões filosóficas, embora sem nenhum conhecimento prévio da filosofia da lógica. Contudo, não apresentei respostas simples, ou mesmo questões simples, pois os temas interessantes em filosofia da lógica são complexos e difíceis. Em vez disso, procurei começar do começo, explicando tecnicismos, e ilustrando problemas muito gerais com estudos específicos de casos. Para esta finalidade, para aqueles que são novos no assunto, acrescentei um glossário de termos possivelmente pouco familiares que são utilizados no texto, e alguns conselhos de orientação para leituras. Ao mesmo tempo, para aqueles ansiosos por seguir adiante, incluí uma bibliografia generosa (que espero não ser intimidadora). A resposta de meus alunos me encorajou a acreditar que é desnecessário, e até mesmo indesejável, supersimplificar. Almejei – embora tema que o resultado, inevitavelmente, fique aquém da aspiração – produzir um livro que seja de alguma utilidade para o estudante e, ao mesmo tempo, de algum interesse para o professor.

Creio que é irritante não ter certeza se um autor modificou concepções que ele enunciou previamente, ou como o fez; mas, também é entediante ser submetido a discussões frequentes dos erros passados de um autor. Portanto, para encontrar um meio termo, indico aqui, brevemente, onde e como modifiquei as ideias que tinha enunciado em *Deviant Logic*. Primeiro: espero ter feito mais claramente a distinção entre questões metafísicas e epistemológicas sobre o *status* da lógica; e isso me levou a distinguir mais cuidadosamente a questão do monismo *versus* pluralismo da questão da revisibilidade, e a sustentar um pluralismo qualificado, em vez do monismo um tanto confusamente assumido em *Deviant Logic*. Segundo: acabei achando que as consequências da interpretação substitucional dos quantificadores para a ontologia são um pouco menos diretas do que eu supunha; e isto me levou a uma consideração mais sutil, ou de qualquer modo mais complexa, dos papéis respectivos dos quantificadores e dos termos singulares. Suponho, contudo, que devo ter deixado passar alguns erros antigos, além de ter cometido alguns novos.

NOTAÇÃO E ABREVIATURAS

A, B ...	metavariáveis, variando sobre letras sentenciais
p, q ...	letras sentenciais
−	negação ('não é o caso que')
∨	disjunção ('ou'); algumas vezes chamado 'vel'
&	conjunção ('e'); ('e' comercial, *ampersand*)
→	implicação material ('se')
≡	equivalência material ('se e somente se')
x, y ...	variáveis individuais
(∃)	quantificador existencial ('pelo menos um')
( )	quantificador universal ('para todo')
(ıx)	descrição definida ('o x tal que ...')
F, G ...	letras predicativas (R, ... para predicados poliádicos)
a, b ...	termos singulares
=	identidade
L	necessariamente
M	possivelmente
⥽	implicação estrita
⇒	implicação relevante
⇛	acarretamento (*entailment*)
¬	negação intuicionista
{ }	conjunto
{x	...x}	o conjunto dos xs que são ...

⟨ ⟩	sequência (par ordenado, terno ... n-upla/ênupla)
∈	pertinência a conjunto
|...|	o valor de ...
<	menor que
>	maior que
≤	menor que ou igual a
≥	maior que ou igual a
sse	se e somente se
wff	fórmula bem-formada (*well-formed formula*)
PCV	princípio do círculo vicioso
⊢	consequência sintática
⊨	consequência semântica
MPP	*modus ponens* (de A e $A \to B$ infira-se B)
RAA	*reductio ad absurdum*

1
'FILOSOFIA DAS LÓGICAS'

> Não existe nenhum substituto
> matemático para a filosofia.
> Kripke, 1976

Lógica, filosofia da lógica, metalógica

A tarefa da filosofia da lógica, como a entendo, é a de investigar os problemas filosóficos levantados pela lógica – assim como a tarefa da filosofia da ciência é investigar os problemas filosóficos levantados pela ciência, e a da filosofia da matemática, investigar os problemas filosóficos levantados pela matemática.

Uma preocupação central da lógica é discriminar entre argumentos válidos e inválidos; e pretende-se que sistemas lógicos formais, tais como os conhecidos cálculos sentencial e de predicados, forneçam cânones precisos, padrões puramente formais, de validade. Assim, entre as questões caracteristicamente filosóficas levantadas pelo empreendimento da lógica estão as seguintes: O que significa dizer que um argumento é válido? que um enunciado se segue de outro? que um enunciado é logicamente verdadeiro? A validade deve ser explicada relativamente a algum sistema formal? Ou há uma ideia extrassistemática que os sistemas formais procuram representar? O que tem a ver o ser válido com ser um bom argumento? Como os sistemas lógicos formais ajudam a avaliar argumentos informais? Qual é a similaridade, por exemplo, entre 'e' e '&', e o que se deveria pensar que 'p' e 'q' representam? Há uma lógica formal correta? e o que 'correta' poderia significar aqui? Como se reconhece um argumento válido ou uma verdade lógica? Que sistemas formais podem ser considerados lógicas? e por quê? Alguns temas sempre reaparecem: a preocupação com o âmbito e os objetivos da lógica, as relações entre lógica formal e argumento informal, e as relações entre diferentes sistemas formais.

A esfera da filosofia da lógica está relacionada com a da metalógica, mas distingue-se dela. A metalógica é o estudo das propriedades formais dos sistemas lógicos formais. Ela inclui, por exemplo, provas (ou refutações) de sua consistência, completude ou decidibilidade. Do mesmo modo, a filosofia da lógica também se preocupa com questões sobre sistemas lógicos formais – mas com questões filosóficas, ao invés de puramente formais. Tomemos como exemplo as relações entre os cálculos sentenciais, o clássico, bivalente, e o polivalente: o filósofo quer saber em que sentido, se o há, as lógicas polivalentes são alternativas à lógica bivalente; se se é obrigado a escolher entre os cálculos polivalente e bivalente, e se assim é, por que razões; quais seriam as consequências para o conceito de verdade se um sistema polivalente fosse adotado, e assim por diante. Resultados metalógicos podem ajudar a responder questões desse tipo: por exemplo, é presumivelmente uma condição necessária, embora não suficiente, para que uma lógica polivalente seja uma alternativa séria, que ela seja consistente, e pode ser relevante para questões a respeito de seu *status* relativo que (a maioria das) lógicas polivalentes estejam contidas na lógica bivalente (i.e., que todos os seus teoremas são teoremas da lógica bivalente, mas não vice-versa). Uma segunda diferença é que a filosofia da lógica não se ocupa inteiramente com questões sobre as lógicas formais. O argumento informal e as relações entre o sistema formal e o argumento informal também estão dentro de sua esfera. O desenvolvimento dos sistemas formais, de fato, aumenta enormemente a profundidade e o rigor dos estudos lógicos. Mas o estudo do argumento informal é frequentemente uma preliminar indispensável para tais desenvolvimentos, e o sucesso em sistematizar argumentos informais, um teste de sua utilidade. É pertinente dizer que Frege, um dos pioneiros da lógica formal moderna, foi levado a desenvolver o seu *Begriffsschrift* (1879) porque precisava de um meio menos ambíguo e menos incômodo que o alemão para fornecer provas aritméticas devidamente rigorosas.

Penso que se deve preferir a expressão 'filosofia da lógica' a 'lógica filosófica', que tende a transmitir a desafortunada impressão de que há uma forma peculiar, filosófica, de fazer lógica, em vez de que há problemas caracteristicamente filosóficos sobre a lógica. (Noto que, ao contrário de 'lógica filosófica', 'ciência filosófica' e 'matemática filosófica' nunca ganharam uso corrente.) Meus exemplos já mostraram, contudo, que o interesse filosófico se liga ao fato de que não existe apenas uma lógica formal, mas uma pluralidade delas; e, assim, 'filosofia das lógicas', espero, é ainda melhor.

O âmbito da lógica

Entre os problemas da filosofia da ciência estão questões sobre o âmbito da ciência: que domínios do conhecimento (ou 'conhecimento') devem ser considerados ciências? – por exemplo, a alquimia, ou a astrologia, ou a sociologia, ou a psicologia devem ser consideradas ciências genuínas? E que razões poderiam ser dadas para incluir ou excluir um dado domínio de investigação? De maneira similar, entre os problemas da filosofia da lógica estão questões sobre o âmbito da lógica e, portanto, sobre o âmbito da filosofia da lógica: o que é uma lógica? que sistemas formais são sistemas de lógica? e o que assim os faz?[1]

Como tenho que começar em alguma parte, vou tomar por suposta a ideia intuitiva do que é um sistema formal. Contudo, vou indicar que classe de sistemas formais tenho em mente quando falo de *lógicas* formais.

Desde o início, é importante distinguir entre sistemas formais *interpretados* e *não interpretados*: não interpretado, um sistema formal

---

[1] Espero que a importância de questões como estas se torne cada vez mais patente no decorrer do livro. Os leitores que acharem esta seção difícil de acompanhar talvez prefiram retornar a ela no final.

é apenas uma coleção de marcas e não pode, portanto, ser identificado como uma lógica formal, em vez de, digamos, uma formalização de uma teoria matemática ou física. Penso que a pretensão de um sistema formal de ser uma lógica depende de ele possuir uma interpretação de acordo com a qual se possa entender que ele almeja reunir cânones de argumento válido: considero, por exemplo, as 'lógicas' polivalentes como lógicas porque elas possuem interpretações segundo as quais seus valores são 'valores de verdade'; suas variáveis, sentenças; seus operadores, negação, conjunção etc. (Elas possuem também *outras* interpretações – por exemplo, em termos de circuitos elétricos. O isomorfismo entre as interpretações lógica e elétrica é relevante para o modo como os computadores funcionam. Ver Rescher, 1969, p.61, para referências.) Assim, ao falar de diversos formalismos como lógicas, estarei fazendo um apelo implícito a suas interpretações usuais.

Ao decidir quais formalismos considerar lógicas, adotei, por ora, a política tolerante de conceder o benefício de qualquer dúvida – embora depois eu vá prestar alguma atenção a argumentos sobre os motivos pelos quais sistemas que *incluí* devam ser *excluídos*. Uma razão para essa política é que ela diminui o perigo de rejeitar um sistema formal como 'não realmente uma lógica', quando se deveria perguntar seriamente se ele é um sistema bom ou útil. Temo, por exemplo, que Quine (1970, cap.5) tenha sucumbido a esse perigo, ao excluir o cálculo de predicados de segunda ordem por achar que ele se compromete com uma ontologia de objetos abstratos e intensionais – propriedades. (De modo similar, eu desconfiaria das definições daquilo que faz algo ser uma obra de arte que encorajassem a fuga a questões sobre obras de arte *ruins*.) De qualquer forma, como lógicas formais, vou incluir:

    lógica 'tradicional'   – silogística aristotélica
    lógica 'clássica'   – cálculo sentencial bivalente
                                 cálculo de predicados[2]

---

[2] De acordo com a política de 'benefício da dúvida, entendo que isto inclua a teoria da identidade (i.e., axiomas e regras para '=') e o cálculo de predicados de segunda

lógicas 'ampliadas' – lógicas modais
                       lógicas temporais
                       lógicas deônticas
                       lógicas epistêmicas
                       lógicas da preferência
                       lógicas imperativas
                       lógicas erotéticas (interrogativas)
lógicas 'alternativas' – lógicas polivalentes
                       lógicas intuicionistas
                       lógicas quânticas
                       lógicas livres
lógicas 'indutivas'

A intenção é distinguir entre lógicas formais e sistemas de aritmética ou geometria, digamos, ou axiomatizações da biologia, da física, e assim por diante. A demarcação não é baseada em quaisquer ideias muito profundas sobre 'a natureza essencial da lógica' – de fato, duvido que haja tal 'natureza essencial'. Mas ela não é inteiramente arbitrária; ela corresponde razoavelmente bem, espero, àquilo que os autores de filosofia da lógica costumam ter em mente quando falam de 'lógicas'; e ela tem pelo menos a seguinte base racional pragmática.

Aqueles sistemas formais que são conhecidos como a lógica 'padrão' ou 'clássica' (e que se ensinam em cursos de lógica formal elementar) devem seguramente ser considerados lógicas, se algo deve assim ser considerado. Parece, pois, apropriado admitir também como lógicas aqueles sistemas formais que são análogos aos primeiros. Entre tais sistemas 'análogos' incluo: extensões da lógica clássica, isto é, sistemas que acrescentam novo vocabulário lógico ('necessariamente' e 'possivelmente' nas lógicas modais, 'era o caso que' e 'será o caso que' nas lógicas temporais, 'deve' e 'pode' nas lógicas deônticas, 'sabe' e 'acredita' nas lógicas epistêmicas, 'prefere' nas lógicas da preferência) ao lado de novos axiomas ou regras para o novo vocabulário, ou que aplicam operações lógicas conhecidas a novos itens (sentenças

---

ordem (i.e., a quantificação ligando 'F' ... etc., assim como 'x' ... etc.) além do cálculo de predicados de primeira ordem.

imperativas ou interrogativas); divergências da lógica clássica, i.e., sistemas com o mesmo vocabulário, mas com axiomas ou regras diferentes (em geral, mais restritos); e lógicas indutivas, que procuram formalizar uma noção de suporte análoga, porém mais fraca que a de consequência lógica. Sua similaridade à lógica clássica – não apenas similaridade formal, mas ainda similaridade de propósito e de interpretação pretendida – faz que seja natural ver esses sistemas como lógicas. (De maneira alternativa, eu poderia ter começado com a lógica tradicional aristotélica, da qual a lógica 'clássica' moderna é uma extensão, e dali ter prosseguido por um processo similar de analogia.)

Contudo, a ideia de um sistema ser suficientemente similar à lógica clássica é, obviamente, bastante vaga; e se pode com razão querer saber se o âmbito da lógica poderia ser delimitado de alguma forma menos pragmática e mais precisa.

Poder-se-ia considerar que a ideia tradicional de que a lógica se ocupa da validade dos argumentos enquanto tais, isto é, sem dizer respeito a seu assunto – de que a lógica é, como Ryle coloca claramente, 'neutra a respeito do tema' (*topic-neutral*) – oferece um princípio com base no qual se pode delimitar o âmbito da lógica. Segundo essa concepção, aqueles sistemas que são *aplicáveis ao raciocínio independentemente de seu assunto* seriam considerados lógicas. Esta é uma ideia com a qual simpatizo; embora duvide que ela, de fato, seja apreciavelmente mais precisa que a noção de analogia com a lógica clássica com a qual iniciei. Em primeiro lugar, o que significa dizer que um sistema formal é 'aplicável' ao raciocínio sobre tal ou qual assunto? Presumivelmente, pretende-se que seus princípios sejam verdadeiros a respeito de tal raciocínio. Mas o que se entende agora por 'independentemente de seu assunto'? Poder-se-ia sugerir que enquanto os cálculos sentencial e de predicados são indiferentes ao assunto, a aritmética, por exemplo, não é neutra com respeito ao assunto porque ela versa especificamente sobre números. Mas isto levanta questões complicadas a respeito de 'sobre' (o cálculo de predicados de primeira ordem versa 'sobre indivíduos'?). Sugere-se, além disso, que a lógica se aplica ao raciocínio independentemente de seu assunto porque ela se ocupa da *forma* dos argumentos, e não de seu *conteúdo*. Mais uma vez, penso que a ideia ajuda, embora seja ainda imprecisa. Como se pode distinguir entre a forma de um argumento e seu conteúdo? A lógica temporal é aplicável a sentenças com flexão temporal (*tensed sentences*), a lógica imperativa, a sentenças imperativas, e o tempo verbal (*tense*) ou o modo de uma sentença poderiam, não implausivelmente, ser vistos como uma questão de sua forma, e não de seu conteúdo. Mas outros casos são menos claros – a ideia de forma necessitaria de refinamento para deixar patente que, por exemplo, o fato de uma sentença ser sobre crenças é uma questão de forma, mas o fato de ser sobre números é uma questão de conteúdo.

Contudo, a vaguidade da ideia de neutralidade com respeito ao assunto e a correlata distinção entre forma e conteúdo não são necessariamente questionáveis. Como disse, tenho dúvidas de que a lógica possua um 'caráter essencial' precisamente especificável. Quando afirmei, por exemplo, que as lógicas modais se assemelham suficientemente à lógica clássica para serem incluídas no âmbito da lógica, estava implicitamente confiando na ideia de que os advérbios 'necessariamente' e 'possivelmente' são suficientemente neutros com respeito ao assunto para considerá-los 'novo vocabulário *lógico*'. Assim, a ideia de neutralidade com respeito ao assunto certamente pode ajudar a fortalecer as intuições que se têm sobre que sistemas formais são relevantemente análogos à lógica clássica. Também é significativo que o lugar onde traçar a fronteira entre as lógicas e outros sistemas formais é mais duvidoso e mais controvertido em alguns casos do que em outros. Por exemplo: algumas teorias matemáticas, especialmente a teoria de conjuntos, têm aplicação muito geral, e parecem ter fortes afinidades com a lógica, ao passo que as lógicas epistêmica ou da preferência parecem ser mais específicas a um assunto que os formalismos lógicos padrão, e parecem não ter uma pretensão tão forte à inclusão. Em suma, fica-se tanto mais em dúvida acerca da exclusão de um formalismo 'matemático' quanto mais geral é sua aplicação, e tanto mais em dúvida sobre a inclusão de um formalismo 'lógico' quanto menos geral é sua aplicação. Isto sugere que a neutralidade com respeito ao assunto é vaga *da maneira correta*.

Mais adiante, tais ideias vão se mostrar importantes. A distinção entre forma e conteúdo será examinada mais de perto quando, no próximo capítulo, eu discutir a tese de que a validade de um argumento depende de sua forma. E a ideia de que a lógica é caracteristicamente neutra com respeito ao assunto será relevante quando, no

Capítulo 12, eu abordar a questão do monismo *versus* o pluralismo na lógica, isto é, se há, por assim dizer, uma lógica correta, ou se cada uma das diferentes lógicas pode ser apropriada a diferentes áreas do discurso.

Algumas vezes, um critério puramente formal, metalógico, é sugerido para demarcar os sistemas lógicos de outros sistemas formais. Kneale, por exemplo, insiste em que apenas sistemas *completos* sejam admitidos no âmbito da lógica. O resultado de se adotar um tal critério seria o de restringir minha lista tolerante. Uma vez que o cálculo de predicados de segunda ordem não é completo no sentido usual, ele seria, por tais padrões, excluído. Esta proposta conta com a vantagem da precisão. Tem-se o direito de perguntar, entretanto, que fundamento racional ela poderia ter – por que deveria a completude ser o critério para um sistema ser uma lógica? Kneale (1956, p.258-9) argumenta assim: o fato de que uma teoria seja incompleta mostra que seus conceitos básicos não podem ser completamente formalizados, e isto justifica excluir tais teorias do âmbito da lógica, tendo em vista o caráter essencialmente formal desta. Assim, de modo interessante, Kneale está propondo a completude como o teste de que um sistema é 'puramente formal'. Ele liga a ideia precisa de completude à noção mais vaga de neutralidade com respeito ao assunto. Contudo, temo que o argumento de Kneale dependa de um equívoco a respeito de 'formal': o sentido no qual a incompletude da teoria de conjuntos mostra que seu conceito básico, a pertinência, não é 'formal' é, simplesmente, de que o conceito não pode ser completamente caracterizado por um conjunto de axiomas e regras que produzam todas as verdades que o envolvem essencialmente. Não é óbvio por que alguém seria levado a pensar que um tal conceito não seja 'formal' no sentido de que ele pertence ao conteúdo, em vez de pertencer à forma dos argumentos.

Minha impressão é de que as perspectivas de um critério formal bem motivado não são muito promissoras (mas cf. p.46n, a seguir). Um outro exemplo apoia esta intuição: se se desse um peso particular ao papel da lógica como um guia para raciocinar, como um meio de avaliação de argumentos informais, poder-se-ia ver alguma razão em requerer que os sistemas lógicos sejam decidíveis, que haja um procedimento mecânico para estabelecer se uma fórmula é um teorema ou não. Mas isto, de fato, restringiria o âmbito da lógica de uma maneira muito severa, pois, ainda que o cálculo sentencial seja decidível, o cálculo de predicados não o é.

É notável que praticamente toda 'lógica' não clássica tenha, em algum momento, sido submetida a críticas sob a alegação de que ela realmente não é de modo algum uma lógica; o que levanta a suspeita de que uma concepção restritiva do âmbito da lógica pode disfarçar um conservadorismo que seria questionado se fosse proclamado mais abertamente.

Todavia, pode ser instrutivo examinar alguns argumentos pela exclusão de sistemas que, de acordo com a política do 'benefício da dúvida', eu incluí. Dummett insistiu (1973, p.285-8; e cf. Kneale & Kneale, 1962, p.610) que as 'lógicas' epistêmicas não são realmente lógicas porque crença e conhecimento são noções irremediavelmente vagas. É verdade que um elemento importante na motivação para a formalização da lógica tenha sido o de aumentar a precisão, e, consequentemente, a vaguidade deve normalmente ser evitada na escolha que o lógico faz de constantes, ainda que seja mais questionável se a vaguidade priva absolutamente um conceito de emprego lógico. É claro que o tratamento do lógico a 'não', ou 'e', ou 'ou', ou 'se' já envolve um considerável ajuste da negação, conjunção etc., informais (cf. cap.3, p.60). Penso que a questão não é simplesmente se 'conhece' e 'acredita' são vagos, mas se sua vaguidade é irremediável, isto é, se elas resistem *necessariamente* à arregimentação. E deve-se admitir que as lógicas epistêmicas encontradas na literatura (cf. Hintikka, 1962) são um tanto desapontadoras, e por uma razão para a qual Dummett chama a atenção: que se tende a encontrar um axioma dizendo que se s acredita que p e q se segue de p, então s acredita que q. Em outras palavras, o conceito ordinário, vago, de crença é trocado por um substituto lógico, chamado talvez de 'crença racional', que permite a construção de um sistema formalmente interessante, mas que limita de um modo bastante severo sua relevância para argumentos informais a respeito de crença.

Outros, além disso, como Leśniewski, sugeriram que os sistemas polivalentes não deveriam realmente ser considerados lógicas (ver Rescher, 1969, p.215). É verdade que alguns sistemas polivalentes foram concebidos e investigados a partir de interesses puramente formais, ou para propósitos da tecnologia de computação. Mas também é verdade, e importante, que pioneiros tais como Łukasiewicz e Bochvar estavam claramente convencidos de apresentar sistemas lógicos como alternativas ao aparato clássico. Admiti, no entanto, que a alegação de que um sistema formal é uma lógica depende do fato de que ele possua um certo tipo de interpretação. E uma razão que poderia ser dada para excluir os sistemas polivalentes é que eles requerem uma mudança muito radical na teoria da verdade, ou talvez dos portadores de verdade, para serem suficientemente análogos à lógica clássica bivalente. Quanto peso se dá a este tipo de argumento depende, obviamente, de quão radical se acredita que seja o efeito da polivalência sobre o conceito de verdade (cf. Haack, 1974, cap.3, para uma discussão relevante).

Concedi tanto aos sistemas epistêmicos quanto aos polivalentes o benefício da dúvida a respeito de seu *status* como lógicas. Contudo, em cada caso, as dúvidas que são levantadas estão baseadas em considerações cuja relevância admito: no caso das lógicas epistêmicas, a dificuldade de eliminar a vaguidade dos novos operadores; no caso das lógicas polivalentes, a dificuldade de fornecer uma interpretação apropriada dos novos valores. A relevância destas considerações está em colocarem em questão a força da analogia das 'lógicas' epistêmicas e polivalentes com a lógica clássica a respeito de seu propósito e interpretação. Minha inclinação, todavia, é de admitir esses sistemas como lógicas e, ao mesmo tempo, claro, submeter suas credenciais como alternativas à lógica clássica a um exame rigoroso. Essa tolerância ajudará a contrabalançar qualquer conservadorismo inerente ao procedimento de delinear a lógica em analogia com os sistemas clássicos.

Poder-se-ia razoavelmente perguntar: que importância tem o modo exato pelo qual se delimita o âmbito da lógica? Algumas vezes a questão foi considerada crucial para uma tese filosófica; o caso do *logicismo* fornece um exemplo interessante.

O logicismo é a tese (sugerida por Leibniz, mas desenvolvida em detalhe por Frege) de que a aritmética é redutível à lógica, isto é, de que os enunciados aritméticos podem ser expressos em termos puramente lógicos, e de que, então, os teoremas aritméticos podem ser derivados de axiomas puramente lógicos.[3] Uma vez que um certo conjunto de fórmulas pode, no sentido explicado, ser reduzido a um certo outro conjunto, se isto é 'reduzir a aritmética à lógica' dependerá de se permitir que o primeiro conjunto adequadamente represente a aritmética, e se o outro conjunto está propriamente descrito como 'puramente lógico'. No caso do logicismo, há espaço para dúvida a respeito dos dois pontos. Pode-se alegar que o teorema da incompletude de Gödel mostra que não é possível derivar todas as verdades da aritmética de qualquer conjunto de axiomas, e assim, *a fortiori*, não é possível derivá-las de qualquer conjunto de axiomas puramente lógicos. Ou, mais especificamente ligado à presente questão, pode-se alegar que os axiomas aos quais Frege reduziu os postulados de Peano para a aritmética não são 'puramente lógicos', mas matemáticos, uma vez que eles incluem princípios da teoria de conjuntos. Quine, por exemplo (1970, p.64ss), argumenta que a teoria de conjuntos não deveria ser tomada como parte da lógica. Entretanto, suas razões não chegam a ser conclusivas: ele adverte que há teorias de conjuntos alternativas, mas há também lógicas alternativas (cf. cap. 9-12). E ele faz objeção aos fortes compromissos ontológicos que a teoria de conjuntos envolve. Mas o critério de compromisso ontológico que ele emprega é discutível (ver cap.4, p.75).

Aqui está, pois, um caso em que o destino de uma teoria filosófica parece depender da demarcação da lógica. Mas não é um tanto desalentador pensar que a verdade do logicismo deva depender de uma questão tão pragmática como considerei ser aquela do âmbito da lógica? Penso que não, uma vez que se vá um pouco mais fundo, e se pergunte por que dever-se-ia pensar que importa se a aritmética é de fato puramente lógica. O problema realmente importante fica obscurecido, ou assim me parece, ao se colocar a questão como se o âmbito da lógica fosse o ponto principal. Por que Frege achou que era importante mostrar que a aritmética é redutível à lógica? A motivação para

---

[3] Frege concebeu o primeiro sistema lógico formal inteiramente desenvolvido como uma preliminar, como ele esperava, para estabelecer a verdade do logicismo ao derivar, de fato, os postulados de Peano para a aritmética de seus axiomas lógicos. Ele desenvolveu o aparato lógico em 1879, forneceu as definições lógicas apropriadas para os termos aritméticos em 1884, e as derivações em 1893 e 1903; ver Carnap (1931), para uma introdução clara à filosofia logicista da matemática.

o logicismo foi, ao menos em parte, epistemológica. Frege pensava que os princípios da lógica eram autoevidentes, de modo que se se puder mostrar que as leis da aritmética são deles deriváveis, mostra-se, deste modo, que elas são epistemologicamente firmes – elas adquirem inocência por associação, por assim dizer. Ocorreu, contudo, que a lógica de Frege (ou 'a lógica') era inconsistente – o paradoxo de Russell pode ser derivado nela (cf. cap.8). A resposta de Frege à descoberta da inconsistência foi admitir que ele nunca tinha realmente pensado que o axioma relevante fosse *tão* autoevidente quanto os outros – um comentário que bem pode levar a um saudável ceticismo a respeito do conceito de autoevidência. A relevância dessa história para o assunto presente, entretanto, é esta: que, uma vez que a base de Frege – lógica ou não – não tem a estabilidade epistemológica que ele pensava, o aspecto epistemológico de seu programa está perdido independentemente da decisão sobre a demarcação da lógica.

Uma coisa pelo menos deve estar inteiramente clara por ora: que a questão se um sistema formal deve ser considerado como uma lógica ou não é, ela própria, uma questão que envolve problemas filosóficos bastante profundos e difíceis. O melhor é que a presença universal dos problemas filosóficos na lógica esteja evidente desde o princípio. Pois o próprio rigor, que é a principal virtude da lógica formal, também tende a lhe dar um ar de autoridade, como se ela estivesse acima do exame filosófico. E esta é também uma razão pela qual enfatizo a pluralidade dos sistemas lógicos; pois, ao se decidir entre alternativas, frequentemente se é obrigado a reconhecer preconcepções metafísicas ou epistemológicas que, de outra maneira, teriam permanecido implícitas.

2
VALIDADE

Avaliando argumentos

Os argumentos são avaliados através de uma grande variedade de modos. Alguns, por exemplo, são considerados mais persuasivos ou convincentes que outros; alguns, mais interessantes ou fecundos que outros, e assim por diante. Os tipos de avaliação possíveis podem ser, de maneira geral, assim classificados:

(i) lógica: há uma conexão do tipo apropriado entre as premissas e a conclusão?
(ii) material: as premissas e a conclusão são verdadeiras?
(iii) retórica: o argumento é persuasivo, atraente, interessante para a audiência?

Dei apenas a indicação mais vaga dos tipos de questão característicos de cada dimensão da avaliação, mas uma indicação não muito precisa deve ser adequada para os propósitos presentes. A categoria separada dada às considerações retóricas não visa sugerir que a validade de um argumento, ou a verdade de suas premissas, seja totalmente irrelevante para sua capacidade de persuasão. Ao contrário, visa levar em conta o fato de que, embora se as pessoas fossem completamente racionais, elas seriam persuadidas apenas por argumentos válidos com premissas verdadeiras, de fato, elas *são* muito frequentemente persuadidas por argumentos inválidos ou argumentos com falsas premissas, e *não* são persuadidas por argumentos corretos (*sound*) (cf. p.41) (ver, por exemplo, Thouless, 1930; Stebbing, 1939; Flew, 1975; Geach, 1976, para uma discussão de tais falhas de racionalidade, e conselhos sobre como evitá-las).

No que se segue vou me ocupar quase exclusivamente da primeira dimensão da avaliação, a lógica. Nesta dimensão, por sua vez, preciso distinguir diferentes padrões de avaliação que possam ser empregados: isto é, um argumento pode ser considerado *dedutivamente válido*, ou *dedutivamente inválido* mas indutivamente forte, ou nenhum dos dois. Os padrões dedutivos, como isto indica, e como veremos com mais detalhes depois, são mais rigorosos que os indutivos – a conexão entre premissas e conclusão tem de ser, por assim dizer, mais estreita para a validade dedutiva que para a força indutiva.[1]

Algumas vezes, sugere-se (por exemplo, Barker, 1965; Salmon, 1967) que há *dois tipos de argumentos*: de um lado, argumentos dedutivos e, de outro, argumentos indutivos. Esta 'distinção', pelo menos tal como é normalmente explicada, apenas confunde as coisas. Diz-se que os 'argumentos dedutivos' são 'explicativos' ou 'não ampliativos', isto é, eles 'não contêm nada na conclusão que já não esteja contido nas premissas'. Se se pretende, como parece, que isto seja uma explicação do que significa um argumento ser *dedutivamente válido*, ela tende a se mostrar ou falsa, se 'não contêm nada que já não esteja contido nas premissas' for tomado literalmente (pois enquanto 'A e B, portanto A' satisfaz esta condição, 'A, portanto $A \vee B$', que também é dedutivamente válido, não o faz), ou então trivial, se 'não contêm nada na conclusão que não esteja contido nas premissas' for tomado metaforicamente (pois o que é o teste de que '$A \vee B$' está *implicitamente* 'contido em' 'A', se não que '$A \vee B$' se segue dedutivamente de 'A'?). Por outro lado, diz-se que os 'argumentos indutivos' são 'ampliativos' ou 'não explicativos', quer dizer, 'suas conclusões vão além do que está contido em suas premissas'. Isto torna as coi-

---

[1] Alguns autores, sobretudo Peirce e, mais recentemente, Hanson, pensam que há também outros padrões lógicos, padrões 'abdutivos'. Cf. Haack (1977b), para uma discussão relevante.

sas piores, porque não pode ser tomado, simetricamente à explicação de 'argumento dedutivo', como uma explicação do que significa um argumento ser indutivamente forte. Pois tudo o que diz sobre os argumentos indutivos é que eles não são dedutivamente válidos, mas nem todos os argumentos dedutivamente inválidos são indutivamente fortes.

Assim (seguindo Skyrms, por exemplo, 1966, cap.1), prefiro apresentar o assunto da seguinte maneira: não é que haja dois tipos de argumento, mas os argumentos podem ser logicamente avaliados por padrões diferentes, dedutivos ou indutivos; eles podem ser dedutivamente válidos, indutivamente fortes, ou nenhum dos dois. E isto torna claro quais deveriam ser as próximas questões: O que é um argumento? Que condições um argumento deve satisfazer para ser considerado dedutivamente válido ou indutivamente forte?

O que é um argumento? Bem, reconhece-se que há a pretensão de que algumas partes do discurso apóiem uma conclusão por meio de premissas, que levem a uma conclusão a partir de premissas. No discurso informal nas línguas naturais, essa intenção pode ser assinalada ao se marcar a passagem de um enunciado a outro através de expressões tais como 'portanto', 'logo', 'segue-se que', 'porque', e assim por diante; na lógica formal, pela apresentação de uma sequência de fórmulas com a indicação, em cada linha, de que se sustenta que ela se segue por tal e qual regra de inferência de tal e qual linha anterior, ou linhas. O que se julga ser válido ou inválido pode, entretanto, ser compreendido simplesmente como uma parte do discurso: se se considera o argumento formal, uma sequência de wffs[*] de uma linguagem formal ou, se se considera o argumento informal, uma sequência de sentenças (ou talvez enunciados ou proposições; cf. cap.6) da linguagem natural. (De modo similar, algumas das coisas que as pessoas dizem são ditas com intenção assertiva – o falante pretende sustentar sua verdade – e outras, não. Mas é *o que é dito* que é verdadeiro ou falso.)

---

[*] No original, em inglês, usam-se as expressões abreviadas 'wff' e 'wffs' para indicar, respectivamente, *well-formed formula* e *well-formed formulas*; isto é, 'fórmula bem-formada' e 'fórmulas bem-formadas'. O uso mundialmente consagrado dessas abreviaturas nos fez mantê-las também nesta edição. (N. T.)

Validade dedutiva: com alguns breves comentários sobre força indutiva

Validade em um sistema

Em um sistema lógico formal, a validade pode ser definida tanto sintática quanto semanticamente, isto é, em termos dos axiomas ou regras do sistema, e em termos de sua interpretação. Vou representar um argumento formal como uma sequência de fórmulas bem-formadas (i.e., sentenças gramaticais de uma linguagem formal; doravante 'wffs') $A_1 \ldots A_{n-1}, A_n$, ($n > 1$) da qual $A_1 \ldots A_{n-1}$ são as premissas e A_n, a conclusão. A *validade sintática* pode ser explicada, então, nos seguintes termos:

$A_1 \ldots A_{n-1}, A_n$ é válido-em-L exatamente no caso de A_n ser derivável de $A_1 \ldots A_{n-1}$, e dos axiomas de L, se os há, pelas regras de inferência de L.

Isto é usualmente representado por: $A_1 \ldots A_{n-1} \vdash_L A_n$.
A *validade semântica* pode ser explicada nos seguintes termos:

$A_1 \ldots A_{n-1}, A_n$ é válido-em-L exatamente no caso de A_n ser verdadeira em todas as interpretações nas quais $A_1 \ldots A_{n-1}$ são verdadeiras.

Isto é usualmente representado por: $A_1 \ldots A_{n-1} \vDash_L A_n$.
O 'L' em '$\vdash_L$' e '$\vDash_L$' serve para lembrar que ambas estas concepções de validade são *relativas a sistemas*.

Em correspondência com as ideias sintática e semântica de validade de sequências de wffs estão, respectivamente, as ideias de teoremicidade (*theoremhood*) e verdade lógica das wffs. Pode-se ter notado que admiti a possibilidade de argumentos consistindo em apenas uma wff (algumas vezes, estes são chamados de 'conclusões sem premissas'). Se as ideias de validade que acabo de esboçar forem aplicadas a este caso especial, o resultado será:

A é válida-em-L (é um *teorema* de L) exatamente no caso de A seguir-se dos axiomas de L, se os há, pelas regras de inferência de L ($\vdash_L A$).

e

>   A é válida em L (é uma *verdade lógica* de L) exatamente no caso de A ser verdadeira em todas as intepretações de L ($\vDash_L A$).

Representei a teoremicidade e a verdade lógica, por assim dizer, como casos especiais, respectivamente, de validade sintática e semântica. Teria sido também possível abordar o assunto pelo lado oposto, e explicar a validade como a teoremicidade do condicional correspondente. A primeira abordagem tem a vantagem de enfatizar a preocupação da lógica com a conexão entre premissas e conclusão, que é a razão de tê-la escolhido.

Como as ideias sintática e semântica se encaixam? Bem, naturalmente, aspira-se a ter um sistema formal no qual exatamente aquelas wffs que são sintaticamente válidas sejam semanticamente válidas (os resultados da correção[2] e da completude mostram que a teoremicidade e a verdade lógica coincidem).

Validade extrassistemática

As concepções sintática e semântica de validade até aqui consideradas são relativas a sistemas e se aplicam apenas a argumentos formais. O que ocorre, contudo, quando alguém considera válido um argumento informal? Suponho que se esteja alegando que sua conclusão *se segue* de suas premissas, que *suas premissas não poderiam ser verdadeiras e sua conclusão falsa*. (Se, além de ser válido, um argumento possui premissas verdadeiras – e assim, sendo válido, também possui conclusão verdadeira – ele é dito *correto*.) Quando, intuitivamente, consideramos bons alguns argumentos informais ordinários, e outros maus, provavelmente, algo semelhante a esta concepção de validade está sendo aplicado. É claro que considerar um argumento 'bom' tende a envolver *mais* que considerá-lo válido; mas reconhecemos que a validade é uma virtude importante de um argumento, embora não a única.

---

[2] Um sentido diferente de 'correto' (*sound*), aplicando-se não a sistemas lógicos, mas a argumentos, será definido abaixo.

Surge a questão se há também uma concepção informal, extrassistemática, que corresponda às noções relativas a sistemas de teoremicidade e verdade lógica. Penso que há, embora suspeite que ela seja um pouco menos desenvolvida e central que a ideia extrassistemática de validade (uma outra razão para tratar a verdade lógica como um caso especial de validade e não o inverso). A ideia extrassistemática de um argumento válido como aquele tal que suas premissas não poderiam ser verdadeiras e sua conclusão falsa, adaptada ao caso de um único enunciado (assim como as definições formais foram adaptadas ao caso de 'conclusões sem premissas'), resulta na noção de um enunciado que não poderia ser falso – em outras palavras, na noção de uma verdade necessária. E, de fato, algo semelhante a essa ideia pode ser encontrado no nível informal. Por exemplo, considera-se que alguns enunciados são 'tautológicos'. No sentido não técnico, isto significa que esses enunciados são trivialmente verdadeiros, eles apenas dizem (como sugere a etimologia de 'tautológico') a mesma coisa duas vezes e, consequentemente, não poderiam ser falsos. A noção informal de tautologia, é claro, é mais ampla que o uso técnico, que inclui apenas verdades lógicas da lógica *funcional-veritativa*. E a ideia informal de verdade necessária é também mais ampla que a ideia formal de verdade lógica (cf. cap.10, p.229). Não deveria provocar nenhuma grande surpresa que essas próprias concepções informais tenham sido refinadas com o desenvolvimento e o estudo de sistemas lógicos formais.

Mas o que se pode dizer sobre a conexão entre as concepções de validade relativas a sistemas, aplicáveis a argumentos formais, e a concepção extrassistemática, aplicável a argumentos informais? Alguma coisa como: os sistemas lógicos formais visam formalizar argumentos informais, para representá-los em termos precisos, rigorosos e generalizáveis. E um sistema lógico formal aceitável deve ser tal que, se um argumento informal dado é nele representado por um certo argumento formal, então este argumento formal deveria ser válido no sistema apenas no caso de ser válido o argumento informal no sentido extrassistemático.

Logica utens e *logica docens**

De fato, é provável que haja um processo de ajustamento bastante complexo. Pode-se começar a desenvolver um sistema formal com base em juízos intuitivos da validade extrassistemática de argumentos informais, representando esses argumentos em uma notação simbólica, e concebendo regras de inferência de tal maneira que as representações formais dos argumentos informais considerados (in)válidos sejam (in)válidas no sistema. Contudo, dadas essas regras, outros argumentos formais mostrar-se-ão válidos no sistema, talvez argumentos formais que representam argumentos informais intuitivamente considerados inválidos. E, então, pode-se revisar as regras do sistema ou, em vez disso, especialmente se uma regra é agradavelmente simples e plausível, e a intuição da validade informal não é forte, pode-se revisar a opinião que se tem da validade do argumento informal, ou ainda a opinião que se tem da conveniência de representar esse argumento informal deste modo particular. E uma vez que um sistema lógico formal se torne bem-estabelecido, é claro que é provável que, por sua vez, ele discipline as intuições que se têm sobre a validade ou invalidade de argumentos informais. Seguindo Peirce (que, por sua vez, tomou emprestada a terminologia dos lógicos medievais), podem-se chamar os juízos não refletidos que se têm da validade dos argumentos informais de *logica utens*; os juízos mais rigorosos e precisos, desenvolvidos enquanto os sistemas formais são concebidos, através de reflexão sobre os mesmos juízos, de *logica docens*. O quadro é algo como a Figura 1.

Alguns autores têm dúvidas sobre a adequação da concepção extrassistemática de validade como a expliquei acima. O que, especificamente, eles questionam na ideia de um argumento ser válido se é impossível para suas premissas serem verdadeiras e sua conclusão falsa, é o 'e'. De acordo com esta explicação, se as premissas de um argumento são impossíveis, ou se sua conclusão é necessária, então, desde que *a fortiori* é impossível que suas premissas sejam verdadeiras e sua conclusão falsa, esse argumento é válido. E isto é assim, é claro, mesmo que suas premissas sejam completamente irrelevan-

---

* Em latim no original; respectivamente, *a lógica que se usa* e *a lógica que se ensina*. (N. T.)

logica utens
argumentos informais

representação
simbólica do
argumento
informal

logica docens
argumentos formais

validade extras-
-sistemática

validade relativa
a sistemas

FIGURA 1

tes para sua conclusão. Os proponentes da 'lógica da relevância', portanto, põem em questão essa concepção de validade; e por causa deste questionamento, eles insistem na adoção de uma lógica formal não clássica que requeira a relevância das premissas para a conclusão (ver Anderson & Belnap, 1975, §22.2.1, e cf. cap.10, p.261). Assim, sua insatisfação com a concepção informal usual de validade está intimamente ligada a seu desafio à lógica clássica. (Convencionalmente, as considerações de relevância tendem a ser relegadas à dimensão retórica da avaliação de argumentos, e não à dimensão lógica.)

Força indutiva

A força indutiva poderia ser caracterizada, sintática ou semanticamente, relativamente a sistemas formais da lógica indutiva. Entretanto, desde que não há nenhum sistema formal de lógica indutiva que tenha algo que se aproxime do tipo de consolidação (*entrenchment*) de que goza a lógica clássica dedutiva, a ideia extrassistemática, no caso da força indutiva, tem um papel especialmente central. A ideia é que um argumento é indutivamente forte se suas premissas dão um certo grau de apoio, mesmo que menos do que um apoio conclusivo, a sua conclusão: isto é, se é *improvável* que suas premissas sejam verdadeiras e sua conclusão falsa. (Note-se que se se colocam as coisas desta forma, todos os argumentos dedutivamente válidos seriam considerados indutivamente fortes. A validade dedutiva será um caso limite da força indutiva, no qual a probabilidade de as premissas serem verdadeiras e a conclusão falsa é zero.)

Vale notar, contudo, que em sua caracterização da ideia extrassistemática de força indutiva, Skyrms (1966, p.9-11) insiste na formulação: 'é improvável, *dado que* as premissas sejam verdadeiras, que a conclusão seja falsa', porque ele não quer admitir que a alta probabilidade de sua conclusão ou a baixa probabilidade de suas premissas sejam suficientes, por si mesmas, para a força indutiva de um argumento. Então, de forma significativa, sua concepção da força indutiva é estreitamente análoga à concepção de validade dedutiva dos lógicos relevantes.[3]

Sistemas lógicos formais: o 'L' em 'válido-em-L'

Distingui acima as concepções de validade relativas a sistemas, aplicáveis a argumentos formais, de uma concepção extra-sistemática, aplicável a argumentos informais. Uma explicação adequada das primeiras – da validade-em-L – requer, obviamente, alguma explicação de como se identificam e se individualizam os sistemas formais. O problema pode ser ilustrado considerando-se a lógica sentencial encontrada, digamos, nos *Principia Mathematica* (Russell & Whitehead, 1910) e no *Beginning Logic* (Lemmon, 1965): se se estiver preocupado com a diferença entre as lógicas bivalentes e polivalentes, elas serão naturalmente vistas como formulações alternativas do *mesmo sistema* (bivalente), ao passo que se se estiver preocupado com o contraste entre as técnicas axiomática e de dedução natural (ver a seguir, p.46), elas podem ser tomadas como exemplos de sistemas *diferentes*.

De modo a ter alguma terminologia adequadamente neutra, vou chamar uma apresentação específica de um sistema de uma 'formulação' de um sistema lógico. Assim sendo, as diferenças entre formulações são de dois tipos principais: diferenças de vocabulário, e diferenças de axiomas e/ou regras de inferência. Vou esboçar primeiro algumas diferenças significativas entre formulações e, então,

---

[3] Notoriamente, é claro, há um problema sobre a justificação da indução. Nada no que eu disse mostra que *haja* quaisquer argumentos que sejam (dedutivamente inválidos, mas) indutivamente fortes. De fato, penso que a dedução e a indução são mais simétricas do que se supõe em geral; cf. Haack (1976a).

dar duas explicações para 'o mesmo sistema', uma mais ampla e outra mais restrita.

Variantes notacionais

Expressões tipograficamente diferentes podem ser usadas para as mesmas operações (por exemplo, para as mesmas funções de verdade). Entre as variantes notacionais correntes mais comuns encontram-se:

para a negação:	$-p, \sim p, \bar{p}, Np$
para a disjunção:	$p \vee q, Apq$
para a conjunção:	$p \& q, p \cdot q, p \wedge q, Kpq$
para a implicação material:	$p \rightarrow q, p \supset q, Cpq$
para a equivalência material:	$p \equiv q, p \leftrightarrow q, p \sim q, Epq$
para a quantificação universal:	$(x), (\forall x), \bigwedge x, \Pi x$
para a quantificação existencial:	$(\exists x), (Ex), \bigvee x, \Sigma x$

Em cada caso, a última notação é a polonesa, que tem a vantagem de dispensar os parênteses: os operadores precedem as fórmulas que eles regem, e o escopo é determinado sem parênteses.

Constantes primitivas alternativas

Diferentes conjuntos de constantes são equivalentes em poder expressivo, por exemplo, '&' e '–', ou '∨' e '–', para expressar funções de verdade bivalentes, '(∃x)' e '–', ou '(x)' e '–', para quantificação existencial e universal. Algumas formulações tomam, por exemplo, '&' e '–' como primitivas, e definem '∨' e '→'. Outras tomam '∨' e '–' como primitivas, e definem '&' e '→', e assim por diante. Os *Principia Mathematica*, por exemplo, têm apenas a negação e a disjunção como primitivas, enquanto o *Beginning Logic* tem a negação, a disjunção, a conjunção e a implicação material.

Formulações axiomática e de dedução natural

Um sistema axiomático de lógica (por exemplo, *Principia Mathematica*) inclui, ao lado de uma ou mais regras de inferência, um conjunto privilegiado de wffs, os axiomas, que podem ser usados em qualquer ponto de um argumento, e cuja verdade é inquestionada no sistema. Os axiomas são incluídos entre os teoremas do sistema, uma vez que, trivialmente, eles são deriváveis de si mesmos. (Um sistema axiomático deve ter pelo menos uma regra de inferência, já que nenhuma derivação ou prova seria possível sem os meios para se passar de uma wff a outra.)

Uma formulação de dedução natural (por exemplo, *Beginning Logic*), ao contrário, conta apenas com regras de inferência. (Uma regra de hipóteses permitirá que se inicie sem a necessidade de axiomas dos quais se possa começar.) Vale observar que as regras de dedução natural têm um caráter indireto, quase metalógico mesmo. Consideremos a regra de eliminação da disjunção: se se derivou C da hipótese A (mais, possivelmente, outras hipóteses) e se se derivou C da hipótese B (mais, possivelmente, outras hipóteses), pode-se derivar C da hipótese de que $A \vee B$ (mais quaisquer outras hipóteses usadas na derivação de C a partir de A e de B).[4]

Algumas vezes, axiomas cuja verdade não é conhecida, ou mesmo cuja falsidade é sabida, são adotados simplesmente com o objetivo de investigar suas consequências. Um famoso exemplo vem da história da geometria. Saccheri tomou o contraditório do postulado das paralelas de Euclides como um axioma, esperando mostrar que o resultado seria um sistema inconsistente e, logo, que o postulado das paralelas era dedutível dos outros axiomas de Euclides. Desde que esse postulado é realmente independente dos outros, ele não foi bem-sucedido em seu objetivo. (Cf. a discussão das regras de inferência de Prior para '*tonk*', cap.3, p.61).

Exatamente os mesmos argumentos válidos e teoremas podem ser gerados ou axiomaticamente ou por meio de regras de dedução natural: pelos axiomas dos *Principia Mathematica* ou as regras de *Beginning Logic*, por exemplo. Mas é claro que isto não quer dizer que

---

[4] Cf. Blanché (1962) e Prawitz (1965), para uma discussão detalhada, respectivamente, das técnicas axiomática e de dedução natural. A apresentação pioneira em dedução natural, em Gentzen (1934), inclui um axioma. Gentzen também formulou um cálculo metalógico, o cálculo de sequentes. Ver Hacking (1979) para uma tentativa interessante de demarcar formalmente o âmbito da lógica com referência ao cálculo de sequentes.

a diferença entre as técnicas de dedução natural e axiomática seja sem importância. Kneale (1956, §4), por exemplo, argumenta que as formulações em dedução natural refletem melhor a preocupação central da lógica com a validade dos argumentos. Um efeito desafortunado da formulação axiomática do *Begriffsschrift* e dos *Principia*, sugere Kneale, foi um deslocamento da atenção da validade dos argumentos para a verdade lógica das wffs. E Blumberg (1967, p.24) sugere que as formulações em dedução natural realçam a diferença entre a lógica formal e outras teorias formais, tais como, digamos, a geometria ou a biologia, que requerem axiomas especiais relacionados com seus assuntos, além de uma base comum de regras lógicas de inferência. Concordo em enfatizar a preocupação da lógica com argumentos, e concordo que com as apresentações da lógica formal através de dedução natural, essa preocupação é colocada em evidência. Contudo, uma vez que a validade dos argumentos e a verdade lógica das fórmulas estão intimamente ligadas, uma formulação axiomática não precisa necessariamente distorcer a perspectiva que se tem. (Carnap (1934) destaca que se podem pensar os axiomas como regras de inferência bastante peculiares, com a finalidade de se poder inferir a wff dada de quaisquer premissas ou de nenhuma.) E a distinção entre os sistemas lógicos e outros sistemas formais não precisaria tampouco se perder em uma apresentação axiomática da lógica, uma vez que resta lugar para uma distinção entre axiomas *lógicos* e *específicos* (i.e., geométricos, biológicos, ou o que seja). A propósito, alguns filósofos da ciência instrumentalistas têm instado a que as leis científicas sejam vistas como regras, e não como axiomas.

Axiomas e/ou regras alternativos

Se duas formulações são variantes notacionais, seus axiomas e/ou regras vão diferir pelo menos tipograficamente. Além disso, se elas tomam diferentes constantes como primitivas, cada uma vai, usualmente, empregar suas constantes primitivas em seus axiomas e/ou regras. (Às vezes, contudo, um sistema é formulado de tal maneira que constantes definidas aparecem nos axiomas/regras. Nos *Principia*, apenas '−' e '∨' são primitivos, mas '→' também aparece nos axiomas.)

Algumas formulações empregam *esquemas de axiomas*, em vez de axiomas e uma regra de substituição. A diferença está em ter, digamos, o axioma:

$$(p \to q) \to ((q \to r) \to (p \to r))$$

e a regra de que qualquer instância substitutiva de um axioma é um teorema, e ter o esquema:

$$(A \to B) \to ((B \to C) \to (A \to C))$$

no qual o uso das 'metavariáveis' 'A', 'B', 'C' indica que não importa que wff da linguagem seja colocada no lugar dessas letras, a wff resultante é um axioma.

Inteiramente à parte das divergências de notação e apresentação já mencionadas, formulações diferentes podem simplesmente ter diferentes conjuntos de axiomas/regras, mesmo quando são descontadas as diferenças notacionais: seus conjuntos de axiomas/regras podem coincidir parcialmente ou mesmo ser inteiramente distintos. Como exemplo, comparemos os esquemas de axiomas de Mendelson e os de Meredith, ambos com '–' e '→', para o cálculo sentencial bivalente:

Conjunto de Mendelson:
1. $(A \to (B \to A))$
2. $((A \to (B \to C)) \to ((A \to B) \to (A \to C)))$
3. $((-B \to -A) \to ((-B \to A) \to B))$

Conjunto de Meredith:
1. $((((A \to B) \to (-C \to -D)) \to C) \to E) \to$
$((E \to A) \to (D \to A))$

(E ver Prior, 1955, p.301ss, Mendelson, 1964, p.40-1, para conjuntos alternativos de axiomas.)

O exemplo que acaba de ser dado é de conjuntos alternativos de axiomas para o cálculo sentencial bivalente; as formulações alternativas geram exatamente os mesmos conjuntos de teoremas e inferências válidas. Uma outra maneira na qual as formulações podem diferir é que elas podem resultar em diferentes teoremas ou inferências válidas. Por exemplo, a lógica sentencial intuicionista não possui alguns teoremas clássicos, incluindo a dupla negação e o terceiro excluído.

Nesta altura, tenho material suficiente para voltar a meu problema original, o de quando tratar formulações alternativas como formulações *do mesmo sistema*. Vou sugerir duas explicações de 'o mesmo sistema', uma mais ampla e outra mais restrita, cada uma delas adequada para certos propósitos.

O sentido mais restrito: L_1 e L_2 são formulações alternativas do mesmo sistema se possuem os *mesmos axiomas e/ou regras de inferência*, desde que tenham sido descontadas diferenças de notação (por exemplo, substituindo '&' por '·') e de constantes primitivas (por exemplo, substituindo '$p \& q$' por '$-(-p \vee -q)$').

O sentido mais amplo: L_1 e L_2 são formulações alternativas do mesmo sistema se eles possuem os *mesmos teoremas e inferências válidas*, desde que tenham sido descontadas diferenças de notação e de constantes primitivas.

Um exemplo: as formulações dos *Principia Mathematica* e do *Beginning Logic* são formulações de sistemas diferentes no sentido mais restrito (uma possui axiomas mais *modus ponens*, e a outra, apenas regras de inferência), mas do mesmo sistema no sentido mais amplo (elas geram os mesmos teoremas e inferências).

Estes dois sentidos de 'mesmo sistema' vão ajudar, espero, a reconciliar algumas intuições conflitantes. O mais restrito destes dois sentidos parece apropriado para se usar nas definições de validade-em-L, ao passo que o sentido mais amplo vai ser mais útil para contrastar, por exemplo, lógicas bivalentes e polivalentes. Uma vantagem do sentido mais restrito para a explicação da validade é que ele evita um círculo que, de outra forma, ameaça ocorrer, com 'teorema' e 'inferência válida' sendo definidos relativamente a um sistema, e 'sistema' sendo definido relativamente a conjuntos de teoremas e inferências válidas.

O sentido mais restrito também vai ser útil para a discussão de formulações inconsistentes. Desde que, exceto em alguns sistemas não convencionais, qualquer coisa se segue de uma contradição, em virtude do teorema '$A \to (-A \to B)$', todos os sistemas inconsistentes serão considerados o mesmo sistema no sentido mais amplo. O sentido mais restrito permite que se respeite a intuição de que algumas, embora não todas, as formulações inconsistentes sejam, entretanto, de interesse filosófico considerável. Um exemplo seria o sistema de Frege, no qual o paradoxo de Russell é um teorema.

Validade e forma lógica

Não se pode dizer se um argumento informal é válido (no sentido extrassistemático) meramente ao investigar os valores de verdade de suas premissas e conclusão. Se o argumento tem premissas verdadeiras e conclusão falsa, isto mostra que ele é *inválido*. Mas se ele tem premissas verdadeiras e conclusão verdadeira, ou premissas falsas e conclusão verdadeira, ou premissas falsas e conclusão falsa, isto não mostra que ele é válido. Pois ele é válido apenas se *não puder ter*, e não apenas *não tiver*, premissas verdadeiras e conclusão falsa. Uma técnica que é frequentemente útil para mostrar que um argumento é inválido, ainda que, de fato, ele não tenha premissas verdadeiras e conclusão falsa, é a de encontrar um outro argumento *que seja da mesma forma* e que, de fato, tenha premissas verdadeiras e conclusão falsa. Por exemplo, para mostrar que: 'Ou a prova de Gödel é inválida, ou a aritmética é incompleta, portanto a aritmética é incompleta', embora tenha premissas verdadeiras e conclusão verdadeira, é, entretanto, inválido, poder-se-ia indicar que o argumento estruturalmente similar: 'Ou $7 + 5 = 12$ ou os cães miam, portanto os cães miam' tem premissa verdadeira e conclusão falsa. É claro que este é um método melhor para mostrar a invalidade que para mostrar a validade. Se não se pode encontrar um argumento de mesma forma com premissas verdadeiras e conclusão falsa, isto não é prova conclusiva de que um argumento seja válido (cf. Massey, 1974).

Para mostrar que um argumento é inválido, o que se busca é um argumento *estruturalmente similar* com premissas verdadeiras e conclusão falsa. E isto sugere que há alguma verdade na máxima de que os argumentos são válidos ou inválidos 'em virtude de sua forma'. E os sistemas lógicos formais são concebidos para representar de um modo esquemático, generalizado, a estrutura que julgamos ser compartilhada por um grupo de argumentos informais, e que julgamos ser a base de sua validade ou invalidade. Isto tende a sugerir, por sua vez, uma imagem dos argumentos informais como tendo uma estrutura única e reconhecível, como compostos, por assim dizer, de um esqueleto (as expressões que constituem sua forma) recoberto de carne (as expressões que constituem seu conteúdo); e do lógico formal como alguém que simplesmente concebe símbolos para representar as 'constantes lógicas', os componentes estruturais. Isto, contudo, simplifica demais. Penso que uma imagem melhor é a seguinte. Reconhecem-se similaridades estruturais entre argumentos informais, similaridades caracteristicamente marcadas pela ocorrência de certas expressões tais como 'e', ou 'a menos que', ou 'todo'. (Não se deveria, entretanto, esperar que cada argumento informal tenha necessariamente um único lugar neste modelo.) O lógico formal seleciona, dentre as expressões cujas ocorrências marcam similaridades estruturais, aquelas que (por diversas razões, a funcionalidade veritativa, por exemplo, cf. cap.3, p.60). são candidatas promissoras ao tratamento formal.

Esta imagem – esquemática como é – já começa a explicar por que é que tentativas de especificar quais expressões do inglês[*] deveriam ser consideradas como 'constantes lógicas' tendem a concluir com o reconhecimento um tanto desconfortável de que nem todas as expressões adequadamente 'neutras em relação ao assunto' (Ryle, 1954), nem todas as expressões que parecem ser essenciais para a validade dos argumentos informais (von Wright, 1957) são representadas no simbolismo da lógica formal. Por exemplo, 'diversos' é tão neutro em relação ao assunto e pode ser tão essencial a um argumento quanto 'todo'. O aparelhamento dos lógicos formais inclui um análogo deste, mas não daquele termo. Compare-se com a enumeração de Quine das constantes lógicas: 'partículas básicas tais como "é", "não", "e", "ou", "a menos que", "se", "então", "nenhum" (*neither*), "nem" (*nor*), "algum", "todo" etc.' (1940, p.1). É notável que a lista compreenda apenas aquelas expressões do português [ou do inglês] que podem ser confortavelmente representadas no cálculo sentencial e no cálculo de predicados clássicos, e que ela exclua 'ne-

---

[*] Ou do português etc., isto é, da língua de que se trata. (N. T.)

cessariamente' e 'possivelmente', por exemplo, sem dúvida por causa do ceticismo de Quine em relação à inteligibilidade da lógica modal. O 'etc.', é claro, nada ajuda, já que não se dá nenhuma indicação do que se consideraria como um acréscimo permissível à lista.

A relação entre os argumentos informais e suas representações formais, como se poderia esperar, não é diretamente um-a-um. Um argumento informal pode ser representado apropriadamente de diversas maneiras em diferentes formalismos. Por exemplo:

> Todo número natural é ou maior que ou igual a zero, e todo número natural é ou ímpar ou par, portanto todo número natural é ou maior que ou igual a zero e ou ímpar ou par

poderia corretamente ser representado no cálculo sentencial como:

$$\frac{p}{q}$$

e no cálculo de predicados como:

$$\frac{(x)Fx \,\&\, (x)Gx}{(x)(Fx \,\&\, Gx)}$$

(Notemos que a disponibilidade de representações alternativas não precisa depender de qualquer ambiguidade no original, embora se um argumento informal *for* ambíguo, isto naturalmente significará que ele tem mais de uma representação formal; cf. o esplendidamente ambíguo 'se você pode comer qualquer peixe, você pode comer qualquer peixe' de Anscombe.)

'p portanto q' é inválido, mas '$(x)Fx \,\&\, (x)Gx$ portanto $(x)(Fx \,\&\, Gx)$' é válido. E uma vez que o segundo revela mais da estrutura do argumento original, informal, que o primeiro, pode-se ser tentado a pensar que a melhor representação formal será aquela que exiba ao máximo a estrutura. Mas meu argumento informal pode ser representado, de novo no simbolismo do cálculo de predicados, com a estrutura mais revelada ainda, como:

$$\frac{(x)(Fx \vee Gx) \,\&\, (x)(Hx \vee Ix)}{(x)((Fx \vee Gx) \,\&\, (Hx \vee Ix))}$$

É claro que há um sentido no qual isto exibe mais estrutura do que se precisa. É preferível pensar a representação formal ótima como aquela que revela o mínimo de estrutura em conformidade com o fornecimento de um argumento formal que é válido no sistema se o argumento informal é considerado válido extrassistematicamente. Esta é a *máxima da análise superficial* de Quine (1960, p.160): 'Não coce onde não está coçando'.

Na interação entre *logica utens* e *logica docens*, sugeri (p.43) que se pode achar que vale a pena sacrificar juízos pré-formais de validade para facilidade (*smoothness*) da teoria formal, ou modificar-se uma teoria formal para acomodar avaliações de argumentos informais, ou – e é este ponto que desejo investigar aqui – revisar-se a concepção que se tem do modo apropriado de representar um argumento informal na lógica formal. Um critério pelo qual se julga se um argumento informal está corretamente representado por um certo argumento formal é o de que juízos intuitivos de validade são respeitados. Por exemplo, a confiança que se tem de que 'Alguém é primeiro-ministro ou alguém é rainha, portanto o primeiro-ministro é rainha' é inválido levaria a se resistir em representá-lo por um argumento formal válido no cálculo de predicados, como:

$$\frac{a = b}{a = c}$$
$$b = c$$

e requerer algo como o argumento inválido:

$$\frac{(\exists x)Fx \ \& \ (\exists x)Gx}{(\imath x)Fx = (\imath x)Gx}$$

Se, por outro lado, julga-se válido um argumento informal, procurar-se-á uma representação por meio de um argumento formal válido. Por exemplo, dentro dos limites do cálculo de predicados clássico, os predicados modificados por advérbios são normalmente representados por meio de novas letras predicativas; assim, um argumento como:

O presidente assinou o tratado com uma caneta vermelha.
Portanto, o presidente assinou o tratado.

seria representado como:
$$\frac{Fa}{Ga}$$
onde 'a' representa 'o presidente', 'F' representa 'assinou o tratado com a caneta vermelha' e 'G', 'assinou o tratado'. É claro que este é um argumento inválido no cálculo de predicados. E, portanto, tendo em vista a validade presumida do argumento original, informal, tem-se reivindicado que seja concebido algum meio mais claro para representar a modificação adverbial, que não suprima simplesmente a conexão lógica entre o predicado modificado por advérbio e sua forma não modificada. Davidson (1968a), por exemplo, propõe uma representação nos seguintes termos:

$$\frac{(\exists x)(x \text{ era a assinatura do tratado pelo Presidente e } x \text{ era feita com uma caneta vermelha})}{(\exists x)(x \text{ era a assinatura de um tratado pelo Presidente})}$$

que, como o argumento original, é válido. Notemos que isto fornece ao argumento original uma representação no cálculo de predicados clássico pela quantificação sobre eventos e pelo tratamento dos advérbios como predicados de eventos. Uma outra possibilidade seria a de estender o formalismo clássico, por exemplo, pela adição de operadores de predicados para representar advérbios. No caso dos advérbios modais, 'necessariamente' e 'possivelmente', este tipo de extensão do vocabulário da lógica formal já se deu.

Alguns filósofos da lógica insistiram na reivindicação de um quadro mais nítido, de acordo com o qual cada argumento informal tem uma única forma lógica – talvez não reconhecível imediatamente – que a representação simbólica correta irá exibir. Essa concepção foi sustentada, por exemplo, por Wittgenstein e por Russell durante seus períodos de Atomismo lógico (ver, por exemplo, Russell, 1918, Wittgenstein, 1922; e cf. o comentário sobre a teoria das descrições de Russell no cap.5, p.102). Pois eles almejavam conceber uma linguagem única, idealmente clara, na qual a forma lógica seria perfeitamente exibida. Mais recentemente, Davidson tomou uma posição similar: para ele, a forma lógica de um argumento é sua representação em uma linguagem formal para a qual a verdade possa ser definida de acordo com as restrições impostas pela teoria de Tarski (cap.7, p.143). Russell pensava que a forma gramatical de uma sentença tende a ser enganadora com relação a sua forma lógica. Alguns autores recentes, impressionados pela postulação de Chomsky de uma estrutura gramatical profunda subjacente à estrutura gramatical superficial (ver Chomsky, 1957), mas talvez totalmente diferente dela, sugeriram que a forma lógica de um argumento poderia ser identificada com sua estrutura gramatical profunda (ver Harman, 1970). A estrutura gramatical/lógica profunda relevante teria, presumivelmente, que ser universal entre as línguas, já que, de outro modo, poder-se-ia correr o risco de admitir que um argumento possa ser válido, digamos, em hebraico, mas inválido em hindi. E, na minha opinião, é duvidoso que se tenha o direito de esperar que os linguistas vão eventualmente descobrir uma estrutura gramatical suficientemente rica e universal. Assim, não posso ser inteiramente otimista sobre as perspectivas deste quadro – agradavelmente bem-ordenado, como se admite. Não obstante isto, entretanto, não vejo razão para desânimo em face da interdependência entre juízos de validade intuitivos, informais, intuições com respeito aos aspectos estruturais essenciais dos argumentos informais, e o desenvolvimento de sistemas lógicos formais. Ao contrário, pode-se mesmo sentir certa satisfação em relação à maneira como isto explica por que questões centrais da filosofia da lógica se agrupariam em torno do problema do ajuste entre argumentos informais e suas representações formais: uma questão que, a respeito dos conectivos, quantificadores e termos singulares, os próximos três capítulos vão investigar de forma mais aprofundada.

3
CONECTIVOS SENTENCIAIS

Considerações formais

Vou começar esboçando alguns aspectos formais importantes dos conectivos sentenciais, e passar à consideração de algumas questões filosóficas sobre o significado dos conectivos.

Conjuntos adequados de conectivos: completude funcional

Os conectivos – '–', '&', '∨', '→' e '≡' – do cálculo sentencial clássico são funcional-veritativos: o valor de verdade de uma sentença composta formada por meio deles depende apenas dos valores de verdade de seus componentes. Um conjunto de conectivos é *adequado* se pode expressar todas as funções de verdade. Há 16 (2^{2^2}) funções de verdade bivalentes de dois argumentos.[1] Cada um dos conjuntos {–,→}, {–,∨}, {–,&}, {|} e {↓} ('A | B' é 'não ambos A e B' e 'A ↓ B' é 'nem A nem B') é adequado para expressar todas

---
[1] A saber:

A	B	1	2	3	4	5	6	7	8	9	10	11	12	13	14	15	16
v	v	v	v	v	v	v	v	v	v	f	f	f	f	f	f	f	f
v	f	v	v	v	v	f	f	f	f	v	v	v	v	f	f	f	f
f	v	v	v	f	f	v	v	f	f	v	v	f	f	v	v	f	f
f	f	v	f	v	f	v	f	v	f	v	f	v	f	v	f	v	f

elas. Um sistema formal é *funcionalmente completo* se tem um conjunto adequado de conectivos. Por exemplo, o dos *Principia*, com '–' e '∨' como primitivos, é funcionalmente completo, ao passo que o fragmento implicacional do cálculo sentencial, com apenas '→', não o é. Muitas formulações – por exemplo, Lemmon (1965) – têm mais conectivos do que é necessário para a completude funcional. É porque há conjuntos alternativos adequados de conectivos que se tem formulações do cálculo sentencial com diferentes conjuntos de primitivos. Dado qualquer conjunto adequado, os outros conectivos podem ser definidos. Por exemplo, com '–' e '→' como primitivos, 'A ∨ B' pode ser definido como '–A → B' e, então, 'A & B' como '–(–A ∨ –B)'. Com '|' ou '↓' primitivos, '–A' pode ser definido como 'A | A' ou 'A ↓ A'. Algumas formulações empregam uma constante, 'F', que deve ter sempre o valor *f*, e definem '–A' como 'A → F'. Em cada caso, a correção das definições pode ser verificada ao se compararem as tabelas de verdade do *definiens* e do *definiendum* e observar que elas correspondem à mesma função de verdade.

Matrizes características: decidibilidade

Uma matriz, ou conjunto de tabelas de verdade, M, é *característica* para um sistema S sse todos os teoremas de S, e apenas eles, são designados em M, e todas as inferências válidas de S, e apenas elas, preservam a designação em M. Qualquer valor pode ser designado, mas, usualmente, trata-se de designar o valor 'verossímil', ou talvez, no caso de lógicas polivalentes, os valores 'verossímeis'. Na lógica bivalente, é claro, '*v*' é designado. Uma wff é designada em M sse toma um valor designado qualquer que seja a atribuição feita as suas partes atômicas. Uma regra, de $A_1 \ldots A_n$, inferir B, preserva a designação sse B toma um valor designado sempre que todos os $A_1 \ldots A_n$ o fizerem. Por exemplo, as tabelas de verdade bivalentes são características para o cálculo sentencial clássico.

As tabelas de verdade finitas fornecem um *procedimento de decisão*, isto é, um método mecânico para determinar, para qualquer wff do sistema, se ela é um teorema.

Conectivos sentenciais

Lógica polivalente

É claro que seria possível conceber matrizes características polivalentes para o cálculo sentencial bivalente. Denomino 'bivalente', em vez de 'polivalente', a lógica sentencial bivalente porque este é o menor número de valores que pode fornecer uma matriz característica. Por uma 'lógica n-valente' vou entender um sistema que tem uma matriz característica com n valores e nenhuma matriz característica com m valores, para $m < n$. Alguns dos sistemas a que me referi como 'alternativos' têm matrizes características finitas; não inesperadamente, uma motivação para conceber tais sistemas tem sido a crença de que algumas sentenças dentro do âmbito da lógica não são nem verdadeiras nem falsas, mas ou são destituídas de valor de verdade, ou têm talvez um valor de verdade intermediário: uma crença que vai receber uma atenção mais cuidadosa no Capítulo 11. Outros sistemas alternativos, tais como a lógica intuicionista e algumas lógicas quânticas, não têm matrizes características finitas, mas apenas infinitas. No que se segue, 'lógica polivalente' vai significar 'lógica n-valente para $2 < n < \infty$', exceto quando eu falar especificamente de sistemas *infinitamente* polivalentes.

Em uma lógica n-valente, qualquer lugar dado em uma tabela de verdade pode ser ocupado por qualquer um dos n valores; assim, desde que a tabela de verdade para um conectivo k-ádico tem n^k linhas, o número das funções de verdade de k argumentos em uma lógica n-valente vai ser n^{n^k} – um número que aumenta enormemente com pequenos acréscimos em n. A lógica trivalente de Łukasiewicz, com '−', '&', '∨', '→' e '≡', é funcionalmente incompleta. Słupecki mostrou que ela se torna funcionalmente completa com a adição de um novo conectivo monádico T (para '*tertium*') tal que 'TA' toma o valor intermediário qualquer que seja o valor de 'A'. Como era de esperar, as relações habituais de interdefinibilidade tendem a falhar na lógica polivalente. Por exemplo, na lógica trivalente de Łukasiewicz, '$A \vee B$' não tem a mesma tabela de verdade de '$-A \to B$', como ocorre na lógica bivalente. Ela pode ser definida, em vez disso, como '$(A \to B) \to B$'.

Os significados dos conectivos

Linguagens formais e leituras informais

Pode-se tomar em consideração o cálculo sentencial, por assim dizer, em quatro níveis:

(i) os axiomas/regras de inferência
(ii) a interpretação formal (matrizes)
(iii) as leituras de (i) na linguagem ordinária
(iv) a explicação informal de (ii)

(i) é o nível da sintaxe. Os níveis (ii) e (iv) são chamados por Plantinga (1974, p.126-8) de semânticas 'pura' e 'depravada', respectivamente. Por serem formais, os níveis (i) e (ii) são facilmente tratáveis. Contudo, os níveis (iii) e (iv), embora mais complicados, não são menos importantes. No Capítulo 1, observei que a identificação de um sistema como um sistema de lógica requer um apelo a sua interpretação (pretendida?). Para identificar um sistema como um cálculo sentencial, é preciso não só conhecer os axiomas/regras e suas interpretações formais por meio de matrizes, mas saber também que os valores devem representar verdade e falsidade, que as letras 'p', 'q' etc., representam sentenças, '−', negação, '&', conjunção, '∨', disjunção, e assim por diante. O entendimento que se tem dos conectivos deve presumivelmente derivar, de alguma maneira, de alguns ou de todos esses níveis.

A concepção que se tem de como os conectivos adquirem seu significado vai afetar a atitude em relação a uma série de questões. Por exemplo, sustenta-se que os conectivos nas lógicas alternativas diferem em significado dos conectivos tipograficamente idênticos da lógica clássica, de forma que, quando um lógico alternativo nega '$A \vee -A$', digamos, o que ele nega não é, ao contrário do que parece, o que o lógico clássico assevera quando afirma '$A \vee -A$'. Um argumento a favor dessa tese de 'variação de significado' (cf. cap.12, p.291) seria o de que o significado dos conectivos é dado simplesmente pelos axiomas/regras e/ou matrizes do sistema (níveis (i) e (ii)), do que se segue que os conectivos de uma lógica polivalente devem diferir em significado daqueles da lógica bivalente, já que os axiomas/regras e as matrizes diferem. Uma outra disputa diz respeito à propriedade das leituras em português dos conectivos – quão exatamente, por exemplo, 'e' representa '&', ou 'se', '→'. O que parece estar em questão aqui é se os axiomas/regras são verdadeiros/preservam a verdade, e as matrizes, corretas, se se entende que elas caracterizam as expressões, em português, utilizadas como leituras: se, desde que '$A \& B$' recebe v sse 'A' recebe v e 'B' recebe v, 'A e B' é verdadeira sse 'A' é verdadeira e 'B' é verdadeira. Isto, por sua vez, levanta uma outra questão: importa se há uma discrepância?

'tonk'

Prior argumentou que os significados dos conectivos não podem derivar dos axiomas/regras do sistema no qual eles aparecem, nem de suas tabelas de verdade, mas devem ser dados por suas leituras em português. (Se ele estivesse certo, é claro que a concepção da 'variação de significado' dos lógicos polivalentes, mencionada acima, estaria refutada.) Prior (1960, 1964) apresenta uma pretensa *reductio ad absurdum* da tese de que há 'inferências analiticamente válidas', isto é, inferências cuja validade decorre apenas dos significados das constantes lógicas nelas contidas. De acordo com esta tese, a inferência de '$A \& B$' para 'A' é analiticamente válida, pois o significado de '&' é dado completamente pelas regras de inferência de &-introdução e &-eliminação. Prior argumenta que 'neste sentido de "analiticamente válido", qualquer enunciado pode ser inferido, de uma maneira analiticamente válida, de qualquer outro enunciado' (1960, p.130). Suponhamos que o significado de '*tonk*' seja dado pelas regras de inferência:

(T_1) de 'A' inferir 'A *tonk* B' ('*tonk*-introdução')
(T_2) de 'A *tonk* B' inferir 'B' ('*tonk*-eliminação')

Utilizando estas regras, $A \vdash B$, para quaisquer A e B:

(1) A hipótese
(2) A *tonk* B (1), (T_1)
(3) B (2), (T_2)

Portanto, é claro que um sistema com (T_1) e (T_2) seria inconsistente. Nada de essencial depende de Prior usar regras de inferência em vez de axiomas. Os axiomas 'A → (A tonk B)' e '(A tonk B) → B', com a regra para inferir B de A → B e A (modus ponens, doravante MPP) levariam a consequências igualmente alarmantes; ver Prior (1964, p.192).

O próprio Prior (1960, p.129-30) acredita ter mostrado que a noção de uma inferência analiticamente válida é uma confusão, e que 'uma expressão deve ter algum significado independentemente determinado antes que possamos descobrir se as inferências que a envolvem são válidas ou inválidas'.

Prior argumenta que desde que as regras (T_1) e (T_2) não podem dar o significado de 'tonk', os significados dos conectivos não podem, em geral, ser dados pelos axiomas/regras nos quais eles ocorrem. Contudo, pode-se responder que (T_1) e (T_2) deixam de especificar o significado de 'tonk' pela razão suficiente de que são regras *defeituosas*. Elas admitem que A ⊢ B, para quaisquer A e B. E nenhum sistema no qual qualquer coisa é derivável de qualquer coisa tem qualquer possibilidade de discriminar inferências aceitáveis de inferências inaceitáveis (cf. Belnap, 1961; Stevenson, 1961). Prior não mostrou que regras aceitáveis de inferência não poderiam dar o significado dos conectivos que nelas ocorrem.

Sugeri antes que um dos grandes objetivos da construção de sistemas formais de lógica é o de fornecer axiomas/regras tais que as inferências informais expressáveis na linguagem do formalismo, que são intuitivamente consideradas válidas no sentido extrassistemático, sejam válidas no sistema. L_T seria tão defeituoso que não tem nenhuma possibilidade de sucesso nesse empreendimento.

Objetivos da formalização

Algo mais precisa ser dito, contudo, sobre a maneira pela qual os sistemas lógicos formais visam representar inferências intuitivamente válidas. Poder-se-ia pensar um sistema lógico formal como algo concebido da seguinte maneira. Alguns argumentos informais são intuitivamente considerados válidos, outros, inválidos. Constrói-se, então, uma linguagem formal na qual os aspectos estruturais relevantes desses argumentos possam ser esquematicamente representados, e axiomas/regras que admitam os argumentos intuitivamente aprovados, e proíbam os intuitivamente desaprovados. Claro que esta é, no melhor dos casos, uma 'reconstrução racional' *muito* esquemática e não se pretende que seja uma história detalhada e séria. Todavia, embora eu aceite que lógicas formais tenham sido algumas vezes concebidas simplesmente por curiosidade matemática, penso que algo semelhante a este processo que descrevi se deu quando, por exemplo, Frege concebeu seu *Begriffsschrift*. É claro que as linguagens lógicas usuais são agora tão conhecidas que não se tem mais muita consciência de como e por que elas foram inicialmente construídas. Contudo, o mesmo processo pode ser visto em tentativas recentes de conceber novos formalismos para tipos de argumento até aqui negligenciados; ver, por exemplo, o procedimento adotado por D. K. Lewis (1973) ao conceber sua análise dos contrafactuais.

Bem, supondo que isto está de modo geral correto, qual é sua importância para questões a respeito dos significados dos conectivos? Penso que algo como o seguinte: primeiro, pode-se esperar que *tanto* a sintaxe e a semântica puras (níveis (i) e (ii)) *quanto* as leituras informais e a semântica depravada (níveis (iii) e (iv)) contribuam para os significados dos conectivos, pois parte do objetivo do empreendimento é fazer os níveis (i) e (ii) representarem adequadamente (iii) e (iv).

Contudo, se a lógica formal seguisse fielmente os argumentos informais em toda sua complexidade e vaguidade, haveria pouco proveito na formalização. Ao formalizar, procura-se generalizar, simplificar, e aumentar a precisão e o rigor. Penso que isso significa que não se deve nem esperar, nem desejar, uma representação formal direta de todos os argumentos informais considerados válidos extrassistematicamente. Ao contrário, juízos pré-sistemáticos de validade vão fornecer dados para a construção de uma lógica formal, mas pode--se esperar que considerações de simplicidade, precisão e rigor levem a discrepâncias entre os argumentos informais e suas representações formais, e mesmo, em alguns casos, talvez a uma reavaliação dos juízos intuitivos. Usam-se juízos intuitivos de alguns argumentos para construir uma teoria formal que dá veredítos, talvez veredítos completamente inesperados, sobre outros argumentos. E pode-se, eventualmente, sacrificar alguns dos juízos originais a considerações de simplicidade e generalidade. Estes pontos estão relacionados, é claro, com a interdependência dos juízos que se têm da correção de uma tradução de um argumento informal para uma linguagem formal e da concepção pré-sistemática que se tem de sua validade, assinalada no Capítulo 2. (Um exemplo seria a versão padrão de 'Todos os Fs são Gs' como '$(x)(Fx \to Gx)$', que é verdadeira se seu antecedente é falso, i.e., se não há Fs. É bastante duvidoso que se teria concordado pré-sistematicamente que, digamos, todos os unicórnios são púrpura, e bastante certo que não se teria concordado que todos os unicórnios são púrpura e todos os unicórnios são laranja.)

Dever-se-ia reconhecer, então, que o fracasso por parte de um sistema formal em representar *todas* as particularidades dos argumentos informais que ele sistematiza não é necessariamente questionável. Entretanto, deve-se ter muito cuidado em não assumir que *todos* os ajustes são aceitáveis. É preciso perguntar se os ganhos em simplicidade e generalidade compensam a discrepância. Algumas das particularidades do português podem ser importantes. Estes comentários podem parecer desagradavelmente vagos; vou tentar torná-los mais específicos, considerando alguns exemplos.

Por que as lógicas formais usuais têm, por exemplo, '&', que se lê 'e', mas nenhum análogo formal de 'porque', ou 'mas'; e '(∃...)', que se lê 'pelo menos um', mas nenhum análogo formal de 'diversos' ou 'bem poucos'? Dois aspectos das expressões favorecidas se sugerem: funcionalidade veritativa e precisão.

'&' é funcional-veritativo. E as funções de verdade são, de modo especial, prontamente acessíveis ao tratamento formal – notadamente, elas admitem a possibilidade de um procedimento mecânico de decisão. Sem dúvida, é por isso que o lógico formal tem um análogo de 'e', mas nenhum de 'porque' ou 'mas'. Pelo menos em um grande número de usos, 'e' é funcional-veritativo, ao passo que o valor de verdade de 'A porque B' depende não apenas dos valores de verdade de 'A' e 'B', mas também do fato de B ser uma razão para A, e o valor de verdade de 'A mas B' também depende de ser a combinação de A e B contrastante. 'Pelo menos um' e 'todos' não são funções de verdade (embora no caso especial de um universo finito eles sejam equivalentes a '$Fa \vee Fb \vee \ldots \vee Fn$' e '$Fa \& Fb \& \ldots \& Fn$', respectivamente). Mas eles são precisos – diferentemente de 'diversos' e 'bem poucos'. É notável que uma das leituras comuns de '(∃...)', 'algum', seja mais vaga que o próprio '(∃...)'; 'pelo menos um' é uma leitura mais exata. (Outras ciências compartilham com a lógica a tendência de precisar e idealizar. Comparemos isso com os pontos sem extensão da geometria e as superfícies sem atrito da mecânica.)

Entretanto, embora seja claro que expressões funcional-veritativas e precisas são preferíveis, do ponto de vista da simplicidade e do rigor, a expressões não funcional-veritativas ou vagas, não é tão claro que esta preferência seja dominante. Pois operadores não funcional-veritativos – 'L' e 'M' para 'necessariamente' e 'possivelmente', por exemplo – *são* usados pelos lógicos formais. Von Wright (1963) sugeriu um sistema com o conectivo sentencial 'T', que se lê 'e então', que preserva o sentido temporal que 'e' tem às vezes em português.[2] E, enquanto o cálculo de predicados clássico se restringe a 'todo' e 'pelo menos um', Altham (1971) concebeu uma lógica com quantificadores para 'muitos' e 'poucos'.

Todos concordam que a propriedade de ser uma função de verdade é desejável, mas está igualmente claro que uma lógica restrita a funções de verdade seria inaceitavelmente limitada. É mais controvertido o quanto é essencial a precisão para o empreendimento da lógica formal. A objeção de Dummett em admitir 'lógicas' epistêmicas como genuinamente lógicas, vamos lembrar, era que 'sabe' e 'acredita' são inerentemente vagos. Outros lógicos, contudo, fizeram uso deliberado de ideias vagas. Por exemplo, em uma análise dos condicionais contrafactuais ('Se tivesse sido o caso que *A*, teria sido o caso que *B*'), D. K. Lewis (1973, especialmente cap.4) propõe que se empregue a ideia reconhecidamente vaga de similaridade entre mundos possíveis (*grosso modo*, 'em todos aqueles mundos possíveis mais similares ao mundo real, mas nos quais *A*, *B*'). Ele defende seu compromisso com a vaguidade observando que a vaguidade do *analysans* não é questionável desde que o próprio *analysandum* é vago. Zadeh, com sua 'lógica difusa' (ver, por exemplo, 1975) propõe um distanciamento ainda mais radical da preocupação tradicional da lógica com a precisão. Duvido que tais distanciamentos estejam justificados por

---

[2] Um ponto correlato é que o aparato lógico clássico não é sensível a considerações temporais. Aconselha-se usualmente que os '*p*'s e '*q*'s devem ser entendidos atemporalmente. Algumas propostas de lógicas temporais são discutidas no Capítulo 9, p.212.

seus resultados até o momento, mas muito mais argumentação seria necessária para mostrar que esta dúvida é bem fundada (cf. cap.9, p.219).

'&' e 'e', '∨' e 'ou', etc.

A respeito das leituras 'não' (de '−'), 'e' (de '&'), 'ou' (de '∨') e 'se..., então---' (de '→'), Strawson (1952, p.79) observou que 'as primeiras duas são as menos enganadoras' e as restantes 'definitivamente erradas'. Certamente, há discrepâncias.

Enquanto, no cálculo sentencial, '−' é um operador que forma sentenças a partir de sentenças, 'não', em português, pode negar ou uma sentença inteira, ou então seu predicado. Essa distinção (entre negação 'externa' e 'interna') tem sido considerada importante para o entendimento de sentenças supostamente sem significado. Por exemplo, tem sido sugerido que 'A virtude não é triangular', assim como 'A virtude é triangular', é destituída de significado, enquanto 'Não é o caso que a virtude é triangular' é verdadeira. Tem sido também observado que, no discurso coloquial, a dupla negação nem sempre 'se cancela', mas pode ser usada como negação enfática. Como já observei, 'e' é usado às vezes no sentido de 'e então', enquanto '&' é indiferente à ordem temporal.

Alguns argumentaram que 'ou' tem dois sentidos, um inclusivo e outro exclusivo. Mas isso não seria uma divergência muito séria em relação ao '∨' do cálculo sentencial, uma vez que uma disjunção exclusiva poderia ser definida como '(A ∨ B) & −(A & B)'. Um segundo argumento a favor da discrepância entre 'ou' e '∨' apela para o fato de que, no discurso ordinário, poderia ser seriamente enganador afirmar, digamos, 'John tem o livro ou Mary o tem' se se está em posição de afirmar 'John tem o livro'. Entretanto, poder-se-ia sustentar que a estranheza do análogo da regra de ∨-introdução (de 'A' inferir 'A ∨ B'), no discurso ordinário, é, antes, uma questão daquilo que Grice denominou *implicatura conversacional* que uma questão de validade. De acordo com a explicação de Grice, um falante implica conversacionalmente que B se *seu afirmar que A* dá a seu ouvinte razão para crer que ele acredita que B. Desde que afirmar 'A ou B' quando se pode afirmar 'A' (ou 'B') contraria uma das máximas de

Grice de franqueza conversacional: que não se deve fazer uma asserção mais fraca quando se pode fazer uma mais forte – um falante que afirma 'A ou B' implica conversacionalmente que ele não sabe se é A ou B que é verdadeiro. Desde que esta explicação não diz respeito aos valores de verdade das asserções, ela permite que se esteja de acordo que 'A ou B', assim como 'A ∨ B', é verdadeira apenas no caso de 'A' ser verdadeira ou 'B' ser verdadeira e, assim, explicaria a aparente discrepância.

As discrepâncias entre '→' e 'se' foram geralmente consideradas as mais sérias. Parece haver um forte acordo de que se 'Se A então B' é verdadeira, então 'A → B' é verdadeira, mas é altamente controvertido que se 'A → B' é verdadeira, 'Se A então B' seja verdadeira. Faris (1962) argumenta que 'Se A então B' é derivável de 'A → B'; desta forma, 'A → B' e 'Se A então B' são interderiváveis, se é que não são sinônimos. Ele supõe que uma condição necessária e suficiente para a verdade de 'Se A então B' é a *condição E*: há um conjunto S de proposições verdadeiras tal que B é derivável de A junto com S. Se 'A → B' é verdadeira, Faris continua, há um conjunto de proposições verdadeiras, a saber, o conjunto de que 'A → B' é o único membro, do qual, com A, B é derivável. Portanto, E é satisfeita, e 'Se A então B' é verdadeira. O argumento de Faris foi atacado em vários pontos. Compreensivelmente, os críticos parecem convencidos de que a conclusão está errada, mas menos certos de onde exatamente esteja a falha do argumento (ver, por exemplo, Baker, 1967; Clark, 1971; L. J. Russell, 1970). Valeria observar que o argumento de Faris depende enormemente de uma noção de 'derivabilidade' que abarca as linguagens naturais e formais de uma maneira um tanto irregular. Outros autores argumentaram que as aparentes discrepâncias entre '→' e 'se' são, antes, uma questão de implicação conversacional que de condições de verdade. Sua explicação seria mais ou menos assim: não é que 'Se A então B' seja falsa se 'A' é falsa ou 'B' verdadeira; mas, ao contrário, que quando não há conexão entre 'A' e 'B', seria inútil e enganador afirmar 'Se A então B' se se pode afirmar '–A' ou 'B' (ver Johnson, 1921; Moore, 1952). Outros, mais uma vez, sugeriram que 'se' tem diversos usos em português [*if* – em inglês], um dos quais pode corresponder estreitamente a '→', mas os outros requerem uma representação diferente (ver Mackie, 1973, onde se distinguem nove usos, e seis explicações dos condicionais em inglês).

A lógica moderna, de fato, fornece mais de um tipo de condicional. O condicional material, que discuti até aqui, é funcional-veritativo. E '$A \to B$' é verdadeira se ou 'A' é falsa ou 'B' é verdadeira. Portanto, ela possui os teoremas:

$$A \to (B \to A)$$
$$-A \to (A \to B)$$
$$(A \to B) \vee (B \to A)$$

Estes são os 'paradoxos da implicação material'. Os 'paradoxos' resultam se se lê '$\to$' como 'se' ou 'implica'. C. I. Lewis comenta que o terceiro desses teoremas diz que se se tomam quaisquer duas sentenças, ao acaso, de um jornal, ou a primeira vai implicar a segunda, ou a segunda, a primeira. A reflexão sobre estes paradoxos levou Lewis a propor um condicional mais forte, '$A \prec B$', onde '$\prec$' é a implicação *estrita*, definida como 'Necessariamente $(A \to B)$'. 'Necessariamente $(A \to B)$', dada a semântica usual para a lógica modal, é considerada verdadeira se B é verdadeira em todos os mundos possíveis nos quais A é verdadeira. Outras relações de implicação, modeladas segundo a implicação estrita, foram apresentadas na análise de contrafactuais (ver Stalnaker, 1968; D. K. Lewis, 1973).

No entanto, a implicação estrita tem seus próprios paradoxos. Em resumo, assim como uma proposição falsa implica materialmente qualquer proposição, e uma proposição verdadeira é materialmente implicada por qualquer proposição, uma proposição impossível implica estritamente qualquer coisa, e qualquer coisa implica estritamente uma proposição necessária. Os lógicos da relevância, consequentemente, propõem um condicional ainda mais estrito, que requer uma relação de relevância entre o antecedente e o consequente (ver Anderson & Belnap, 1975, §1). Esses lógicos objetam a que se chame '$\to$' de 'implicação material', assim como que seja lido como 'Se..., então---'; 'negação imaterial', sugerem eles, não seria mais inapropriada. Eles também estendem sua crítica da lógica funcional-veritativa à disjunção – lembremos que, no sistema clássico, '$A \to B$' é equivalente a '$-A \vee B$' – argumentando que o 'ou' informal é, como 'se', intensional.

Uma questão aqui é a de qual condicional melhor corresponde a 'se', para a qual, é claro, a resposta pode ser de que diferentes condicionais formais correspondem melhor a diferentes usos ou sentidos de 'se'. Uma outra questão é: admitindo que a implicação material, sendo funcional-veritativa, é o mais simples dos condicionais formais, se o recurso aos condicionais estrito, ou subjuntivo, ou relevante, traz vantagens para compensar a perda de simplicidade. E aqui, penso, os propósitos para os quais a formalização é empreendida podem ser cruciais. Se se está preocupado apenas em representar formalmente os argumentos válidos que são usados na matemática, por exemplo, poderia ser que a implicação funcional-veritativa fosse adequada, embora mesmo isso seja discutível (cf. Anderson & Belnap, 1975, §3). Se, entretanto, se está preocupado em representar argumentos nas ciências empíricas, pode ser que, desde que a ciência, ao que parece, está profundamente comprometida com disposições e, portanto, com condicionais subjuntivos ('x é solúvel' ou 'Se x fosse colocado na água, ele se dissolveria'), é provável que se necessite de algo mais forte. Mas isso também é discutível (ver, por exemplo, Goodman, 1955, ou Quine, 1973, p.8-16). Logo, a importância das discrepâncias entre 'se' e '→' vai depender das respostas a pelo menos duas questões mais: para que propósito(s) a formalização é destinada? e, este propósito requer algo mais forte que o condicional material? Ambas as questões – como vamos ver no decorrer de um exame mais atento dos condicionais estrito e relevante, no Capítulo 10 – são profundas e difíceis.

4
QUANTIFICADORES

Os quantificadores e sua interpretação

'(x)Fx' é usualmente lido como 'Para todo x, Fx', e '(∃x)Fx' como 'Para algum x, Fx' ou, mais precisamente, 'Para pelo menos um x, Fx'. '(...)' é geralmente conhecido como o quantificador *universal*, '(∃...)', como o *existencial*. Uma variável dentro do escopo de um quantificador, tal como 'x' em '(∃x)Fx', diz-se *ligada*; uma variável não ligada por qualquer quantificador, tal como 'x' em 'Fx', ou 'y' em '(∃x)Rxy', diz--se *livre*. Uma fórmula com uma ou mais variáveis livres é chamada uma *sentença aberta* (monádica, diádica, ..., enádica); uma fórmula sem variáveis livres, uma *sentença fechada* (ou 'sentença aberta niládica'). Assim, prefixar um quantificador, '(x)' ou '(∃x)', a uma sentença aberta, tal como 'Fx', com apenas 'x' livre, produz uma sentença fechada, '(x)Fx' ou '(∃x)Fx'. De modo geral, prefixar um quantificador a uma sentença aberta com n variáveis livres, ligando uma de suas variáveis, produz uma sentença aberta com n − 1 variáveis livres.

Algumas formulações do cálculo de predicados possuem *termos singulares*, '*a*', '*b*', '*c*' etc., assim como variáveis. Aqueles são constantes individuais, cada uma denotando um indivíduo específico. Ao retirar um quantificador e substituir a(s) variável(is) que ele liga por termos singulares, obtém-se uma instância da fórmula quantificada, como por exemplo, 'Fa → Ga' é uma instância de '(x)(Fx → Gx)'.

Pode-se pensar que as variáveis ligadas desempenham um papel análogo àquele dos pronomes que, nas linguagens naturais, asseguram a referência cruzada (*cross-reference*), e que os termos singulares desempenham um papel análogo àquele dos nomes próprios que, nas linguagens naturais, se referem a indivíduos (mas cf. cap.5).

Na lógica moderna, como acabo de indicar, os quantificadores e os termos singulares pertencem a categorias sintáticas completamente diferentes. Frege, que inventou a teoria da quantificação (Frege, 1879; os quantificadores também foram concebidos, independentemente, por Peirce e Mitchell; ver Peirce, 1885) deu grande ênfase à importância de deslocar a atenção da distinção sujeito-predicado para a distinção função-argumento. Uma consequência disso, essencial à adequação do formalismo para representar o argumento matemático, é admitir relações, uma vez que se podem ter funções de mais de um argumento. Uma outra, que é mais relevante para nossos propósitos atuais, é a de admitir funções de segundo nível, a categoria dos quantificadores. Por exemplo, dizer que existem cães de três pernas, de acordo com Frege, é dizer que o conceito *cão de três pernas* não é vazio. O quantificador '(∃...)' é um conceito que se aplica a conceitos, uma função de segundo nível (ver Frege, 1891, 1892). Contudo, alguns autores pensaram que os quantificadores da linguagem natural, 'algum', 'todos', 'cada', e assim por diante, se comportam de modo muito semelhante a nomes. Russell, por exemplo, uma vez tentou tratar esses 'quantificadores' como 'frases denotativas'. 'Algum garoto' era como 'John', a não ser por denotar um indivíduo 'ambíguo'. Mas depois ele se decidiu por uma explicação no estilo fregeano (Russell, 1903; e cf. críticas em Geach, 1962). Autores posteriores, especialmente Montague (1973), continuaram com a ideia de tratar os quantificadores como semelhantes aos nomes (e cf. a defesa de Hintikka dessa abordagem em 1976, e os comentários de Fogelin e Potts). Contudo, vou restringir minha discussão aos quantificadores regulares 'fregeanos'.

No cálculo de predicados de *primeira ordem*, apenas as variáveis 'individuais', 'x', 'y', ... etc., podem ser ligadas por quantificadores. Nos cálculos de *segunda ordem*, 'F', 'G', ... etc., podem também ser ligadas, como em '$(x)(F)Fx$'. Uma letra sentencial, 'p', 'q', ... etc., pode ser considerada um caso limite de uma letra predicativa. 'R' em 'Rxy'

é um predicado diádico, 'F' em 'Fx', um predicado monádico, e 'p', em 'p', um predicado niládico. Assim, o cálculo sentencial quantificado, que admite quantificadores ligando 'p', 'q', etc., como em '(p)(p ∨ −p)', é um tipo de cálculo de segunda ordem. Os cálculos com diferentes estilos de variável, cada um destes variando sobre diferentes tipos de coisas, tais como um formalismo com um estilo de variável para números naturais e outro para números reais, são conhecidos como teorias *polissortidas* (*many-sorted*).

Com o auxílio dos quantificadores, enunciados numéricos – 'Há n xs que são F' – podem ser formulados. 'Há *pelo menos um x* que é F' é:

$$(\exists x)Fx$$

e 'Há *no máximo um x* que é F' é:

$$(x)(y)(Fx \& Fy \to x = y)$$

(se isso não for óbvio, observe-se que se pode ler a fórmula acima como 'Se há dois Fs, eles são o mesmo'). Assim, 'Há *exatamente um x* que é F' é:

$$(\exists x)(Fx \& (y)(Fy \to x = y))$$

e 'Há *exatamente dois* xs que são F' é:

$$(\exists x)(\exists y)(Fx \& Fy \& x \neq y \& (z)(Fz \to z = x \lor z = y))$$

e assim por diante.[1] Quantificadores numéricos menos específicos, tais como 'muitos' e 'poucos', também receberam tratamento formal (Altham, 1971) como 'pelo menos n' e 'no máximo n', para n variável.

As distinções feitas no capítulo precedente entre as *leituras informais* dos símbolos de uma linguagem formal (nível (iii)), sua *interpretação formal* (nível (ii)), e a explicação informal oferecida para a semântica formal (nível (iv)), aplicam-se, sem dúvida, tanto aos quantificadores quanto aos conectivos sentenciais. Enquanto no caso dos

---

[1] Parte do programa logicista consistia na definição dos números naturais como certos conjuntos; 0 como o conjunto dos conjuntos sem elementos, 1 como o conjunto dos conjuntos de um elemento, ... n como o conjunto dos conjuntos de n elementos, por exemplo. Notemos como isso define o uso *substantival* dos números (como em '9 > 7') em termos do uso *adjetival* como em 'Há 9 planetas'), que pode, como acabo de explicar, ser expresso em termos de quantificadores e identidade.

conectivos a controvérsia principal se centrava em torno da questão de quão adequadamente podem os conectivos funcionais-veritativos representar seus análogos em português, no caso dos quantificadores, a questão chave diz respeito a sua interpretação formal apropriada. Frequentemente observa-se que o quantificador universal é análogo à conjunção:

$$(x)Fx \equiv Fa \,\&\, Fb \,\&\, Fc \,\&\, \ldots \text{ etc.}$$

e o quantificador existencial, à disjunção:

$$(\exists x)Fx \equiv Fa \lor Fb \lor Fc \lor \ldots \text{ etc.}$$

De fato, para uma teoria cujo domínio seja finito (por exemplo, onde as variáveis variem sobre os membros do governo britânico), uma fórmula universalmente quantificada é equivalente a uma conjunção finita, e uma fórmula existencialmente quantificada, a uma disjunção finita. Contudo, para uma teoria cujo domínio seja infinito (por exemplo, onde as variáveis variem sobre os números naturais), as fórmulas quantificadas podem ser representadas apenas por conjunções ou disjunções infinitamente longas – o '... etc.' é ineliminável. Assim, uma interpretação aceitável teria de fornecer a generalidade indispensável. E, de fato, dois estilos distintos de interpretação foram oferecidos para os quantificadores. A *interpretação objetual* apela para os *valores* das variáveis, os objetos sobre os quais as variáveis variam:

'$(x)Fx$' é interpretado como 'Para todos os objetos, x, no domínio D, Fx'

'$(\exists x)Fx$' é interpretado como 'Para pelo menos um objeto, x, no domínio D, Fx'.

O domínio pode ser restrito, i.e., D pode ser especificado como um conjunto de objetos designados como o domínio das variáveis – como, por exemplo, os números naturais, pessoas, personagens de ficção, ou o que quer que seja. Ou ele poderia ser irrestrito, i.e., requer-se que D seja 'o universo', i.e., todos os objetos que há. Contudo, os domínios restritos designados na abordagem modelo-teorética não são necessariamente subconjuntos 'do universo'. O conjunto das personagens de ficção, por exemplo, não o seria (cap.5, p.108). A *interpretação substitucional* apela não para os valores, mas para os *substituendos* das variáveis, isto é, as expressões pelas quais as variáveis podem ser substituídas:

'(x)Fx' é interpretado como 'Todas as instâncias substitutivas de 'F...' são verdadeiras'
'(∃x)Fx' é interpretado como 'Pelo menos uma instância substitutiva de 'F...' é verdadeira'.

A interpretação objetual é defendida – dentre outros – por Quine e Davidson; a interpretação substitucional – dentre outros – por Mates e Marcus. Ambas as interpretações têm uma história bastante longa. As explicações de Russell dos quantificadores, por exemplo, são às vezes de um, às vezes do outro tipo. Contudo, penso que seria justo dizer que a interpretação objetual é geralmente considerada padrão; a interpretação substitucional, como um desafiante cujas credenciais necessitam investigação. Como isso sugere, há duas concepções possíveis sobre o *status* dos dois estilos de interpretação: que eles são rivais, apenas um dos quais pode ser 'certo'; ou que ambos os dois podem ter seus usos. Juntamente com, por exemplo, Belnap & Dunn, 1968, Linsky, 1972, Kripke, 1976, vou assumir a segunda visão sobre o assunto, mais tolerante.

Entretanto, isso *não* significa dizer que pouco importa qual interpretação é escolhida. Ao contrário, a escolha pode ter consequências filosóficas importantes. Não vou ser capaz de considerar todas as ramificações em detalhe. Contudo, vou esboçar uma explicação do papel crucial desempenhado pela interpretação objetual nas concepções ontológicas de Quine. Isto será proveitoso para efeito de ilustrar as questões metafísicas que tendem a estar emaranhadas com questões a respeito da interpretação das linguagens formais, e também para mostrar subsequentemente (cap.10) como as ideias de Quine sobre a quantificação e a ontologia determinam sua atitude diante da inteligibilidade da lógica modal.

Interlúdio metafísico: Quine sobre quantificação e ontologia

A ontologia pode ser caracterizada como aquela parte da metafísica que diz respeito à questão: que tipos de coisa há. As concepções

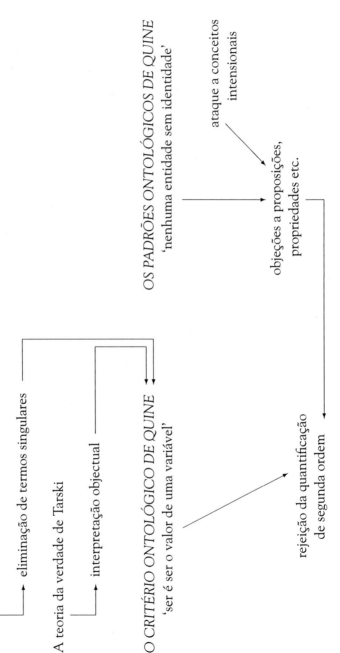

FIGURA 2

de Quine a respeito da ontologia podem ser compreendidas como o produto de duas ideias chave, as ideias expressas em duas de suas máximas mais conhecidas: *'ser é ser o valor de uma variável'* e *'Nenhuma entidade sem identidade'* (ver Figura 2). A primeira máxima introduz o *critério de compromisso ontológico* de Quine, um teste para determinar que tipos de coisa uma teoria diz que há. A segunda introduz seus *padrões de admissibilidade ontológica* – serão toleradas apenas aquelas entidades para as quais podem ser fornecidos critérios adequados de identidade. Vou me concentrar na primeira dessas ideias, o critério de compromisso ontológico, pois é para este que o apoio de Quine à quantificação objetual é primariamente relevante.

Um ou dois comentários breves sobre a segunda ideia, contudo, serão úteis. Os critérios de identidade fornecem condições para que sejam idênticas coisas de um determinado tipo, como: os conjuntos são o mesmo se eles possuem os mesmos elementos, ou como: dois objetos físicos são o mesmo se eles ocupam a mesma posição espaçotemporal. Note-se que a exigência de que sejam admitidas apenas aqueles tipos de entidades para as quais podem ser dados critérios de identidade é bastante forte (estamos bastante confiantes de que há pessoas, por exemplo, mas há um problema notório com relação a dar critérios de identidade pessoal). Quine sustenta que as noções intensionais (de significado) são incorrigivelmente obscuras. Consequentemente, condições de identidade enunciadas em termos intensionais não são adequadas pelos padrões de Quine, e, assim, os tipos de entidades supostas que só possam ser individualizados recorrendo ao significado – propriedades ou proposições, por exemplo – não são admissíveis por seus padrões.

O critério de compromisso ontológico

Qual é, então, o critério de compromisso ontológico de Quine, e como ele está ligado à interpretação objetual dos quantificadores? O critério é enunciado em várias formas, nem sempre equivalentes:

> as entidades de um dado tipo são supostas por uma teoria se e somente se algumas delas devem ser incluídas entre os valores das

> *variáveis, de maneira a que sejam verdadeiros os enunciados afirmados na teoria.* (1953a, p.103)

> dizer que uma quantificação existencial dada pressupõe objetos de um dado tipo é simplesmente dizer que a sentença aberta que segue o quantificador é verdadeira para alguns objetos desse tipo e não o é para nenhum objeto que não seja desse tipo. (1953a, p.131)

A ideia é – *grosso modo* – que se revela o que uma teoria diz haver colocando-a na notação do cálculo de predicados, e perguntando que tipos de coisa são necessárias como valores de suas variáveis se os teoremas iniciados por '($\exists x$)...' devem ser verdadeiros. (Assim, uma teoria, na qual '($\exists x$)(x é primo e $x > 1.000.000$)' é um teorema, está comprometida com a existência de números primos maiores que um milhão e, *a fortiori*, com a existência de números primos e com a existência de números.) É óbvio que o critério só se aplica a teorias *interpretadas*. É importante ainda que o critério deva ser aplicado apenas quando a teoria está expressa em *notação primitiva*. Se a quantificação sobre números é apenas uma abreviação para a quantificação sobre classes, por exemplo, então a teoria está comprometida com classes, mas não com números. O critério de Quine é um teste do que uma teoria diz que há, não do que há. *O que há* é o que uma teoria *verdadeira* diz que há. A recusa em admitir entidades intensionais funciona como uma espécie de filtro preliminar. As teorias que dizem que há entidades intensionais, na concepção de Quine, não são realmente inteligíveis; assim, *a fortiori*, elas não são verdadeiras.

A explicação de Quine para seu critério deixa muito a desejar. Como Cartwright observa em 1954, algumas formulações – a primeira acima citada, por exemplo – empregam locuções tais como 'tem que', 'deve', 'requer'.* Contudo, estas são formas de expressão intensionais, e Quine insiste oficialmente que elas devem ser evitadas. Quine (1953a, p.15, 131) sustentou explicitamente que seu cri-

---

* No original, os termos '*has to*' e '*require*' não aparecem na primeira citação feita pela autora. (N. T.)

tério é extensional.[2] E algumas formulações – a segunda citada, por exemplo – são dadas puramente em termos extensionais. A questão é se as formulações extensionais são adequadas. Scheffler e Chomsky (1958) argumentam de modo bastante persuasivo que elas não são. O problema é de como entender a condição 'a sentença aberta que segue o quantificador é verdadeira para alguns objetos desse tipo e não é para nenhum objeto que não seja desse tipo' na formulação extensional. Se se lê '∃ objetos do tipo *k* tais que a sentença aberta é verdadeira para eles e não é para nenhum objeto que não seja desse tipo', segue-se que é impossível dizer que uma teoria diz que há objetos do tipo *k* sem que *se* diga que há objetos do tipo *k*, pois a própria '∃ objetos do tipo *k*...' envolve compromisso ontológico. Contudo, se se lê 'Se a sentença aberta é verdadeira para quaisquer objetos, ela é verdadeira para alguns objetos do tipo *k* e não é para nenhum objeto que não seja desse tipo', segue-se que qualquer teoria que esteja comprometida com qualquer coisa que não exista está, deste modo, comprometida com todas as coisas que não existem, pois se o antecedente é falso, o condicional é verdadeiro. Mas se o critério não pode ser adequadamente enunciado de forma extensional, ele falha segundo os padrões do próprio Quine. Alguém que não compartilhe os escrúpulos de Quine, é claro, pode considerar o critério aceitável, não obstante seu caráter intensional. Porém, há questões adicionais a serem propostas a respeito das razões que Quine oferece a favor de seu critério.

Uma razão importante pela qual Quine coloca o compromisso ontológico nas variáveis é que ele pensa que a *eliminabilidade dos termos singulares* mostra que o compromisso ontológico de uma teoria não pode residir em seus nomes. Isso levanta duas questões: Quine está certo em alegar que os termos singulares são elimináveis? e: ele está certo em pensar que, se eles o são, o compromisso ontológico deve

---

[2] Ele admite que quando o critério é aplicado a uma teoria que não esteja em forma quantificacional, um elemento intensional vai ser introduzido na forma de um recurso a uma tradução correta dessa teoria para o cálculo de predicados (1953a, p.131). Esta concessão, junto com a tese de Quine da indeterminação da tradução (1960a, cap.2) conduz à tese da *relatividade ontológica* (1968). Contudo, minha preocupação presente é se o próprio critério pode ser colocado de uma maneira extensional.

ser sustentado por variáveis ligadas? Vou considerar estas questões em etapas.

A proposta de Quine para a eliminação dos termos singulares possui dois estágios: primeiro, os termos singulares são substituídos por descrições definidas, e então as descrições definidas são eliminadas em favor de quantificadores e variáveis.

(i) No caso de alguns nomes próprios, pelo menos, pode-se fornecer uma descrição definida que denote a mesma coisa: 'o professor de Platão' por 'Sócrates', por exemplo. Para evitar as dificuldades que, às vezes, podem ser encontradas ao se procurar um predicado ordinário confiavelmente verdadeiro exatamente do indivíduo denotado por um nome, Quine propõe a construção de predicados artificiais, e define 'a' (como, 'Sócrates') como '$(\imath x)Ax$' (como, 'o x que socratiza'). Quine sugere que se pode pensar que o novo predicado, 'A', significa que '$= a$' (assim '... socratiza' significa '... é idêntico a Sócrates'). Contudo, não se deve pensar que esse comentário não oficial *defina* os novos predicados, pois toda a razão para introduzi-los é de se livrar inteiramente dos nomes. É apenas uma explicação intuitiva de predicados que devem ser tomados como primitivos.

(ii) O segundo estágio consiste em usar a teoria das descrições de Russell para eliminar as descrições definidas que agora substituem os termos singulares. Isso elimina as descrições definidas em favor de quantificadores, variáveis e identidade (detalhes no cap.5, p.102), assim:

O x que é F é G = df. Há exatamente um F e o que for F é G

i.e., em símbolos:

$$G((\imath x)Fx) = \text{df.} \ (\exists x)((y)(Fy \equiv x = y) \ \& \ Gx)$$

Assim, sentenças contendo nomes (como, 'Sócrates tomou veneno') podem ser substituídas por sentenças contendo descrições ('O x que socratiza tomou veneno'), e então por sentenças que contenham apenas quantificadores e variáveis ('Há exatamente um x que socratiza e o que quer que socratize tomou veneno').

Quine (1953a, p.13) tira a conclusão de que uma vez que 'o que quer que digamos com o auxílio de nomes pode ser dito em uma linguagem que evite totalmente os nomes', não podem ser os nomes, mas devem ser as variáveis quantificadas, que sustentam o compromisso ontológico.

A tese da eliminabilidade dos termos singulares recebeu críticas (ver, por exemplo, Strawson, 1961). Contudo, a dúvida real diz respeito não tanto à exequibilidade formal da proposta de Quine, mas a sua importância filosófica. O fato de que Quine pode oferecer uma descrição definida apropriada para substituir um nome apenas pelo uso de predicados que, embora oficialmente inanalisáveis, são não oficialmente explicados com o auxílio de nomes ('A' significa '= a'), dificilmente garante que a eliminabilidade dos termos singulares realmente mostre que eles são ontologicamente irrelevantes.

Igualmente inquietante é a descoberta de que não apenas os termos singulares, mas também os quantificadores e as variáveis, são elimináveis. Na *lógica combinatória*, devida a Schönfinkel e Curry – e, muito ironicamente, discutida pelo próprio Quine em 1960b –, as variáveis são suplantadas por operadores predicativos chamados 'combinadores'. O operador predicativo '*Der*', para a 'desrelativização', transforma um predicado enádico em um predicado $(n-1)$-ádico. Se '*F*' é um predicado monádico, digamos '... é um cão', '*Der F*' é um predicado niládico – uma sentença fechada – 'Algo é um cão'. Se '... R---' é um predicado diádico, digamos '... morde---', '*Der R*' é um predicado monádico, '... morde algo', e '*Der Der R*', um predicado niládico, 'Algo morde algo'.

'*Inv*', para 'inversão', inverte a ordem dos lugares de um predicado diádico. Assim '((*Inv R*)...,---)' significa '---R...'. '*Ref*', para 'reflexivo', transforma um predicado diádico em um predicado monádico reflexivo. Assim '*Ref R*' significa '... tem R consigo mesmo'. O procedimento é generalizado para predicados poliádicos e para predicações compostas. E o resultado final é uma tradução sem quantificadores das fórmulas da teoria da quantificação, na qual a inversão possibilita a permutação da ordem das variáveis; a reflexão, a repetição de variáveis; e a desrelativização, a quantificação.

Quine reconhece que seu critério não se aplica diretamente à lógica combinatória, mas observa que ele pode ser aplicado indiretamente, mediante a tradução das fórmulas combinatórias em fórmulas quantificadas. Contudo, isso serve apenas para obscurecer a questão, que é a seguinte: se a eliminabilidade dos termos singulares fosse uma boa razão para negar que eles sustentam compromisso ontológico, a eliminabilidade dos quantificadores deveria presumivelmente ser uma razão tão boa quanto aquela para *lhes* recusar importância ontológica.

Penso que isso torna mais clara a própria importância considerável que a insistência de Quine na *interpretação objetual dos quantificadores* tem para seu critério ontológico. Embora a mesma teoria possa ser expressa usando termos singulares tanto quanto quantificadores, ou operadores combinatórios ao invés de quantificadores, Quine pensa que sua forma quantificacional revela seus compromissos ontológicos da maneira mais transparente, porque *uma sentença da forma* '($\exists x$)...' *diz que há algo que*...

> Insistir na correção do critério ... é, de fato, dizer apenas que não está sendo traçada nenhuma distinção entre o 'há' de 'há universais', 'há unicórnios', 'há hipopótamos' e o 'há' de '($\exists x$)', 'há entidades x tais que ...'

E um desvio da interpretação objetual ameaçaria o critério:

> Contestar o critério ... é simplesmente dizer ou que a notação quantificacional conhecida está sendo utilizada em algum sentido novo (em cujo caso não precisamos nos preocupar), ou então que o 'há' conhecido de 'há universais' e de outras expressões está sendo utilizado em algum sentido novo (em cujo caso, novamente, não precisamos nos preocupar). (1953a, p.105)

Na interpretação objetual, '($\exists x$)Fx' significa que há um objeto x, no domínio D, que é F. Assim sendo, se se toma D como 'o universo' – tudo que há – o que parece ser o que Quine supõe, então, de fato, '($\exists x$)Fx' significa que há um objeto (existente, real) que é F; cf. o uso de Quine de 'entidade' na passagem que acabamos de citar.[*]

Se '($\exists x$)Fx' *significa* 'Há um objeto (existente) que é F', então, se é um teorema de uma teoria que ($\exists x$)Fx, então essa teoria diz que há um objeto que é F. E se se diz que há Fs, está-se comprometido com a existência de Fs. A leitura objetual do quantificador, de fato, coloca

---

[*] De fato, o termo *'entity'*, em inglês, não aparece na citação anterior. (N. T.)

o compromisso ontológico nas variáveis ligadas de uma teoria. Talvez eu possa reescrever a máxima de Quine: afirmar que uma coisa é significa afirmar que ela é o valor de uma variável ligada por um quantificador objetual.* Desta maneira, ela é menos memorável, mas mais verdadeira! Note-se, contudo, que agora o critério de Quine começa a parecer esquisitamente oblíquo: como se se descobrisse que uma teoria que diz que há isso e aquilo está ontologicamente comprometida com isso e aquilo, primeiro, traduzindo-a para a notação do cálculo de predicados, e então recorrendo à interpretação objetual dos quantificadores para mostrar que seus teoremas existenciais dizem que há isso e aquilo.

O trabalho importante tem de ser feito ao se decidir quais asserções *ostensivamente* existenciais de uma teoria precisam permanecer na notação primitiva, e quais são elimináveis por paráfrases apropriadas. Um exemplo seria a proposta de Morton White (1956) de reduzir 'Há uma possibilidade de que James venha', que parece afirmar a existência de possibilidades, a 'Que James venha não é certamente falso', que não parece. (Há ainda questões filosóficas complicadas a serem feitas a respeito da importância da paráfrase aqui, embora eu não vá me deter nelas agora; mas ver Alston, 1958, para uma crítica à ideia de que a paráfrase possa eliminar o compromisso ontológico, e cf. Lewis, 1973, cap.4, onde se supõe que a paráfrase *preserve* o compromisso ontológico.)

Quantificação substitucional e ontologia

A interpretação substitucional não dá uma resposta negativa às questões ontológicas. Ao contrário, ela as *posterga*. Na explicação substitucional, '$(\exists x)Fx$' significa 'Alguma instância substitutiva de '$F\ldots$' é verdadeira'. As questões de existência dependem agora das condições para a verdade das instâncias substitutivas. Se, por exemplo, 'Fa' é verdadeira apenas se 'a' for um termo singular que denota um objeto (existente), então terá de haver um objeto que seja F para que '$(\exists x)Fx$' se mostre verdadeira. Contudo, não é *inevitável* que as condições de verdade para as instâncias substitutivas apropriadas vão

---

* No original, a passagem é a seguinte: *to be said to be is to be the value of a variable bound by an objectual quantifier*. (N. T.)

levar a um compromisso ontológico. Um exemplo: a presença no cálculo de predicados de teoremas tais como:

$$(\exists x)(Fx \vee -Fx)$$

que, na interpretação objetual, diz que há pelo menos um objeto que é ou F ou não F, i.e., que há pelo menos um objeto, é embaraçosa se se pensa que não deveria ser uma questão de *lógica* que *algo* exista. Será que a interpretação substitucional evitaria o compromisso ontológico dos teoremas embaraçosos? Bem, nessa interpretação, o teorema significa que:

> Pelo menos uma instância substitutiva de '$F\ldots \vee -F\ldots$' é verdadeira.

Se apenas nomes que denotam um objeto são admitidos como substituendos, então, também nessa interpretação o cálculo de predicados vai requerer pelo menos um objeto. Entretanto, se termos não denotativos, como 'Pégaso', são admitidos como substituendos, então o compromisso ontológico pode ser evitado. Isso ilustra a maneira pela qual a interpretação substitucional *adia* as questões ontológicas, deslocando-as dos quantificadores para os nomes. Quine tende a sugerir que essa recolocação das questões existenciais é uma evasão deplorável da responsabilidade metafísica! Mas vou sugerir mais adiante que ela pode possuir vantagens.

Uma vez que, na leitura substitucional, '$(\exists x)Fx$' significa que pelo menos uma instância substitutiva de '$F\ldots$' é verdadeira, se esse quantificador metalinguístico for interpretado objetualmente, vai estar comprometido com a existência das expressões apropriadas, as instâncias substitutivas. Mas isso não vai ser assim, se também ele for interpretado substitucionalmente.

A escolha da interpretação

Uma das interpretações dos quantificadores é a 'correta'? Ou se pode escolher entre as duas de acordo com os propósitos que se tenha? E se for assim, quais são os pontos fortes e fracos de cada uma delas?

Quantificadores substitucionais e verdade

Vai fazer diferença para a definição de verdade para sentenças quantificadas qual interpretação dos quantificadores for adotada. Vou ser breve agora, uma vez que vai haver uma discussão mais demorada no cap.7, p.143-76. Se os quantificadores são interpretados substitucionalmente, então a verdade das fórmulas quantificadas pode ser definida diretamente em termos da verdade de fórmulas atômicas (como, "(∃x)Fx' é verdadeira sse alguma instância substitutiva de 'F...' é verdadeira'). Se os quantificadores são intepretados objetualmente, a definição de verdade vai ser menos direta. Ora, Tarski propõe, como uma 'condição de adequação material' para as definições de verdade, que qualquer definição aceitável deva ter como consequência todas as instâncias do 'esquema (T)': 'S é verdadeira sse p', onde 'S' nomeia a sentença 'p'. E Wallace (1971) teme que, se uma interpretação substitucional for adotada, a definição de verdade não vá satisfazer tal requisito. Porém, Kripke (1976) argumentou que a condição de Tarski não é violada. E, de qualquer forma, poderá haver reservas a respeito do próprio requisito. Assim, vou supor que a interpretação substitucional não seja questionável com respeito a *este* ponto.

Muito poucos nomes?

Permanece a questão de as interpretações substitucional e objetual serem sempre igualmente adequadas. A resposta é, muito claramente, não. É claro que é uma exigência para qualquer interpretação aceitável que os teoremas da teoria que está sendo interpretada se mostrem verdadeiros. A interpretação substitucional, obviamente, vai tornar verdadeiras as wffs existencialmente quantificadas apenas se estiverem disponíveis substituendos adequados. Por exemplo, '(∃x)(Fx ∨ −Fx)' é um teorema no cálculo de predicados de primeira ordem. Numa formulação com quantificadores, mas sem termos singulares, a interpretação substitucional, por falta de instâncias substitutivas apropriadas, não poderia contudo tornar uma tal wff verdadeira (de modo que a eliminação de termos singulares vai impedir uma explicação substitucional). Uma outra situação na qual uma interpretação substitucional estaria impedida seria um sistema formal no qual '(∃x)Fx' fosse um teorema, mas, para cada instância substitutiva, '−Fa' pudesse ser demonstrada. Pois a interpretação substitucional não poderia tornar o teorema quantificado verdadeiro sem tornar verdadeira pelo menos uma de suas instâncias (esta possibilidade é discutida por Quine, 1968; e cf. Weston, 1974).

Tempo verbal

Os defensores da interpretação substitucional, contudo, argumentam que, às vezes, ela oferece vantagens sobre a interpretação objetual. Por exemplo, Marcus sugere que uma leitura substitucional vai evitar dificuldades com respeito ao tempo verbal (*tense*). Strawson (1952, p.150-1) perguntou como representar 'Havia pelo menos uma mulher entre os sobreviventes': 'Há (havia?) pelo menos um x tal que x é (era?) uma mulher e...'? Acho improvável que esse problema vá ser resolvido por uma leitura substitucional: 'Pelo menos uma instância substitutiva de '...' é (era?) verdadeira'. É verdadeiro, e importante, que o tempo verbal faz diferença para a (in)validade dos argumentos informais, e que o aparato lógico usual é indiferente a ele (cf. cap.9, p.212). Entretanto, a interpretação substitucional não parece ajudar.

Modalidade

Marcus também sugere, com mais justiça, acho, que a quantificação substitucional poderia resolver alguns problemas a respeito da interpretação da lógica modal de predicados. Da sentença presumivelmente verdadeira:

Necessariamente (a Estrela Vespertina = a Estrela Vespertina)

por um raciocínio presumivelmente válido do cálculo de predicados segue-se:

(∃x) Necessariamente($x =$ a Estrela Vespertina)

isto é, na interpretação objetual,

Há pelo menos um objeto, x, tal que necessariamente x é idêntico à Estrela Vespertina.

Mas isso é difícil de entender. De fato, Quine baseia nesse caso um argumento de que toda a empreitada da lógica de predicados modal é equivocada. Pois que objeto é esse que é necessariamente idêntico à Estrela Vespertina? Não a Estrela Vespertina; pois esta é a Estrela Matutina, e ela não é necessariamente, mas apenas contingencialmente, idêntica à Estrela Vespertina. Contudo, as questões complicadas de Quine são evitadas ao se ler substitucionalmente a sentença problemática:

Pelo menos uma instância substitutiva de 'Necessariamente (... = a Estrela Vespertina)' é verdadeira

que (desde que 'Necessariamente (a Estrela Vespertina = a Estrela Vespertina)' é verdadeira) parece verdadeira sem problemas.

A interpretação substitucional também parece oferecer certas vantagens quando nos voltamos para a quantificação de segunda ordem.

Quantificação de segunda ordem

Se, tal como na interpretação objetual, '(∃x)...' diz que há um objeto tal que..., e '(x)...' que para todos os objetos, ..., então é de esperar que os substituendos apropriados para variáveis ligadas sejam expressões cujo papel é o de denotar objetos, quer dizer, termos singulares. Quine, de fato, às vezes define um termo singular como uma expressão que pode tomar a posição de uma variável ligada. Na interpretação substitucional, contudo, a quantificação está diretamente relacionada não com objetos, mas com substituendos. E, assim, não há nenhuma necessidade particular de insistir que apenas as expressões da categoria dos termos singulares possam ser ligadas por quantificadores. A classe de substituição poderia ser a classe dos termos singulares, mas poderia ser igualmente a classe dos predicados, ou a classe das sentenças etc.

Na interpretação objetual, portanto, exatamente como uma quantificação de primeira ordem do tipo:

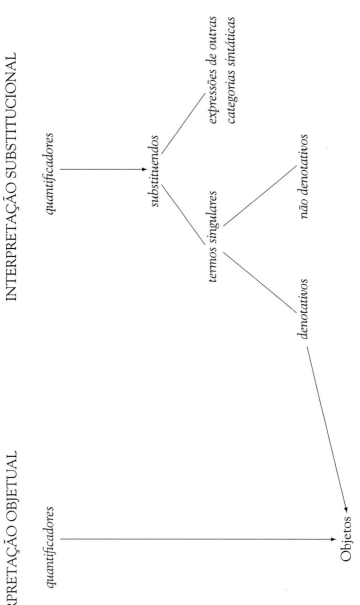

FIGURA 3 – Quantificadores e ontologia.

1. $(\exists x)Fx$

diz que há um objeto (individual) que é F, uma quantificação de segunda ordem do tipo:

2. $(\exists F)Fx$

diz que *há um objeto (propriedade) que x tem*, e:

3. $(\exists p)(p \to -p)$

diz que *há um objeto (proposição) que implica materialmente sua própria negação*. A restrição natural sobre a classe de substituição obriga a interpretar os 'F' e 'p' ligados como sintaticamente semelhantes a termos singulares. Vamos notar que isso força a leitura, uma vez que se 'F' é um termo singular, 'Fx' deve ser lido como 'x TEM F' para fazer uma sentença gramatical. E a interpretação em termos de objetos obriga a encarar a quantificação de segunda ordem como um compromisso com objetos (abstratos). Não se importando com tais supostos objetos como propriedades ou proposições, mas obrigado pela interpretação objetual a admitir que a quantificação de segunda ordem o comprometeria com sua existência, Quine prefere não tolerar a quantificação de segunda ordem de forma alguma, mas restringir-se a teorias de primeira ordem.

Contudo, com a interpretação substitucional, não se está restrito a termos singulares como substituendos. E enquanto no caso da quantificação de primeira ordem termos singulares seriam adequados, no caso da quantificação de segunda ordem, como em 2 e 3, predicados ou fórmulas, respectivamente, seriam os substituendos apropriados. 2 vai dizer que alguma instância substitutiva de '...x' é verdadeira; 3, que alguma instância substitutiva de '... → −...' é verdadeira. Ora, não é mais necessário forçar a leitura das variáveis ligadas para torná-las semelhantes a nomes, e é claro que não há nenhum compromisso com objetos intensionais, uma vez que não há nenhum compromisso com objetos (ver Figura 3).

Penso que estas considerações têm alguma relevância para as questões metafísicas. Os nominalistas admitem a existência apenas de particulares, ao passo que os realistas, ou platônicos, também admitem a realidade dos universais. C. S. Peirce pensava que a influência do nominalismo na história da filosofia desde Ockham fora tão penetrante que o nominalismo e o 'platonismo nominalista', a concepção de que os universais são um tipo de particular abstrato, acabaram parecendo as únicas alternativas. Ao rejeitar a ambos, ele insistiu em um realismo que, em vez de assimilá-los, admitisse a diferença entre particulares e universais. Ora, se apenas os nomes são substituíveis por variáveis ligadas, somos, por assim dizer, obrigados a escolher entre uma espécie de nominalismo (admitindo apenas a quantificação de primeira ordem, com variáveis substituíveis por nomes de particulares: a posição de Quine) e uma espécie de platonismo nominalista (admitindo a quantificação de segunda ordem, com variáveis substituíveis por nomes de objetos abstratos, propriedades ou proposições: a posição de Church). Contudo, admitir substituendos de outras categorias sintáticas oferece uma terceira opção que, de um ponto de vista metafísico, bem poderia ser atraente.

Outras questões importantes também dependem de se dar uma interpretação aceitável dos quantificadores de segunda ordem. Uma delas é a viabilidade da teoria da verdade como redundância, e as considerações da presente seção vão ser altamente pertinentes quando, no cap.7, p.177, eu vier a discutir essa questão em detalhe.

5
TERMOS SINGULARES

Termos singulares e sua interpretação

Algumas formulações do cálculo de predicados empregam termos singulares ('*a*', '*b*', ... etc.), assim como variáveis. Se os quantificadores forem interpretados substitucionalmente, é claro que a presença de termos singulares na linguagem para fornecer as instâncias substitutivas apropriadas é essencial. Em um argumento informal, o que corresponde aos termos singulares da lógica formal? Os termos singulares são usualmente considerados os análogos formais dos nomes próprios das línguas naturais. (Onde as variáveis variam sobre números, os numerais corresponderiam aos termos singulares.) A interpretação formal dos termos singulares atribui a cada um deles um indivíduo específico no domínio sobre o qual as variáveis variam. E, nas línguas naturais, considera-se que os nomes próprios funcionam de modo similar, cada um deles representando uma pessoa particular (ou lugar, ou o que seja).

Assim, enquanto no caso dos quantificadores a principal controvérsia está em torno da questão da interpretação formal mais adequada, no caso dos termos singulares os problemas se centram, ao contrário, no entendimento de seus 'análogos' da língua natural. A interpretação formal dos termos singulares em linguagens extensionais simples não é controvertida. Contudo, foram utilizadas concepções rivais a respeito de como entender os nomes próprios nas línguas naturais para apoiar propostas alternativas sobre a interpretação formal dos termos singulares em cálculos menos simples, por exemplo, modais. Dentre as questões disputadas sobre de que modo exatamente funcionam os nomes próprios estão, por exemplo: precisamente que expressões são nomes próprios genuínos? Por exemplo, devem ser considerados os 'nomes' para entidades míticas ou de ficção ('Pégaso', 'Mr. Pickwick')? Se for assim, o que se deve dizer do valor de verdade de sentenças contendo tais nomes 'não denotativos'? Especialmente, como se pode explicar a verdade intuitiva de existenciais negativos como 'Pégaso nunca existiu'? Se o papel dos nomes é pura e simplesmente o de denotar um indivíduo, como pode um enunciado de identidade verdadeiro (como 'Cícero = Túlio') ser informativo? E como pode a substituição de um nome por um outro que denote o mesmo indivíduo, algumas vezes, mudar o valor de verdade de uma sentença (como, a presumivelmente verdadeira 'Não é preciso nenhum conhecimento da história romana para saber que Túlio = Túlio', e, a presumivelmente falsa 'Não é preciso nenhum conhecimento da história romana para saber que Túlio = Cícero')? Uma questão central, e aquela sobre a qual vou me concentrar, é se os nomes próprios possuem significado ('sentido', 'conotação') tanto quanto denotação, e se assim for, que significado eles possuem. Aqueles que pensam que os nomes próprios possuem significado, em geral, associam seu significado de modo mais ou menos próximo ao significado de descrições definidas codesignativas. A primeira concepção, que os nomes possuem denotação, mas não significado, faz uma diferenciação nítida entre os nomes próprios ('Sócrates', 'Bismarck' etc.) e as descrições ('O professor de Platão', 'O chanceler responsável pela unificação da Alemanha'), enquanto a segunda concepção entende os nomes como bastante similares a descrições. Isso conduz a uma segunda questão chave: como funcionam as descrições definidas?

Nomes

Vou tomar inicialmente a primeira questão. As alternativas estão esboçadas na Tabela 1.

Termos singulares

TABELA 1 – *Os nomes próprios possuem significado tanto quanto denotação?*

	Sim		*Não*
Frege Russell (Quine)	os nomes próprios possuem o sentido de algumas descrições definidas codesigna- tivas conhecidas do falante	Mill Ziff	os nomes próprios possuem denotação, mas não conotação, e não fazem parte da linguagem
Wittgenstein Searle	os nomes próprios possuem o sentido de algum subconjunto indeterminado de algum conjunto de descrições codesignativas	Kripke	os nomes próprios são 'designadores rígidos'; explicação causal do uso correto dos nomes
Burge (Davidson)	nomes próprios como predicados		

Alguns comentários preliminares sobre a distinção entre nomes próprios e descrições definidas podem ser convenientes. Ordinariamente, a distinção não é difícil de fazer, mas há algumas expressões que são complicadas de classificar. Por exemplo, embora a Estrela Matutina não seja uma estrela, mas um planeta (Vênus), ela ainda é *chamada* 'a Estrela Matutina', de forma que 'a Estrela Matutina' parece ter se tornado mais semelhante a um nome, e menos semelhante a uma descrição, do que talvez fosse originalmente. As letras maiúsculas podem ser indicativas dessa condição intermediária. (A Universidade de Warwick tampouco fica em Warwick.) Além disso, nem todos os nomes são do mesmo tipo. Os lógicos tendem a tomar como exemplos nomes de pessoas ou, menos comumente, lugares, mas há também títulos de livros, nomes de produtos, marcas... (e notemos como as marcas costumam se transformar em substantivos comuns, e mesmo verbos, por exemplo, 'xerocar').* Também é digno

---

* Aqui também fizemos uma adaptação. O termo empregado no original é '*hoover*', que não possui um equivalente compreensível em português. (N. T.)

de atenção que os lógicos são mais aficcionados pelos nomes de gente famosa ('Aristóteles', 'Napoleão' etc.), e é bom recordar que há, sem dúvida, muitos Aristóteles e Napoleões, e apenas um fundo de informação compartilhada nos faz a todos pensar no mesmo. Chamar a atenção à variedade de espécies de nomes próprios pode trazer alguma cautela a respeito da suposição de que há uma tal coisa como *o modo pelo qual os nomes próprios funcionam*.

Nomes como puramente denotativos

Uma concepção é que, em contraste com as descrições definidas, os nomes próprios são, por assim dizer, meros rótulos. Eles servem simplesmente para representar uma pessoa, lugar ou coisa. Não acho que as pessoas que assumem essa concepção pretendam, ou precisem, negar que no caso de nomes de pessoas haja convenções sobre que nomes são dados a homens e quais são dados a mulheres, por exemplo, sobre o fato de uma criança tomar o sobrenome de seu pai, e assim por diante; e nem que os nomes possuem um 'sentido' derivado de sua etimologia, como, ' 'Pedro' significa 'uma pedra' '. Em virtude das convenções do tipo mencionado, o nome de uma pessoa pode comunicar alguma informação sobre ela. Ao contrário, o que está sendo negado é que o nome *descreva* a pessoa.

De acordo com Mill (1843), os nomes próprios possuem denotação, mas não conotação, isto é, nenhum significado. Ziff (1960) concorda com algo semelhante a essa concepção; nomes próprios não possuem nenhum significado e, de fato, em certo sentido, não são nem mesmo parte da linguagem. Um outro autor que nega que os nomes próprios tenham significado é Kripke que, em 1972, esboça uma elucidação sobre ambos os aspectos dos nomes próprios, o semântico e o pragmático. Os nomes próprios são 'designadores rígidos', ou seja, eles possuem a mesma referência em todos os mundos possíveis. Por exemplo, o nome 'Aristóteles' designa o mesmo indivíduo em todos os mundos possíveis, ao passo que a descrição definida 'o maior homem que estudou com Platão', embora designe Aristóteles no mundo real, pode designar outros indivíduos em outros mundos possíveis; pois é possível que Aristóteles não tivesse estudado com Platão. A ideia é a seguinte: um nome próprio designa simplesmente um indivíduo específico, e uma vez que ele não descreve esse indivíduo, designa-o não em virtude de ser ele o indivíduo que ..., mas simplesmente *qua* aquele indivíduo específico. E, assim, não importando quão diferente o indivíduo que o nome designa seja da maneira como ele realmente é, o nome próprio ainda designaria aquele indivíduo – e isso é o que Kripke quer dizer ao afirmar que ele designa o mesmo indivíduo em todos os mundos possíveis. (Aparentemente, Kripke identificaria um indivíduo em virtude de sua origem. No caso de pessoas, por sua data de nascimento e sua ascendência.)

Kripke não nega que a *referência* de um nome possa ser fixada por meio de uma descrição definida, que se possa introduzir um nome para denotar o referente, no mundo real, de alguma descrição definida, fixando a referência de 'Fido', digamos, como o primeiro cão a ir para o mar. O que ele nega é que a descrição definida dê o *sentido* do nome. Presumivelmente, Fido pode não ter sido o primeiro cão a ir para o mar, mas em um mundo possível no qual ele não fosse, embora 'o primeiro cão a ir para o mar' designe um cão diferente, 'Fido' ainda designa *Fido*, i.e., o cão que, no mundo real, foi o primeiro a ir para o mar.

A explicação semântica é complementada por uma explicação causal da pragmática do nomear (*naming*). O objetivo é explicar como um falante pode utilizar um nome corretamente mesmo que ele seja inteiramente incapaz de dar uma descrição que se aplique unicamente ao indivíduo nomeado – aquele que sabe de Feynman, por exemplo, apenas que ele é um físico. De acordo com Kripke, um falante utiliza um nome corretamente se há uma cadeia adequada de comunicação ligando o *seu* uso do nome com o indivíduo designado pelo nome em um 'batismo' inicial. Um bebê nasce, seus pais lhe dão um nome, outras pessoas o conhecem, ele se torna um físico, escreve artigos que outras pessoas leem e a respeito dos quais escrevem... e assim por diante. Então, um falante utiliza o nome 'Feynman' corretamente para se referir a Feynman se seu uso desse nome está causalmente ligado de uma forma apropriada à cadeia de comunicação que remete ao próprio Feynman. É claro que não é preciso que tenha havido literalmente um batismo inicial e a cadeia de comunicação pode ser de fato muito longa, como em nosso uso de 'Júlio César', por exemplo. Kripke está ciente de que 'causalmente ligado *de uma forma apropriada*' permanece ainda necessitando bastante de detalhamento. Uma vez que ele não fornece nenhuma explicação adicional, ainda não está garantido que a explicação causal não vá se revelar ou trivial ou falsa.

A conexão entre os aspectos pragmático e semântico da explicação de Kripke é, presumivelmente, que seus critérios para o uso correto de um nome não fazem nenhum apelo ao conhecimento ou crenças do falante sobre o indivíduo designado, mas requer apenas que seu uso do nome esteja apropriadamente conectado, causalmente, com aquele indivíduo. Isso está de acordo com a insistência, na explicação semântica, de que um nome apenas designa e não descreve. Contudo, como admite Kripke, se a referência de um nome pode ser fixada por meio de uma descrição definida, uma lacuna poderia se abrir entre as explicações semântica e pragmática. Pois se eu fixar a referência de um nome próprio por meio de uma descrição definida que, de fato, embora eu não o saiba, nada designa (por exemplo, se decidimos chamar 'Smith' o homem que roubou minha valise quando, de fato, ela não foi roubada, mas apenas removida por um porteiro), não pode haver uma cadeia causal apropriada levando ao portador do nome, uma vez que não há portador algum.

Segue-se da tese de que os nomes próprios são designadores rígidos que são necessários todos os enunciados de identidade verdadeiros da forma '$a = b$', onde 'a' e 'b' são nomes. Se 'a' e 'b' são nomes, e '$a = b$' é verdadeiro, de modo que 'a' e 'b' designam o mesmo indivíduo no mundo real, então, uma vez que ambos os nomes, sendo designadores rígidos, designam o mesmo indivíduo em todos os mundos possíveis, '$a = b$' é verdadeiro em todos os mundos possíveis, ou seja, ele é necessariamente verdadeiro.

Nomes assemelhados a descrições

Ora, foi precisamente por um problema sobre enunciados de identidade que Frege introduziu (1892a) sua distinção entre sentido (*Sinn*) e referência (*Bedeutung*), e argumentou que os nomes próprios possuem sentido tanto quanto referência. Frege pergunta como pode:

(i) $a = b$

diferir em 'valor cognitivo' de, i.e., ser mais informativo que:

(ii) $a = a$

se *a* é *b*? Sua resposta é que, enquanto a referência de '*a*' é a mesma que a de '*b*', se *a* é *b* (eles representam o mesmo objeto), o sentido de '*a*' é diferente do sentido de '*b*', e essa diferença dá conta da maior informatividade de (i) em relação a (ii).[1]

Frege explica que a informatividade dos enunciados verdadeiros da forma '*a* = *b*' surge da diferença dos sentidos dos nomes '*a*' e '*b*'. Como Kripke, que não admite que os nomes *tenham* sentidos, e de acordo com quem todas as identidades verdadeiras são necessárias, explicaria isso? Sua explicação é que, embora os enunciados da forma '*a* = *b*' sejam necessários, nem todos os enunciados necessários podem ser conhecidos *a priori*. Isto é, pode ser uma *descoberta*, por mais necessário que seja, que *a* é *b*. Por exemplo, o nome 'Hesperus' foi dado

---

[1] Embora a distinção seja originalmente introduzida especificamente para os nomes, ela é estendida para se aplicar aos predicados, e então às sentenças, sob o princípio de que o sentido (referência) de uma expressão composta deve depender do sentido (referência) de suas partes. Assim:

expressão	sentido	referência
nome próprio	significado do nome	objeto
predicado	significado da expressão predicativa	conceito
sentença	proposição	valor de verdade

A referência de uma sentença deve estar em seu valor de verdade, argumenta Frege, uma vez que se algum componente de uma sentença for substituído por um outro com um sentido diferente, mas com a mesma referência (como 'A Estrela Matutina é um planeta'/'A Estrela Vespertina é um planeta'), é o valor de verdade que permanece inalterado. Sempre fortemente antipsicologista, Frege enfatiza que o sentido, ou significado, de uma expressão deve ser distinguido da ideia que pode acontecer estar associada a essa expressão. Assim, quando ele diz que o sentido de uma sentença é o pensamento (*Gedanke*) que ela expressa, ele quer dizer 'proposição', em vez de 'ideia'. Em contextos 'oblíquos' (i.e., contextos intensionais, por exemplo, o discurso indireto), Frege acrescenta que as sentenças possuem não sua referência costumeira, mas uma referência 'indireta', sendo a referência direta o sentido costumeiro, i.e., a proposição expressa. Assim, em 'Tom disse que Mary viria', a referência 'Mary viria' não é seu valor de verdade, mas a proposição de que Mary viria.

a um certo corpo celeste visto ao entardecer, e o nome 'Phosphorus', ao corpo celeste visto ao amanhecer. Ambos são designadores rígidos, e designadores que resultaram ser do mesmo corpo celeste (o planeta Vênus); mas os astrônomos tiveram de *descobrir*, e não sabiam *a priori*, que eles designavam o mesmo corpo celeste. (Kripke comenta que não há nada de especialmente notável a respeito de se saber de uma proposição que ela é necessária, *se* ela é verdadeira, e contudo não saber se ela *é* verdadeira. A conjectura de Goldbach seria um exemplo.)

Contudo, Frege acha que os nomes próprios possuem sentido tanto quanto denotação. Por 'nome próprio' ele entende *tanto* os nomes ordinários, *quanto* as descrições definidas (ele diz que um nome é qualquer expressão que se refere a um objeto definido, embora, de fato, considere a possibilidade de nomes, como 'Odisseu', que não denotam um objeto real). E ele iguala o sentido de um nome ordinário com o sentido de uma descrição definida que se refere ao mesmo objeto. *Qual* descrição definida codesignativa? Aparentemente (1892a, p.58n, e cf. 1918, p.517), aquela que o falante tem em mente, ou que ele conhece. Frege compreende que isso tem a consequência de que pessoas diferentes podem ligar diferentes significados a um nome, dependendo do que elas sabem sobre a pessoa nomeada. Ele comenta que tais variações de sentido, embora devessem ser evitadas em uma linguagem perfeita, são toleráveis enquanto a referência permanecer a mesma. Tendo em vista o fato de que uma das objeções que ele frequentemente faz contra identificar o sentido de uma expressão com a ideia associada é que isso significaria que o sentido variou de pessoa a pessoa, essa tolerância é surpreendente.

Assim como Frege, Russell identifica o significado dos nomes próprios ordinários com o significado de alguma descrição definida relevante (embora, como vai aparecer adiante, ele difira de Frege tanto em sua concepção do significado, quanto em sua concepção de como as descrições definidas, por sua vez, seriam explicadas). E ainda como Frege, Russell entendia que se seguia disso que os nomes possuem um significado diferente para falantes diferentes.

Russell também distinguia, contudo, uma categoria especial de *nomes logicamente próprios*: estes são expressões cujo papel é o de puramente denotar um objeto simples, e cujo significado é o objeto denotado (assim, no caso dos nomes logicamente próprios, Russell *iguala* significado e referência). Na versão de Russell do atomismo lógico, os 'objetos simples' são 'objetos de conhecimento por familiaridade' (*acquaintance*), logo os nomes logicamente próprios denotam objetos de conhecimento por familiaridade. De acordo com Russell, estamos diretamente cientes por familiaridade (*acquainted*) não dos objetos ordinários, pessoas etc., mas apenas dos dados dos sentidos. Assim, as únicas expressões que ele admite serem nomes logicamente próprios são 'isto', 'aquilo' e (durante o período no qual ele acreditava em um ego diretamente introspectivo) 'eu'. Nenhum nome próprio ordinário é nome logicamente próprio, pois nenhum nome próprio ordinário denota objetos de conhecimento por familiaridade. Às vezes, Russell emprega 'conhecimento por familiaridade' de um modo mais de senso comum, distinguindo entre pessoas e lugares que alguém realmente conheceu ou visitou e aqueles de que apenas ouviu falar, e trata os nomes de pessoas ou lugares com os quais alguém está familiarizado (*acquainted*), neste sentido, como nomes logicamente próprios. Contudo, é claro que esse é um uso vago, e que a teoria estrita, de acordo com a qual nenhum nome ordinário é nome logicamente próprio, é aquela que deve ser tomada seriamente.

Como Frege e Russell se deram conta, identificar o significado de um nome próprio com alguma descrição codesignativa conhecida do falante tem a consequência desconfortável de que o significado de um nome é variável entre falantes. Essa dificuldade poderia ser evitada ao se identificar o significado do nome, ao contrário, com o conjunto de todas as descrições verdadeiras de seu portador. Mas isso tem a consequência infeliz de ser analítico todo enunciado verdadeiro da forma '*a* é (era) a pessoa que ...', onde '*a*' é um nome próprio, e contraditório todo enunciado falso daquela forma, pois, nesta concepção, '*a*' *significa* justamente 'a pessoa que ...', para todas as descrições verdadeiras de seu portador. Em contrapartida, esse problema poderia ser evitado relaxando a conexão entre o significado do nome e o conjunto das descrições de seu portador. Uma ideia desse tipo é encontrada nas *Investigações filosóficas* (Wittgenstein, 1953), onde se sugere que um nome não possui um significado fixo e inequívoco, mas está vagamente associado com um conjunto de descrições. Por 'Moisés' pode-se significar o homem que fez a maior parte, ou grande parte, das coisas que a Bíblia relata a respeito de Moisés, mas não está determinado em que medida, ou em que partes, a história tem de ser falsa para que alguém diga que não houve uma tal pessoa como Moisés (§79). Algo semelhante a isso é proposto também por Searle (1969): embora nenhum daqueles fatos considerados estabelecidos a respeito de *a* precise necessariamente ser verdadeiro a seu respeito, entretanto a disjunção deles deve ser (p.138). Não é analítico que Moisés tenha sido encontrado nos juncos, ou nem que ele tenha guiado os israelitas para fora do Egito, nem ... etc., mas é analítico, de acordo com Searle, que ou Moisés foi encontrado nos juncos, ou ... etc. Como Wittgenstein, Searle enfatiza que é indeterminado quantos dos disjuntos devam ser falsos para ser verdadeiro dizer que *a* nunca existiu.

Até aqui, então, há as seguintes alternativas:

sejam $d_1 \ldots d_n$ todas as descrições (supostamente) verdadeiras de *a*

então, ou:

o significado de '*a*' é algum(ns) elemento(s) do conjunto

ou:

o significado de '*a*' é a conjunção $d_1 \& d_2 \& \ldots d_n$ de todos os elementos do conjunto

ou:

o significado de '*a*' é algum subconjunto do conjunto das descrições, havendo indeterminação a respeito de quais, ou quantas, das d_i incluir.

Essas propostas identificam ou, mais vagamente, associam o sentido de um nome próprio com aquele das descrições definidas com ele relacionadas. Uma outra proposta, de espírito algo semelhante, é apresentada por Burge 1973 (e endossada por Davidson). Para essa explicação, em vez de um nome ser entendido como uma abreviatura de uma descrição definida, sustenta-se que ele próprio é um predicado. Burge aponta que, de fato, os nomes próprios raramente representam um único objeto, que eles adquirem desinências de plural ('há três Jacks na classe') e os artigos definido e indefinido ('o Jack que escreveu isso', 'há uma Mary na classe, mas nenhuma Jane'). Burge está preocupado com os usos literais dos nomes, e não com os metafóricos, com 'Callaghan é um James', em vez de 'Callaghan não é nenhum Churchill'. 'Jack é alto', na explicação de Burge, é mais bem compreendida como uma espécie de sentença aberta, sendo 'Jack' um predicado governado por um demonstrativo, 'aquele Jack é alto' (como 'aquele livro é verde'), cuja referência é fixada pelo contexto. Entendido, então, como um predicado, 'Jack', de acordo com Burge, é verdadeiro para um objeto exatamente no caso de *ser* o objeto *um Jack*, isto é, exatamente no caso de o objeto ter recebido o nome de uma maneira apropriada. A explicação de Burge possui algumas afinidades com uma sugestão que pode ser encontrada em Kneale (1962a) de que o significado de um nome '*a*' é 'pessoa chamada '*a*' '. Kripke faz a objeção de que a proposta de Kneale é viciosamente circular. Contudo, Burge aponta que seu tratamento dos nomes próprios como predicados poderia ser completado por uma teoria do nomear, uma teoria que forneceria as condições nas quais um objeto é um Jack, isto é, as condições nas quais é verdadeiro dizer que o objeto 'recebeu o nome 'Jack' de uma maneira apropriada'. É claro que não há nenhuma razão pela qual o tipo de relação causal que Kripke enfatiza não devesse ter um papel a desempenhar neste nível.

Há uma tendência a entender os nomes próprios como os meios, por assim dizer, pelos quais a linguagem adquire seu mais direto contato com o mundo. E talvez por essa razão haja uma forte motivação para fornecer um quadro claro e limpo da forma como o nomear funciona. Nas teorias que esbocei, emergem dois tipos de retrato da conexão entre os nomes e os indivíduos nomeados: o retrato puramente denotativo, ou do 'arpão', e o retrato descritivo, ou da 'rede'. (Retiro a metáfora útil de Fitzpatrick, mas modifiquei sua 'flecha' para 'arpão' para acolher o papel de cadeia causal do nomear na explicação de Kripke.) Já sugeri que os nomes próprios ordinários nas línguas naturais são muito variados, e que eles funcionam mediante um fundo de informação, ou desinformação, compartilhada, ou parcialmente compartilhada. Alguma confirmação de minha suspeita de que pode não haver um único modo pelo qual todos os nomes funcionem pode ser encontrada na maneira como os dois retratos, oficialmente apresentados como rivais, parecem, de fato, complementar-se mutuamente: o retrato do arpão explica como podemos ser capazes de falar de alguém mesmo que sejamos ignorantes, ou mal informados, a seu respeito – ele escaparia, por assim dizer, de nossa rede. O retrato da rede explica como podemos falar, sem confusão, de uma dentre diversas ou muitas pessoas com o mesmo nome.

Os detalhes do retrato da rede vão depender, obviamente, de que explicação é dada para as descrições que, segundo essa concepção, estão associadas com um nome. É a esta questão que me voltarei em seguida.

Descrições

Embora tanto Frege quanto Russell igualem o significado dos nomes próprios (ordinários) àquele das descrições definidas correspondentes, eles apresentam explicações completamente diferentes para a forma pela qual essas descrições operam.

De acordo com a *teoria das descrições* de Russell (1905), as descrições definidas, tais como 'a montanha mais alta do mundo', são 'símbolos incompletos', isto é, são contextualmente elimináveis. Russell dá não uma definição explícita, permitindo que se substitua uma descrição definida por uma equivalente, onde quer que ela apareça, mas dá uma *definição contextual*, que permite que se substituam sentenças que contenham descrições definidas por sentenças equivalentes que não as contenham:

$$E!\,(\imath x)Fx = \text{df.}\ (\exists x)(y)(Fy \equiv x = y)$$

i.e., 'o F existe' significa 'há exatamente um F', e

$$G((\imath x)Fx) = \text{df.}\ (\exists x)((y)(Fy \equiv x = y)\ \&\ Gx)$$

i.e., 'o F é G' significa 'há exatamente um F e tudo que é F é G'. Este último vai ter, consequentemente, duas 'negações':

$$-(\exists x)((y)(Fy \equiv x = y)\ \&\ Gx)$$

i.e., 'Não é o caso que (há exatamente um F e tudo que é F é G)', e:

$$(\exists x)((y)(Fy \equiv x = y) \& -Gx)$$

i.e., 'Há exatamente um F e tudo que é F não é G'.
Destes, apenas o primeiro é o contraditório de 'O F é G', o segundo é seu contrário. (Em geral, de fato, é preciso indicar que *escopo* uma descrição definida possui quando ela está em uma sentença composta.)

Russell nota que a forma gramatical de sentenças como 'A montanha mais alta do mundo está no Himalaia' é enganadora em relação a sua forma lógica. O que ele quer dizer é que, enquanto a sentença em português contém uma expressão, 'a montanha mais alta do mundo', que parece ter como papel o de designar um objeto, seu representante formal não contém nenhum termo singular, mas apenas variáveis ligadas, predicados e identidade. E isso possibilita a Russell lidar com o problema de descrições definidas, tais como 'o atual Rei da França', que não são verdadeiras a respeito de nada. O problema, como Russell o entende, é o seguinte: se 'O atual Rei da França é calvo' é logicamente, assim como é gramaticalmente, uma sentença com sujeito e predicado, então seu termo sujeito, 'o atual Rei da França' deve ser um nome logicamente próprio, cujo significado é o objeto que ele denota. Contudo, uma vez que não há nenhum atual Rei da França, ou 'o atual Rei da França' denota um objeto irreal, ou então não denota nada, e tal expressão é, portanto, destituída de significado, assim como, consequentemente, a sentença inteira. Relutando em aceitar qualquer uma dessas conclusões, Russell resolve o problema negando que 'O atual Rei da França é calvo' seja, logicamente, da forma sujeito-predicado. Logicamente, ela é uma sentença existencial. No final, então, Russell nega que quaisquer nomes próprios ordinários (ou descrições definidas) sejam representados propriamente pelos termos singulares de sua linguagem formal. Esse privilégio está restrito aos nomes logicamente próprios.

Russell encarava sua teoria das descrições como ontologicamente liberadora, pois ela o livrava da necessidade de admitir um domínio de entidades irreais como a denotação de nomes aparentemente não denotativos. (Ver suas críticas (1905) a Meinong, que admitia objetos não existentes, e cf. p.108, a seguir.) De fato, depois de desenvolver a teoria, Russell podou de modo bastante severo seus compromissos ontológicos. Antes, revoltando-se contra o monismo de Bradley, ele admitira uma ontologia luxuriantemente pluralista, acreditando, como ele dizia, em tudo aquilo em que Bradley não acreditava. Mas depois, influenciado pela defesa da navalha de Ockham feita por Whitehead, e munido da teoria das descrições que o libertou da necessidade de admitir um objeto como denotação para assegurar a significatividade de todo nome aparente, ele repudiou não apenas os objetos meinongianos, mas as classes, as propriedades, e mesmo os objetos físicos, como 'ficções'. (Cf. Quine, 1966b, para detalhes do desenvolvimento das concepções ontológicas de Russell.)

A proposta de Quine (discutida no cap.4, p.79) de eliminar os termos singulares em favor de descrições definidas codesignativas, está claramente no espírito da abordagem de Russell dos nomes próprios. Quine não reconhece uma categoria especial de nomes logicamente próprios, e nem aceitaria as pressuposições epistemológicas subjacentes à doutrina de Russell sobre o conhecimento por familiaridade, mas penso que ele simpatizaria com a concepção de Russell sobre a teoria das descrições como um instrumento de limitação ontológica.

Para Frege, que não tem nenhuma categoria especial de nomes logicamente próprios, cujo significado seja identificado com sua denotação, o problema dos nomes não denotativos parece um pouco diferente. Frege pode admitir que sentenças contendo nomes não denotativos ou descrições tenham, mesmo assim, um significado perfeitamente bom (expressem uma proposição genuína). Contudo, dado seu princípio de que a referência de uma expressão composta depende da referência de seus componentes, ele está obrigado a admitir que uma sentença como 'O atual Rei da França é calvo', cujo sujeito não tem nenhuma referência, ela própria, careça de referência, ou seja, não tem nenhum valor de verdade. Assim, enquanto de acordo com a análise de Russell 'O atual Rei da França é calvo' implica que há um atual Rei da França (pois que ele exista é parte do que a sentença diz), de acordo com a explicação de Frege, 'O atual Rei da França é calvo' *pressupõe* que haja um atual Rei da França, isto é, não é verdadeira nem falsa a não ser que 'O atual Rei da França existe' seja verdadeira. Um tratamento formal adequado da pressuposição, muito obviamente, requereria uma lógica não bivalente, uma lógica na qual fossem admitidas lacunas de valores de verdade, i.e., na qual algumas wffs não são nem verdadeiras nem falsas. Contudo, Frege não apresenta uma tal lógica (mas ver Smiley, 1960, e van Fraassen, 1966, para reconstruções formais da ideia de Frege), pois ele considera os termos singulares não denotativos uma imperfeição das línguas naturais que não deveria ser admitida em uma linguagem logicamente perfeita e, assim, recomenda que, na lógica formal, todos os termos singulares tenham denotação garantida, se necessário, fornecendo artificialmente um objeto – ele sugere o número 0 – como seu referente. (A escolha do número 0 pode ser um pouco infeliz, uma vez que, presumivelmente, ela teria a consequência de que 'O maior número primo é menor que 1', por exemplo, fosse verdadeira.) De qualquer modo, enquanto na teoria de Russell as descrições definidas e os nomes próprios ordinários não são termos genuinamente singulares, mas são contextualmente eliminados, Frege trata os nomes ordinários e as descrições como termos singulares genuínos, cada um com um único referente, com termos 'enganadores', como 'o maior número primo', referindo-se a 0. (Uma teoria formal fregeana pode ser encontrada em Carnap, 1942.) Em sua influente crítica à teoria de Russell, Strawson (1950) emprega uma noção de pressuposição que lembra a análise de Frege (e cf. Nelson, 1946, que antecipa alguns pontos de Strawson). Contudo, há diferenças a serem apontadas primeiro, e que derivam, em grande parte, da ênfase de Strawson na distinção entre sentenças e enunciados. De acordo com Strawson, enquanto são as expressões linguísticas que têm significado, são usos de expressões linguísticas que referem e, em particular, usos de sentenças – enunciados – que são verdadeiros ou falsos. Dessa maneira, seu diagnóstico do problema das descrições não denotativas é mais ou menos assim: embora a expressão 'o atual Rei da França' seja inteiramente significativa, um uso dessa expressão deixa de referir e, consequentemente, um uso de uma sentença contendo essa expressão deixa de fazer um enunciado verdadeiro ou falso. Strawson é ambíguo sobre se seu diagnóstico é que um uso da sentença 'O atual Rei da França é calvo' deixe de fazer um enunciado, ou que um tal uso faz um enunciado, mas um enunciado que não é nem verdadeiro nem falso. (A ambiguidade é mostrada claramente em Nerlich, 1965.) Há ainda uma ambiguidade na tese de Strawson de que um proferimento (*utterance*) de 'O atual Rei da França é calvo' não implica, como pensava Russell, mas pressupõe, que haja um atual Rei da França: algumas passagens sugerem que é o falante que pressupõe que há um atual Rei da França, outras, que a pressuposição não é esse tipo de relação epistemológica, mas uma relação lógica que se dá entre um enunciado de que o atual Rei da França é calvo e o enunciado de que há um atual Rei da França. Em trabalhos posteriores (1954, 1964), Strawson se decide pela segunda tese: pressupor é uma relação lógica entre enunciados, tal que S_1 pressupõe S_2 exatamente no caso de S_1 não ser nem verdadeiro nem falso a não ser que S_2 seja verdadeiro. Uma vez que, de acordo com Strawson, as relações lógicas se dão apenas entre enunciados, isso também resolve a primeira ambiguidade acima apontada – deve-se admitir que um proferimento de 'O atual Rei da França é calvo' constitui um enunciado, mas um enunciado que não é verdadeiro nem falso. Notemos, primeiro, que exceto pela insistência de que é uma relação entre enunciados, a explicação de Strawson da pressuposição é exatamente como a de Frege. E, segundo, que se um proferimento de 'O atual Rei da França é calvo', afinal de contas, constitui um enunciado, não pode ser sustentada a crítica de Strawson de que o erro de Russell foi o de deixar de distinguir entre sentenças e enunciados. (Sobre esse segundo ponto, cf. a réplica de Russell (1959) a Strawson.)

Duvido que a questão sobre poder considerar 'O atual Rei da França é calvo' falsa ou sem valor de verdade possa, ou mesmo deva, ser decidida recorrendo a 'o que ordinariamente diríamos'. Ao contrário, a questão gira em torno de se se está preparado para tolerar alguma artificialidade (no caso da teoria das descrições de Russell, na tradução das línguas naturais para o formalismo, ou, no caso da teoria preferida de Frege, na escolha de referente para expressões de outro modo não denotativas) para poder conservar a bivalência, uma vez que a teoria 'da pressuposição' fregeana defendida por Strawson requeriria uma lógica de base não bivalente. E, é claro, se se considera que há outras razões para duvidar da bivalência, isso seria relevante para a avaliação dos custos e benefícios relativos. (Os comentários a respeito das estratégias rivais na formalização, no cap.9, p.207, são pertinentes para esta escolha particular.)

Strawson é cuidadoso em dizer que são usos de expressões que referem. Contudo, mais uma vez, há alguma ambiguidade sobre o que ele toma como as condições de referência bem-sucedida. Algumas passagens sugerem uma explicação pragmática, de acordo com a qual é uma condição suficiente para que um uso de uma expressão seja bem-sucedido em referir-se a um objeto que o falante tenha um certo objeto em mente, e seu uso da expressão traga esse objeto à atenção do ouvinte – isto é, independentemente de a expressão utilizada denotar realmente esse objeto (cf. Strawson, 1959, cap.1, e 1964). Contudo, em geral, Strawson prefere uma explicação semântica, de acordo com a qual é necessário que a expressão denote um objeto para que seu uso seja bem-sucedido ao referir-se a ele.

Donnellan (1966) coloca a noção pragmática da referência em discussão. Ele distingue entre os *usos*, *atributivo* e *referencial*, das descrições definidas. (A mesma descrição definida pode ser utilizada das duas maneiras.) Uma descrição definida é utilizada atributivamente se o falante deseja afirmar algo a respeito de qualquer pessoa ou coisa que se enquadre na descrição; e referencialmente se, em vez disso, ele deseja chamar a atenção de sua audiência para uma pessoa ou coisa particular e afirmar algo a seu respeito. Donnellan dá como exemplo o uso da sentença 'O homem que assassinou Smith é insano', atributivamente, para declarar que qualquer um que tenha matado Smith deve ser insano, ou referencialmente, para declarar que Jones (que o falante e a audiência sabem ter sido condenado pelo assassinato – talvez erroneamente) é insano. E se pode utilizar uma descrição definida referencialmente, no sentido de Donnellan, mesmo que ela não seja verdadeira – e mesmo que falante e ouvinte saibam que ela não é verdadeira – da pessoa ou coisa referida. Pois o critério de uso referencial bem-sucedido é simplesmente o de que o falante consiga chamar a atenção da audiência para a pessoa ou coisa que ele tem em mente. Donnellan sugere que a explicação de Strawson é aplicável apenas a usos atributivos, e não referenciais.

É verdade – como já sugeri anteriormente – que a teoria de Strawson, no final das contas, seja mais semântica e menos pragmática que sua ênfase oficial no uso de expressões possa ter levado a esperar. Poderia ser um artifício útil distinguir entre *referência* e *denotação*, ou *designação*, e utilizar a primeira para a noção pragmática (o que os falantes fazem) e a última para a noção semântica (o que a expressão faz). Então, se se quer adotar os padrões de Donnellan para a referência bem-sucedida, pode-se dizer que um falante pode se referir a uma pessoa ou coisa pelo uso de uma expressão que não denota aquela pessoa ou coisa. Uma vantagem disso é tornar claro que não é preciso encarar a explicação de Donnellan sobre o 'uso referencial' das descrições definidas como uma rival da teoria de Frege ou de Russell.

Nomes não denotativos: ficção

As questões aqui são complexas e intricadas, e não posso esperar comentá-las todas. Algumas – as relações entre termos singulares e variáveis ligadas, e a possibilidade de eliminar os primeiros em favor das últimas – já foram consideradas (cap.4, p.79). Outras vão receber mais atenção em capítulos subsequentes – o papel dos termos singulares nos contextos modais e as consequências de teorias rivais do nomear para os problemas a respeito da identidade dos indivíduos através de mundos possíveis, no Capítulo 10, teorias da pressuposição, no Capítulo 11. Vou tentar abordar agora uma delas – a questão dos nomes não denotativos.

Na discussão precedente vieram à tona dois tipos de discrepância entre os nomes próprios nas línguas naturais e os termos singulares nas linguagens formais: enquanto a cada um dos termos singulares é atribuído *exatamente* um indivíduo no domínio, os nomes próprios às vezes possuem *mais de um* portador e, às vezes, *nenhum*. Os autores costumam simplesmente desconsiderar essas discrepâncias, assumindo 'para fins de argumentação' que os nomes próprios ordinários denotam confiavelmente um único indivíduo (por exemplo, McDowell 1977). Contudo, algumas questões interessantes se perdem se elas são desconsideradas tão facilmente. Não vou discutir aqui a primeira discrepância, de que os nomes próprios ('John Smith'), frequentemente, possuem diversos, ou muitos, portadores, embora valha observar que, das teorias que esbocei, a de Burge é aquela que toma essa possibilidade mais a sério. No momento, vou me restringir a alguns comentários a respeito da outra discrepância, o fenômeno dos nomes não denotativos e, em relação com isso, a algumas reflexões a respeito do discurso ficcional.

O problema levantado pelos nomes não denotativos pode ser colocado em destaque quando os consideramos do ponto de vista da teoria de Russell. Tomemos o nome de uma personagem de ficção, 'Sherlock Holmes', por exemplo. De acordo com Russell, o significado de um nome ('logicamente') próprio genuíno deve ser igualado com sua denotação. Assim, se 'Sherlock Holmes' fosse um nome genuíno, uma vez que ele é não denotativo, seria destituído de significado, e assim seriam, portanto, todas as sentenças a respeito de Sherlock Holmes, incluindo algumas, como 'Sherlock Holmes nunca existiu', que se considera, seguramente com certa razão, serem claramente verdadeiras (o 'problema dos existenciais negativos', cf. Cartwright, 1960). Russell evitaria essa dificuldade negando que 'Sherlock Holmes' seja um nome genuíno. É uma descrição definida disfarçada, e as sentenças a respeito de Sherlock Holmes são existenciais disfarçados, perfeitamente significativos, e, ou claramente verdadeiros, ou claramente falsos: 'Sherlock Holmes nunca existiu' é verdadeira, enquanto outros enunciados a respeito de Sherlock Holmes, como 'Sherlock Holmes era um detetive' ou 'Sherlock Holmes era um policial', são falsos.

A abordagem de Russell oferece uma explicação de como é possível que falemos significativamente sobre não existentes, e digamos verdadeiramente que eles *são* não existentes, e ao mesmo tempo dá uma solução simples para o problema dos valores de verdade de tais enunciados. Contudo, alguns sentiram que a atribuição de 'falso' igualmente para, digamos, 'Sherlock Holmes era um detetive' e 'Sherlock Holmes era um policial', é bastante simplista, e não leva muito bem em conta a intuição de que a primeira está 'correta' em algum sentido no qual a última não está.

Sherlock Holmes é uma personagem de ficção e, de acordo com as obras de ficção nas quais ele figura, era um detetive, e não um policial. Foi sugerido (cf. Routley, 1963) que uma linguagem formal apropriada para representar o discurso sobre Holmes poderia requerer um domínio de entidades de ficção, de forma que o nome 'Sherlock Holmes' denote mesmo, embora denote um objeto ficcional, não um objeto real. (Tais sistemas são conhecidos como 'lógicas livres', isto é, livres de compromisso existencial. Ver Schock, 1968, e cf. observações sobre escolhas alternativas de domínios no cap.4, p.71.) Essa abordagem, de forma interessante, está no espírito da teoria dos objetos de Meinong, que admite o discurso significativo sobre não existentes, admitindo não apenas objetos reais, espaçotemporais, tais como objetos físicos e pessoas, e objetos subsistentes, não espaçotemporais, tais como números e propriedades, mas também objetos não existentes, não subsistentes, e mesmo impossíveis, sendo todos, genuinamente, objetos (ver Meinong, 1904, e cf. Parsons, 1974). Russell (1905) reconhece, como vimos, que isso oferecia uma alternativa a sua própria teoria, mas achou-a ontologicamente objetável, talvez por causa de suas afinidades com extravagâncias ontológicas que ele próprio havia uma vez tolerado (1903). De modo similar, pode-se considerar que a forma curiosa pela qual as lógicas livres representam os termos não denotativos como termos denotando objetos irreais (mais ou menos como o terceiro 'valor' de algumas lógicas trivalentes se destina a representar a falta de valor de verdade) exibe uma certa ambivalência ontológica.

Agora, embora a história nos conte bastante a respeito de Holmes, também há um bom número de enunciados sobre ele cuja verdade *não* está estabelecida por ela – se ele tinha uma tia no spa de Leamington, por exemplo. Assim, há alguma motivação não apenas para ajustar o domínio para permitir entidades ficcionais, mas também para admitir que, enquanto alguns enunciados a respeito de Holmes são verdadeiros e outros falsos, outros, mais uma vez, não são nem uma coisa, nem outra. E isso significa que uma linguagem formal adequada poderia precisar abandonar o princípio da bivalência, o princípio de que todo enunciado é ou verdadeiro ou falso. Em uma tal linguagem formal, haveria lugar para a representação da relação fregeana de pressuposição que, como indiquei anteriormente, pede uma lógica não bivalente.

É claro que há uma questão sobre em que medida todo discurso sobre não existentes deva ser compreendido no modelo do discurso sobre entidades ficcionais. Embora Sherlock Holmes e o maior número primo sejam semelhantes por não existirem, é questionável se eles são semelhantes em todos os aspectos logicamente relevantes. Mas, por ora, vou me restringir à consideração das entidades ficcionais. De qualquer modo, está claro que há uma importante distinção entre o discurso *sobre* ficção, de um lado, e, de outro, um discurso *de* ficção. (Claro que não pretendo sugerir que *todo* discurso de ficção ou a respeito de ficção seja um discurso a respeito de entidades ficcionais.) O que eu faço quando falo de Sherlock Holmes, presumivelmente, não corresponde exatamente àquilo que Conan Doyle fez ao escrever as estórias de Holmes. Em particular, enquanto no primeiro caso pode-se ver alguma base para a intuição de que há um sentido no qual o que digo pode ser certo ou errado, no último caso parece mais apropriado dizer que a questão sobre *Doyle* tê-lo feito certo ou errado simplesmente não se coloca. Penso que o tipo de resposta que acabamos de considerar parece mais promissor com respeito ao discurso sobre ficção que com respeito ao discurso de ficção.

Suspeito que o que não é usual a respeito do discurso *de* ficção não é de forma alguma semântico, mas pragmático. Proferir (ou escrever) sentenças enquanto se conta uma história difere de proferir sentenças ao fazer um relato de um evento real. Não se está, no primeiro caso, como se está no segundo, asseverando, isto é, afirmando a verdade de sentenças que se proferem (cf. Plantinga, 1974, cap.8, §4; Woods, 1974; Searle, 1975; Haack, 1976b). Poder-se-ia sentir a necessidade de uma lógica livre para o discurso a respeito de ficção, razoavelmente, mas esperando lidar com os aspectos característicos do discurso de ficção por meio de uma teoria da pragmática. Pois, se meu palpite estiver correto, a diferença mais significativa entre contar uma história e fazer um relato, por assim dizer, não está na diferença entre a história e o relato, mas na diferença entre o contar e o fazer.

Às vezes, assume-se que, se os aspectos característicos de algum tipo de discurso são pragmáticos, isso o coloca necessariamente além do escopo dos métodos lógicos formais. A importância generalizada dos aspectos pragmáticos de todos os discursos nas línguas naturais tem sido um tema recorrente nos críticos, tais como Schiller e Strawson, que encaram os métodos formais como seriamente inadequados para as sutilezas da linguagem natural. Assim, talvez eu devesse enfatizar que, ao argumentar que as características peculiares do discurso de ficção possam ser pragmáticas, e não semânticas, não assumo que isso exclua necessariamente a possibilidade de tratamento formal.

6
SENTENÇAS, ENUNCIADOS, PROPOSIÇÕES

Três abordagens

Uma questão recorrente na filosofia da lógica diz respeito à pergunta sobre o tipo de coisa com a qual a lógica lida, ou talvez lide principalmente. As alternativas apontadas são usualmente sentenças, enunciados e proposições, ou, mais raramente nos dias de hoje, juízos ou crenças. Coloquei a questão de uma maneira deliberadamente vaga, uma vez que mais de um ponto parece estar envolvido. Uma vez mais, assim como na questão a respeito do significado dos conectivos, quantificadores etc., o problema diz respeito à relação entre argumentos formais e informais: nos argumentos informais, o que corresponde às fórmulas bem-formadas das linguagens formais? Pode ser útil distinguir três abordagens à questão:

(i) sintática: nas línguas naturais, o que é o análogo dos 'p', 'q' da lógica formal?

Tendo falado até aqui de 'cálculo sentencial', eu não pretendia dar como resolvida essa questão. Alguns preferem falar de 'cálculo proposicional', 'variáveis proposicionais', 'conectivos proposicionais'; e até aqui não disse nada para justificar minha preferência pelo primeiro uso.

(ii) semântica: que tipo de coisa é capaz de verdade e falsidade?

Uma vez que as linguagens formais visam representar aqueles argumentos informais que são válidos extrassistematicamente, isto é, que preservam a verdade, isso vai estar intimamente relacionado com a primeira questão.

(iii) pragmática:[1] que tipos de coisa supor-se-ia serem os 'objetos' de crença, conhecimento, suposição etc.?

('Saber', 'acreditar', 'supor' etc., são, às vezes, chamados verbos de 'atitude proposicional'.) Uma vez que se pode saber, acreditar ou supor algo verdadeiro ou algo falso, a terceira questão vai estar estreitamente relacionada com a segunda.

No momento, contudo, não vou discutir (iii) (mas cf. p.172-6 e cap.12, p.309). Vou comentar primeiro, muito brevemente, (i), e então, mais longamente, (ii).

Sentença, enunciado, proposição

Uma discussão preliminar necessária, entretanto, é especificar o que quero dizer com 'sentença', 'enunciado' e 'proposição', pois uma razão pela qual a discussão dessas questões é frequentemente confusa é que há pouca uniformidade de uso.

Por uma *sentença* vou indicar qualquer cadeia gramaticalmente correta e completa de expressões de uma língua natural. Por exemplo, 'A neve é branca', 'Feche a porta', 'A porta está fechada?' são sentenças. 'Sentado ao' e 'é cor-de-rosa' não são. Espero que essa explicação geral e imprecisa seja suficiente para transmitir a ideia que tenho em mente. É claro que ela é imprecisa na medida em que há incerteza a respeito de que cadeias de expressões devam ser consideradas gramaticais. Vou precisar distinguir entre *tipos* de sentenças (*sentence types*) e *ocorrências* de sentenças (*sentence tokens*). Uma ocorrência de sentença é um objeto físico, uma série de marcas sobre o papel ou de ondas sonoras, constituindo uma sentença escrita ou falada. Às

---

[1] Chamo essa abordagem de pragmática porque a pragmática se ocupa das relações entre expressões e os usuários dessas expressões (a 'sintaxe' e a 'semântica' foram explicadas no Capítulo 2). Retiro essa forma de separar as questões de Gochet (1972).

vezes, contudo, pensa-se em duas ou mais ocorrências como inscrições ou proferimentos da mesma sentença, em certo sentido. 'Mesma sentença' significa aqui 'o mesmo tipo de sentença'. Por exemplo, as duas inscrições:

> Todos os filósofos são um pouco malucos
> Todos os filósofos são um pouco malucos

são ocorrências do mesmo tipo. Pode-se considerar um tipo de sentença ou como um padrão que ocorrências semelhantes exemplificam, ou como uma classe de ocorrências semelhantes. A questão sobre o que tomar como critérios de identidade para tipos de sentenças é muito discutida. Alguns requereriam similaridade tipográfica ou auditiva (presumivelmente, necessitar-se-ia também especificar as condições nas quais um proferimento fosse do mesmo tipo de sentença que uma inscrição); outros requereriam a igualdade de significado. Vou ficar com o primeiro critério, e admitir a possibilidade de tipos ambíguos de sentença. Mais uma vez, preciso distinguir, nas sentenças, aquelas que são interrogativas ou imperativas, por exemplo, daquelas que são 'declarativas'. As sentenças cujo verbo principal está no modo indicativo são declarativas, mas 'declarativo' entende-se como muito mais amplo que 'indicativo', de forma a incluir, por exemplo, condicionais cujo verbo principal está no subjuntivo. Intuitivamente, poder-se-ia dizer que as sentença declarativas são aquelas qualificadas para a verdade e a falsidade, ao passo que as sentenças não declarativas não o são. Contudo, definir 'declarativo' desta forma, no presente contexto, seria obviamente circular.

Por um *enunciado* vou indicar o que é dito quando uma sentença declarativa é proferida ou escrita. Em seu emprego não técnico, 'enunciado' é ambíguo entre o evento do proferimento ou a inscrição de uma sentença, e o conteúdo do que é escrito ou proferido. Apenas o segundo sentido é relevante para as preocupações presentes. Surge agora a questão de se todo proferimento ou inscrição de uma sentença declarativa vai produzir um enunciado. Strawson parece pensar que alguns usos de sentenças declarativas – seus exemplos incluem proferimentos ou inscrições usados quando se atua em uma peça ou se escreve um romance – *não* produzem enunciados. Como vimos no capítulo anterior, ele também parece sugerir que os proferimentos de sentenças cujos termos sujeito nada denotam deixam de produzir enunciados, embora, outras vezes, ele sugira, ao contrário, que tais proferimentos são enunciados, mas enunciados que não são nem verdadeiros nem falsos. Essas questões, obviamente, vão ser importantes para o assunto dos portadores de verdade. Ora, quando é que dois proferimentos ou inscrições produzem o mesmo enunciado? É comum se dizer que eles o fazem exatamente no caso em que 'dizem a mesma coisa sobre a mesma coisa'. Essa explicação funciona suficientemente bem em casos simples. Por exemplo, os proferimentos:

Você está com calor (dito por x a y)
Eu estou com calor (dito por y)
J'ai chaud (dito por y)

iriam, por esses padrões, produzir o mesmo enunciado. Contudo, tornar o critério preciso parece ser difícil, pois pode não ser sempre fácil especificar quando dois proferimentos são a respeito da mesma coisa, e poderia ser mais difícil ainda especificar quando eles dizem a mesma coisa sobre seu tema, uma vez que isso requereria que se recorresse à noção notoriamente complicada de sinonímia.

Por uma *proposição* vou entender o que é comum a um conjunto de sentenças declarativas sinônimas. Neste sentido de 'proposição', duas sentenças vão expressar a mesma proposição se elas tiverem o mesmo significado. Assim, aqui, mais uma vez, assim como com os enunciados, o problema da sinonímia vai ter de ser enfrentado. Uma outra explicação, popular desde o surgimento da semântica de mundos possíveis para as lógicas modais, identifica uma proposição com o conjunto de mundos possíveis nos quais ela é verdadeira, ou com uma função de mundos possíveis em valores de verdade. Contudo, não é claro que isso resulte em algo muito diferente da explicação que dei antes, desde que se distingue o mundo possível no qual p do mundo possível no qual q, ao se distinguir p de q. (Se 'Jack e Jill têm um de seus pais em comum' expressa a mesma proposição que 'Jack e Jill são meio-irmãos', então todos os mundos possíveis nos quais vale a primeira são mundos possíveis nos quais vale a segunda, e se não, não.) Uma outra explicação, que delimita uma ideia diferente, identifica a proposição com o conteúdo comum de sentenças em diferentes modos. Assim:

Tom fechou a porta.
Tom, feche a porta!
Tom fechou a porta?

têm como conteúdo comum a proposição: *o fechar da porta por Tom*. As proposições, neste sentido, são candidatos improváveis a portadores de verdade, e por essa razão vou lhes dar bem pouca atenção aqui. Contudo, elas possuem alguma relevância para a interpretação da lógica imperativa, por exemplo, sobre a qual vou fazer alguns breves comentários a seguir.

É bastante fácil verificar que sentenças, enunciados e proposições, como foram aqui caracterizados, são diferentes, isto é, que se poderia ter a mesma sentença, mas diferentes enunciados e diferentes proposições; o mesmo enunciado, mas diferentes sentenças e diferentes proposições; a mesma proposição, mas diferentes sentenças e diferentes enunciados (cf. Cartwright, 1962).

A atitude que se tem em face de enunciados ou proposições pode bem ser marcada pelas concepções metafísicas que se tenha. Os nominalistas, que têm aversão aos objetos abstratos, ou os extensionalistas, que suspeitam que as noções de significado sofrem de uma falta de clareza incapacitante, tendem a uma predisposição contrária em face dos enunciados e das proposições e favorável em face das sentenças, enquanto os platônicos, admitindo objetos abstratos, e os intensionalistas, que estão à vontade com a teoria do significado, poderiam admitir tranquilamente enunciados ou proposições. (Comparar Quine, 1970, cap.1, com Putnam, 1971, caps. 2, 3, 5, para atitudes constrastantes.) É preciso observar, contudo, que embora as ocorrências de sentenças sejam objetos físicos, os tipos de sentenças são objetos abstratos; e que, enquanto os critérios de identidade tanto para enunciados quanto para proposições requerem o recurso à sinonímia, os critérios de identidade para tipos de sentenças requerem o recurso à noção não inteiramente inquestionável de similaridade. (Ver Goodman, 1970, para alguns dos problemas que envolvem as tentativas de definir a similaridade de forma precisa.)

'Letras sentenciais', 'variáveis proposicionais', ou o quê?

Como se entende os '*p*', '*q*' etc. da lógica sentencial vai depender, obviamente, de se admitir ou não que as letras sentenciais sejam tratadas como variáveis genuínas a serem ligadas por quantificadores, e se assim se faz, como se interpretam esses quantificadores.

As apresentações usuais da lógica sentencial não utilizam quantificadores. A julgar pela aparência, contudo, parece razoável supor que o cálculo sentencial não quantificado tenha uma generalidade *implícita* que o cálculo sentencial quantificado apenas torna *explícita*. Considera-se usualmente que um teorema como '$p \to (p \vee q)$' vale para todas as instâncias de '*p*' e '*q*', exatamente como nas apresentações usuais não quantificadas da álgebra, em que se considera que '$a + b = b + a$' vale para o que quer que a e b possam ser. Assim, as alternativas são ou entender a formulação usual não quantificada como simplesmente uma versão abreviada da lógica sentencial quantificada, ou então encontrar alguma outra maneira de explicar a generalidade implícita do cálculo não estendido.

Por razões já mencionadas no Capítulo 4, p.84, Quine prefere a segunda alternativa. Ele propõe que '*p*', '*q*' etc. *não* sejam tratadas como variáveis genuínas ligáveis, mas, ao contrário, que sejam interpretadas como 'letras esquemáticas'. Uma wff do cálculo sentencial, tal como '$p \vee -p$', deve ser considerada 'não como uma sentença, mas como um esquema ou diagrama tal que todos os enunciados reais da forma descrita sejam verdadeiros' (1953a, p.109).

Contudo, se se *tratam* as letras sentenciais como variáveis genuínas, então tem-se de enfrentar a questão da interpretação dos quantificadores. Se se adota uma interpretação objetual, tem-se de enfrentar em seguida a questão a respeito de sobre que tipo de objeto os quantificadores vão variar: as proposições são os candidatos mais comuns, embora Quine (1934) argumente em favor de um domínio de sentenças. (Se se está preocupado apenas com o cálculo sentencial funcional-veritativo usual, poder-se-ia mesmo interpretar tais quantificadores como variando sobre *valores de verdade*, isto é, sobre os dois valores v e f. Pois na lógica sentencial funcional-veritativa, apenas os valores de verdade dos componentes são relevantes para o valor de verdade do composto. A adição de operadores sentenciais não funcional-veritativos, talvez 'necessariamente', ou 's acredita que', contudo, eliminaria essa alternativa.) É necessário, então, um ajuste da leitura usual: em '$(p)(p \vee -p)$', se o quantificador é lido 'para todas as proposições p', então '$p \vee -p$' deve ser interpretado como um termo singular denotando uma proposição composta ('a disjunção de uma proposição com sua própria negação'), e um predicado implícito ('é verdadeiro') tem de ser fornecido para tornar a leitura gramaticalmente correta. De outro lado, se se adota uma interpretação substitucional, '$(p)(p \vee -p)$' vai ser lido 'Todas as instâncias substitutivas de '$\ldots \vee -\ldots$' são verdadeiras', onde as instâncias substitutivas apropriadas resultam de colocar a mesma sentença em cada um dos espaços. (Estou certa de que não terá escapado à atenção que as 'letras esquemáticas' de Quine se parecem muito com variáveis ligadas da quantificação substitucional, com sentenças como a classe de substituição.)

Neste nível, então, parece haver diversas opções. Mas e a questão dos portadores de verdade?

Os portadores de verdade

Se um argumento é válido, então, se suas premissas são verdadeiras, sua conclusão deve ser verdadeira também. Assim, presumivelmente, as premissas e a conclusão precisam ser o tipo de coisa que seja capaz de ser verdadeira ou falsa. Desta forma, muitos autores consideraram importante decidir se são sentenças, enunciados, ou proposições, que são propriamente chamados 'verdadeiros' ou 'falsos'. A questão tem diversas ramificações. Foi sugerido, por exemplo, que uma confusão a respeito dos portadores de verdade subjaz aos paradoxos semânticos (Bar-Hillel, 1957, Kneale, 1971), que ela motivou as propostas de lógicas polivalentes (Lewy, 1946, Kneale & Kneale, 1962, Kripke, 1975, p.700n), que ela vicia a teoria das descrições de Russell (Strawson, 1950). Já comentei (cap.5, p.102) esta última. Vou ter algo a dizer sobre a primeira no Capítulo 8, e sobre a segunda no Capítulo 11.

Usualmente, a disputa a respeito dos portadores de verdade se dá mais ou menos assim: uma vez que a verdade é presumivelmente uma propriedade, dever-se-ia ser capaz de identificar o tipo de coisa que a possui. Em geral, assume-se que ou apenas um dos candidatos pode ser o portador de verdade, ou que um é primário e os outros de algum modo derivados. O debate ulterior sobre que coisas são os portadores de verdade, ou os portadores primários, contudo, a meu ver, não foi muito conclusivo, nem muito frutífero. Ver-se-á logo o que quero dizer.

Muitos autores (Strawson, 1950, a introdução de Pitcher, 1964, Putnam, 1971, por exemplo) argumentaram que é impróprio, ou mesmo destituído de significado, falar que as sentenças são verdadeiras ou falsas. Mas os argumentos dados a favor dessa alegação são bastante inconclusivos. Um é que se as sentenças fossem verdadeiras ou falsas, algumas sentenças seriam às vezes verdadeiras e às vezes falsas. Um outro é que algumas sentenças, sentenças não declarativas, por exemplo, não são capazes de verdade ou falsidade, de modo que nem todas as sentenças poderiam ser verdadeiras ou falsas. Contudo, um portão, afinal, pode ser bem propriamente chamado vermelho ou verde, embora ele possa ter uma cor num ano e outra no próximo. E alguns vidros, os vidros coloridos, por exemplo, podem propriamente ter predicados de cor atribuídos a eles, apesar do fato de que alguns vidros não têm cor (cf. Lemmon, 1966, Haack & Haack, 1970).

Embora esses argumentos certamente não mostrem que as sentenças não podem ser propriamente ditas verdadeiras ou falsas, eles podem sugerir um raciocínio aparentemente mais promissor: que quaisquer que sejam as coisas escolhidas como portadores de verdade, elas devem ser tais que (i) se possa confiar que elas não vão mudar seu valor de verdade e (ii) todas as coisas do tipo relevante sejam ou verdadeiras ou falsas. A aceitabilidade desses *desiderata* vai precisar de investigação, é claro. Mas mesmo deixando a questão de lado por ora, resulta que os enunciados e as proposições dificilmente são mais bem-sucedidos que as sentenças a estes respeitos.

(i) Se um enunciado pode ou não mudar seu valor de verdade depende, obviamente, de como exatamente se entende 'dizer a mesma coisa sobre a mesma coisa'. Entretanto, em uma compreensão intuitiva pelo menos, dois proferimentos a respeito do mesmo Jones, distantes meio minuto, de 'Jones está usando um sobretudo', presumivelmente, diriam a mesma coisa sobre a mesma coisa. Contudo, um proferimento poderia ser verdadeiro e o outro falso, se Jones colocou ou retirou seu sobretudo no intervalo. É claro que se poderia evitar a mudança de valor de verdade dos enunciados tornando mais exigentes os critérios para a identidade de enunciados a ponto de não se considerar que os proferimentos não simultâneos estivessem produzindo o mesmo enunciado. Mas, de fato, isso correlacionaria os enunciados e as ocorrências de sentenças um a um e, então, poder-se-ia imaginar justificavelmente qual seria a vantagem de apresentar os enunciados como distintos das sentenças.

Uma vez que o sentido de uma sentença pode permanecer estável por um período considerável, a proposição expressa por uma sentença também poderia, presumivelmente, modificar seu valor de verdade. Por exemplo, a proposição expressa pela sentença 'Luís XIV está morto' foi uma vez falsa e agora é verdadeira. Alguns autores (Frege, 1918, Moore, 1953, Kneale, 1971, por exemplo) responderam a esta dificuldade tornando mais exigentes os critérios de identidade proposicional de forma a impedir a mudança de valor de verdade. Isso parece ser vulnerável a uma objeção semelhante àquela feita anteriormente a uma manobra similar para impedir os enunciados de mudarem seu valor de verdade.

(ii) Uma vez que é incerto que se considere que todo proferimento de uma sentença declarativa produza um enunciado, também não está claro se todo enunciado deva ser ou verdadeiro ou falso. Strawson admite, contudo, que não faz parte da definição de 'enunciado' que todo enunciado seja ou verdadeiro ou falso (1952, p.69). E, como vimos, há indícios em 1950, e uma alegação explícita em 1964, que os proferimentos de sentenças 'com falha de referência' produzem enunciados que não são verdadeiros nem falsos. Logo, alguns enunciados vão carecer de valor de verdade.

Em alguns casos, onde uma sentença não é nem verdadeira nem falsa, poder-se-ia plausivelmente argumentar que não há nenhuma proposição correspondente, e nessa medida as proposições saem-se melhor que as sentenças para satisfazer (ii). Dentre as sentenças que não são nem verdadeiras nem falsas, como se diz frequentemente, há algumas que, embora sejam gramaticalmente corretas, são destituídas de significado ('A virtude é triangular', por exemplo). Sendo destituídas de significado, essas sentenças não expressam nenhuma proposição. As sentenças imperativas e interrogativas, presumivelmente, também deixam de ser verdadeiras ou falsas e, mais uma vez, poder-se-ia alegar que tais sentenças não expressam proposições. Contudo, é duvidoso que se possa especificar que tipos de sentenças expressam mesmo proposições, a não ser restringindo-se às sentenças declarativas (como na p.114). Assim, esse argumento não mostra que as proposições estejam em melhor situação que as sentenças a respeito de (ii). E algumas sentenças declarativas (as sentenças vagas e as sentenças sobre futuros contingentes, por exemplo) são consideradas por alguns autores como nem verdadeiras nem falsas, e contudo, sendo significativas, expressam proposições que são, portanto, elas mesmas, nem verdadeiras nem falsas.

Não estou sugerindo, é claro, que as sentenças são mais bem-sucedidas que os enunciados ou as proposições a respeito de (i) e (ii). Já mencionei diversos tipos de sentença que podem deixar de ter qualquer valor de verdade; logo, as sentenças não satisfazem (ii). No que diz respeito a (i): diversos tipos de sentenças, obviamente, mudam seu valor de verdade ('Estou com fome', por exemplo, seria verdadeira em algumas bocas, em algumas ocasiões, falsa em outras). E se pode mostrar que mesmo algumas ocorrências de sentenças são capazes de mudar seu valor de verdade. (Uma ocorrência de 'Há uma pessoa nesta sala', escrita no quadro-negro de meu escritório, seria usualmente verdadeira ao meio-dia e falsa à meia-noite.) Quine mostrou que podemos especificar uma classe de tipos de sentença que não mudam seu valor de verdade. Ela incluiria tanto as sentenças que enunciam as leis físicas quanto aquelas que enunciam as leis matemáticas, para as quais as considerações temporais, diz ele, são irrelevantes, e sentenças completamente especificadas com relação a tempo e lugar, com verbos flexionados temporalmente e dêiticos como 'agora', substituídos por verbos sem flexão temporal, datas e tempos. Quine chama esses tipos estáveis de 'sentenças eternas' (cf. cap.9, p.212).

Os portadores de verdade e a teoria da verdade

Um argumento que poderia ser dado em favor de se admitir as sentenças como portadores de verdade é o seguinte: algumas teorias da verdade, certas versões (a de Wittgenstein, mas não a de Austin, por exemplo) da teoria da correspondência e, mais notadamente, a teoria semântica de Tarski, exploram a estrutura gramatical na definição de verdade (detalhes no cap.7). É claro que as sentenças possuem estrutura gramatical. Porém, sendo extralinguísticos, os enunciados e as proposições, não. E, uma vez que o mesmo enunciado pode ser produzido ao se proferirem, e a mesma proposição pode ser expressa por, sentenças em diferentes línguas, com diferentes estruturas gramaticais, vai ser difícil para os enunciados ou as proposições 'tomarem emprestada' uma estrutura de sentenças que os produzem ou as expressam. Entretanto, enquanto alguns veem a plausibilidade da teoria de Tarski como uma razão para considerar as sentenças como portadores de verdade, outros, com base em sua convicção de que as sentenças não podem ser portadores de verdade, estão dispostos a rejeitar a teoria de Tarski (ver, por exemplo, White, 1970, p.94-9). Outros ainda argumentam que o fato de que a definição de verdade de Tarski tem de ser relativa a uma linguagem, de que ele define 'verdadeiro-em-L', em vez de 'verdadeiro', é um ponto contra ela. E outros propõem modificar a teoria de Tarski de modo que ela possa ser aplicável a proposições (Popper, 1972) ou enunciados (Davidson, 1967).

Depois de alguma reflexão, pode-se compreender que os próprios requisitos como (i) e (ii), que aqueles que fazem objeções às sentenças impõem implicitamente aos portadores de verdade, estão relacionados a pressuposições – que se mostram questionáveis – acerca da teoria da verdade: que uma teoria correta vai ser bivalente e tornar a verdade atemporal. Não vou discutir aqui a questão do caráter supostamente atemporal da verdade, mas simplesmente indicar ao leitor Putnam (1957) e Haack (1974), p.69-70. Seriam apropriados um ou dois comentários breves a respeito da bivalência. O peso indevido colocado na ideia de que toda coisa de um tipo que tenha um valor de verdade deva ser ou verdadeira ou falsa está, frequentemente, por trás de um tipo indesejável de conservadorismo a respeito das lógicas alternativas. Pois alguns autores reagem à sugestão de que certas sentenças, nem verdadeiras nem falsas, talvez requeiram uma lógica não bivalente, replicando que tais sentenças não podem produzir enunciados ou não podem expressar proposições e, assim, uma vez que é de enunciados ou proposições que a lógica se ocupa, estão fora de seu alcance (ver Lewy, 1946, e cf. Kripke, 1975, p.700n; a tese sobre 'coisa alguma' (*no item*) é discutida em Haack, 1974, p.47-53). Essa reação tende a trivializar questões sérias.

Algumas teorias da verdade – as descendentes da teoria da 'redundância' de Ramsey – sugerem uma solução radical para o problema a respeito dos portadores de verdade. A questão 'de que coisa a verdade é uma propriedade' surge da pressuposição – bastante natural – de que a verdade é uma propriedade. Contudo, essas teorias (cap.7, p.177) negam que a verdade seja uma propriedade e, portanto, evitam a questão: de que coisa ela é uma propriedade. Poder-se-ia estar desculpado por pensar que, em vista do estado insatisfatório da questão, é uma virtude de tais teorias evitá-la.

O problema reformulado

Os argumentos contra as sentenças parecem impor exigências sobre os portadores de verdade a que os enunciados e as proposições também não atendem, e que são elas próprias, de qualquer forma, questionáveis. Alguns argumentam, em favor das sentenças como portadores de verdade, que a teoria da verdade de Tarski as requer, outros rejeitam a teoria de Tarski porque ela requer sentenças como portadores de verdade ... Começa-se a suspeitar que a formulação do problema pode precisar de melhoramentos. Penso que o problema que subjaz ao debate *pode* ser reformulado de um modo que o torna bastante mais manejável. Vamos lembrar que comecei observando que as questões sobre sentenças, enunciados, proposições etc., como tendem a ser os problemas filosóficos da lógica, surgiram de questões sobre as relações entre os argumentos formais e os informais. Agora, suponhamos que se tenha um argumento formal no cálculo sentencial tal como:

$$\frac{p \vee \neg q}{\neg q}$$

e se queira saber quais argumentos informais podem ser entendidos propriamente como instâncias suas. Obviamente, isso é algo que se precise saber para que a lógica formal possa ajudar a avaliar argumentos informais. Uma questão que precisa ser respondida agora é o que, em um argumento informal, representa o 'p' e o 'q'. Bem, pode-se querer dizer que qualquer sentença que se queira pode corresponder a 'p' e 'q', desde que a mesma sentença corresponda a cada ocorrência. Isso é um começo, mas são necessárias mais exigências: as sentenças declarativas podem corresponder a 'p' e 'q', mas não as sentenças imperativas ou interrogativas. Se as sentenças correspondendo a 'p' e 'q' estão flexionadas temporalmente (*are tensed*), então a referência temporal deve permanecer constante por todo o argumento. Se elas contêm dêiticos como 'eu', 'ele', 'agora', sua referência deveria permanecer constante por todo o argumento. E se elas são ambíguas, deveriam ser utilizadas no mesmo sentido por todo o argumento. De outra forma, embora seja válido o argumento formal, seu suposto análogo em argumento informal é capaz de ser *in*válido. Se, por exemplo, a última condição não for observada, tem-se uma 'falácia de equívoco'.

Esta maneira de colocar o problema tem como vantagem a neutralidade metafísica, de forma que ela não eriça nem plumagens nominalistas nem platônicas, e ainda parece formular as questões certas sobre como aplicar a lógica formal ao argumento informal. E o fato de as exigências a respeito do que, no argumento informal, se pode colocar onde 'p' e 'q' estão na lógica formal, refletirem as condições de identidade propostas para os vários candidatos a portadores de verdade, é uma confirmação de minha alegação de ter reformulado o problema original, em vez de tê-lo substituído por um problema diferente. (Mas, de modo interessante, resulta que, em sua versão reformulada, o problema surge mesmo nas teorias que não entendem a verdade como uma propriedade.)

O problema reformulado não se refere a 'portadores de verdade' diretamente, mas, ao contrário, pergunta que excentricidades das sentenças colocadas no lugar de 'p' e 'q' podem interferir com a validade. No caso da lógica sentencial clássica, isso equivale a perguntar o que pode impedir a mesma sentença de ter o mesmo valor de verdade em diferentes ocorrências em um argumento. É porque uma sentença ambígua pode ser verdadeira nas premissas e falsa na conclusão que a equivocação interfere com a validade. Contudo, a maior generalidade do problema reformulado deveria nos instigar a uma outra olhada nas relações entre validade e verdade.

Validade outra vez

Observei anteriormente que insistir que a lógica trata apenas de coisas que são ou verdadeiras ou falsas é ignorar de forma pouco caridosa as lógicas não bivalentes. Além disso, se empreendimentos tais como a lógica imperativa ou a lógica erotética (lógica das questões) devam ser realizáveis, deve-se aceitar que a lógica possa tratar de sentenças incapazes de verdade e falsidade. Ora, a explicação extrassistemática da validade, que dei no Capítulo 2, era em termos de preservação da verdade. Contudo, se se considera seriamente a possibilidade de lógicas que lidam com coisas que não possuem verdade, é provável que se necessite de uma concepção mais ampla de validade. Por exemplo, se se quer lidar com sentenças imperativas, pode-se mostrar apropriado definir um análogo da verdade (um 'valor designado', se quisermos) que *seja* aplicável a elas. Ross (1968) sugere: '*p*!' é satisfeita[2] sse '*p*' é verdadeira. (Por exemplo, 'Feche a porta!' é satisfeita sse 'A porta está fechada' é verdadeira.) A validade, para a lógica imperativa, seria, então, a preservação da satisfação, em vez da preservação da verdade.

Não deve ser desalentador – nem mesmo muito surpreendente – que os desenvolvimentos tais como a lógica não bivalente ou imperativa possam requerer mudanças ou extensões da concepção intuitiva de validade para a qual o aparato lógico usual dá expressão formal. É bastante frequente que uma ciência cresça por modificação ou extensão de suas ideias fundamentais.

---

[2] Esse uso de 'satisfação' deve ser mantido distinto daquele a ser apresentado no próximo capítulo, na discussão da teoria da verdade de Tarski.

7
TEORIAS DA VERDADE

Um breve resumo[1]

O objeto desta seção é o de esboçar os principais tipos de teorias da verdade que foram propostos, e indicar como eles se relacionam uns com os outros. (As próximas seções vão discutir algumas teorias em detalhe.)

As teorias da *coerência* entendem que a verdade consiste em relações de coerência em um conjunto de crenças. Teorias da coerência foram propostas, por exemplo, por Bradley (1914), e também por alguns oponentes positivistas do idealismo, como Neurath (1932). Mais recentemente, Rescher (1973) e Dauer (1974) defenderam este tipo de abordagem. As teorias da *correspondência* entendem que a verdade de uma proposição consiste não em suas relações com outras proposições, mas em sua relação com o mundo, sua correspondência com os fatos. Teorias deste tipo foram sustentadas tanto por Russell (1918) quanto por Wittgenstein (1922), durante o período de sua adesão ao atomismo lógico. Austin defendeu uma versão da teoria da

---

[1] Os proponentes das teorias que vou discutir assumem diferentes concepções sobre que tipos de coisas são portadores de verdade. A seguir, vou falar, de modo variado – dependendo da teoria que estarei discutindo – de 'crenças', 'sentenças', 'proposições' etc., como verdadeiras ou falsas. Apenas quando a diferença for relevante, vou prestar atenção a ela.

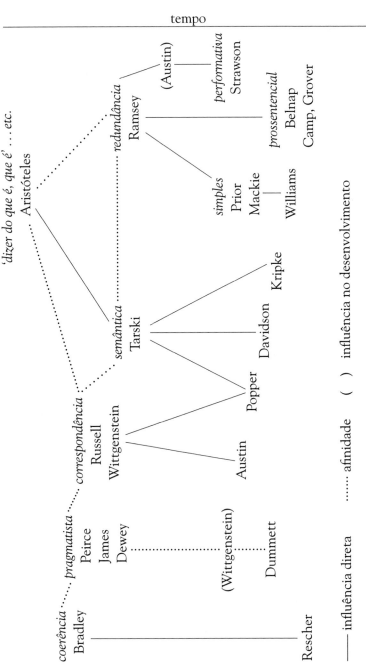

FIGURA 4 – Teorias da verdade.

correspondência em 1950. A teoria *pragmatista*, desenvolvida nas obras de Peirce (ver, por exemplo, 1877), Dewey (ver 1901) e James (ver 1909), tem afinidades tanto com as teorias da coerência quanto com as da correspondência, admitindo que a verdade de uma crença derive de sua correspondência com a realidade, mas enfatizando também que ela é manifestada pela sobrevivência da crença ao teste da experiência, sua coerência com outras crenças. A explicação da verdade proposta por Dummett (1959), por sua vez, tem afinidades bem fortes com a concepção pragmatista.

Aristóteles tinha observado que 'dizer do que é que ele não é, ou do que não é que ele é, é falso, enquanto dizer do que é que ele é, ou do que não é que ele não é, é verdadeiro'. Ao propor sua teoria *semântica* da verdade, Tarski (1931, 1944) procura explicar o sentido de 'verdadeiro' que esta máxima apreende. Na explicação de Tarski, a verdade é definida em termos da relação semântica de satisfação, uma relação entre sentenças abertas (como '$x > y$') e objetos não linguísticos (como os números 6 e 5). A teoria da verdade recentemente proposta por Kripke (1975) é uma variante daquela de Tarski, essencialmente modificada para dar conta dos paradoxos semânticos de uma maneira mais sofisticada. A explicação de Popper para a verdade e sua teoria da verossimilhança ou proximidade da verdade é baseada na teoria de Tarski, que Popper considera fornecer uma versão mais precisa das tradicionais teorias da correspondência.

A teoria da verdade como *redundância*, apresentada por Ramsey (1927), afirma que 'verdadeiro' é redundante, pois dizer que é verdade que p é equivalente a dizer que p. É evidente que esta explicação tem algumas afinidades com a máxima de Aristóteles e, consequentemente, com alguns aspectos da teoria de Tarski. Houve diversas variações recentes da teoria de Ramsey: a explicação 'performativa' de Strawson (1949), a teoria 'simples' da verdade, sugerida por Prior (1971) e ampliada por Mackie (1973) e Williams (1976), e a teoria 'prossentencial' apresentada por Grover, Camp & Belnap (1975).

Definições versus *critérios de verdade*

É comum fazer uma distinção (por exemplo, Russell, 1908b, Rescher, 1973, cap.2, Mackie, 1973, cap.1) entre *definições* de verdade e *critérios* de verdade. A ideia, de modo geral, é que enquanto uma definição dá o significado da palavra 'verdadeiro', um critério fornece um teste por meio do qual se diz se uma sentença (ou o que quer que seja) é verdadeira ou falsa – como, por exemplo, pode-se distinguir, de um lado, fixar o significado de 'febril' como ter uma temperatura mais alta que algum ponto dado e, de outro, especificar procedimentos para decidir se alguém *está* febril.

É preciso lidar com essa distinção com cuidado. Desconfianças podem surgir em razão da existência de desacordo sobre que teorias da verdade são consideradas definicionais, e quais são tidas como criteriais: por exemplo, enquanto o próprio Tarski renuncia a qualquer interesse de fornecer um critério de verdade, e Popper vê como uma vantagem da teoria semântica que ela seja definicional, e não criterial, Mackie considera que a teoria de Tarski aspira a fornecer um critério – e a critica por isso. E tais desconfianças seriam confirmadas por alguns usos claramente inapropriados da distinção. Por exemplo, Russell acusou os pragmatistas de terem confundido a definição e o critério de verdade, quando eles sustentavam que o significado de um termo é dado de modo correto precisamente ao se fornecerem critérios para sua aplicação. (Temo que não seja de todo raro que um filósofo que identifica deliberadamente *As* e *Bs* se veja a enfrentar a crítica de que 'confundiu' *As* e *Bs*.)

Contudo, não se pode simplesmente decidir abster-se de usar a distinção, mesmo sendo ela problemática, por causa de sua importância para questões como a de se as teorias da coerência e da correspondência precisam ser encaradas como rivais entre as quais se é obrigado a escolher, ou como suplementando-se mutuamente, a correspondência fornecendo a definição e a coerência, o critério. Esta questão é discutida mesmo entre os proponentes da teoria da coerência. Assim, Bradley, admitindo que 'A verdade, para ser verdade, deve ser verdadeira de alguma coisa, e que esta coisa não é ela mesma a verdade' (1914, p.325), parece admitir que uma explicação do significado da verdade possa necessitar de recurso a algo como a correspondência, ao passo que a coerência é, antes, uma marca, um teste, da verdade. Blanshard, ao contrário, insiste que a verdade *consiste em* coerência, o que é uma definição tanto quanto um critério. Essa insistência parece estar baseada na convicção de que deve haver alguma conexão estreita entre um critério seguro e aquilo *de que* ele é um critério. A coerência não poderia ser o teste e a correspondência ser o significado da verdade, ele argumenta, pois, então, não haveria nenhuma explicação de por que as crenças coerentes seriam aquelas que correspondem aos fatos. Se a coerência há de ser um teste confiável da verdade, deve sê-lo porque é constitutiva do significado da verdade (ver Blanshard, 1939, p.268).

Rescher (1973, caps.1 e 2) propõe desviar esse argumento, distinguindo entre critérios *de garantia* (infalíveis) e critérios *de autorização* (falíveis), e argumentando que apenas no caso dos critérios de garantia é preciso haver a conexão com a definição, o que Blanshard acha inevitável. Esta distinção elucida algumas questões antes tratadas. Rescher considera C um critério de garantia de x se:

necessariamente (C sse x se dá)

Contudo – como Rescher observa –, neste sentido, qualquer definição de verdade também forneceria um critério infalível de verdade. Por exemplo, se a verdade consiste na correspondência com os fatos, então, necessariamente, se '*p*' corresponde aos fatos, '*p*' é verdadeira, portanto a correspondência é um critério infalível.[2] (A ideia de que Tarski fornece um critério de verdade pode derivar dessa concepção de critérios.)

Portanto: se se tem uma definição, tem-se com isso um critério 'de garantia'. O inverso, contudo, é um pouco menos claro. Por exemplo, é um critério de garantia de que um número é divisível por 3 que a soma de seus dígitos seja divisível por 3, mas suponho que isto não é o que significa um número ser divisível por 3. Ao contrário: se se tem um critério de garantia, então ou ele *é* uma definição, ou é *uma consequência lógica de* uma definição.

Um critério de autorização, contudo, é falível: não é necessariamente o caso que (C sse x se dá). Assim, ou é verdadeiro, embora não necessariamente, que C sse x se dá, ou talvez não seja invariavel-

---

[2] Se se identificam significado e critério – como fazem os pragmatistas – então é-se obrigado a sustentar que o critério é de garantia. Isto vai ser relevante para a discussão, na p.161ss, do argumento de Popper de que a teoria pragmatista da verdade ameaça o falibilismo.

mente verdadeiro que C sse x se dá. (Rescher considera o segundo tipo de caso, mas não o primeiro.) Portanto, um critério de autorização de x é distinto de uma definição de x – ele não precisa estar logicamente relacionado com o significado de 'x'.[3]

Porém, se qualquer definição fornece um critério de garantia, por que se pediria um critério de autorização? Penso que a resposta é bastante clara, mas difícil de formular com precisão: se se quer descobrir se x se dá, idealmente, gostar-se-ia de que um indicador confiável da presença de x fosse *mais fácil de descobrir que se dá* que o próprio x. Uma definição fornece um indicador que é perfeitamente confiável, mas exatamente tão difícil de descobrir que se dá quanto o próprio x. Um critério de autorização fornece um indicador que pode ser menos que completamente confiável, mas que, em compensação, é mais fácil de descobrir que se dê. Por exemplo, as manchas características podem ser tomadas como um critério de autorização do sarampo. Não é um teste perfeitamente seguro, uma vez que não é logicamente necessário que alguém tenha as manchas sse tem sarampo, mas elas são muito mais facilmente descobertas que, digamos, a presença de uma dada bactéria que é (ou assim vou supor para efeito de argumentação) o critério de garantia.

Até aqui, então, é bem-sucedida a defesa feita por Rescher da concepção de Bradley da coerência como um critério de verdade (isto é, um critério de autorização), mas não como uma definição, contra o argumento de Blanshard em favor de uma conexão inevitável entre definição e critério. Contudo, é pertinente que uma versão mais fraca da ideia de Blanshard pareça funcionar mesmo para critérios de autorização. Parece plausível argumentar que, se C é um critério de autorização (mesmo no caso menos favorável, quando sua

---

[3] Rescher não trata em detalhes explicitamente o 'necessariamente' em sua explicação do critério de garantia, mas indícios contextuais sugerem que ele tem em mente a necessidade lógica, que é a interpretação que usei. Se testes fisicamente necessários fossem incluídos, o parágrafo anterior e alguns a seguir teriam de ser reescritos para admitir critérios que estão relacionados àquilo de que eles são um teste via necessidade física, tanto quanto critérios ligados à necessidade lógica, para serem considerados critérios de garantia. É claro que a distinção entre a necessidade lógica e a necessidade física – e, de fato, a distinção entre o necessário e o contingente – não deixa de ser problemática.

presença não está invariavelmente relacionada com a de x), então deve haver *algum* tipo de conexão – de fato, não uma conexão lógica, mas talvez, por exemplo, uma conexão causal – entre x e C. Consideremos mais uma vez as manchas como um critério de autorização do sarampo. Há uma conexão causal entre as manchas e a doença da qual elas são o sintoma. E, de fato, isto é relevante para um aspecto da explicação de Bradley que Rescher negligencia. É plausível pensar que Bradley acreditasse haver uma conexão entre serem coerentes as crenças que se têm e elas corresponderem à realidade (i.e., entre o critério de autorização e a definição), pois ele sustenta que a realidade é coerente.

O conceito de verdade é tão importante para a epistemologia quanto para a filosofia da lógica. Algumas teorias da verdade têm um componente epistemológico importante, dizem respeito à acessibilidade da verdade; e a procura por um critério de verdade é, frequentemente, a manifestação de tal preocupação. É de notar que, no seu todo, as teorias do lado esquerdo do esboço das teorias da verdade (Figura 4) tomam a dimensão epistemológica mais seriamente que aquelas à direita, com as teorias da coerência e pragmatista epistemologicamente ricas, mas as teorias da redundância, no outro extremo, virtualmente sem nenhuma 'carne' epistemológica sobre si (como diz Mackie).

Teorias da correspondência

Tanto Russell quanto Wittgenstein, durante seus períodos de 'atomismo lógico',[4] deram definições de verdade como a correspondência de uma proposição com um fato.

As proposições, de acordo com Wittgenstein, são complexos verbais. As proposições moleculares (tais como '$Fa \lor Gb$') são compostas funcional-veritativamente a partir de proposições atômicas (como 'Fa'). O mundo consiste em coisas simples, ou átomos lógicos, em di-

---

[4] Wittgenstein foi o criador do atomismo lógico, mas a versão de Russell apareceu primeiro, em suas conferências de 1918, enquanto a de Wittgenstein foi apresentada em 1922, no *Tractatus*.

versos complexos ou arranjos, que são os fatos. E, em uma linguagem perfeitamente clara, o arranjo das palavras em uma proposição atômica verdadeira refletiria o arranjo das coisas simples no mundo. A 'correspondência' consiste neste isomorfismo estrutural. As condições de verdade das proposições moleculares podem, então, ser dadas: '$-p$' será verdadeira apenas no caso de 'p' não ser, '$p \vee q$' será verdadeira apenas no caso de 'p' ser verdadeira ou de 'q' ser verdadeira, e assim por diante.

A versão de Wittgenstein do atomismo lógico é austera. Russell a ampliou com uma teoria epistemológica de acordo com a qual as coisas logicamente simples (*logical simples*), sobre cujo caráter Wittgenstein é agnóstico, são dados dos sentidos, que Russell tomou como os objetos do conhecimento direto por familiaridade (*direct acquaintance*), e se entende que a significatividade de uma proposição deriva de ser ela composta de nomes de objetos de conhecimento por familiaridade (*acquaintance*). Estas adições epistemológicas não afetam fundamentalmente o núcleo da explicação da verdade, mas algumas outras diferenças entre as versões de Russell e Wittgenstein são mais relevantes. A explicação de Russell tem a virtude de reconhecer as dificuldades para considerar todas as proposições moleculares, em especial proposições de crença e proposições quantificadas, como funções de verdade de proposições atômicas. Outros aspectos da versão de Russell, contudo, parecem criar dificuldades desnecessárias. Por exemplo, ele admite (embora não com uma confiança completa, por causa da reação adversa que esta tese recebeu em Harvard!) fatos tanto negativos quanto positivos, de forma que a verdade da negação de p pode consistir em sua correspondência com o fato de que não p, em vez da falha de p em corresponder aos fatos. E parece gratuita a sugestão de que há duas relações de correspondência, uma das quais relaciona proposições verdadeiras e a outra, proposições falsas, aos fatos. De fato, ela parece duplamente gratuita, tendo em vista a admissão de fatos negativos.

Numerosos críticos observaram que o problema com a teoria da correspondência é que sua ideia principal, a correspondência, simplesmente não é tornada adequadamente clara. Mesmo nos casos mais favoráveis, o isomorfismo requerido entre a estrutura de uma proposição e aquela do fato envolve dificuldades. Consideremos:

O gato está à esquerda do homem   (a proposição)

(o fato correspondente)

mesmo aqui (como Russell reconhece, p.315-16) parece que o fato tem dois componentes; a proposição, pelo menos três. E é claro que as dificuldades seriam muito mais severas em outros casos (consideremos 'a é vermelho', 'a é casado com b', ou, no que diz respeito ao assunto, 'o gato está à direita do homem'). A interpretação da correspondência como um isomorfismo está intimamente relacionada tanto com a teoria sobre a estrutura última do mundo quanto com o ideal de uma linguagem perfeitamente clara, teses características do atomismo lógico. Coloca-se, pois, a questão de se a teoria da correspondência pode ser divorciada do atomismo lógico e, se o pode, que explicação poderia, então, ser dada a respeito da relação de correspondência.

Austin (1950) oferece uma nova versão da teoria da correspondência, da qual um exame dá algumas respostas. A versão de Austin não se apoia nem em uma metafísica atomista, nem em uma linguagem ideal. A relação de correspondência é explicada não em termos de um isomorfismo estrutural entre proposição e fato, mas em termos de relações puramente convencionais entre as palavras e o mundo. A correspondência é explicada mediante dois tipos de 'correlação':

(i) 'convenções descritivas', correlacionando palavras com *tipos* de situação

e

(ii) 'convenções demonstrativas', correlacionando palavras com situações *específicas*.

A ideia é que no caso de um enunciado tal como 'Estou com pressa', proferido por s em t, as convenções descritivas correlacionam as palavras com as situações nas quais alguém está com pressa, e as convenções demonstrativas correlacionam as palavras com o estado de s em t, e que o enunciado é verdadeiro se a situação específica correlacionada com as palavras por (ii) é do tipo correlacionado com as palavras por (i). Austin enfatiza o caráter convencional das correlações. *Quaisquer* palavras poderiam ser correlacionadas com *qualquer* situação; a correlação não depende de maneira alguma do isomorfismo entre palavras e mundo.

Uma dificuldade com esta explicação da correspondência que, essencialmente, apela a *ambos* os tipos de correlação, é que ela se aplica diretamente apenas a enunciados feitos por sentenças que contêm dêiticos (*indexical sentences*), uma vez que as convenções demonstrativas não teriam nenhum papel a desempenhar no caso de sentenças como 'Júlio César era calvo' ou 'Todas as mulas são estéreis', que não podem ser usadas em enunciados que se refiram a situações diferentes. (Nenhum dos comentários de Austin sobre estes casos, p.23n, é muito convincente.)

Quanto à versão de Austin, penso que faz um progresso em relação à explicação de Russell sobre 'os fatos'. A questão é difícil de se expor claramente, mas é importante o suficiente para valer a pena tratá-la mesmo um tanto vagamente. Russell tende a falar como se a verdade de *p* consistisse *em sua correspondência com o fato de que p*, mas o problema com isto é que a relação entre '*p*' e o fato de que *p* é simplesmente próxima *demais*, que '*p*' não poderia deixar de corresponder a *esse* fato. Sua forma evasiva perante os critérios de individuação dos fatos pode indicar que ele percebeu esse incômodo. A versão de Austin, contudo, localiza a verdade do enunciado de que *p* não em sua correspondência com o fato de que *p*, mas, antes, em serem *os fatos* como '*p*' diz ou, como Austin o coloca, nas convenções demonstrativas que correlacionam '*p*' com uma situação que é do tipo com o qual as convenções descritivas o correlacionam. (Austin está ciente dessa diferença; ver 1950, p.23; e cf. Davidson, 1973, e O'Connor, 1975.)

Teorias da coerência

Uma teoria da verdade como coerência foi sustentada pelos idealistas (vou discutir a explicação de Bradley, mas concepções afins foram sustentadas por seus predecessores filosóficos alemães, Hegel e Lotze) e também por alguns de seus oponentes positivistas lógicos.

Portanto, a relação entre as teorias da coerência e o idealismo é um pouco como aquela entre as teorias da correspondência e o atomismo lógico – na medida em que, em cada caso, a teoria da verdade se divorciou da perspectiva metafísica com a qual ela estava, originalmente, caracteristicamente associada.

Vai ser útil começar pelo meio – porque, deste modo, algumas relações importantes entre as teorias da coerência e da correspondência podem ser realçadas – com a defesa de Neurath de uma concepção da coerência. Um pouco de história não seria inoportuno: os positivistas lógicos, sob a influência do *Tractatus* de Wittgenstein, aderiram originalmente a uma concepção do caráter da verdade como correspondência. Contudo, eles estavam fortemente motivados por preocupações epistemológicas e, consequentemente, desejavam um teste (critério de autorização) da verdade – um meio de dizer se uma sentença realmente corresponde ou não aos fatos. Carnap e Schlick tentaram resolver o problema em duas partes. Os enunciados relatando a experiência perceptiva imediata, eles argumentaram, são incorrigíveis, quer dizer, podemos verificar diretamente que eles correspondem aos fatos, e a verdade de outros enunciados pode, então, ser testada por meio de suas relações lógicas com os primeiros. Já está modificado um aspecto característico da teoria da correspondência – que a verdade reside em uma relação entre as crenças e o mundo: o teste da verdade de todos os enunciados que não sejam perceptivos deriva de suas relações com outros enunciados, os perceptivos, que se supõe serem verificados por confrontação direta com os fatos. Neurath, contudo, levantou dúvidas a respeito da suposta incorrigibilidade dos 'protocolos', e tendo assim negado a possibilidade de uma inspeção direta mesmo da correspondência das crenças perceptivas com os fatos, sustentou que o único teste de verdade consistia nas relações entre as próprias crenças. Nossa busca de conhecimento requer um reajuste constante de crenças, cujo objetivo é um conjunto de crenças tão amplo quanto a consistência permita. (Isto lembra fortemente o 'método dos máximos e mínimos' da epistemologia de James (1907). A posição de Quine em 'Dois Dogmas do Empirismo' (1951), onde ele endossa a metáfora de Neurath do processo de aquisição de conhecimento como consertar um barco enquanto nele se navega, é semelhante. Cf. Hempel (1935), para uma explicação excelente do desenvolvimento da visão dos positivistas sobre a verdade, e Scheffler (1967, cap.5), para um relato vivaz, 'golpe a golpe', da controvérsia entre Schlick e Neurath.)

A posição final de Neurath tem muito em comum com a explicação de Bradley sobre o teste de verdade como 'sistema', que ele explica como requerendo, do conjunto de crenças, tanto *consistência* quanto *amplitude*. E em Bradley, assim como em Neurath, o apelo à coerência está ligado à negação de que nosso conhecimento tenha qualquer base incorrigível nos juízos de percepção. Contudo, a teoria de Bradley tem íntimas conexões com seu idealismo absoluto. De forma breve e geral, a realidade, de acordo com Bradley, é ela própria essencialmente um todo unificado e coerente. (A metafísica atomista lógica pluralista de Russell foi motivada pela reação contra o monismo dos idealistas.) E, enquanto concedia algo à ideia de verdade como correspondência à realidade, Bradley sustentava que, a rigor, nada além do conjunto de crenças inteiramente abrangente e consistente que visamos é realmente verdadeiro. No melhor dos casos, conseguimos uma verdade parcial – *parte* da verdade não é completamente verdadeira. A finalidade dessas observações é retomar uma questão já antecipada (p.127) – que as conexões entre a concepção de verdade de Bradley e sua concepção da realidade são suficientemente próximas de maneira a ser um tanto enganador vê-lo simplesmente como alguém que propõe a coerência como o teste da verdade, enquanto deixa a correspondência como a definição. Ao contrário, a explicação do sucesso da coerência como o teste deriva de uma explicação da realidade como, ela própria, essencialmente coerente.

Como já observei (p.134), uma dificuldade persistente com a teoria da correspondência foi a de fornecer uma explicação precisa de 'corresponde'. Um problema semelhante persegue a teoria da coerência. É preciso especificar exatamente o que devem ser as relações apropriadas entre as crenças para que elas sejam 'coerentes' no sentido estipulado. Críticos pouco simpáticos às teorias da coerência – Russell, por exemplo – tenderam a supor que a simples consistência é suficiente. Contudo, Bradley já insistia (logo em 1909, contra a crítica de Stout; ver Bradley, 1914) que tanto a amplitude quanto a consistência são necessárias.

Rescher, que defende uma epistemologia coerentista (a coerência como o teste de verdade), oferece uma explicação detalhada dos requisitos gêmeos de 'sistema': consistência e amplitude. O problema enfrentado pelo coerentista, como Rescher o compreende, é o de fornecer um procedimento para selecionar, de dados incoerentes e, possivelmente, inconsistentes ('candidatos à verdade', não necessariamente verdades), um conjunto privilegiado, as crenças justificadas, aquelas de que se tem garantia para sustentar como verdadeiras. Um 'subconjunto maximal consistente' (SMC) de um conjunto de crenças é definido assim: S' é um SMC de S se ele é um subconjunto não vazio de S que é consistente, e ao qual nenhum elemento de S, que já não seja um elemento de S', pode ser adicionado sem gerar uma inconsistência. Mas é provável que o conjunto dos dados tenha mais que um SMC. Esta é a base da crítica de Russell de que a coerência não pode distinguir a verdade de um conto de fadas consistente. Para evitar essa dificuldade, Rescher propõe que os SMCs do conjunto de dados sejam 'filtrados' por meio de um indicador de plausibilidade, dividindo os dados naqueles que são, e naqueles que não são, inicialmente plausíveis e, assim, reduzindo o número dos SMCs elegíveis. Contudo, isto pode ser insuficiente para escolher um único SMC. Assim, Rescher recomenda a adoção da disjunção daqueles SMCs admitidos pelo filtro de plausibilidade.

Embora a obra de Rescher tenha contribuído significativamente para a elaboração detalhada de uma epistemologia coerentista, permanecem dificuldades. Um problema óbvio é a especificação e justificação dos padrões de plausibilidade. (O apelo de Schlick à alegada incorrigibilidade dos protocolos poderia ser compreendido como uma resposta alternativa a uma dificuldade semelhante.) Uma dificuldade menos óbvia, mas também importante, é a de que o procedimento recomendado é, por assim dizer, de caráter estático: ele diz como selecionar um subconjunto privilegiado, 'garantido', de um conjunto inicial de dados, mas, de forma correspondente, subestima a importância de buscar *novos* dados. (A insistência de Bradley de que apenas o mais completamente abrangente conjunto de crenças – toda a verdade – é, a rigor, verdadeiro poderia ser compreendida como uma resposta a esta dificuldade.) A coerência vai certamente ser uma parte de uma epistemologia satisfatória, mas não vai ser o seu todo.

Até aqui, segui Rescher (com algumas modificações no caso de Bradley) ao tomar a coerência como destinada a ser um teste de verdade, desempenhando um papel epistemológico, e dando à correspondência a parte metafísica. (Cf. o grande papel desempenhado pela coerência na epistemologia de Quine, de 1951 a 1970, com sua adoção da definição semântica da verdade, 1970, cap.3). Os pragmatistas, contudo, desafiam essa distinção com sua característica teoria criterial do significado.

Teorias pragmáticas[5]

Peirce, James e Dewey oferecem explicações caracteristicamente 'pragmáticas' da verdade, que combinam elementos de coerência e de correspondência.

De acordo com a 'máxima pragmática', o significado de um conceito deve ser dado pela referência às consequências 'práticas' ou 'experimentais' de sua aplicação[6] – 'não pode *haver* nenhuma diferença', como James diz (1907, p.45), 'que não *faça* diferença'. Assim, a abordagem dos pragmatistas à verdade era a de perguntar que diferença faz se uma crença é verdadeira.

De acordo com Peirce, a verdade é o fim da investigação, aquela opinião sobre a qual aqueles que usam o método científico vão concordar, ou talvez fossem, se persistissem o suficiente. A importância dessa tese deriva da teoria da investigação de Peirce. Muito resumidamente: Peirce toma a crença como uma disposição para a ação, e a dúvida como a interrupção de tal disposição por uma resistência por parte da experiência. A investigação é impelida pela dúvida, que é um estado desagradável que se procura substituir por uma crença estabelecida. Peirce argumenta que alguns métodos de aquisição de crença – o método da tenacidade, o método da autoridade, o método *a priori* – são inerentemente instáveis, mas o método científico capacita a adquirir crenças (eventualmente) estáveis, crenças que não

---

[5] Esta seção foi baseada em Haack, 1976c.
[6] Peirce enfatizava a conexão de 'pragmático' com o uso de Kant de '*pragmatische*' para o empiricamente condicionado; James, a conexão com o grego '*praxis*', ação.

serão postas em dúvida. Pois o método científico, argumenta Peirce, é o único entre os métodos de investigação a ser condicionado (*constrained*) por uma realidade que é independente do que qualquer um acredita, e é por isso que ele pode levar ao consenso. Portanto, já que a verdade é a opinião na qual o método científico vai eventualmente se assentar, e uma vez que o método científico é condicionado pela realidade, a verdade é a correspondência com a realidade. Segue-se também que a verdade é satisfatória para a crença no sentido de que ela é estável, livre da perturbação da dúvida.

A principal contribuição de James foi uma elaboração dessa ideia. A vantagem de sustentar crenças verdadeiras, ele argumentava, era que, desse modo, ficava-se assegurado contra a experiência recalcitrante, enquanto as crenças falsas seriam eventualmente apanhadas ('A experiência ... tem meios de *transbordar* ...', 1907, p.145). A explicação de James sobre o modo pelo qual se ajustam as crenças que se têm quando chegam novas experiências, maximizando a conservação do antigo conjunto de crenças e restaurando a consistência – surpreendentemente semelhante à concepção de epistemologia de Quine (1951) – introduz um elemento de coerência. As crenças verdadeiras, James comenta, são aquelas verificáveis, i.e., aquelas que são, com o passar do tempo, confirmadas pela experiência.

Até aqui, ressaltei as continuidades entre as concepções de Peirce e James, mas há algumas diferenças que deveriam ser mencionadas. Primeiro, enquanto Peirce era um realista, James estava inclinado para o nominalismo (cf. Haack, 1977d) e, portanto, embaraçado pelas verificações possíveis-mas-ainda-não realizadas com as quais a concepção da verdade como verificabilidade o comprometeu. Por conseguinte, embora, em princípio, ele admita que as crenças sejam verdadeiras (falsas), mesmo que ninguém as tenha ainda verificado (falseado), na prática, ele está suficientemente persuadido de que não há sentido em discorrer sobre isso, que, sem perceber, fala, inconsistentemente, como se novas verdades viessem à existência quando as crenças são verificadas. (A ideia de que a verdade é *feita*, que ela cresce, foi assumida pelo pragmatista inglês F. C. S. Schiller.) Segundo, James fala frequentemente do verdadeiro como a crença 'boa', ou 'conveniente', ou 'útil' (por exemplo, 1907, p.59, 145). Críticos pouco simpáticos (Russell, 1908b, Moore, 1908) entenderam que James estava fazendo uma identificação grosseira, para não dizer moralmente reprovável, do verdadeiro com a crença adequada. Os comentários que provocaram essa fúria crítica, quando tomados no contexto, podem ser lidos muitas vezes de forma muito mais aceitável, indicando a superioridade das crenças verdadeiras como *livres de falseamento* (cf. a própria defesa de James, 1909, p.192 – 'Acima de tudo, achamos a *consistência* satisfatória'). Contudo, James também está fazendo outra alegação: de que, já que em qualquer tempo dado, a evidência a nós disponível pode ser insuficiente para decidir entre crenças competidoras, nossa escolha pode depender de bases tais como a simplicidade ou a elegância (1907, p.142), uma alegação que tem conexões com sua doutrina da 'vontade de crer'.

Dewey adota a definição de Peirce como 'a melhor definição de verdade' (1938, p.345n). Ele prefere a expressão 'assertibilidade garantida' a 'verdade', e acrescenta a tese de que é precisamente a assertibilidade garantida que caracteriza aquelas crenças às quais damos o título honorífico de conhecimento (cf. Ayer, 1958). A concepção de Dummett da verdade, cuja inspiração direta deriva da obra do último Wittgenstein e do intuicionismo na filosofia da matemática, se assemelha à de Dewey em sua ênfase na assertibilidade; ver Dummett, 1959.

As principais teses da abordagem pragmática podem ser resumidas da seguinte maneira:

a verdade é:

o fim da investigação
correspondência com a realidade } Peirce
crença (estável) satisfatória   } James
coerência com a experiência –   } Dewey
    verificabilidade
o que autoriza a crença a ser
    denominada 'conhecimento'

A teoria semântica

A teoria de Tarski tem sido, ultimamente, com grande probabilidade, a teoria da verdade mais influente e mais amplamente aceita. Ela se divide em duas partes: Tarski fornece, primeiro, *condições de adequação*, i.e., condições que qualquer definição aceitável de verdade deve preencher; e, então, ele oferece uma definição de verdade (para uma linguagem formal especificada), que ele demonstra ser adequada segundo seus próprios padrões. Ambas as partes desse programa vão ser examinadas. A formulação detalhada da teoria pode ser encontrada em Tarski (1931, 1944) é uma boa introdução.

Não é difícil compreender por que a teoria de Tarski foi tão influente. Em primeiro lugar, suas condições de adequação para as definições de verdade prometem um tipo de filtro para discriminar, dentre as embaraçosamente numerosas teorias da verdade, aquelas que satisfazem condições mínimas de aceitabilidade, e que, portanto, têm alguma perspectiva de sucesso. Além disso, os métodos empregados na definição de verdade de Tarski podem ser aplicados a uma ampla classe de linguagens formais. Contudo, os próprios aspectos da teoria de Tarski que mais contribuem para que ela seja atraente, como vamos ver, também criam problemas para ela: pode-se dar às condições de adequação de Tarski uma motivação independente? e: seus métodos têm qualquer aplicação interessante ao problema da verdade para as línguas naturais?

Condições de adequação para definições de verdade

O problema que Tarski se coloca é o de dar uma definição de verdade que seja tanto *materialmente adequada* quanto *formalmente correta*. A primeira dessas condições coloca limites para o conteúdo possível, a segunda, para a forma possível de qualquer definição aceitável.

Adequação material

Tarski espera que sua definição 'apreenda o significado real de uma antiga noção' (1944, p.53). Contudo, Tarski pensa que a 'antiga' noção de verdade é ambígua, e duvida mesmo de sua coerência. Assim, ele restringe seu interesse àquilo que denomina 'concepção aristotélica clássica de verdade', tal como expressa na máxima de Aristóteles:

> Dizer do que é que ele não é, ou do que não é que ele é, é falso, enquanto dizer do que é que ele é, ou do que não é que ele não é, é verdadeiro.

E ele propõe como condição de adequação material que *qualquer definição aceitável de verdade deva ter como consequência* todas as instâncias do esquema (T):

> (T) S é verdadeira sse *p*

onde '*p*' pode ser substituído por qualquer sentença da linguagem para a qual a verdade está sendo definida e '*S*' deve ser substituído pelo nome da sentença que substitui '*p*'. Uma instância de (T) seria, por exemplo:

> 'A neve é branca' é verdadeira sse a neve é branca

onde a sentença, do lado direito, é referida por seu 'nome entre aspas', do lado esquerdo.

Tarski enfatiza que o esquema (T) *não é uma definição* de verdade – ainda que, apesar de sua insistência, ele tenha sido mal compreendido a este respeito. É uma *condição de adequação material*: todas as suas instâncias devem ser implicadas por qualquer definição de verdade que deva ser considerada 'materialmente adequada'. A *questão* do esquema (T) é que, se ele é aceito, ele fixa não a intensão ou significado, mas a *extensão* do termo 'verdadeiro'. Pois, suponhamos que se tivesse duas definições de verdade, D_1 e D_2, cada uma das quais fosse materialmente adequada. Então D_1 acarretaria todas as instâncias de:

> S é verdadeira$_1$ sse *p*

e D_2, todas as instâncias de:

> S é verdadeira$_2$ sse *p*

de forma que D_1 e D_2 são coextensivas. Ou, para colocar essencialmente a mesma questão de outro modo, a adequação material eliminaria certas definições de verdade, ou seja, aquelas que *não* acarretassem instâncias do esquema (T).

Contudo, exatamente que tipos de definição a adequação material eliminaria? Ao responder a esta questão, vou utilizar uma versão enfraquecida do critério: não que todas as instâncias do esquema (T) *sejam dedutíveis de* qualquer definição aceitável de verdade (a versão de Tarski), mas que a verdade de todas as instâncias do esquema (T) *seja consistente com* qualquer definição aceitável de verdade. A razão para essa modificação é simplesmente que a condição de adequação enfraquecida é muito mais prontamente aplicável a definições não formais de verdade. Ora, é de desejar – e talvez mesmo de esperar – que ela vá admitir os tipos de definição que têm sido seriamente propostos, e desautorizar o que se poderia chamar de teorias 'bizarras'. Contudo, as coisas resultam um tanto estranhas. Consideremos a seguinte definição de verdade, que me parece definitivamente bizarra: uma sentença é verdadeira sse ela é afirmada na Bíblia. Ora, poder-se-ia supor que essa definição (que, abreviadamente, denominarei 'D_B') não acarreta todas as instâncias do esquema (T), não, por exemplo:

> 'Varsóvia foi bombardeada na Segunda Guerra Mundial' é verdadeira$_B$ sse Varsóvia foi bombardeada na Segunda Guerra Mundial.

Ora, é de fato o caso que alguém que não aceite D_B possa negar:

> 'Varsóvia foi bombardeada na Segunda Guerra Mundial' é afirmada na Bíblia sse Varsóvia foi bombardeada na Segunda Guerra Mundial.

Entretanto, uma reflexão ulterior torna claro que um proponente de D_B poderia perfeitamente bem manter que sua definição acarreta *sim* todas as instâncias de (T). Ele poderia admitir que 'Varsóvia foi bombardeada na Segunda Guerra Mundial' é verdadeira, mas insistir que *está* afirmado na Bíblia (em uma obscura passagem do Apocalipse, talvez), ou se ele concorda que 'Varsóvia foi bombardeada na Segunda Guerra Mundial' não é afirmada na Bíblia, ele poderia ainda, se fosse esperto, manter a falsidade do lado direito da instância acima do esquema. Assim, muito surpreendentemente, não se pode confiar que a condição de adequação material de Tarski seja especialmente eficaz para eliminar definições bizarras de verdade.

A condição de adequação material, contudo, aparentemente elimina *sim* uma certa classe importante de teorias da verdade, ou seja, aquelas de acordo com as quais algumas sentenças (enunciados, proposições, wffs ou o que seja) não são nem verdadeiras nem falsas. Pois, suponhamos que '*p*' não seja nem verdadeira nem falsa; então o lado esquerdo de:

'*p*' é verdadeira sse *p*

seria, presumivelmente, falso, ao passo que o lado direito não seria nem verdadeiro nem falso. Portanto, o bicondicional inteiro seria falso ou, de qualquer forma, não verdadeiro. (Este argumento poderia, contudo, ser evitado se se estivesse preparado para admitir que as próprias asserções metalinguísticas tais como ' '*p*' é verdadeira' poderiam não ser nem verdadeiras nem falsas.) Pode-se argumentar que a condição de adequação material de Tarski eliminaria pelo menos algumas versões da teoria da coerência. Defensavelmente, *não* eliminaria uma teoria pragmatista, uma vez que a concepção pragmatista do significado consideraria destituídas de significado quaisquer sentenças que não são nem verificáveis nem falseáveis, de maneira que não poderia haver nenhuma sentença significativa sem valor de verdade. Parece, ao contrário, certamente extraordinário colocar teorias não bivalentes da verdade fora de consideração.

Presumivelmente, a ideia por trás da condição de adequação material de Tarski é que a verdade do esquema (T) é tão certa e óbvia que é apropriado que se deva sentir seguro em rejeitar qualquer teoria da verdade que seja inconsistente com ele. De minha parte, acho que a certeza e obviedade iniciais do esquema (T) são, de alguma forma, modificadas quando resulta que não apenas algumas das teorias da verdade seriamente propostas, mas também teorias muito bizarras, são consistentes com ele, enquanto algumas outras teorias sérias são inconsistentes com ele (mas ver Davidson, 1973, para uma defesa da 'convenção T').

Correção formal

O requisito formal que Tarski estipula diz respeito à estrutura da linguagem na qual a definição de verdade deveria ser dada, os conceitos que podem ser empregados na definição, e as regras formais às quais a definição deve se conformar.

É notório que conceitos semânticos, manipulados sem cuidado, tendam a dar surgimento a paradoxos (por exemplo, do Mentiroso – 'Esta sentença é falsa'; o paradoxo de Grelling – ''não verdadeiro de si mesmo' é verdadeiro de si mesmo sse não é verdadeiro de si mesmo', e assim por diante). Tarski investiga o paradoxo do Mentiroso com algum detalhe, e argumenta que a antinomia surge das pressuposições:

(i) Que a linguagem utilizada contém, além de suas expressões, (a) os meios para se referir a essas expressões e (b) predicados semânticos tais como 'verdadeiro' e 'falso'. Tal linguagem Tarski denomina 'semanticamente fechada'.

(ii) Que as leis usuais da lógica valem.

Sendo relutante em rejeitar a pressuposição (ii), Tarski conclui que uma definição formalmente correta de verdade deveria ser expressa em uma linguagem que não seja semanticamente fechada.

Especificamente, isto significa que a definição de verdade-em-O, onde O é a *linguagem-objeto* (a linguagem *para* a qual a verdade está sendo definida), terá de ser dada em uma *metalinguagem*, M (a linguagem *na* qual verdade-em-O é definida). A definição de verdade terá de ser, argumenta Tarski, relativa a uma linguagem, pois uma mesma sentença pode ser significativa em uma linguagem e falsa, ou não significativa, em outra. O perigo dos paradoxos semânticos pode ser evitado com o recurso a uma metalinguagem. A sentença do Mentiroso, por exemplo, vai se tornar, então, a inofensiva 'Esta sentença é falsa-em-O', que é claro que é uma sentença de M e, consequentemente, não paradoxal. A distinção linguagem-objeto/metalinguagem, claro, é relativa, e toda uma hierarquia de linguagens seria necessária para definir verdade em todo nível. Uma vez que todas as equivalências da forma (T) devem, pela condição de adequação material, estar implicadas pela definição de verdade, M deve conter O ou traduções de todas as sentenças de O como uma parte sua, mais os meios para se referir às expressões de O. Pois as instâncias de (T) têm, do lado esquerdo, uma expressão denotando uma sentença de O e, no lado direito, uma sentença de O ou uma tradução de uma sentença de O. Notemos que, ao especificar na meta-metalinguagem, que a metalinguagem, M, deveria conter ou a própria linguagem-objeto O, ou uma tradução de cada sentença de O, noções semânticas são empregadas (explicitamente no último caso e implicitamente no primeiro, já que M deve conter as mesmas expressões de O com as mesmas interpretações que elas têm em O).

Também se exige que a estrutura de O e M deva ser 'formalmente especificável'. Pois, para definir 'verdadeiro-em-O', será essencial identificar as wffs de O, já que estas são as coisas às quais 'verdadeiro--em-O' se aplica. (Esta é uma das razões que Tarski dá para ser cético a respeito da possibilidade de definir 'verdadeiro-no-português' – ou 'verdadeiro' para *qualquer* língua natural. Ele pensa que as sentenças das línguas naturais não são formalmente especificáveis. Seguidores posteriores de Tarski, notavelmente Davidson, se sentem mais otimistas a esse respeito. É um ponto que vou precisar investigar mais de perto.)

Tarski exige também que 'as regras formais usuais de definição sejam observadas na metalinguagem' (1944, p.61). Essas regras incluem:

(i) nenhuma variável livre pode ocorrer no *definiens* sem também ocorrer no *definiendum*

eliminando, por exemplo, '$Fx = df\ (x+y = 0)$', e

(ii) a mesma variável não pode ocorrer duas vezes no *definiendum*

eliminando, p.ex., '$Fxx = df\ Gx$'. A condição (i) evita definições que poderiam levar a uma contradição. A condição (ii) evita definições nas quais o *definiendum* seja não eliminável (cf. Suppes, 1957, cap.8).

Qualquer definição aceitável de verdade deve, então, de acordo com Tarski, satisfazer a ambas as condições, de adequação material e de correção formal. Ele dá uma definição e mostra que ela é, por esses padrões, aceitável.

A definição de verdade de Tarski

Poder-se-ia pensar que o esquema (T), embora ele próprio não seja uma definição de verdade, forneça uma maneira óbvia de dar uma tal definição. O próprio Tarski indica que se poderia pensar cada instância de (T) como uma definição *parcial* de verdade, visto que cada instância especifica as condições de verdade de alguma sentença específica. De forma que uma conjunção de *todas* as instâncias do esquema (T), uma para cada sentença de O, constituiria uma definição completa. Contudo, Tarski argumenta que *não* é possível dar uma tal definição conjuntiva, pois o número de sentenças de uma linguagem pode ser infinito e, neste caso, é realmente impossível dar todas as instâncias necessárias do esquema (T).

Tarski argumenta que o esquema (T) também não pode ser transformado em uma definição de verdade por quantificação universal. Poder-se-ia supor que, usando, do lado esquerdo, entre aspas, um nome de uma sentença usada do lado direito, poder-se-ia generalizar diretamente para obter:

(D) $(p)(`p'$ é verdadeira$_O$ sse p)

que, aparentemente, constituiria uma definição completa e, além disso, uma definição que se garante ser materialmente adequada, já que todas as instâncias de (T) são instâncias suas. Contudo, Tarski rejeita essa sugestão porque ele acredita que o resultado de quantificar dentro de aspas é sem significado. Pois, de acordo com Tarski (e também Quine), a expressão obtida ao se colocarem aspas em torno de uma expressão é uma unidade indivisível, análoga a um nome próprio, de forma que:

A neve é branca

não é mais uma parte de:

'A neve é branca'

assim como (para usar o exemplo de Quine) 'Só' não é uma parte de 'Sócrates'. Tarski aceita que se fosse possível encarar a citação*

---

* *Quotation.* Isto é, colocar uma expressão entre aspas simples para formar seu nome. (N. T.)

como uma função, então (D) não seria menos bem-formada que, por exemplo:

$$(x)(x^2 = x \cdot x)$$

Ele pensa, contudo, que há objeções muito fortes contra considerar a citação como uma função e, consequentemente, que (D) não é mais bem-formada que, por exemplo:

$$(x)(\text{o Texas é grande})$$

Portanto, Tarski pensa que o esquema (T) não apenas não é uma definição de verdade, mas também não pode ser transformado nisso. Assim, ele constrói sua própria definição por uma via mais indireta. Ele assume como um *desideratum* que nenhum termo semântico possa ser tomado como primitivo, de forma que qualquer noção semântica em cujos termos 'verdadeiro' seja definido deveria, ela mesma, previamente, ser definida. Como ele vai definir 'verdadeiro' utilizando o conceito de satisfação, que é um conceito semântico, isto significa que ele deve primeiro definir 'satisfaz'.

Explicação informal

O procedimento é o seguinte:

(a) especificar a estrutura sintática da linguagem, O, para a qual a verdade deve ser definida
(b) especificar a estrutura sintática da linguagem, M, na qual verdade-em-O deve ser definida; M deve conter

  (i) ou as expressões de O, ou traduções das expressões de O
  (ii) um vocabulário sintático, incluindo os nomes dos símbolos primitivos de O, um sinal de concatenação (para formar 'descrições estruturais' de expressões compostas de O), e variáveis para as expressões de O
  (iii) o aparato lógico usual

(c) definir 'satisfaz-em-O', e
(d) definir 'verdadeiro-em-O' em termos de 'satisfaz-em-O'

Por que Tarski primeiro define 'satisfaz'? Bem, primeiro, porque ele considera desejável não empregar, em sua definição de verdade, nenhum termo semântico primitivo. Pois ele considera que nenhuma das noções semânticas é, pré-teoricamente, suficientemente clara para ser empregada com segurança. Mas por que 'satisfaz'? Esta é uma noção apropriada em cujos termos se pode definir 'verdadeiro' porque sentenças compostas fechadas são formadas a partir de sentenças *abertas*, e não de sentenças atômicas fechadas. Por exemplo, '$(\exists x)(Fx \vee Gx)$' é formada a partir de 'Fx' e 'Gx' pelas operações de disjunção e de quantificação existencial, e as sentenças abertas 'Fx' e 'Gx' não são nem verdadeiras nem falsas, mas satisfeitas ou não por objetos. A definição de satisfação é *recursiva* – isto é, as definições são dadas primeiro para as sentenças abertas mais simples, e então são enunciadas as condições nas quais as sentenças abertas compostas são satisfeitas. (A definição poderia, contudo, ser transformada em uma definição explícita.) Este procedimento fornecerá uma definição de verdade aplicável a todas as sentenças de O.

'*Satisfaz*': sentenças abertas não são nem verdadeiras nem falsas, elas são satisfeitas ou não por certas coisas, pares de coisas, ternos de coisas etc. Por exemplo: 'x é uma cidade' é satisfeita por Londres, 'x está ao norte de y' é satisfeita por $\langle$Londres, Exeter$\rangle$, 'x está entre y e z' é satisfeita por $\langle$Londres, Exeter, Edinburgo$\rangle$ ... etc. ('$\langle \ldots, \ldots \rangle$' indica a *n-upla ordenada* dos n itens que aparecem entre os símbolos '$\langle$' e '$\rangle$'.) A ordem dos itens é obviamente importante, uma vez que $\langle$Londres, Exeter$\rangle$ satisfaz 'x está ao norte de y', mas $\langle$Exeter, Londres$\rangle$ não. A satisfação é uma relação entre sentenças abertas e n-uplas de objetos. Para evitar as dificuldades que surgem com o fato de que as sentenças abertas podem ter 1, 2 ou *qualquer* número de variáveis livres, Tarski define a satisfação como uma relação entre sentenças abertas e sequências *infinitas*, com a convenção de que '$F(x_1 \ldots x_n)$' deve ser satisfeita pela sequência $\langle O_1 \ldots O_n, O_{n+1} \ldots \rangle$ apenas no caso de ser ela satisfeita pelos primeiros n elementos da sequência; os elementos subsequentes são ignorados.

A negação de uma sentença aberta S_1 será satisfeita apenas por aquelas sequências que não satisfazem S_1; e a conjunção de S_1 e S_2 apenas por aquelas sequências que satisfazem S_1 e satisfazem S_2. A quantificação existencial de uma sentença aberta será satisfeita por uma sequência de objetos apenas no caso de haver uma outra sequência de objetos, diferindo da primeira no máximo no i-ésimo lugar (onde o i-ésimo é a variável ligada pelo quantificador) que satisfaz a sentença aberta resultante da eliminação do quantificador. Por exemplo, a sequência ⟨Inglaterra, Londres, Edinburgo...⟩ satisfaz '(∃x)(x é uma cidade entre y e z)' porque, por exemplo, a sequência ⟨York, Londres, Edinburgo⟩ satisfaz 'x é uma cidade entre y e z'.

'*Verdadeiro*': As sentenças fechadas são casos especiais de sentenças abertas, a saber, aquelas sem *nenhuma* variável livre. O primeiro elemento de uma sequência, e todos os elementos subsequentes, são irrelevantes para que a sequência satisfaça ou não uma sentença aberta niládica,* isto é, uma sentença *fechada*. Assim, Tarski define uma sentença como *verdadeira apenas no caso de ser satisfeita por todas as sequências*, e *falsa apenas no caso de não ser satisfeita por nenhuma*. Este procedimento pode ser tornado menos misterioso ao se considerar um exemplo. A sentença aberta diádica 'x está ao norte de y' é satisfeita, por exemplo, por todas as sequências ⟨Edinburgo, Londres,...⟩, quaisquer que sejam seu terceiro e demais elementos. A sentença aberta monádica 'x é uma cidade' é satisfeita, por exemplo, por todas as sequências ⟨Edinburgo,...⟩, quaisquer que sejam seu segundo e demais elementos. E a sentença aberta niládica (verdadeira) '(∃x)(x é uma cidade)' é satisfeita por *todas* as sequências ⟨..., ..., ...⟩, quaisquer que sejam seus primeiro e demais elementos. Pois há uma sequência, ⟨Edinburgo,...⟩ por exemplo, que difere de qualquer sequência arbitrária no máximo no primeiro lugar, e que satisfaz 'x é uma cidade'. Qualquer sentença fechada será satisfeita por *todas* as sequências ou por *nenhuma*, e não pode ser satisfeita por algumas e não pelas outras. Consideremos uma linguagem bastante austera: o cálculo de predicados de primeira ordem sem termos singulares. No caso mais simples, uma sentença fechada é formada pela quantificação existencial de uma sentença aberta monádica. Tal sentença existencialmente quantificada é satisfeita por uma sequência arbitrária apenas se há uma outra sequência, diferindo dela no máximo no primeiro lugar, que satisfaz a sentença aberta monádica que resulta da eliminação do quantificador existencial inicial. E, portanto, se

---

* Isto é, uma sentença com variáveis livres em número igual a zero. (N. T.)

a sentença existencial é satisfeita por *qualquer* sequência, será satisfeita por *toda* sequência. Assim, uma sentença existencial fechada será satisfeita por todas as sequências ou por nenhuma. A negação de uma sentença existencial fechada, pela cláusula de negação da definição de satisfação, será satisfeita por uma sequência sse a sentença negada não for satisfeita por aquela sequência e assim, mais uma vez, será satisfeita ou por todas as sequências, ou por nenhuma. E, de maneira similar, para a conjunção de duas sentenças existenciais fechadas, que será satisfeita por uma sequência sse ambos os conjuntos forem satisfeitos por tal sequência e, portanto, também será satisfeita por todas as sequências ou por nenhuma. Contudo, por que 'verdadeiro' é definido como 'satisfeito por todas as sequências' e 'falso' como 'satisfeito por nenhuma'? Bem, consideremos de novo a sentença fechada '$(\exists x)(x$ é uma cidade)': seja X uma sequência arbitrária de objetos. Pela cláusula de definição de satisfação que cobre as sentenças quantificadas existencialmente, X satisfaz essa sentença sse há uma sequência Y, diferindo de X no máximo no primeiro lugar, que satisfaz 'x é uma cidade'. Ora, um objeto O satisfaz 'x é uma cidade' apenas no caso de O ser uma cidade, portanto há uma tal sequência apenas no caso de haver algum objeto que seja uma cidade. Assim, '$(\exists x)(x$ é uma cidade)' é satisfeita por todas as sequências apenas no caso de algum objeto ser uma cidade. (Consultar Rogers, 1963, para uma discussão ulterior informal sobre a definição de Tarski.)

Dois aspectos da definição de Tarski merecem uma menção explícita a esta altura. Primeiro, ela impõe uma *interpretação objetual* dos quantificadores. Como indica o exemplo precedente, '$(\exists x)Fx$' é verdadeira sse algum objeto é F. Uma interpretação substitucional evitaria a necessidade do desvio através da satisfação, pois permitiria que a verdade de sentenças quantificadas fosse definida diretamente em termos de verdade de suas instâncias substitutivas (cf. cap.4, p.74). Segundo, em seu artigo original, Tarski dá uma definição *absoluta*, em vez de *modelo-teórica*. 'Satisfaz' e, portanto, 'verdadeiro' são definidos com respeito a sequências de objetos no mundo real, não com respeito a uma sequência de objetos em um modelo ou 'mundo possível' (por exemplo, 'há uma cidade ao norte de Birmingham' é verdadeira, absolutamente, mas falsa em um modelo no qual o domínio seja, digamos, {Londres, Exeter, Birmingham, Southampton}; cf. p.162, 170 adiante).[7]

Explicação formal

Tarski dá sua definição de verdade para um cálculo de classes (a linguagem-objeto), e usa uma metalinguagem formalizada. Em vez disso, vou dar uma definição de verdade para uma linguagem-objeto mais familiar, o cálculo de predicados de primeira ordem, e vou usar o português mais a linguagem-objeto (cf. (b)(i), p.150) como metalinguagem. Contudo, esta definição de verdade vai seguir a de Tarski em todos os pontos essenciais. (Ela segue bem de perto a explicação de Quine em 1970, cap.3.)

Sintaxe de O
As expressões de O são:
variáveis: x_1, x_2, x_3 ... etc.
letras predicativas: F, G ... etc. (cada uma tomando um dado número de argumentos)
conectivos sentenciais: $-$, &
quantificador: $(\exists...)$
parênteses: (,)

Em termos desse vocabulário primitivo austero, é claro que podem ser definidas as outras funções de verdade e o quantificador universal. Também estou supondo que os termos singulares foram eliminados. A vantagem de escolher um tal vocabulário mínimo, como vai ficar patente, é que ele reduz muito o trabalho que deve ser realizado para definir verdade.

---

[7] Em 1957, Tarski e Vaught dão uma definição modelo-teorética. A importância associada à diferença entre definições absolutas e modelo-teoréticas vai depender, em parte, da atitude que se tenha em face dos mundos possíveis (ver p.253ss adiante). Aqueles que concebem o mundo real como apenas um mundo possível entre outros vão pensar que a definição absoluta é apenas um caso especial de uma definição modelo-teorética. Contudo, nem todos os autores encaram as duas abordagens desta maneira tolerante. Há uma questão a respeito de se uma definição modelo-teorética satisfaz todas as exigências que Tarski usou em seu artigo de 1931, e isto parece a alguns (Davidson, por exemplo; ver adiante) ser uma razão importante para preferir uma definição absoluta.

As sentenças atômicas de O são aquelas sequências de expressões que consistem em um predicado n-ádico seguido de n variáveis.

(i) Todas as sentenças atômicas são fórmulas bem-formadas (wffs)
(ii) Se A é uma wff, $-A$ é uma wff
(iii) Se A e B são wffs, $(A \& B)$ é uma wff
(iv) Se A é uma wff, $(\exists x)A$ é uma wff
(v) nada mais é uma wff

Definição de 'satisfaz'
Sejam X e Y variando sobre sequências de objetos, A e B, sobre sentenças de O, e X_i denotando a i-ésima coisa em qualquer sequência X.

A satisfação pode, então, ser definida para sentenças atômicas ao se dar uma cláusula para cada predicado da linguagem.

1. para predicados monádicos:
para todo i, X: X satisfaz 'Fx_i' sse X_i é F
para predicados diádicos:
para todo i, X: X satisfaz 'Gx_ix_j' sse X_i e X_j estão na relação G

e assim por diante para cada predicado.

2. para todo X, A: X satisfaz '$-A$' sse X não satisfaz 'A'
3. para todo X, A, B: X satisfaz '$A \& B$' sse X satisfaz 'A' e X satisfaz 'B'
4. para todo X, A, i: X satisfaz '$(\exists x_i)A$' sse há uma sequência Y tal que $X_j = Y_j$ para todo $j \neq i$ e Y satisfaz 'A'

(Notemos como cada cláusula da definição de satisfação corresponde a uma cláusula na definição de uma wff. É por isso que é tão conveniente trabalhar com vocabulário mínimo.) Uma sentença fechada é uma wff sem nenhuma variável livre; sentenças fechadas serão satisfeitas ou por todas as sequências ou por nenhuma.

Definição de 'verdadeiro': uma sentença fechada de O é verdadeira sse ela é satisfeita por todas as sequências.

Tarski mostra que sua definição é tanto materialmente adequada quanto formalmente correta. Ele ainda mostra que se segue de sua definição de verdade que, de cada par consistindo em uma sentença fechada e sua negação, uma e apenas uma é verdadeira. Isto devia ser esperado em vista do fato, já observado, de que a condição de adequação material elimina teorias não bivalentes da verdade.

Comentário sobre a teoria semântica

A teoria de Tarski tem a distinção de ter sido criticada tanto por dizer muito pouco:

> a neutralidade da definição de Tarski[8] com respeito às teorias filosóficas da verdade competidoras é suficiente para demonstrar sua falta de relevância filosófica. (Black, 1948, p.260)

quanto por dizer demais:

> a teoria de Tarski... pertence à análise factual, em vez da conceitual... A teoria de Tarski possui muito conteúdo, enquanto que uma análise conceitual correta da verdade tem muito pouco. (Mackie, 1973, p.40)

A questão da importância filosófica da teoria de Tarski é, evidentemente, uma questão difícil. Vou tentar resolvê-la em três estágios: primeiro, discutindo a própria avaliação de Tarski sobre a importância de sua teoria e, então, discutindo o uso feito da teoria por dois autores – Popper e Davidson – que têm expectativas mais ambiciosas em relação a ela que o próprio Tarski.

(a) A *avaliação do próprio Tarski*

Tarski expressa a expectativa (1944, p.53-4) de que sua definição faça justiça à concepção aristotélica de verdade, mas dá pouca impor-

---
[8] Aqui Black aparentemente confunde a condição de adequação material com a definição, embora, em outra parte, no mesmo artigo, ele faça a distinção de modo suficientemente claro.

tância à questão de se esse é o conceito 'correto', propondo, de fato, usar a palavra 'ferdadeiro', em vez de 'verdadeiro', caso a decisão seja contra ele nesta questão (p.68).

Tarski também é modesto em relação às pretensões epistemológicas de sua teoria. Ele realmente não entende, ele diz, o que poderia ser o 'problema filosófico da verdade' (p.70), mas de qualquer maneira:

> podemos aceitar a concepção semântica[9] da verdade sem abandonar qualquer atitude epistemológica que possamos ter tido, podemos permanecer realistas ingênuos ou idealistas, empiristas ou metafísicos... A concepção semântica é completamente neutra em relação a todas estas questões. (p.71)

Field (1972) sugere que Tarski pode ter dado importância metafísica à exigência na qual ele insiste (mas cf. p.108n) de que a verdade seja definida sem utilizar conceitos semânticos primitivos: uma exigência que ele justificou (1931, p.152-3) alegando a clareza superior das noções sintáticas. Um comentário em um outro artigo, 'The establishment of scientific semantics', sugere que ele também possa ter tido em mente uma importância mais profunda. Depois de repetir que o uso de conceitos semânticos primitivos ameaçaria a clareza, ele continua:

> este método levantaria certas dúvidas de um ponto de vista filosófico geral. Parece-me que seria difícil colocar este método em harmonia com os postulados da unidade da ciência e do fisicalismo (uma vez que os conceitos da semântica não seriam conceitos nem lógicos nem físicos). (1936, p.406)

A conjectura de Field é a de que a intenção de Tarski era a de pôr a semântica de acordo com as necessidades do fisicalismo,

---

[9] O contexto sugere que Tarski está se referindo aqui sobretudo à sua condição de adequação material.

a tese de que não existe nada mais que corpos físicos e suas propriedades e relações; e que isto poderia ser conseguido *definindo* tais conceitos não físicos como verdade e satisfação. Isto é confirmado por uma passagem (1944, p.72-4), na qual Tarski defende a concepção semântica da verdade contra a crítica de que a semântica envolve elementos metafísicos, enfatizando que sua definição usa como primitivos apenas termos lógicos, expressões da linguagem-objeto e nomes dessas expressões. A questão ulterior, se a teoria de Tarski, de fato, tem essa importância, é espinhosa. Field acredita que Tarski realmente não foi bem-sucedido em reduzir a semântica a conceitos primitivos fisicalisticamente aceitáveis. Tarski define a satisfação para sentenças abertas complexas recursivamente, em termos de satisfação para sentenças atômicas abertas, mas ele define a satisfação para sentenças atômicas abertas *enumerativamente*, uma cláusula para cada predicado primitivo da linguagem-objeto (por assim dizer, 'X satisfaz 'x_i é uma cidade' sse X_i é uma cidade, X satisfaz 'x_i está ao norte de x_j' sse X_i está ao norte de X_j ...' e assim por diante). Uma vez que Field sustenta que uma redução bem-sucedida requer mais que a equivalência extensional entre o *definiens* e o *definiendum*, que é tudo o que a definição de Tarski garante, ele acha que Tarski não justifica o fisicalismo, como pretendia. Vale observar que há uma forte tendência dos fisicalistas de serem extensionalistas, e alguma razão, portanto, para supor que Tarski tivesse pensado que a equivalência extensional era uma exigência suficiente. É claro que permanece a questão de se a equivalência extensional realmente é uma exigência suficiente para as reduções, ou se, como Field sugere, alguma exigência mais forte é mais apropriada.

(b) *As alegações de Popper em favor da teoria de Tarski*

Popper acolhe a teoria de Tarski como tendo:

> reabilitado a teoria da correspondência da verdade absoluta ou objetiva ... Ele justificou o uso livre da ideia intuitiva de verdade como correspondência aos fatos ... (1960, p.224)

e usa as ideias de Tarski para desenvolver sua própria explicação do papel da verdade como um ideal regulativo da investigação científica.[10]

A teoria de Tarski é uma teoria da correspondência?

De acordo com Popper, Tarski forneceu exatamente aquilo que estava faltando nas teorias tradicionais da correspondência – um sentido exato para 'corresponde' (1960, p.223; 1972, p.320). Inicialmente pelo menos, isso é intrigante, pois Tarski explicitamente comenta que a teoria da correspondência é insatisfatória (1944, p.54), e observa que ele não estava 'de modo algum surpreso' em saber que, em uma pesquisa realizada por Ness, apenas 15% concordaram que a verdade é correspondência com a realidade, enquanto 90% concordaram que 'Está nevando' é verdadeira se e somente se está nevando (1944, p.70; e ver Ness, 1938).

Portanto, o que é que levou Popper a pensar que Tarski tinha justificado a teoria da correspondência? Alguns comentários (por exemplo, 1960, p.224) sugerem que o que ele especificamente tem em mente é a insistência de Tarski na necessidade de uma metalinguagem na qual se pode tanto referir a expressões da linguagem-objeto quanto dizer o que a linguagem-objeto diz. É como se ele pensasse o lado esquerdo de cada instância do esquema (T), tal como:

'A neve é branca' é verdadeira sse a neve é branca

como se referindo à linguagem, e o lado direito, aos fatos. Contudo, parece ser uma razão bastante inadequada para tomar a teoria de Tarski como uma teoria da correspondência, pois a condição de adequação material, embora seu papel seja de eliminar algumas definições, certamente não identifica a teoria da correspondência como unicamente correta. Presumivelmente, ela permite, por exemplo, uma definição de redundância como a de Mackie:

(*p*)(o enunciado de que *p* é verdadeiro sse *p*)

---

[10] Esta seção amplia e modifica alguns pontos de Haack, 1976d; e cf. Sellars, 1967, cap.6, para alguma discussão pertinente

É exatamente por esta razão que o próprio Tarski enfatiza a neutralidade epistemológica do esquema (T).

Contudo, embora Popper não se refira explicitamente a eles, há aspectos da *definição* de verdade de Tarski que lembram as teorias da correspondência. Uma dificuldade aqui é que não é muito claro o que seria necessário para que a teoria de Tarski fosse realmente considerada uma versão da teoria da correspondência. E isto é agravado pela insistência de Popper de que, até Tarski, não tinha havido nenhuma teoria da correspondência genuína e satisfatória. Todavia, pode-se fazer algum progresso comparando a definição de Tarski primeiro com a versão atomista lógica dada por Russell e Wittgenstein e, então, com a versão de Austin.

Tarski define verdade em termos de satisfação, e a satisfação é uma relação entre sentenças abertas e sequências de objetos. A explicação da satisfação guarda certa analogia com a concepção de Wittgenstein da verdade consistindo na correspondência entre o arranjo dos nomes em uma proposição e o arranjo dos objetos no mundo. Entretanto, a definição de *verdade* de Tarski não faz qualquer apelo a sequências específicas de objetos, pois as sentenças verdadeiras são satisfeitas por todas as sequências e as falsas, por nenhuma. É sintomático que a verdade lógica, assim como a factual, sejam englobadas na definição de Tarski. É certamente menos plausível supor que a verdade lógica consista na correspondência com os fatos do que o faça a verdade 'factual'. Duas observações históricas parecem necessárias aqui: primeiro, que Wittgenstein pensava que as wffs quantificadas poderiam ser entendidas como conjunções/disjunções de proposições atômicas e que, se isso de fato fosse assim, o desvio de Tarski pela satisfação seria desnecessário. E, segundo, que Russell admitia 'fatos lógicos'.

A utilização de Tarski da estrutura das sentenças na definição recursiva de satisfação é, então, uma analogia com a interpretação de Russell e Wittgenstein de 'corresponde'. É igualmente uma *des*analogia com a explicação de Austin. Este insiste que os enunciados, não as sentenças, são os portadores de verdade primários. Isto tem pelo menos duas consequências relevantes: Tarski ignora os problemas levantados por sentenças que contêm dêiticos, tais como 'eu' e 'agora', nas quais Austin se concentra. E enquanto a definição de satisfação de Tarski se baseia na estrutura sintática de sentenças abertas, a explicação da correspondência de Austin enfatiza seu caráter puramente convencional e arbitrário – em uma outra linguagem, um enunciado absurdo poderia, ele diz, ser verdadeiro exatamente nas circunstâncias em que o enunciado em português de que os National Liberals são a escolha do povo é verdadeiro.[11] Há, contudo, um ponto de analogia que merece menção. Sugeri anteriormente que a explicação de Austin evita localizar a correspondência na conexão demasiado íntima entre o enunciado de que p e o fato de que p. Ao contrário, diz que ela consiste no fato de que a situação à qual o enunciado de que p se refere é do tipo que o enunciado diz que ela é. Aqui se pode ver, sem um grande esforço, uma semelhança com a explicação enumerativa de Tarski da satisfação para sentenças atômicas abertas: por exemplo, X satisfaz 'x_i é branco' sse a i-ésima coisa na sequência X for branca.

Portanto: Tarski não se considera dando uma versão da teoria da correspondência, e sua condição de adequação material é neutra em relação à correspondência e outras definições. Contudo, a definição de satisfação de Tarski, se não a de verdade, guarda alguma analogia com as teorias da correspondência: as cláusulas para sentenças atômicas abertas, com a versão de Austin; as cláusulas para sentenças abertas moleculares, com a de Russell e Wittgenstein.

A teoria de Tarski é 'absoluta' e 'objetiva'?

Se se consideram ou não as afinidades fortes o suficiente para que a teoria de Tarski seja tida como uma versão da teoria da correspondência, vale perguntar se a definição semântica de verdade tem, de alguma forma, o que Popper considera serem as virtudes principais da teoria da correspondência, seu caráter 'absoluto' e 'objetivo'.

Tarski enfatiza que a verdade pode ser definida apenas *relativamente a uma linguagem* – o que ele define não é 'verdadeiro' (e ponto

---

[11] Aqui, então, está um caso no qual a questão sobre os portadores de verdade adquire uma importância real. (Não resisto à tentação de prestar atenção à reclamação de Austin (1950, p.30) de que seu companheiro de simpósio, Strawson, deixou de fazer a distinção crucial entre sentença e enunciado.) Vou abordar a questão, como a teoria de Tarski pode ser adaptada para lidar com as sentenças com dêiticos, na seção sobre Davidson.

final), mas 'verdadeiro-em-O'. Isto se dá por duas razões. A definição deve valer para sentenças (que, diferentemente de coisas extralinguísticas tais como proposições, têm a estrutura sintática que ela usa) e uma mesma sentença pode ser verdadeira em uma linguagem e falsa, ou destituída de significado, em outra. E apenas a hierarquia de linguagem-objeto, metalinguagem, meta-metalinguagem pode evitar os paradoxos semânticos. Neste sentido, portanto, a definição de Tarski não é uma definição absoluta de verdade, mas relativa. Popper, contudo, que tende a tomar uma atitude um tanto arrogante em face da questão dos portadores de verdade (1972, p.11, 45, 319n), não se preocupa com esse sentido de 'absoluto'. Ele também não tem nenhum interesse no fato de que a definição original de Tarski é absoluta em vez de modelo-teorética.

Popper parece, ao contrário, igualar 'absoluto' e 'objetivo', contrastando ambos com 'subjetivo', isto é, 'relativo a nosso conhecimento ou crença'. A esse respeito, Popper acredita que a teoria da correspondência é superior à

> teoria da coerência... [que] confunde consistência com verdade, a teoria da evidência... [que] confunde 'saber ser verdadeiro' com 'verdadeiro', e a teoria pragmatista ou instrumentalista [que] confunde utilidade com verdade. (1960, p.225)

Penso que não preciso comentar a exatidão da caracterização de Popper das teorias rivais; de qualquer modo, o núcleo de seu argumento, felizmente, não depende desses detalhes. As teorias rivais, argumenta Popper, estão fundadas no 'dogma difundido, mas errôneo, de que uma teoria satisfatória deveria produzir um critério de crença verdadeira' (1960, p.225). E uma teoria criterial da verdade é subjetiva porque não pode admitir a possibilidade de uma proposição ser verdadeira mesmo que ninguém acredite nela, ou falsa mesmo que todo mundo acredite nela.

O que exatamente Popper acha questionável nas teorias da verdade criteriais? Popper não deixa isso muito claro, mas penso que o problema pode ser posto em foco. A dificuldade principal está não na própria tentativa de fornecer um critério de verdade, mas na adoção de uma teoria criterial do significado de 'verdadeiro'. (Sua atitude talvez seja mais clara no apêndice à edição de 1961 do volume 2 de *A sociedade aberta e seus inimigos*.) Se se dá o significado de 'verdadeiro' em termos de nossos critérios de verdade, não se pode deixar espaço para a possibilidade de uma proposição ser falsa, embora ela passe nos nossos testes de verdade, ou verdadeira, embora falhe neles. Este é um problema particular para os pragmatistas, uma vez que ele representa uma ameaça a seu falibilismo oficial, embora ainda haja espaço para erros na *aplicação* mesmo de testes infalíveis de verdade. O infalibilismo *em si mesmo* não é subjetivista, mas a alegação adicional, de que dizer que uma proposição é verdadeira (falsa) *significa apenas* que ela passa (falha) nos nossos testes, representa uma ameaça ao objetivismo.

Tarski expressamente repudia a aspiração de fornecer um critério de verdade (1944, p.71-2). E sua definição certamente não faz nenhuma referência a nossos testes de verdade. (Ironicamente, Tarski pretende que a passagem na qual ele chama a atenção para esses aspectos seja uma réplica à 'objeção' de que a sua teoria é um tipo de teoria da correspondência que envolve a lógica em 'um realismo muito pouco crítico'!)

Portanto, a teoria de Tarski é uma teoria objetiva no sentido de Popper. Contudo, por que Popper confere tanta importância a essa questão? A explicação está no uso epistemológico para o qual ele propõe colocar o conceito de verdade.

A verdade como um ideal regulador: verossimilhança

Popper se descreve a si próprio como um 'absolutista falibilista': falibilista porque ele nega que possamos ter qualquer método garantido de adquirir conhecimento, absolutista porque insiste que há uma tal coisa como a verdade objetiva à qual a investigação científica aspira. A teoria de Tarski deve fornecer uma explicação objetiva apropriada desse 'ideal regulador' da ciência.

Isto requer, é claro, que a teoria de Tarski seja aplicável às linguagens – presumivelmente, fragmentos, mais ou menos completamente regimentados, de linguagens naturais e matemáticas – nas quais as teorias científicas são expressas. Não vou aqui discutir as questões levantadas por esta exigência, em parte porque o próprio Tarski expressa (1944, p.74) um otimismo acautelado a respeito da aplicabilidade de seu trabalho às ciências empíricas, e em parte porque na próxima seção, quando discuto o uso que Davidson faz do trabalho de Tarski, vou ter de considerar as razões que Tarski dá para ter dúvidas se seus métodos se aplicam à linguagem 'coloquial'.

De acordo com Popper, o trabalho da ciência é o de conceber e testar conjecturas. Os cientistas não podem estar seguros de que suas conjecturas atuais são verdadeiras, nem mesmo que eles vão algum dia atingir a verdade ou que iriam saber, se atingissem mesmo a verdade, que o fizeram. Contudo, se a verdade deve ser não apenas um ideal, mas um ideal 'regulador' ou *que guia*, deve ser possível dizer, quando uma teoria substitui outra, se a ciência está se aproximando da verdade. Portanto, o problema de Popper é o de explicar em que sentido, de duas teorias que podem ser ambas falsas, uma pode estar mais perto da verdade que a outra. Sua solução é sua extensão das ideias de Tarski na teoria da 'verossimilhança' ou semelhança--à-verdade.

A explicação de Popper da verossimilhança é a seguinte:

> *Supondo que o conteúdo de verdade e o conteúdo de falsidade de duas teorias t_1 e t_2 são comparáveis, podemos dizer que t_2 é mais proximamente semelhante à verdade ... que t_1 se e somente se ou:*
>
> *(a) o conteúdo de verdade, mas não o conteúdo de falsidade, de t_2 excede o de t_1*
>
> [ou]
>
> *(b) o conteúdo de falsidade de t_1, mas não seu conteúdo de verdade, excede o de t_2.* (1963, p.233)

O conteúdo de verdade (falsidade) de uma teoria é a classe de todas e apenas suas consequências verdadeiras (falsas). O conteúdo de verdade ou de falsidade de uma teoria pode exceder o conteúdo de verdade ou falsidade de uma outra apenas se seu conteúdo de verdade ou falsidade inclui, em conformidade com a teoria de conjuntos, o da outra; portanto, esta explicação só se aplica a teorias que se sobrepõem deste modo. Popper sugere também (1963, p.393-6; 1972, p.51, 334) medidas de conteúdo de verdade e falsidade em termos de probabilidade lógica, de modo a que quaisquer dois conteúdos possam ser comparados. Porém, vou me concentrar na versão anterior, 'qualitativa', em vez da versão posterior, 'quantitativa'.

A definição de verossimilhança não pode mostrar que a ciência de fato progride em direção à verdade: mas Popper espera (1972, p.53) que ela apóie sua metodologia falseacionista, que recomenda que se escolha a conjectura mais falseável, aquela com maior conteúdo, pois uma teoria com mais conteúdo vai ter maior verossimilhança, a não ser que, Popper acrescenta, ela tenha maior conteúdo de falsidade, tanto quanto de verdade.

Contudo, mostrou-se[12] que uma teoria t_2 tem verossimilhança maior que uma outra, t_1, de acordo com as cláusulas (a) e (b) de Popper, apenas se t_2 é uma teoria *verdadeira* da qual decorra o conteúdo de verdade de t_1. Isto significa que *a definição de verossimilhança de Popper não se aplica a comparações entre teorias que sejam ambas falsas*. Mas isto, é claro, era o principal objetivo da teoria que, portanto, falha em relação a seu propósito epistemológico. Penso que este fracasso é importante para a questão da exequibilidade do absolutismo falibilista (ver Haack 1977b), e ele poderia também, a meu ver, apoiar a avaliação bastante modesta de Tarski, contra a muito mais ambiciosa de Popper, da importância epistemológica da teoria semântica da verdade.

(c) *O uso da teoria de Tarski por Davidson*

Verdade e significado. Qualquer teoria adequada do significado, pensa Davidson, deve explicar como os significados das sentenças dependem dos significados das palavras (de outro modo, ele argumenta, a linguagem seria impossível de se aprender). Uma teoria do significado deve ser consistente com – ou, ele às vezes diz, deve explicar – a 'produtividade semântica': a habilidade dos falantes de produzir, e entender, sentenças que eles nunca ouviram antes. O que isso signi-

---

[12] Miller, 1974; e cf. Tichý, 1974 e Harris, 1974. De forma bem breve, a estratégia de Miller é de primeiro mostrar, se t_1 e t_2 são comparáveis por meio de conteúdo de verdade, como elas podem ser comparáveis por meio de conteúdo de falsidade; e então mostrar que para t_2 estar mais perto da verdade que t_1, t_2 deve ser uma teoria verdadeira da qual decorra o conteúdo de t_1, já que de outro modo t_2 excederia t_1 tanto em conteúdo de verdade quanto de falsidade, de forma que suas verossimilhanças não seriam comparáveis.

fica, ele argumenta, é que a teoria deveria produzir todas as sentenças da forma:

S significa m

onde 'S' é uma descrição reveladora de estrutura de uma sentença da linguagem para a qual a teoria está sendo dada, e 'm', um termo denotando o significado dessa sentença. Contudo, o apelo aqui implícito aos significados, ele sugere, não traz nada de útil; e reformulando a exigência assim:

S significa que p

onde 'p' é uma sentença que tem o significado que tem a sentença descrita por 'S', deixa um problema com o 'significa que', o qual, portanto, Davidson reformula como 'é T sse', onde 'T' é qualquer predicado arbitrário que, dadas as condições acima sobre 'S' e 'p', satisfaz:

S é T sse p

Contudo, é claro, qualquer predicado que satisfaça esta condição será, de acordo com os padrões de Tarski, um predicado *veritativo* materialmente adequado. Davidson conclui que o que se requer de uma teoria do significado é precisamente uma definição de tal predicado veritativo (Davidson, 1967).

O significado como condições de verdade

Embora a via pela qual Davidson chega a sua conclusão seja meio indireta, seu ponto final – de que o significado de uma sentença pode ser dado ao se especificarem suas condições de verdade – não é estranho. O que há de novo na versão de Davidson é a imposição de exigências 'tarskianas' à explicação das condições de verdade.[13]

O que há de atraente em uma teoria das condições de verdade do significado pode talvez ser avaliado ao se recordar a classificação de Quine das noções semânticas em dois grupos, o extensional, que ele considera ser o trabalho da 'teoria da referência', e o intensional, que ele considera o trabalho da 'teoria do significado', assim:

---

[13] Dummett defende uma teoria da verdade em termos de condições de assertibilidade, e não de condições de verdade (mais uma vez, insinua-se uma comparação com os pragmatistas, agora com sua teoria criterial do significado). Para discussões críticas, ver Haack, 1974, p.103ss, e cf. Brandom, 1976.

```
                     ideias semânticas
    teoria da referência  ───────  teoria do significado
       (extensional)                    (intensional)
       por exemplo,                     por exemplo,
          'designa'                        'é significativo'
          'satisfaz'                       'é sinônimo de'
          'é verdadeiro'                   'analítico'
                                           'significa'
```

Quine argumentou em 1953a que a teoria da referência estava em estado consideravelmente melhor que a teoria do significado. Um aspecto atraente da teoria das condições de verdade é que ela promete uma explicação do significado (do lado mais problemático, direito) em termos de verdade (do lado menos problemático, esquerdo).

Teoria da interpretação
Mais tarde (1974), Davidson acrescenta uma outra teoria, da interpretação do discurso de um outro, em uma outra língua ou mesmo em nossa própria. Essencialmente, isto consiste em uma explicação de como dizer quando '*p*' é uma sentença que tem o significado que '*S*' descreve. De modo breve, a ideia é a de testar, empiricamente, se uma sentença da forma

'*Es regnet*' é verdadeira sse está chovendo

é uma sentença-T, isto é, está de acordo com as especificações de Tarski de que a sentença à direita traduz aquela nomeada à esquerda; testa-se se os falantes da referida língua (aqui, o alemão) consideram verdadeira '*Es regnet*' sse está chovendo. A questão do recurso ao que os falantes nativos *consideram verdadeiro* é o de captar o significado de seus proferimentos sustentando, por assim dizer, suas crenças constantes. Como consequência, é necessária uma suposição, o princípio de caridade, em relação ao fato de que os falantes de outras línguas, em geral, concordam conosco a respeito do que é o caso. O caráter holista da explicação de Davidson, a insistência de que a 'unidade de interpretação' é a linguagem toda, pode derivar, pelo menos em parte, desse holismo epistêmico, a ideia devida a Duhem, também enfatizada por Quine, de que as crenças são verificadas/falseadas não sozinhas, mas em um corpo unido.

Embora haja muitas questões importantes a serem levantadas a respeito dessa teoria da interpretação, vou me concentrar, a seguir, na explicação de Davidson do significado, já que é ali que a teoria da verdade de Tarski desempenha o papel crucial.

Se realmente a tarefa de uma teoria do significado, como pensa Davidson, é a de definir um predicado veritativo tarskiano, que trabalho além daquele já realizado por Tarski seria necessário? Davidson está buscando uma teoria do significado *para as línguas naturais*, tais como o português. É claro que Tarski é inteiramente cético a respeito da aplicabilidade de sua teoria às línguas naturais. Assim, se o programa de Davidson há de ser realizável, uma primeira tarefa é a de mostrar que os métodos de Tarski *podem* ser estendidos. Esta é uma questão importante mesmo independentemente das ambições especiais de Davidson para os métodos de Tarski, pois o conceito de verdade é de importância filosófica em diversos contextos nos quais se deve admitir que 'verdadeiro' se aplica a sentenças das línguas naturais – na epistemologia, por exemplo. Apesar da modéstia oficial de Tarski a este respeito, parece-me que a utilidade de seu trabalho seria lamentavelmente limitada se o conceito que ele define se mostrasse inteiramente diferente do conceito de verdade nas línguas naturais.

A teoria de Tarski é aplicável às línguas naturais?
De acordo com Tarski:

> A *própria possibilidade de um uso consistente da expressão 'sentença verdadeira' que esteja em harmonia com as leis da lógica e o espírito da linguagem cotidiana parece ser muito questionável e, consequentemente, a mesma dúvida diz respeito à possibilidade de construir uma definição correta dessa expressão.*
> (1931, p.165)

O pessimismo de Tarski tem duas fontes principais: sua condição de correção formal elimina a possibilidade de uma definição adequada de verdade para linguagens que não são nem (i) semanticamente abertas, nem (ii) formalmente especificáveis. As línguas naturais,

Tarski argumenta, falham em ambos os pontos; portanto, não há expectativas de uma definição adequada de verdade para elas.

(i) Tarski sugere que as línguas naturais contêm suas próprias metalinguagens, de modo que a verdade não pode ser definida sem cair em paradoxo. Contudo, às vezes, ele sugere, antes, que por não serem as línguas naturais formalmente especificáveis, a questão de seu fecho semântico não pode ser respondida. Davidson não tem nenhuma resposta muito satisfatória para este problema, mas ele argumenta que 'estamos justificados em continuar tentando sem ter eliminado a fonte de ansiedade conceitual' (1967, p.10). Ele parece propor que o trabalho prossiga naqueles fragmentos semanticamente abertos das línguas naturais nos quais não surge o perigo de paradoxo. Há alguma dificuldade em ajustar a atitude de Davidson em relação aos paradoxos (não se preocupe muito com eles, concentre-se no resto do trabalho) com seu holismo, a insistência de que uma teoria adequada do significado deve ser uma teoria para uma linguagem toda, embora ele também sugira que duvida que as línguas naturais sejam realmente universais.

(ii) Parece haver aqui toda uma família de dificuldades. O problema de dar uma explicação precisa de exatamente que sequências são consideradas sentenças de uma linguagem natural, agravado pelo fato de que as línguas naturais não são estáticas, mas crescem, e a preponderância nas línguas naturais de fenômenos tais como a vaguidade, a ambiguidade, a indexicalização. Tarski é pessimista:

> Quem quer que deseje, apesar de todas as dificuldades, buscar a semântica da linguagem coloquial com o auxílio de métodos exatos vai ser levado primeiro a assumir a ingrata tarefa de reformar essa linguagem ... É de duvidar, contudo, se a linguagem da vida diária, depois de ser 'racionalizada' deste modo, ainda vá preservar sua naturalidade e se, ao contrário, ela não assumiria os aspectos característicos das linguagens formalizadas. (1931, p.267)

O núcleo da réplica de Davidson a isto é que, embora alguma 'arrumação' vá ser necessária antes que os métodos de Tarski possam ser aplicados a uma linguagem natural, isto não precisa ser tal que a transforme para além de qualquer reconhecimento. Ele sustentaria, penso, que o trabalho em gramática transformacional (ver, por exemplo, Chomsky, 1957) promete superar a primeira dificuldade. E ele está otimista de que mais fragmentos das línguas naturais possam ser trazidos para o âmbito dos métodos tarskianos, um tanto como o trabalho de Frege com '(x)' e '(∃x)' já arregimentou adequadamente 'todo', 'nenhum' e 'algum'.[14]

O que Tarski encara como uma 'tarefa ingrata', Davidson assume de bom grado, observando que 'É bom saber que não vamos ficar sem trabalho'. Sua tarefa principal, de fato, é de fornecer uma análise adequada daquelas locuções das línguas naturais que são inicialmente resistentes a um tratamento tarskiano. E é em seu sucesso ou fracasso nessa tarefa que se deve basear a avaliação da resposta de Davidson ao ceticismo de Tarski. Vale observar que Davidson insiste em usar o conceito 'absoluto' de verdade, em vez de um conceito modelo--teórico, e que alguns desses problemas (por exemplo, os problemas criados pela introdução de novos predicados quando uma linguagem natural cresce) são mais difíceis em uma abordagem absoluta do que seriam em uma abordagem modelo-teórica (cf. Field, 1972).

Forma lógica

Davidson diz que está procurando 'a forma lógica' das locuções da linguagem natural. Por exemplo, lembremos (cap.2, p.51) que, de acordo com Davidson, as construções adverbiais na linguagem natural são mais bem representadas como se envolvessem quantificação sobre eventos, com os advérbios interpretados como adjetivos de termos de eventos. A forma lógica de 'John passou manteiga na torrada com uma faca', Davidson argumenta, é algo como 'Há um evento que é um passar a manteiga na torrada por John e que é realizado com uma faca'. A confiança de Davidson de que cada construção da linguagem natural tem uma única forma lógica provém da crença de que uma representação formal, à qual o método de Tarski de definir a verdade se aplica, representa a estrutura essencial em uma

---

[14] Não está fora de questão que a explicação de Frege de fato arregimente apropriadamente os quantificadores da linguagem natural. Lembremos (cap.4, p.71) que Montague e Hintikka, assim como o primeiro Russell, enfatizam suas afinidades com os termos singulares, ao passo que, de acordo com Frege, eles pertencem a uma categoria sintática inteiramente diferente.

forma idealmente clara. (É impressionante a analogia com o projeto de Russell e Wittgenstein, em seus períodos de atomismo lógico, de conceber uma linguagem ideal que representasse a forma *real* das línguas naturais.) De modo interessante, Cargile perguntou (1970; e cf. a réplica de Davidson no mesmo volume) por que a conexão entre um predicado e sua forma adverbialmente modificada precisa ser necessariamente assumida como uma questão de forma e não de conteúdo. Ele sugere que não é tão óbvio quanto Davidson parece supor o que se consideraria o esqueleto, e o que seria a carne. De fato, ele defende uma concepção mais flexível de forma lógica, mais próxima daquela apresentada no Capítulo 2.

O programa de Davidson

Assim, Davidson considera que a tarefa de uma teoria do significado é analisar a estrutura das sentenças, não fornecer uma explicação do significado de palavras individuais. (Isto não é *inteiramente* certo, porque algumas partículas – 'des', por exemplo – têm um caráter estrutural.) Por exemplo, Davidson não requer uma teoria do significado para dar o significado de 'boa', mas ele a requer para analisar a estrutura de, por exemplo, 'Bardot é uma boa atriz', de tal forma a explicar por que ela não é equivalente a 'Bardot é boa e Bardot é uma atriz', tal como 'Bardot é uma atriz francesa' é equivalente a 'Bardot é francesa e Bardot é uma atriz' (cf. 'pequeno elefante', e a ambígua 'violinista ruim'). O que é atraente no método de Tarski, que é de definir satisfação para sentenças abertas complexas em termos de satisfação para sentenças simples abertas, é sua promessa de uma explicação de como os significados das sentenças compostas dependem do significado de suas partes. O desafio é analisar sentenças como 'Bardot é uma boa atriz' de tal modo que o método de Tarski se aplique a elas tanto quanto à menos resistente 'Bardot é uma atriz francesa'. Davidson admite que a tarefa é considerável, que:

> permanece uma abaladora lista de dificuldades e enigmas.
> (1967, p.321)

Ele inclui ('para citar alguns') contrafactuais, subjuntivos, enunciados de probabilidade, enunciados causais, advérbios, adjetivos atributivos, termos de massa, verbos de crença, percepção, intenção, ação.

Obviamente, minha consideração dos detalhes do programa vai ter de ser seletiva.

Dêiticos

A teoria de Tarski precisa ser relativizada a falantes e tempos, sugere Davidson, porque as línguas naturais contêm dêiticos. O esquema (T) revisado vai exigir que a teoria acarrete sentenças como:

'Estou cansado' (s,t) é verdadeira sse s está cansado em t

A verdade, diz Davidson, é um predicado de proferimentos, e não de sentenças. (Esta sugestão é relevante para a alegação, considerada por Strawson e, antes dele, por Schiller, de que os métodos formais são inerentemente inadequados para lidar com a dependência contextual dos enunciados nas línguas naturais.)

Contudo, a preocupação de Davidson com os dêiticos está também dirigida aos problemas levantados pela análise de citações (*quotation*) e verbos de 'atitude proposicional' ('diz que', 'sabe que' etc.). Pois ele pensa que essas construções todas envolvem demonstrativos dissimulados. Uma análise desses dêiticos ('este', 'aquele'), dada por Weinstein (1974), foi endossada por Davidson. Nessa explicação, 'Aquilo é um gato', digamos, é verdadeira apenas no caso de o objeto indicado pelo falante naquele momento do proferimento satisfazer '... é um gato'.

Oratio obliqua

Enquanto os compostos funcional-veritativos não levantam problemas, haverá, obviamente, uma dificuldade em aplicar os métodos de Tarski a sentenças compostas do português, cujos valores de verdade não dependem de qualquer forma óbvia dos valores de verdade de suas partes. As sentenças de *oratio obliqua* são desse tipo intensional problemático. Pois o valor de verdade de 'Galileu disse que a terra se move', por exemplo, não depende de nenhuma forma direta do valor de verdade de 'a terra se move'. E há uma falha de substitutividade, pois de 'Tom disse que a lua é redonda' e 'A lua = o único satélite da terra', não se pode seguramente inferir 'Tom disse que o único satélite da terra é redondo'.

O primeiro passo na direção certa, argumenta Davidson, é analisar gramaticalmente:

Galileu disse que (*said that*) a terra se move

nos seguintes termos:

Galileu disse isso (*said that*).
A terra se move.

O '*that*' deve ser interpretado não como um pronome relativo (*que*), mas como um pronome demonstrativo (*isso*) referindo a um proferimento – bem como eu poderia dizer 'Eu escrevi isso',* apontando para uma mensagem no quadro de avisos.[15] É claro que Galileu não fez o próprio proferimento que o falante produz; na verdade, Galileu não falava português. Portanto, alguma explicação mais é necessária. Davidson amplia sua análise assim:

A terra se move.
(∃x)(o proferimento x de Galileu e meu último proferimento nos colocam dizendo o mesmo)†

Galileu e eu dizemos o mesmo (*are samesayers*), nos é dito, exatamente no caso de ter ele proferido uma sentença que significou em sua boca o que algum proferimento meu significou na minha.

---

* Há uma ambiguidade lexical, em inglês, com respeito a *that*, que pode tanto significar o pronome relativo *que* quanto um demonstrativo, como *isso*. (N. T.)

[15] Vale fazer duas comparações. Já mencionei as afinidades entre a definição de Tarski de satisfação e a explicação da verdade do *Tractatus* de Wittgenstein. Os verbos de atitude proposicional, que representam um problema para a abordagem de Wittgenstein assim como para a de Davidson, são discutidos em 5.542. A análise de Wittgenstein é, contudo, notoriamente obscura. Alun Jones me mostrou que a lista de Davidson das 'dificuldades e enigmas' para *seu* empreendimento e a lista de Anscombe (1959), dos problemas para Wittgenstein, são muito semelhantes. Uma análise do discurso indireto surpreendentemente semelhante à de Davidson foi sugerida por Kotarbiński (1955). O objetivo de Kotarbiński era o de sustentar a tese de que apenas os corpos materiais existem ('pansomatismo') eliminando por análise referências aparentes a objetos abstratos tais como as proposições. Isto pode ser importante, em vista da conjectura de que Tarski estava motivado por simpatia com o materialismo.

† Traduzimos a expressão '*make us samesayers*' deste modo indireto, como 'nos colocam dizendo o mesmo'. (N. T.)

A aplicação dos métodos de Tarski, tal como estendidos por Weinstein para dar conta dos dêiticos, dá um resultado nos seguintes termos:

'Galileu disse que a terra se move' (s,t) significa que é verdadeira sse }

Galileu proferiu em t' (t' anterior a t) uma sentença que significou em sua boca o que o proferimento feito por s em t'' (t'' logo após t) significa na boca de s, onde o proferimento manifesto é 'A terra se move'.

Pode ser útil fazer uma pequena pausa para contrastar a explicação de Davidson com algumas explicações alternativas a respeito das (assim chamadas) atitudes 'proposicionais'. Frege, por exemplo, consideraria 'que p' em 's disse (acredita) que p' como se referindo a uma proposição (ver cap.5, p.96). Carnap analisaria 's disse (acredita) que p' como 's proferiu (está disposto a concordar com) alguma sentença intensionalmente isomórfica a 'p' em português' (ver 1947). Scheffler trata 'que p' antes como um adjetivo que como um substantivo: 's disse (acredita) que p' significa que 's proferiu (acredita em) um proferimento que-p', onde há um predicado separado correspondendo a cada sentença 'p' (ver 1954). Quine vai ainda mais longe na mesma direção, tratando o todo de 'disse (acredita)-que-p' como um predicado de s (ver 1960a, §44).

Davidson acredita que sua explicação tem as vantagens de que: ao contrário das análises que tratam 'que p' como se referindo a uma proposição, ela não requer um recurso a entidades intensionais; ao contrário da análise de Carnap, ela não requer uma referência explícita a uma linguagem; e, ao contrário das análises que tratam 'diz (acredita)-que-p' como um único predicado, ela permite que o que segue 'que' seja uma sentença com 'estrutura significativa', estrutura que uma teoria do significado pode explorar.

Sua explicação, Davidson argumenta, permite, como parece apropriado, que 's disse que p' acarrete 's disse algo', pois a análise é 's proferiu uma sentença que ...'. Ao mesmo tempo, ela explica, como também se pede, por que 's disse que p' não acarreta 'p', pois o que parecia ser uma sentença ('p') dentro de um operador sentencial ('s disse que (*said that*)') se torna uma sentença única ('s disse isso (*said that*)'), contendo um demonstrativo ('isso'), que se refere a um proferimento de uma outra sentença ('*p*'). E da mesma maneira, embora os gatos arranhem, a sentença 'aquilo é um gato', que se refere a um gato, não arranha. Assim, embora '*p*' acarrete '*p*', a sentença '*s* disse que *p*', que se refere a um proferimento de '*p*', não acarreta '*p*'.

Assim como mostra o último exemplo, é claro que nos casos comuns considerados por Weinstein, aquilo a que 'isso (*that*)' se refere é uma coisa não linguística, um gato, por exemplo. Quando a explicação é estendida a 'que's em discurso indireto, os referentes vão ser proferimentos de sentenças. E essas sentenças têm estrutura significativa (entre as instâncias de '*s* disse que *p*' estaria, por exemplo, '*s* disse que *q* e *r*' e '*s* disse que *s*' disse que *q*') em virtude da qual seu significado seria dado.

Aqui, são apropriados alguns comentários a respeito de como a análise de Davidson difere daquela de Carnap. Na explicação de Davidson, '*s* disse que *p*' envolve a referência a um proferimento do falante relacionado a algum proferimento de *s* por *igualdade no que dizem* (*samesaying*). Na de Carnap, a referência a uma sentença relacionada com uma sentença do português por *isomorfismo intensional*. Um proferimento (aqui, Davidson deixa claro que ele quer dizer um ato de fala, o evento de proferir uma sentença) é um proferimento de alguma sentença em alguma linguagem específica com algum contexto específico e, portanto, a necessidade de especificar a linguagem relevante é evitada.[16]

Isto dá à explicação de Davidson um caráter inesperado – pois o conceito de proferimento (ato de fala) pertence mais à pragmática, do que à semântica. Igualmente surpreendente, e metodologicamente também inquietante, é que a explicação de Davidson, como a de Carnap, requer um conceito semântico primitivo (respectiva-

---

[16] Às vezes, Davidson fala como se fosse a referência a um proferimento (em vez de uma sentença) que impede '*s* disse que *p*' de acarretar '*p*'. Contudo, isto é, com certeza, suficientemente explicado recorrendo-se ao fato de que (um proferimento de) '*p*' é *referido por*, e não *contido em* '*r* disse que *p*'. O sentido de 'proferimento' no qual, de acordo com Davidson, a verdade é uma propriedade de proferimentos, tem, presumivelmente, de ser o sentido de 'conteúdo' e não, como neste contexto, o de 'ato'.

mente, igualdade no dizer, e isomorfismo intensional) na metalinguagem. s e s′ dizem o mesmo (*are samesayers*), explica Davidson, exatamente no caso de algum proferimento de s *significar o mesmo que* algum proferimento de s′. Ora, Davidson insiste que as condições de verdade sejam dadas em termos de uma definição absoluta de verdade, isto é, uma definição que não use termos semânticos primitivos. E ele evita 'S significa m' e a fórmula 'S significa que p' por causa de seu caráter intensional. Davidson, aparentemente, acha admissível o recurso à igualdade de dizer (*samesaying*) porque é *local*. A explicação geral do significado recorre apenas a condições de verdade tarskianas, embora a explicação específica de 'diz que' exija a igualdade de dizer como um conceito primitivo semântico. É questionável, contudo, se o recurso é local no sentido relevante. Pois, com certeza, 'diz que' é considerado estrutura, em vez de vocabulário, no sentido no qual a dependência do significado de 'boa', do significado de 'atriz', em 'Bardot é uma boa atriz', é estrutural (Davidson faz objeções à explicação de Frege *do discurso indireto* porque ela requer objetos intensionais). O problema é o que exatamente deveriam ser as exigências no empreendimento de Davidson: que aparato seria a ele permitido usar e onde? É relevante que o atrativo de seu empreendimento derive, em grande parte, da austeridade de método que ele parece, no início, prometer.

Desde que o empreendimento foi lançado, Davidson e seus seguidores tentaram resolver, com vários graus de sucesso, muitas das 'dificuldades e enigmas' apontados em 1967. Por volta de 1973, Davidson fala de um 'progresso absolutamente impressionante', referindo-se ao trabalho sobre atitudes proposicionais, advérbios, citação (Davidson, 1967, 1968a, b), nomes próprios (Burge, 1973), 'deve' (Harman 1975), termos de massa e comparativos (Wallace, 1970, 1972).

O sucesso do programa de Davidson justificaria, em grande medida, a aplicabilidade da teoria de Tarski a línguas naturais. Contudo, a avaliação desse programa depende, obviamente, de um estudo detalhado das análises específicas apresentadas. E como sugeri com relação à análise das *oratio obliqua*, este estudo, por sua vez, levanta algumas questões metodológicas que, de qualquer forma, são difíceis o suficiente para que não se possa dizer com confiança que Davidson *mostrou* que a teoria de Tarski se aplica ao inglês.

A teoria da redundância

Ramsey

A teoria da redundância (embora tenha sido sugerida antes por algumas observações de Frege em 1918) deriva fundamentalmente do trabalho de F. P. Ramsey em 1927. Ramsey fornece seu esboço de uma teoria em uma passagem muito curta (p.142-3) no decorrer de uma discussão da análise apropriada da crença e do juízo. O contexto é significativo em relação à avaliação de Ramsey da importância do assunto: ele pensa que 'não há realmente nenhum problema independente acerca da verdade, mas meramente uma confusão linguística'.

Em termos breves, sua ideia é que os predicados 'verdadeiro' e 'falso' são redundantes no sentido de que eles podem ser eliminados de todos os contextos *sem perda semântica*.[17] Ele admite que têm um papel pragmático, para 'ênfase ou razões estilísticas'. Ramsey considera dois tipos de caso nos quais 'verdadeiro' e 'falso' ocorrem tipicamente. Os casos que ele usa para apresentar a teoria são do tipo mais claro, nos quais a proposição à qual a verdade ou a falsidade é atribuída é explicitamente dada: 'é verdadeiro que p', Ramsey argumenta, *significa o mesmo que* 'p', e 'é falso que p' *significa o mesmo que* 'não p'. Os casos em que a proposição relevante não é realmente fornecida, mas apenas descrita, apresentam, ao contrário, dificuldade inicial maior, pois, como Ramsey percebe, não se pode simplesmente eliminar 'é verdadeiro' de, por exemplo, 'o que ele diz é sempre verdadeiro'. Ele propõe superar essa dificuldade usando o aparato da quantificação proposicional, para dar, no caso mencionado, algo nos termos de 'Para todo p, se ele afirma p, então p'.[18]

---

[17] Há uma alusão aqui à doutrina de Russell dos 'símbolos incompletos', isto é, símbolos que são contextualmente elimináveis. Cf. cap.5, p.102, para uma discussão dessa doutrina com referência à teoria das descrições de Russell.

[18] Tarski escreve (1944, p.68-9) como se a teoria de Ramsey simplesmente não tivesse jeito de lidar com esse tipo de caso. Ramsey analisaria, presumivelmente, os dois casos problemáticos que Tarski apresenta – 'A primeira sentença escrita por Platão é verdadeira' e 'Todas as consequências de sentenças verdadeiras são verdadeiras' – como '(p)(se a primeira coisa que Platão escreveu era que p, então p)' e '$(p)(q)$(se p, e se p então q, então q)'.

Se os quantificadores de segunda ordem de que Ramsey precisa podem ser adequadamente explicados é uma questão fundamental, como resulta, para a exequibilidade da teoria da redundância. Porém, vou começar indicando algumas vantagens da teoria antes de me voltar para seus problemas.

Portadores de verdade

Em vista das dificuldades causadas pelos ornamentos – fatos e proposições – da teoria da correspondência, a austeridade da teoria da redundância é atraente. Compreensivelmente, Ramsey vê como uma virtude de sua teoria ela evitar as questões levantadas por uma explicação em termos de correspondência sobre a natureza e a individuação dos fatos. 'É um fato que...', ele argumenta, tem a mesma redundância semântica e o mesmo uso enfático de 'É verdadeiro que...'.

Mais uma vez, desde que o efeito das teorias no estilo de Ramsey é negar que em 'É verdadeiro que p', '... é verdadeiro...' deve ser compreendido como um predicado atribuindo uma propriedade genuína ao que quer que 'p' represente, a questão dos portadores de verdade é, de modo semelhante, contornada. Se a verdade não é uma propriedade, não é preciso perguntar *de que* ela é uma propriedade. Contudo, observo que o que argumentei (cap.6, p.124) ser o problema real por trás das disputas sobre os portadores de verdade ainda se apresenta – a questão das exigências apropriadas sobre as instâncias das letras sentenciais, i.e., o que se pode colocar no lugar de 'p'. (A preferência de Ramsey pela locução 'É verdadeiro que p', ao invés de "p' é verdadeiro', é de alguma importância a esse respeito.) Eu consideraria uma vantagem de meu diagnóstico da questão sobre os portadores de verdade que ele é aplicável mesmo a teorias da redundância, e uma vantagem da teoria da redundância de que, ali, a questão surge em sua forma fundamental.

É claro que isso seria uma verdadeira economia apenas se for certo que as proposições (ou o que quer que seja) não são necessárias para outros propósitos além de portar a verdade. Aqueles que acreditam que precisamos de proposições como objetos de crença, por exemplo, estão sujeitos a serem menos impressionados pela habilidade da teoria da redundância de passar sem elas como portadoras de verdade.

Portanto, é significativo que Prior, que aceita a teoria de Ramsey, reclame (1971, cap.9) uma explicação da crença de acordo com a qual 's acredita que ...' em 's acredita que p' seja um operador de formação de sentença sobre sentenças como 'Não é o caso que ...', em vez de considerar 'acredita' como um símbolo relacional com argumentos 's' e 'que p', este último denotando uma proposição. Mais uma vez, pode-se supor que as proposições (ou o que quer que seja) possam ser necessárias como portadoras de *outras* propriedades, e que a teoria da redundância, portanto, corre o perigo de sacrificar a analogia entre '...é verdadeiro' e, digamos, '...é surpreendente' ou '...é exagerado', sem, no final, nenhuma compensação via uma economia ontológica genuína. E é significativo, a este respeito, que Grover et al., em um artigo (1975) defendendo as alegações de uma teoria do tipo da teoria da redundância, argumentem que é apenas uma aparência enganadora que '...é verdadeiro' e '...é surpreendente' sejam atribuições a uma e mesma coisa.

A distinção linguagem-objeto/metalinguagem

O teórico da redundância nega que 'É verdadeiro que p' seja a respeito da sentença 'p': 'É verdadeiro que os leões são tímidos', como 'Não é o caso que os leões são tímidos', a seu ver, é sobre leões, não sobre a sentença 'Os leões são tímidos'. Isto significa que ele não vê nenhuma necessidade em insistir na distinção entre linguagem-objeto e metalinguagem, que é tão vital para a semântica tarskiana (Prior mostra grande consciência deste ponto; por exemplo, 1971, cap.7). Isto levanta algumas questões sobre a capacidade da teoria da redundância de lidar com problemas nos quais, aparentemente, a distinção linguagem-objeto/metalinguagem desempenha um papel importante.

A ideia de que a verdade é um predicado metalinguístico parece, por exemplo, contribuir para as explicações usuais da semântica dos conectivos sentenciais, como: ''$-p$' é verdadeiro sse 'p' é falso', ''$p \vee q$' é verdadeiro sse 'p' é verdadeiro ou 'q' é verdadeiro'. O quanto é adequada a alternativa oferecida pela teoria da redundância? Uma vez que essa teoria iguala ambos 'É falso que p' e 'É verdadeiro que $-p$' com '$-p$', tudo o que sobra da 'explicação' da negação parece ser '$-p$

sse '–p'. O teórico da redundância pode argumentar que, de fato, é menos do que aparece à primeira vista nas explicações usuais da negação, pois há, de acordo com ele, menos do que aparece à primeira vista nas explicações usuais da verdade. (Cf. o reconhecimento de Dummett, 1958, e de Grover et al. de que 'Não é o caso que ...' pode não ser eliminável.)

Uma outra dificuldade relacionada a esta é que o teórico da redundância parece não ser capaz de admitir uma distinção aparentemente genuína entre a lei do terceiro excluído ('p ∨ –p') e o princípio metalinguístico da bivalência ('para todo p, 'p' é ou verdadeiro ou falso'). Pois se ' 'p' é verdadeiro' significa o mesmo que 'p', e ' 'p é falso' significa o mesmo que '–p', então ' 'p' é verdadeiro ou falso' significa 'p ∨ –p'. Mais uma vez, o teórico da redundância poderia aceitar a consequência de que essa é uma 'distinção' sem uma diferença. Contudo, desde que é uma distinção, aparentemente, com algum poder explicativo, isto o deixa com alguma explicação a dar. (Por exemplo, ele insistiria que devem ser confusas as linguagens 'supervalorativas' de van Fraassen, nas quais 'p ∨ –p' é um teorema, mas a semântica admite hiatos de valor de verdade? Cf. Haack, 1974, p.66ss e cap.11, p.282.)

Indiquei anteriormente (p.146) que o esquema (T) parece requerer a bivalência, e isto levanta a questão de estar ou não a teoria da redundância também comprometida com a tese de que 'p' deve ser ou verdadeiro ou falso. Contudo, essa consequência pode ser evitada, pois o teórico da redundância pode negar que, se não for nem verdadeiro nem falso que p, é falso que seja verdadeiro que p. Afinal, já que sua teoria é que 'é verdadeiro que p' significa o mesmo que 'p', ele poderia razoavelmente insistir que, se não é nem verdadeiro nem falso que p, também não é verdadeiro nem falso que é verdadeiro que p. Portanto, ele não está obrigado a negar a possibilidade de hiatos de valor de verdade e, assim, o argumento anterior não acarreta que ele esteja obrigado a insistir na lei do terceiro excluído.

No trabalho de Tarski, é claro, o papel mais importante da distinção linguagem-objeto/metalinguagem era o de assegurar a adequação formal, especificamente, de evitar os paradoxos semânticos. Assim, sua capacidade para lidar com os paradoxos será uma questão bastante crucial para a avaliação que se faz da exequibilidade da teoria da redundância. Essa questão deve aguardar até o Capítulo 8, mas algumas das considerações sobre os quantificadores proposicionais, a que me volto agora, vão ser relevantes para ela.

Os quantificadores: '(p)(se ele afirma que p, p)'

Ramsey propõe eliminar 'verdadeiro', onde o que é dito ser verdadeiro não é explicitamente fornecido, mas apenas obliquamente referido, por meio de quantificação de segunda ordem: 'O que ele diz é sempre verdadeiro', por exemplo, deve ser explicado como significando 'Para todo *p*, se ele afirma *p*, então *p*'. Ele admite que haja alguma inabilidade nesta análise, pois pensa que a expressão em português parece pedir um 'é verdadeiro' final (como: '(*p*)(se ele afirma *p*, então *p* é verdadeiro)') para tornar o '*p*' final em uma sentença genuína. Contudo, este aparente obstáculo à eliminação, argumenta ele, é superado se se lembra que o próprio '*p*' é uma sentença, e que já contém um verbo. Supondo que todas as proposições têm a forma lógica '*aRb*', ele sugere que se poderia observar as propriedades gramaticais ao escrever 'Para todo *a, R, b*, se ele afirma *aRb*, então *aRb*'. Mas é claro, como Ramsey está bem ciente, que *nem* todas as proposições são da forma '*aRb*', e nem há muita esperança de dar uma disjunção finita de todas as formas possíveis de proposições. Assim, isto não resolve inteiramente o problema.

O desconforto de Ramsey é compreensível, pois o problema é real. Se, em sua fórmula:

(*p*)(se ele afirma *p*, então *p*)

o quantificador for interpretado no estilo objetual padrão, tem-se:

Para todos os objetos (proposições?) *p*, se ele afirma *p*, então *p*

Aqui, os '*p*'s ligados são sintaticamente como termos singulares, e o '*p*' final tem, portanto, de ser elipticamente entendido, como contendo implicitamente um predicado, para torná-lo algo da categoria de uma sentença, capaz de ficar à direita de 'então', nos seguintes termos:

Para todas as proposições *p*, se ele afirma *p*, então *p é verdadeira*.

Contudo, se a análise se mostra contendo o predicado 'é verdadeiro', a verdade, por fim, não foi eliminada e, em última instância, ela não é redundante. (Esta é a dificuldade que Ramsey vê. Ela é enunciada bastante claramente, com referência à versão de Carnap da teoria da redundância, em Heidelberger, 1968.) Se, por sua vez, o quantificador é interpretado substitucionalmente, tem-se:

> Todas as instâncias substitutivas de 'Se ele afirma ... então ...' *são verdadeiras*

e, mais uma vez, 'verdadeiro' aparece na análise e, portanto, não foi realmente eliminado.

Assim, o que fica claro é: se a teoria de Ramsey deve funcionar, alguma *outra* explicação para os quantificadores de segunda ordem vai ser necessária, uma vez que, em qualquer uma das interpretações usuais, 'verdadeiro' parece não ser eliminado. Prior vê a dificuldade como o resultado de uma deficiência no inglês, que carece de locuções coloquiais apropriadas para representar quantificadores de segunda ordem, e obriga que se lance mão de tais locuções enganadoras de aparência nominal como 'Tudo que ele diz ...'. Portanto, ele sugere (1971, p.37) 'em qualquer circunstância' e 'em alguma circunstância' como leituras de '(p)' e '(∃p)', e lê '(p)(p → p)', por exemplo, como 'Se em qualquer circunstância, então em tal circunstância'.

Grover também pensa que os quantificadores possam ser supridos com leituras apropriadas, e oferece algum aparato gramatical adicional para tal propósito. A dificuldade de oferecer uma leitura apropriada surge, como sugere Prior, da falta de palavras e frases para representar sentenças do modo como os *pronomes* representam os nomes e as descrições. O que são necessárias, como Grover diz, são *prossentenças*.

Pronomes e prossentenças são dois tipos de *proforma*. Cf. pró--verbos como 'fazer'* e pró-adjetivos como 'tal'. Uma proforma deve ser capaz de ser usada anaforicamente, para referências cruzadas, seja como pronomes de indolência (Geach, 1967) como em 'Mary pretendia vir à festa, mas *ela* estava doente', ou como pronomes 'quantificacionais', como em 'Se *um carro* superaquece, não *o* compre'. Prossentenças são como pronomes ao ocupar posições que as sentenças poderiam ocupar, assim como os pronomes ocupam as posições que

---

* Trata-se do verbo '*do*' em inglês. (N. T.)

os nomes poderiam ocupar, e preenchem um papel anafórico similar. A proposta de Grover é que se leia '(p)(se ele afirma que p, então p)' como:

Para todas as proposições, se ele afirma que qque, então qque

onde 'qque' é uma prossentença.* Notemos que o que é proposto é uma nova *leitura*. Grover argumenta que ela é compatível seja com uma explicação objetual, seja com uma explicação substitucional, no nível da interpretação formal.

Essa proposta engenhosa levanta algumas questões, para as quais posso oferecer apenas respostas tentativas. Primeiro, lembremos que o problema com o qual comecei era se é possível dar uma leitura dos quantificadores proposicionais de Ramsey que seja gramatical e que não reintroduza o predicado 'verdadeiro'. As leituras de Grover satisfazem estas condições? Bem, seria de alguma forma esquisito perguntar se sua leitura é do inglês gramatical, uma vez que é claro que ela não é. Ela pede expressamente uma *adição* ao inglês. Seria mais apropriado perguntar se há analogias gramaticais suficientemente fortes para justificar sua inovação. Contudo, esta questão, tendo em vista 'suficientemente forte', não é muito precisa. O inglês, como Grover admite, não possui nenhuma prossentença atômica – embora tenha, penso, expressões compostas que desempenham esse papel: 'Este é', por exemplo, que se pode descrever como uma prossentença composta de um pronome e um pró-verbo.† E a segunda parte da questão, se a leitura de Grover genuinamente elimina 'verdadeiro', é do mesmo modo complicada. De fato, há duas questões a serem levantadas aqui. A primeira é que mesmo se uma *leitura* apropriada é oferecida, isto deixa em aberto a questão de se não há ainda um apelo implícito à verdade no nível da interpretação formal. (E *de que* exatamente deve-se eliminar 'verdadeiro' para mostrar que ele é redundante?) A segunda questão é se a noção que se tem de 'qque' requer implicitamente a noção de verdade.

---

* No original, '*thatt*'. (N. T.)
† Trata-se, mais uma vez, de uma tradução inadequada. No original, em inglês, temos a sentença '*It is*', que traduziríamos mais propriamente em português por 'É'. (N. T.)

A 'teoria prossentencial da verdade'

Alguma luz pode ser lançada sobre esse problema pela aplicação da própria Grover de sua explicação da quantificação proposicional à teoria da verdade. Grover et al. (1975) propõe uma versão modificada da teoria da redundância de acordo com a qual 'isso é verdadeiro' é explicada como sendo ela própria uma prossentença. As atribuições de verdade, nesta explicação, são elimináveis em favor de 'É verdadeiro' *como uma prossentença atômica*, i.e., uma prossentença na qual 'verdadeiro' não é um predicado separável.[19]

O que isso mostra a respeito de se realmente a teoria prossentencial elimina 'verdadeiro'? 'Verdadeiro', diz-se, é eliminável. Não do português, seguramente, mas do português + 'qque'. Contudo, como devemos entender 'qque'? Bem, não há nada *exatamente* como ela em português, mas ela funciona como 'É verdadeiro', a não ser por ser atômica, e não composta...

Penso que está aberto à dúvida se a expectativa de Ramsey de eliminar totalmente o falar sobre verdade foi justificada. Entretanto, há algo importante a ser aprendido da discussão da teoria prossentencial: que o predicado de verdade desempenha um papel crucial ao nos capacitar a falar *de modo geral*, isto é, a falar sobre proposições que não exibimos realmente, mas às quais nos referimos apenas indiretamente, um papel que ela compartilha com o aparato dos quantificadores de segunda ordem ('proposicionais' ou 'sentenciais'). Essa semelhança de função vai se mostrar relevante para o diagnóstico dos paradoxos semânticos.

---

[19] Ramsey pensava que todo falar sobre verdade era eliminável. Grover et al. admitem que há um resíduo. Em alguns casos, a eliminação de 'verdadeiro' pede a modificação da sentença contida, como 'Costumava ser verdadeiro que Roma era o centro do mundo conhecido'/'Roma costumava ser o centro do mundo conhecido' ou 'Poderia ser verdadeiro que há vida em Marte'/'Poderia haver vida em Marte'. E onde esse fenômeno é combinado com a quantificação, como em 'Algumas sentenças costumavam ser verdadeiras, mas não são mais verdadeiras', eles são obrigados a introduzir novos conectivos, como '($\exists p$)(costumava-ser-o-caso--que p, mas não é-mais-o-caso-que p)', que eles admitem ser, de fato, locuções de verdade. Seus comentários a respeito de 'Poderia ser verdadeiro que', entretanto, sugerem uma alternativa interessante à ideia de que a verdade necessária, assim como a verdade, é uma propriedade de sentenças ou proposições.

8
PARADOXOS

O Mentiroso e paradoxos relacionados

A importância do paradoxo do Mentiroso para a teoria da verdade já se tornou patente, pois as condições de adequação formal de Tarski para as definições de verdade são motivadas, em grande parte, pela necessidade de evitá-lo. É chegado o momento, agora, de dar ao Mentiroso e aos paradoxos relacionados alguma atenção direta por sua própria conta.

Por que o 'Paradoxo do Mentiroso'? Bem, a sentença do Mentiroso, em conjunto com alguns outros princípios aparentemente óbvios sobre a verdade, conduz, através de raciocínio aparentemente válido, a uma contradição; eis por que ele é chamado um paradoxo (do grego '*para*' e '*doxa*', 'além da crença').[1]

O Mentiroso vem em diversas variantes; a versão clássica diz respeito à sentença

(S) Esta sentença é falsa

Suponhamos que S é verdadeira; então o que ela diz é o caso; logo ela é falsa. Suponhamos, agora, que S é falsa; então o que ela diz não

---

[1] Os 'paradoxos' da implicação material e da implicação estrita – discutidos extensamente no Capítulo 11 – são, na pior das hipóteses, contraintuitivos, e não, como o Mentiroso, contraditórios; por isto as aspas de ênfase.

é o caso, logo ela é verdadeira. Assim, S é verdadeira sse S é falsa. As variantes incluem sentenças indiretamente autorreferentes, tais como:

A próxima sentença é falsa. A sentença anterior é verdadeira.

e o 'paradoxo do cartão postal', no qual se supõe que em um lado de um cartão postal está escrito:

A sentença no outro lado deste cartão é falsa

e no outro:

A sentença no outro lado deste cartão é verdadeira.

Uma outra variante, o paradoxo de 'Epimênides', diz respeito a um cretense chamado Epimênides, que teria supostamente dito que todos os cretenses são sempre mentirosos. Se um mentiroso é alguém que sempre diz o que é falso, então, se o que Epimênides disse é verdadeiro, é falso. O Epimênides, contudo, é um pouco *menos* paradoxal que o Mentiroso, uma vez que pode consistentemente ser considerado falso, embora não verdadeiro (cf. Anderson, 1970). Há também as variantes do 'narrador-de-verdade' (*truth-teller*) ('Esta sentença é verdadeira') e a imperativa ('Desobedeça esta ordem').

Outros paradoxos envolvem 'verdadeiro (falso) sobre ...' em vez de 'verdadeiro (falso)'. 'Heterológico' significa 'não verdadeiro de si mesmo'; assim, por exemplo, 'alemão', 'longo', 'italicizado' são heterológicos, enquanto 'português', 'curto', 'impresso' são autológicos, verdadeiros sobre si mesmos. Ora, 'heterológico' é heterológico? Bem, se 'heterológico' *é* heterológico, não é verdadeiro sobre si mesmo; assim, não é heterológico. Se, contudo, ele *não* é heterológico, é verdadeiro sobre si mesmo; assim, é heterológico. Logo, 'heterológico' é heterológico sse 'heterológico' não é heterológico (paradoxo de Grelling).

Outros ainda envolvem 'definível' ou 'especificável'. O número dez é especificável por um nome monossílabo, o número sete por um nome dissílabo, o número catorze por um nome trissílabo. Consideremos, então, o menor número não especificável em menos de vinte e três sílabas. Este número é especificável em vinte e duas sílabas, através de 'o menor número não especificável em menos de vinte sílabas' (paradoxo de Berry). Seja E a classe das decimais definíveis num número finito de palavras, e sejam seus elementos ordenados como o primeiro, segundo, terceiro ... etc. Assim sendo, seja N o número tal que se o enésimo algarismo na enésima decimal em E é m, então o enésimo algarismo em N é $m+1$, ou 0 se $m=9$. Então N difere de todos os elementos de E; e, contudo, foi definido em um número finito de palavras (paradoxo de Richard).

Outros paradoxos envolvem o conceito de conjunto. Alguns conjuntos são elementos de si mesmos, enquanto outros não o são (por exemplo, o conjunto de objetos abstratos, sendo ele próprio um objeto abstrato, é um elemento de si mesmo; o conjunto das vacas, não sendo ele próprio uma vaca, não o é). Consideremos agora o conjunto dos conjuntos que não são elementos de si mesmos. Ele é um elemento de si mesmo ou não? Se ele *é* um elemento de si mesmo, então ele tem a propriedade que todos os seus elementos têm, ou seja, ele *não* é um elemento de si mesmo; se, entretanto, ele *não* é um elemento de si mesmo, então ele tem a propriedade que qualifica um conjunto para pertinência a si mesmo, logo ele *é* um elemento de si mesmo. Assim, o conjunto de todos os conjuntos que não são elementos de si mesmos é um elemento de si mesmo sse não é um elemento de si mesmo (paradoxo de Russell). Outros paradoxos da teoria de conjuntos incluem o paradoxo de Cantor: nenhum conjunto pode ser maior do que o conjunto de todos os conjuntos, mas, para qualquer conjunto, há um outro, o conjunto de todos os seus subconjuntos, que é maior que ele; e o paradoxo de Burali-Forti: a série de todos os números ordinais tem um número ordinal, Ω, digamos, mas a série de todos os números ordinais até e incluindo qualquer ordinal dado excede esse ordinal por um, assim, a série de todos os ordinais até e incluindo Ω tem o número ordinal $\Omega+1$.

Isso de modo algum esgota a extensão de paradoxos que se pode encontrar na literatura (cf. Russell, 1908a, Mackie, 1973, apêndice, para mais exemplos). Espero, contudo, que minha lista seja suficientemente representativa para ilustrar o tipo de problemas com que uma solução dos paradoxos deve lidar; a finalidade de se considerar um número de variantes é a de habilitar alguém a fiscalizar se soluções propostas são suficientemente amplas em escopo.

Paradoxos 'da teoria de conjuntos' versus *paradoxos 'semânticos'?*

Embora alguns desses paradoxos tenham sido conhecidos bem antes, eles começaram a ser objeto de preocupação filosófica séria depois que Russell descobriu seu paradoxo. Frege tinha reduzido a aritmética ao cálculo sentencial, cálculo de predicados, e teoria de conjuntos. Russell, contudo, mostrou que seu paradoxo era realmente um teorema do sistema de Frege, o qual era, portanto, inconsistente. (Uma vez que Frege tinha esperado fornecer fundamentos para a aritmética reduzindo-a a princípios autoevidentes, o fato de seus axiomas lógicos 'autoevidentes' mostrarem-se contraditórios foi, naturalmente, um choque epistemológico bastante severo; cf. cap. 1, p.34). Os paradoxos não podem ser descartados como meros truques ou quebra-cabeças, pois eles se seguem de princípios intuitivamente óbvios da teoria de conjuntos e assim ameaçam os próprios fundamentos desta teoria. Em vista do fato de que qualquer coisa é derivável de uma contradição, as consequências dos paradoxos para uma teoria na qual eles são deriváveis são completamente intoleráveis (contudo, cf. cap. 10, p.261, para considerações adicionais sobre '$p \& -p \vdash q$'). O paradoxo de Russell opera como uma restrição chave às tentativas de arquitetar teorias de conjuntos consistentes; o paradoxo do Mentiroso, de modo semelhante, opera como uma restrição chave às tentativas de arquitetar teorias semânticas consistentes.

Contudo, isto levanta uma questão importante, embora difícil. Como o comentário sobre a analogia entre o papel do paradoxo de Russell na teoria de conjuntos e o papel do paradoxo do Mentiroso na teoria semântica sugere, é possível classificar os paradoxos em dois grupos distintos, aqueles que essencialmente envolvem conceitos da teoria de conjuntos, tais como '∈' e 'número ordinal', e aqueles que envolvem essencialmente conceitos semânticos, como 'falso', 'falso sobre...', e 'definível'. De fato, é lugar-comum distinguir os paradoxos *da teoria de conjuntos* e os paradoxos *semânticos* (a distinção remonta a Peano; seu uso geral deriva da defesa feita por Ramsey em 1925):

paradoxos de teoria de conjuntos	paradoxos semânticos
(Ramsey: *'lógico'*)	(Ramsey: *'epistemológico'*)
paradoxo de Russell	paradoxo do Mentiroso
	e variantes

paradoxo de Cantor	paradoxo de Grelling
paradoxo de Burali-Forti	paradoxos de Richard e de Berry
(envolvem essencialmente 'conjunto', '∈', 'número ordinal')	(envolvem essencialmente 'falso', 'falso sobre', 'definível')

O segundo grupo é aquele que é de preocupação imediata para a teoria semântica.

O próprio Russell, contudo, não achava que os paradoxos fossem separáveis em dois grupos distintos, *porque ele pensava que todos eles surgem como resultado de uma falácia*, de violações do 'princípio do círculo vicioso'. Se se supõe que alguns paradoxos surgem em razão de alguma peculiaridade de conceitos da teoria de conjuntos, e outros em razão de alguma peculiaridade de conceitos semânticos, a classificação em dois grupos será aceitável; mas se se pensa, como Russell, que o problema se deve a algo mais profundo, comum a todos os paradoxos, achar-se-á que ela é enganosa. Penso que é difícil negar que todos os paradoxos esboçados têm mesmo uma afinidade patente uns com os outros, e que uma solução para todos eles certamente seria mais satisfatória do que uma solução para apenas alguns; e em vista disso, o caminho mais seguro parece ser *não* tomar como decididas, pela concentração exclusivamente nos paradoxos 'semânticos', questões que poderiam ser deixadas abertas.

'Soluções' para os paradoxos

Requisitos para uma solução

Antes de tentar avaliar as soluções que foram oferecidas, seria sensato, eu acho, tentar tornar um pouco mais claro o que, realmente, constituiria uma 'solução'. Bem, qual é exatamente o problema? – que conclusões contraditórias se seguem, por um raciocínio aparentemente inatacável, de premissas aparentemente inatacáveis. Isso sugere dois requisitos para uma solução: que ela deva propiciar uma teoria formal consistente (da semântica ou da teoria de conjuntos, conforme o caso) – em outras palavras, indicar quais premissas ou princípio de inferência aparentemente inatacáveis devem ser desautorizados (a solução *formal*); e que ela deva, além disso, fornecer alguma explicação *por que* aquela premissa ou aquele princípio é, apesar das aparências, atacável (a solução *filosófica*). É difícil precisar exatamente o que se pede de uma tal explicação, mas, de modo geral, o que se pretende é que deveria ser mostrado que a premissa ou princípio rejeitado é de um tipo para o qual há objeções independentes – isto é, objeções independentes do fato de levarem eles a um paradoxo. É importante, ainda que difícil, evitar supostas 'soluções' que simplesmente *rotulem* as sentenças transgressoras de uma maneira que parece explicativa, mas que realmente não é. Requisitos adicionais dizem respeito ao âmbito da solução; ela não deve ser tão ampla de forma a mutilar raciocínios que queremos preservar (o princípio de 'não corte seu nariz fora porque você odeia sua cara'); mas deve ser ampla o suficiente para bloquear todos os argumentos paradoxais relevantes (o princípio de 'não salte da frigideira para o fogo'); o 'relevante', claro, encobre alguns problemas. No nível formal, o último princípio simplesmente insiste em que a solução seja tal de modo a restaurar a consistência. A resposta de Frege à inconsistência encontrada por Russell em sua teoria de conjuntos foi uma restrição formal que evita o paradoxo de Russell, mas ainda permite paradoxos intimamente relacionados, e assim abre uma brecha neste requisito (ver Frege, 1903; Quine, 1955; Geach, 1956). No nível filosófico, o princípio da 'frigideira e fogo' insiste em que a explicação oferecida vá tão fundo quanto possível; isto, é claro, é o que está subjacente à minha intuição de que uma solução a *ambos* os paradoxos, 'semânticos' e 'de teoria de conjuntos', se ela fosse possível, seria preferível a uma solução local a um grupo.

A força desses requisitos pode talvez ser apreciada examinando-se brevemente algumas soluções propostas que deixam de satisfazê-los.

Sugere-se às vezes que os paradoxos sejam resolvidos com a proibição de autorreferência; mas esta sugestão é, ao mesmo tempo, ampla demais e limitada demais. Ela colide com o princípio de 'não corte seu nariz fora porque você odeia sua cara' pois não apenas muitas sentenças perfeitamente inócuas são autorreferentes ('Esta sentença está em português', 'Esta sentença está em tinta vermelha') (cf. Popper, 1954; Smullyan, 1957), mas também alguns argumentos matemáticos, incluindo a prova de Gödel da incompletude da aritmética, fazem uso essencial de sentenças autorreferentes (cf. Nagel & Newman, 1959; Anderson, 1970). De forma que as consequências de uma proibição da autorreferência seriam muito sérias. E contudo, uma vez que nem todas as variantes do Mentiroso são claramente autorreferentes (nenhuma sentença em 'A próxima sentença é falsa. A sentença anterior é verdadeira' refere-se a si mesma) esta proposta é, ao mesmo tempo, limitada demais.

O argumento levando a uma contradição a partir da sentença do Mentiroso usa a suposição de que 'Esta sentença é falsa' é ou verdadeira ou falsa; e assim, não surpreendentemente, foi muitas vezes sugerido que a maneira de bloquear o argumento é negar esta suposição. Bochvar propôs (1939) lidar com o Mentiroso adotando uma lógica trivalente na qual o terceiro valor, 'paradoxal', deve ser tomado pelas sentenças recalcitrantes. (Ver também Skyrms, 1970a, 1970b, e cap. 11, p.277.) Esta proposta, também, corre o perigo de ser ao mesmo tempo ampla demais e limitada demais: ampla demais porque requer uma mudança em princípios lógicos elementares (do cálculo sentencial); e contudo ainda limitada demais, pois deixa problemas com o paradoxo do 'Mentiroso Reforçado' – a sentença

Esta sentença é falsa ou paradoxal

que é falsa ou paradoxal se verdadeira, verdadeira se falsa, e verdadeira se paradoxal.

Uma outra abordagem também nega que a sentença do Mentiroso seja verdadeira ou falsa, sem, contudo, sugerir que ela tenha um terceiro valor de verdade, ao argumentar que ela não é uma coisa do tipo apropriado que tem um valor de verdade. Apenas enunciados, argumenta-se, são verdadeiros ou falsos, e um proferimento (*utterance*) da sentença do Mentiroso não constituiria um enunciado. (Ver Bar-Hillel, 1957; Prior, 1958; Garver, 1970; e cf. – *mutatis mutandis* com 'proposição' por 'enunciado' – Kneale, 1971.) Este tipo de abordagem sofre, eu creio, de capacidade inadequada de explicação – ele não fornece um fundamento racional para negar um valor de verdade às sentenças transgressoras. Mesmo se for admitido, para fins de argumentação, que apenas enunciados ou proposições podem ser ou verdadeiros ou falsos (mas *apenas* para fins de argumentação – cf. cap.6) necessitar-se-ia de um argumento sobre a razão pela qual, no caso do Mentiroso, não se tem uma coisa do tipo apropriado. Afinal, a sentença do Mentiroso não sofre de nenhuma deficiência óbvia de gramática ou vocabulário. Os requisitos mínimos seriam, primeiro, uma explicação clara das condições nas quais um proferimento de uma sentença constitui um enunciado; segundo, um argumento sobre a razão pela qual nenhum proferimento do Mentiroso poderia preencher estas condições; terceiro, um argumento sobre a razão pela qual apenas enunciados podem ser verdadeiros ou falsos. De outra forma, poder-se-ia protestar que a solução é insuficientemente explicativa.

A solução de Russell: a teoria dos tipos, o princípio do círculo vicioso

Russell apresenta (1908a) tanto uma solução formal, a teoria dos tipos, quanto uma solução filosófica, o princípio do círculo vicioso.

Hoje em dia, costuma-se distinguir, na solução formal de Russell, a teoria de tipos simples e a teoria de tipos ramificada. A *teoria de tipos simples* divide o universo do discurso em uma hierarquia: indivíduos (tipo 0), conjuntos de indivíduos (tipo 1), conjuntos de conjuntos de indivíduos (tipo 2), ... etc., e, de modo correspondente, subscreve variáveis com um índice de tipo, de forma que x_0 varia sobre o tipo 0, x_1 sobre o tipo 1 ... etc. Então as regras de formação são restringidas de tal maneira que uma fórmula da forma '$x \in y$' é bem-formada somente se o índice de tipo de y é um acima daquele de x. Assim, em particular, '$x_n \in x_n$' é mal formada, e a propriedade de não ser um elemento de si mesmo, essencial ao paradoxo de Russell, não pode ser expressa. A *teoria de tipos ramificada* impõe uma hierarquia de ordens de 'proposições' (sentenças fechadas) e 'funções proposicionais' (sentenças abertas), e a restrição de que nenhuma proposição (função proposicional) pode ser 'sobre', i.e., conter um quantificador variando sobre proposições (funções proposicionais) da mesma ordem ou ordem superior a si mesma. 'Verdadeiro' e 'falso' devem também ter subscritos, dependendo da ordem da proposição à qual eles são aplicados; uma proposição de ordem n será verdadeira (falsa) $n+1$. A sentença do Mentiroso, que diz de si mesma que é falsa, torna-se assim inexprimível, assim como a propriedade de não ser um elemento de si mesmo fez na teoria simples. (Simplifiquei consideravelmente; ver Copi, 1971, para um relato mais detalhado.)

O próprio Russell, contudo, não achava que os paradoxos fossem separáveis em dois grupos distintos; ele acreditava que *todos* os paradoxos surgiram de única e mesma falácia, de violações do que ele, seguindo Poincaré, chamou de 'o princípio do círculo vicioso' (PCV):

> 'O que quer que envolva *todos* de uma coleção não deve ser um elemento da coleção'; ou, inversamente, 'Se, dado que uma coleção tenha um total, ela teria elementos definíveis somente em termos desse total, e então a dita coleção não tem um total'. [Nota de rodapé: Quero dizer que enunciados sobre *todos* os seus elementos são disparates.] (1908a, p. 63)

Ele formula o PCV de várias maneiras não obviamente equivalentes, por exemplo, uma coleção não deve 'envolver', ou, 'ser definível apenas em termos de' si mesma. O PCV motiva as restrições de ordem/tipo impostas sobre a teoria formal, ao mostrar que aquilo que as fórmulas que foram decretadas mal formadas dizem é demonstravelmente sem sentido. É importante que os mesmos fundamentos filosóficos sejam dados para ambas as teorias, a simples e a ramificada. Na verdade, uma vez que Russell sustentava que conjuntos são realmente construções lógicas a partir de funções proposicionais, ele via as restrições da teoria simples como um caso especial daquelas da teoria ramificada (cf. Chihara, 1972, 1973).

Tanto no nível formal quanto no filosófico, a explicação de Russell encontra dificuldades. Formalmente, há algum perigo de que Russell tenha cortado fora seu nariz por odiar sua cara; as restrições evitam os paradoxos, mas também bloqueiam certas inferências desejadas. Lembremos que Russell estava tentando completar o programa, começado por Frege, de reduzir a aritmética à 'lógica', i.e., ao cálculo sentencial, ao cálculo de predicados de primeira ordem, e à teoria de conjuntos. Contudo, as restrições de tipo bloqueiam a prova da infinidade dos números naturais, e as restrições de ordem bloqueiam a prova de certos teoremas sobre limites. Nos *Principia Mathematica*, estas provas são salvas pela introdução de novos axiomas, respectivamente, o axioma do infinito e o axioma da redutibilidade; isso assegura a derivabilidade dos postulados de Peano para a aritmética; mas o caráter *ad hoc* desses axiomas reduz a plausibilidade da alegação de que a aritmética tenha sido reduzida a uma base *puramente lógica*. Todavia, poder-se-ia pensar que estas dificuldades, embora ponham em dúvida a exequibilidade do logicismo de Russell, não necessariamente mostram que sua solução dos paradoxos é mal orientada.

Contudo, nossas suspeitas são confirmadas por dificuldades no nível filosófico. Em primeiro lugar, o PCV certamente não é formulado com toda a precisão que poderia ser desejada; e é correspondentemente difícil ver o que, exatamente, está errado com suas violações. Ramsey comentou que não conseguia ver nada objetável sobre especificar um homem como aquele que tem, digamos, a maior média de pontos (*batting*)* de seu time – uma especificação que aparentemente viola o PCV. Nem *todos* os círculos eliminados pelo PCV, insistia ele, são realmente viciosos (notemos a analogia com as dificuldades na proposta de proibir todas as sentenças autorreferentes).

Contudo, apesar dessas dificuldades, o diagnóstico e a solução de Russell continuaram a ser influentes; posteriormente (p.202ss), vou argumentar que a abordagem de Russell está, de fato, em certos aspectos, na direção correta. Todavia, minha preocupação imediata é com outras soluções que se assemelham à de Russell de maneiras interessantes. A abordagem de Ryle ecoa seu diagnóstico. Ryle (1952) argumenta que 'O presente enunciado é falso' deve ser analisado como: 'O enunciado presente (a saber, que o enunciado presente ... [a saber, que o enunciado presente ... {a saber ... etc.}]) é falso', e nenhum enunciado completamente especificado é jamais alcançado. Como Russell, Ryle pensa que a 'autodependência' da sentença do Mentiroso de alguma maneira rouba-lhe o sentido. Mackie (1973) concorda com Russell e Ryle que o problema está na 'viciosa autodependência' do Mentiroso, mas prefere dizer, pela boa razão de que a sentença do Mentiroso é aparentemente construída com componentes genuínos, que o resultado não é falta de sentido mas 'falta de conteúdo'. Contudo, uma vez que ele é cuidadoso em distinguir 'falta de conteúdo' de falta de significado *e* de falta de valor de ver-

---

* No beisebol, relação entre o número de batidas e o número de jogadas em que o batedor atinge a primeira base sem falta do contendor. (N. T.)

dade, fica-se de certa forma confuso para compreender exatamente *de* que a falta de conteúdo é uma falta. E a abordagem de Tarski dos paradoxos semânticos, para a qual me volto agora, tem algumas similaridades importantes (observadas por Russell, 1956; e cf. Church, 1976) com a hierarquia russelliana de ordens de proposições.

A solução de Tarski: a hierarquia de linguagens

Tarski diagnostica os paradoxos semânticos (aos quais sua atenção se restringe) como resultado de duas suposições:

(i) que a linguagem é semanticamente fechada, i.e. contém (a) os meios para se referir a sua própria expressão, e (b) os predicados 'verdadeiro' e 'falso'
(ii) que as leis lógicas usuais valem

e, relutando em negar (ii) (mas cf. os comentários, acima, sobre a proposta de Bochvar), nega (i), propondo como uma condição de adequação formal que a verdade seja definida para linguagens *semanticamente abertas*. Assim, Tarski propõe uma *hierarquia de linguagens*:

a linguagem-objeto, O,
a metalinguagem, M,
que contém (a) meios para se referir a expressões de O e (b) os predicados 'verdadeiro-em-O' e 'falso-em-O',
a meta-metalinguagem, M',
que contém (a) meios para se referir a expressões de M e (b) os predicados 'verdadeiro-em-M', e 'falso-em-M' etc.

Uma vez que, nessa hierarquia de linguagens, a verdade para um determinado nível é sempre expressa por um predicado do nível seguinte, a sentença do Mentiroso pode apenas aparecer na forma inofensiva 'Esta sentença é falsa-em-O', que deve ser ela própria uma sentença de M, e, portanto, não pode ser verdadeira-em-O, e é simplesmente falsa, em vez de paradoxal.

Embora o apelo da teoria da verdade de Tarski tenha conquistado para essa proposta muito apoio, houve também críticas de sua 'artificialidade'. A hierarquia de linguagens e a relativização de 'verdadeiro' e 'falso' evitam os paradoxos semânticos, mas parecem carecer de justificação intuitiva independente de sua utilidade a esse respeito. Em outras palavras, a abordagem de Tarski parece dar uma solução formal, mas não filosófica. A razão que Tarski dá para requerer a abertura semântica é simplesmente que o fecho semântico leva a paradoxos. *Há* um fundamento racional independente para a relativização de 'verdadeiro' e 'falso' a uma linguagem – que Tarski está definindo verdade para sentenças (wffs), e uma única e mesma sentença (wff) pode ter um significado diferente, e, portanto, um valor de verdade diferente em linguagens diferentes; mas este fundamento racional não fornece nenhuma justificação independente para insistir que 'verdadeiro-em-L' seja sempre um predicado não de L, mas da metalinguagem de L.

Intuitivamente, não se pensa que 'verdadeiro' seja sistematicamente ambíguo da maneira como Tarski sugere que deva ser. Talvez esta contraintuitividade não fosse, por si mesma, uma consideração esmagadora. Contudo, Kripke (1975) salienta que às atribuições ordinárias de verdade e falsidade não podem nem mesmo ser atribuídos níveis *implícitos*. Suponhamos, por exemplo, que Jones diga:

> Todas as declarações de Nixon sobre Watergate são falsas.

Isto teria que ser atribuído ao próximo nível, acima do nível mais alto de qualquer das declarações de Nixon sobre Watergate; mas não apenas não teremos, ordinariamente, nenhuma maneira de determinar os níveis das declarações de Nixon sobre Watergate, mas também, em circunstâncias desfavoráveis, pode ser realmente impossível atribuir níveis consistentemente – suponha que entre as declarações de Nixon sobre Watergate esteja:

> Todas as declarações de Jones sobre Watergate são falsas

então a declaração de Jones tem que estar em um nível mais alto que todas as de Nixon, a de Nixon em um nível mais alto do que todas as de Jones.

A abordagem de Tarski, argumenta Kripke, não dá conta adequadamente do caráter 'arriscado' das atribuições de verdade. Asserções inteiramente ordinárias sobre verdade e falsidade, ele ressalta, tendem a se tornar paradoxais se os fatos empíricos forem desfavoráveis. Suponhamos, por exemplo, que Nixon tenha dito que todas as declarações de Jones sobre Watergate são verdadeiras; então a asserção de Jones de que todas as declarações de Nixon sobre Watergate são falsas seria falsa, se verdadeira, e verdadeira, se falsa (cf. o paradoxo do cartão postal na p.186). A moral da história, ele sugere, é que dificilmente se pode esperar que sentenças recalcitrantes sejam distinguidas por qualquer aspecto sintático ou semântico, mas se deve procurar um fundamento racional que permita que um paradoxo possa surgir com respeito a qualquer atribuição de verdade se os fatos se revelarem desfavoráveis.[2]

A solução de Kripke: fundamentação (groundedness)

Kripke busca fornecer uma explicação da origem do paradoxo que seja mais satisfatória a esse respeito, e então construir uma teoria formal nessa base. (Meu palpite é de que esta é a maneira correta de ocupar-se disso.) Sua proposta depende da rejeição da ideia – pressuposta por Tarski – de que o predicado-verdade deva ser totalmente definido, quer dizer, que toda sentença adequadamente bem-formada deva ser ou verdadeira ou falsa. Assim, ela tem afinidade tanto com a proposta de Bochvar de uma lógica trivalente, quanto com as propostas de coisa alguma (*no-item*), discutidas anteriormente. Contudo, Kripke enfatiza que sua ideia *não* é de que sentenças paradoxais tenham algum valor de verdade não clássico, mas que elas não têm *nenhum* valor de verdade.

A ideia chave na explicação de como são atribuídos valores de verdade a sentenças ordinárias – e como sentenças extraordinárias deixam de receber um valor – é o conceito de *fundamentação* (*groundedness*), introduzido primeiramente por Herzberger (1970). Kripke explica a ideia da seguinte maneira.

---

[2] Kripke também faz a objeção técnica de que a hierarquia de Tarski não foi estendida a níveis transfinitos, e que, além do mais, há dificuldades para assim estendê-la.

Suponhamos que alguém esteja tentando explicar a palavra 'verdadeiro' a alguém que não a compreende. Ela poderia ser apresentada por meio do princípio de que se pode afirmar que uma sentença é verdadeira exatamente quando alguém está em posição de afirmar aquela sentença, e alguém pode afirmar que uma sentença não é verdadeira exatamente quando se está em posição de negá-la. Assim sendo, dado que o aprendiz está em posição de afirmar que:

A neve é branca

essa explicação diz a ele que ele está em posição de afirmar que:

'A neve é branca' é verdadeira.

Assim sendo, ele pode estender seu uso de 'verdadeiro' a outras sentenças, por exemplo, como 'A neve é branca' ocorre em Tarski (1944), a explicação o autoriza a afirmar que:

Alguma sentença em 'A concepção semântica da verdade' é verdadeira.

E ele também pode estender seu uso de 'verdadeiro' a sentenças que já contenham 'verdadeiro', por exemplo, para afirmar que:

''A neve é branca' é verdadeira' é verdadeira

ou:

'Alguma sentença em 'A concepção semântica da verdade' é verdadeira' é verdadeira.

A ideia intuitiva de *fundamentação* é que uma sentença está fundamentada apenas caso ela venha eventualmente a ganhar um valor de verdade nesse processo. Nem todas as sentenças *vão* ganhar um valor de verdade desta maneira; entre as sentenças 'não fundamentadas' que não vão está:

Esta sentença é verdadeira

e:

Esta sentença é falsa.

Essa ideia tem afinidades com a noção – expressa no PCV de Russell e por Ryle e Mackie – que o que está errado com sentenças paradoxais é uma espécie de autodependência viciosa. Contudo, sentenças não fundamentadas são admitidas como significativas, enquanto a ideia de Russell é que a violação do PCV resulta em falta de significado. Formalmente, essa ideia é representada (estou simplificando consideravelmente) numa hierarquia de linguagens interpretadas na qual, a cada nível, o predicado-verdade é o predicado-verdade para o nível imediatamente inferior. No nível mais baixo de todos, o predicado 'T' está completamente indefinido. (Isto corresponde ao estágio inicial na explicação intuitiva.) No nível seguinte, o predicado 'T' é atribuído às próprias wffs que não contêm 'T'. Assume-se que esta atribuição estará de acordo com as regras de Kleene que dão a atribuição de valor a wffs compostas, dada a atribuição – ou falta de atribuição – a seus componentes: '–p' é verdadeira (falsa) se 'p' é falsa (verdadeira), indefinida se 'p' é indefinida; '$p \vee q$' é verdadeira se ao menos um dos disjuntos for verdadeiro (seja o outro verdadeiro, falso, ou indefinido), falsa se ambos os disjuntos forem falsos, caso contrário, indefinida; '$(\exists x)Fx$' é verdadeira (falsa) se 'Fx' for verdadeira para alguma (falsa para toda) atribuição a x, caso contrário, indefinida. (Isto corresponde ao primeiro estágio, no qual o aprendiz atribui 'verdadeiro' a uma sentença se ele está em posição de afirmar a sentença.) A cada nível, as wffs às quais foram atribuídos 'T' e 'F' no nível anterior retêm aqueles valores, mas a novas wffs, para as quais 'T' era previamente indefinido, são atribuídos valores – 'T' fica *mais definido* à medida que o processo continua. Porém, o processo não continua indefinidamente com novas sentenças ganhando valores a cada nível; eventualmente – num 'ponto fixo' – o processo pára. Assim sendo, a ideia intuitiva de fundamentação pode ser formalmente definida: uma wff está fundamentada se ela tem um valor de verdade no menor ponto fixo, caso contrário ela está não fundamentada (*ungrounded*). O menor ponto fixo, ou 'minimal', é o primeiro ponto no qual o conjunto das sentenças verdadeiras (falsas) é o mesmo que o conjunto das sentenças verdadeiras (falsas) no nível anterior. Todas as sentenças paradoxais são não fundamentadas, mas nem todas as sentenças não fundamentadas são paradoxais; uma sentença paradoxal é uma sentença à qual não se pode consistentemente atribuir um valor de verdade em *qual-*

quer ponto fixo. Isto dá uma explicação de por que 'esta sentença é verdadeira' parece compartilhar uma certa estranheza com 'esta sentença é falsa', e contudo, diferentemente da sentença do Mentiroso, ser consistente. Um valor de verdade *pode* ser dado a 'esta sentença é verdadeira', mas apenas *arbitrariamente*; um valor de verdade *não pode* ser dado consistentemente a 'esta sentença é falsa'. A situação também deixa margem ao caráter 'arriscado' das atribuições de verdade, pois o caráter paradoxal de uma sentença pode ser ou intrínseco (como seria com 'esta sentença é falsa'), ou empírico (como seria com 'a sentença citada na p.200 linha 10 é falsa').

Mencionei anteriormente que o enfraquecimento do requisito de que 'verdadeiro' seja inteiramente definido, a admissão de lacunas de valores de verdade, deu à ideia de Kripke alguma analogia, também, a propostas como a de Bochvar de que os paradoxos semânticos sejam evitados pelo recurso a uma lógica trivalente. Isto levanta a questão de como Kripke evita as críticas feitas anteriormente à solução de Bochvar. O próprio Kripke enfatiza que ele não considera seu uso das regras de valoração 'trivalentes' de Kleene como uma recusa à lógica clássica. A questão de se o uso de matrizes trivalentes necessariamente carrega tal recusa é uma questão difícil, sobre a qual terei mais a dizer no Capítulo 11, p.280; por enquanto vou aceitar a alegação de Kripke de que suas propostas são compatíveis com um conservadorismo lógico. Como fica, contudo, o Mentiroso Reforçado?

Kripke não tenta resolver essa questão diretamente, mas é possível calcular o que ele diria a seu respeito. As noções de 'fundamentação' e 'paradoxalidade', diz ele, diferentemente do conceito de verdade, não pertencem a sua hierarquia de níveis de linguagem. (Consideremos outra vez a imagem intuitiva de um aprendiz tendo o conceito de verdade explicado a ele. Suas instruções não lhe dão maneira alguma de atribuir um valor de verdade a uma sentença não fundamentada como 'Esta sentença é verdadeira'; mas ele não pode concluir que 'Esta sentença é verdadeira' não seja verdadeira, pois suas instruções, de fato, lhe dizem que ele pode negar que uma sentença seja verdadeira somente se ele está em posição de negar aquela sentença.) Ora, se 'paradoxal' pertence não à hierarquia de níveis de linguagem, mas à metalinguagem dessa hierarquia, então Kripke pode "extrair os dentes" do Mentiroso Reforçado, 'Esta sentença é ou falsa ou paradoxal', em grande medida, da mesma maneira que Tarski "extrai os dentes" do Mentiroso. Contudo, isto pode ocasionar alguma insatisfação; pois *é* um pouco decepcionante descobrir que a novidade da abordagem de Kripke ao Mentiroso deva estar comprometida por uma rejeição neotarskiana do Mentiroso Reforçado. (É indiferente se alguém é enforcado por causa de uma ovelha ou de um cordeiro?)

Vale a pena resumir os principais pontos de comparação e contraste entre a abordagem de Kripke, a teoria de tipos de Russell, e a hierarquia de linguagens de Tarski:

RUSSELL	TARSKI	KRIPKE
solução formal		
hierarquia de ordens de proposições	hierarquia de linguagens (problemas com níveis transfinitos)	hierarquia de níveis de linguagem (com níveis limite)
ambiguidade sistemática de 'verdadeiro' e 'falso'	predicados distintos de verdade e falsidade a cada nível	único e unívoco predicado-verdade, com aplicação estendida a um ponto fixo minimal
'verdadeiro' e 'falso' completamente definidos	'verdadeiro' e 'falso' completamente definidos	'verdadeiro' e 'falso' apenas parcialmente definidos
'Esta sentença é falsa' destituída de significado	'Esta sentença é falsa-em-O' falsa-em-M	'Esta sentença é falsa' nem verdadeira nem falsa.
fundamento racional		
PCV	(relativização de 'verdadeiro' a uma linguagem)	fundamentação

Paradoxo sem 'falso'; algumas observações sobre a teoria da verdade como redundância; e o PCV outra vez

Receio que não serei capaz de dar, para concluir, uma nova solução para os paradoxos. O propósito da presente seção é bastante mais modesto: resgatar a promessa (p.180, 184) de comentar as consequências para os paradoxos da teoria da verdade como redundância, com sua resistência à ideia de verdade como um predicado metalinguístico. Uma consequência de considerações que esta investigação traz à luz, contudo, trará algum apoio para uma proposta que, como argumentarei, tem afinidades com o PCV.

Uma das razões de Tarski para recusar-se a admitir o tratamento da citação como uma função, e, portanto, para negar que a verdade possa ser definida generalizando-se o esquema (T), obtendo '$(p)('p'$ é verdadeira sse $p)$' foi, lembremos (p.148), que com funções de citação teríamos um paradoxo mesmo sem o uso dos predicados 'verdadeiro' e 'falso'. (E o requisito de abertura semântica de Tarski, claro, ficaria sem forças para lidar com paradoxos gerados sem predicados semânticos.) O argumento de Tarski é o seguinte:

Suponhamos que 'c' abrevie 'a sentença de número 1'.
Ora, consideremos a sentença:
1. $(p)(c = \ 'p' \to -p)$
Pode ser estabelecido empiricamente que:
2. $c = \ '(p)(c = \ 'p' \to -p)'$
e assim, supondo que:
3. $(p)(q)('p' = \ 'q' \to p \equiv q)$

'através de leis lógicas elementares nós derivamos facilmente uma contradição' (1931, p.162).[3] Notemos que aqui se tem um paradoxo que surge, não intrinsecamente na natureza de um único enunciado, mas extrinsecamente, como Kripke diria, porque os fatos resultam

---

[3] Tarski não dá a derivação, mas ela, presumivelmente, seria a seguinte. De 1, se $c = \ '(p)(c = \ 'p' \to -p)'$, então $-(p)(c = \ 'p' \to -p)$, assim, dado 2, $-(p)(c = \ 'p' \to -p)$; logo, por RAA, -1. Se -1, então $(\exists p)(c = \ 'p' \& p)$. Suponhamos por exemplo que $c = \ 'q' \& q$; então $'q' = \ '(p)(c = \ 'p' \to -p)'$, uma vez que ambos $= c$, logo, por 3, $q \equiv (p)(c = \ 'p' \to -p)$. Mas q; logo, $(p)(c = \ 'p' \to -p)$, i.e., 1. Logo, $1 \& -1$.

desfavoráveis. O diagnóstico de Tarski é que funções de citação são a raiz do problema, e não devem ser admitidas. Em resposta a isso, alguns autores sugeriram que, em vez de serem as funções de citação completamente desautorizadas, certas restrições deveriam ser impostas a elas. Binkley (1970), por exemplo, sugere uma regra de 'não misturar', que impede um único e mesmo quantificador de ligar ao mesmo tempo variáveis dentro, e variáveis fora das aspas, e portanto desautoriza 1. Contudo, nem o diagnóstico de Tarski nem este tipo de resposta podem estar inteiramente certos; pois um paradoxo análogo pode ser derivado sem o uso de aspas:

> Seja '§' um operador que forma um termo a partir de uma sentença; ele poderia ser lido, por exemplo, 'o enunciado de que ...'
> Suponhamos que 'c' abrevie 'o enunciado feito pela sentença numerada 1'.

Ora, consideremos a sentença:

1. $(p)(c = §p \rightarrow -p)$

Pode ser estabelecido empiricamente que:

2. $c = §(p)(c = §p \rightarrow -p)$

e uma contradição se segue como anteriormente.[4] Ora, poder-se-ia tentar impor de novo restrições a operadores para a formação de termos, como '§'; por exemplo, seguindo o exemplo de Harman (1971), poder-se-ia regulamentar que se 'p' pertence a L, '§p' deve pertencer não a L, mas à metalinguagem de L. Contudo, este tipo de manobra – além de seu desagradável caráter *ad hoc* – de novo parece não chegar

---

[4] São necessários alguns comentários a respeito da conclusão a ser tirada sobre as aspas. Tarski sustenta (e Quine concorda) que o resultado de colocar uma expressão entre aspas é uma expressão que denota a expressão assim colocada, mas *da qual a expressão assim colocada não é genuinamente uma parte*. A ideia de que a citação forma um tipo de 'bloco lógico', que 'cão' não é parte de ''cão'', leva a consequências muito curiosas, e é inteiramente contraintuitiva (cf. Anscombe, 1957). Assim, é um alívio descobrir que a falha do diagnóstico de Tarski do paradoxo deixa-nos livre para tratar a citação como uma função; cf. Belnap & Grover, 1973, e Haack, 1975, para uma discussão mais detalhada.

ao cerne do problema; pois um paradoxo análogo pode ser derivado sem o uso de '§'. Se fosse o caso de 'c' abreviar a sentença de número 1 (ao invés de 'a sentença numerada 1'; 'c' agora abrevia uma sentença, não um termo):

1. $(p)((c \equiv p) \to -p)$

de modo que, em virtude da abreviatura,

2. $(c \equiv (p)((c \equiv p) \to -p))$

e mais uma vez uma contradição seria derivável.

Isso não deveria ser tão surpreendente. Pois o efeito de um predicado-verdade, como investigação da teoria da redundância (p.180-4) mostrou, pode ser alcançado usando-se quantificadores (proposicionais) de segunda ordem; e adicionar a negação produz o efeito de 'falso'. Assim, era de esperar o fato de que um paradoxo do tipo do Mentiroso seja derivável sem o uso explícito de predicados semânticos, uma vez que quantificadores proposicionais e negação estejam disponíveis.

Contudo, como podem ser evitados os paradoxos desse tipo? Suponhamos que os quantificadores proposicionais sejam interpretados substitucionalmente — como recomendei no cap.4, p.87. Numa interpretação substitucional, uma fórmula quantificada, A, da forma $(v)\Phi(v)$, é verdadeira apenas no caso de todas as suas instâncias de substituição, $\Phi(s)$, serem verdadeiras. Uma vez que no caso em consideração o quantificador liga letras sentenciais, os substituendos de v serão wffs, e podem, portanto, conter eles mesmos quantificadores. Ora, as condições usuais de adequação da definição requerem que apenas substituendos que contêm menos quantificadores que a própria A sejam admitidos; de outra forma, haveria ineliminabilidade (ver Marcus, 1972, e cf. Grover, 1973). Esta restrição não é de modo algum *ad hoc*, uma vez que é um caso especial de condições bem comuns de definições; mas é ao mesmo tempo suficiente para bloquear o argumento paradoxal onde a wff substituída por 'p' em '$(p)((c \equiv p) \to -p)$' é '$(p)((c \equiv p) \to -p)$'.

Não seria completamente fantasioso, creio, ver afinidades entre essa ideia e a teoria de tipos, com sua hierarquia de proposições ordenadas de acordo com a ocorrência nelas de quantificadores proposicionais; nem ver afinidades entre a motivação para a restrição nos substituendos para variáveis sentenciais, e o PCV. O argumento de Russell de por que uma proposição sobre todas as proposições não poder ela mesma ser um elemento daquela totalidade é que ela 'cria' uma nova proposição que antes não pertencia àquela totalidade, o que não é convincente uma vez que ela assume, o que se pretende provar, que a proposição sobre todas as proposições já não é um elemento da totalidade. Ryle e Mackie, contudo, insistem, em favor do PCV, que violações dele levam a uma 'autodependência viciosa' que *resulta em ineliminabilidade*. E, finalmente, pode-se pensar que o fato de que os paradoxos possam ser gerados sem predicados semânticos sugere que pode haver, afinal, *algo* na intuição de Russell de que os paradoxos não deveriam ser tratados em grupos distintos, de acordo com a ocorrência essencial neles ou de predicados semânticos ou de predicados da teoria de conjuntos, mas deveriam ser tratados conjuntamente, todos como resultado de uma única falácia.

9
LÓGICA E LÓGICAS

> ... uma vez que nunca se sabe qual será a linha do progresso, é sempre muito precipitado condenar aquilo que não se encontra inteiramente em voga no momento.
> (Russell, 1906, citado por Rescher, 1974)

Lógica 'clássica' e lógicas 'não clássicas'

Há muitos sistemas lógicos formais. Na verdade, desde que o aparato lógico 'clássico' foi formulado, tem havido aqueles que insistem em que ele deva ser melhorado, modificado, ou substituído. Um exemplo ilustrativo pode ser tirado da história do condicional material. Antecipada pelos estoicos, a 'implicação material' foi formalizada por Frege (1879) e Russell & Whitehead (1910), e provida de uma semântica adequada por Post (1921) e Wittgenstein (1922). Já em (1880), contudo, MacColl tinha insistido na necessidade de um condicional mais estrito; a 'implicação estrita' foi formalizada por Lewis (1918); e depois disso a insatisfação com suas pretensões de representar o acarretamento (*entailment*) levou à introdução da 'implicação relevante' (ver cap.10, p.261).

Meu objetivo presente é dar uma certa visão da grande variedade de sistemas lógicos, abordar questões tais como a de que modo eles se relacionam uns com os outros, se se deve escolher entre eles, e, neste caso, como. Minha estratégia será considerar as várias maneiras pelas quais o aparato lógico clássico foi modificado, e as diversas pressões em resposta às quais tais modificações foram feitas. Contudo, devemos fazer uma observação inicial de cautela: esta estratégia de examinar um aparato lógico 'não clássico' em contraste com o aparato lógico 'clássico' traz o perigo de levar a uma atitude predominantemente conservadora em relação a inovações lógicas. (Wolf, 1977, coloca bem a questão ao lembrar que 'a posse constitui nove décimos da lei'.) Espero que por si mesma a consciência desse perigo possa ajudar a evitá-lo. E também é bom ter em mente que a própria 'lógica clássica' de hoje foi uma vez uma 'inovação lógica'. Kant, afinal de contas, insistia (1800) que a lógica era uma ciência completa; acabada, em suas bases, na obra de Aristóteles. O século seguinte viu, contudo, o desenvolvimento de novas técnicas lógicas, mais fortes e mais rigorosas, com o trabalho de Boole, Peirce, Frege e Russell. Lembremos também que Frege supunha firmemente que os princípios de seu sistema lógico fossem autoevidentes, até que Russell mostrou que eles eram inconsistentes.

Respostas à pressão para mudar o formalismo clássico

As pressões para mudar os cálculos bivalentes clássicos, o sentencial e o de predicados, têm vindo de preocupações com a aparente inadequação do aparato clássico para representar os vários tipos de argumento informal, e sobre a interpretação e aplicação desse aparato. As reações a tais pressões foram muito variadas. Vou primeiro esboçar algumas das respostas mais comuns, e depois ilustrá-las:

1. Argumentos informais aos quais o aparato clássico não se aplica confortavelmente podem ser excluídos do âmbito da lógica. Por exemplo, pode-se resistir à pressão para uma 'lógica da falta de significado' pela razão de que sentenças sem significado estão simplesmente fora da esfera própria da formalização lógica. Chamarei a isto de a resposta da *delimitação do âmbito da lógica*.

2. Argumentos informais problemáticos podem ser admitidos dentro do âmbito da lógica, e o aparato clássico mantido; mas fazem-se ajustes na maneira pela qual os argumentos informais incômodos são representados no formalismo. Por exemplo, a teoria das descrições de Russell propõe que as sentenças que contêm descrições definidas sejam representadas não da maneira óbvia, como 'Fa', mas como fórmulas existencialmente quantificadas. Chamarei a isto de a estratégia da *paráfrase nova*. (Uma vez que Russell comenta que a forma gramatical de tais sentenças oculta sua forma lógica, em 1974 denominei-a de a estratégia da *forma enganosa*. Mas eu preferiria não parecer estar aderindo a seu ponto de vista de que cada argumento tem uma 'forma lógica' única.)
3. Uma terceira resposta, como a segunda, admite os argumentos problemáticos dentro do âmbito da lógica, e conserva o aparato clássico sem nenhuma mudança no nível da sintaxe. Contudo, a interpretação desse aparato é modificada de tal forma que locuções informais inicialmente recalcitrantes são, finalmente, representadas adequadamente. Por exemplo, pode-se fazer frente a preocupações com respeito aos aparentes compromissos ontológicos do cálculo de predicados através da proposta de que os quantificadores sejam interpretados substitucionalmente, e de que os termos vazios sejam admitidos como substituendos genuínos, de forma que a neutralidade ontológica esteja assegurada. Chamarei a isto de a resposta da *inovação semântica*.
4. O aparato clássico pode ser ampliado para obter um formalismo aplicável a argumentos informais que eram previamente inacessíveis a um tratamento formal. Por exemplo, novos operadores podem ser acrescentados – tais como operadores temporais ou modais – e axiomas/regras que os governem. Ou as operações clássicas podem ser ampliadas para cobrir itens novos – sentenças imperativas ou interrogativas, por exemplo. Chamarei a isto de a resposta da *lógica ampliada*.
5. De um outro modo ainda, o aparato clássico pode ser restringido da seguinte forma: enquanto seu vocabulário permanece

o mesmo, seus axiomas/regras de inferência são restringidos de uma tal maneira que os teoremas/inferências clássicos deixam de ser válidos. Por exemplo, a preocupação de evitar anomalias na mecânica quântica levou a propostas de que certos princípios 'clássicos', a lei distributiva, por exemplo, não mais vigorem. Chamarei a isto de a resposta da *lógica restrita*; seu resultado é uma 'lógica alternativa' (Haack, 1974).

Algumas vezes são propostas novas formulações que ao mesmo tempo ampliam e restringem a lógica clássica – elas adicionam novos operadores e novos princípios que os governam, mas ao mesmo tempo restringem os princípios que governam operadores antigos. As 'lógicas da relevância', que introduzem um novo condicional, ao mesmo tempo que rejeitam algumas leis clássicas, tais como o *modus ponens* para o condicional material, seriam um exemplo disso.

Distingui 4 e 5 de 2 e 3 porque aquelas envolvem modificações no nível da sintaxe, enquanto estas deixam intacta a sintaxe clássica. Contudo, é claro que, por sua vez, uma extensão ou restrição da sintaxe clássica iria requerer uma modificação semântica, de forma que seja dada uma interpretação que verifique o conjunto ampliado ou restringido de teoremas/inferências. Na realidade, restrições da lógica têm sido muito frequentemente motivadas por considerações semânticas – como, por exemplo, os desafios à suposição de que toda sentença dentro do âmbito da lógica deva ser ou verdadeira ou falsa, que levaram ao desenvolvimento de lógicas polivalentes, que se caracterizam por não possuir teoremas clássicos como '$p \vee -p$'.

Como seria de esperar, as extensões são propostas mais usualmente para responder a uma alegada *inadequação*, e as restrições para responder a uma *incorreção* no formalismo clássico.

6. As inovações no formalismo lógico são às vezes acompanhadas por – e às vezes motivadas por – inovações no nível dos conceitos metalógicos. Por exemplo, os intuicionistas (que propõem uma restrição do aparato clássico) o fazem em parte porque contestam o conceito de verdade pressuposto na lógica clássica; os lógicos relevantes contestam a concepção clássica de validade. Chamarei a isto de a *contestação dos metaconceitos clássicos*.

7. Finalmente – e, por assim dizer, como o inverso da primeira resposta – há contestações à concepção clássica do âmbito e das aspirações da lógica. Estas estão muito frequentemente associadas a contestações a metaconceitos clássicos, como em 6. Por exemplo, os intuicionistas não apenas restringem o cálculo sentencial clássico de forma que '$p \vee \neg p$', por exemplo, não seja mais um teorema, e não apenas oferecem uma alternativa à concepção clássica de verdade; mas também têm uma visão radicalmente diferente daquela da maioria dos lógicos clássicos do papel da lógica, papel que eles consideram como secundário em relação à matemática, em vez de um raciocínio subjacente a todo e qualquer assunto. Chamarei a isto de a resposta da *revisão do âmbito da lógica*. (Um intuicionista, contudo, acharia que um lógico clássico revisa o âmbito da lógica.)

De modo geral, suponho que seria correto considerar estas respostas como progressivamente mais radicais. Mas isso *apenas* de modo geral. Por exemplo, embora se pense usualmente que uma reinterpretação do aparato clássico é mais conservadora do que uma extensão dele, há certamente um sentido no qual o conservadorismo de 3 é *nominal* – quero dizer que o sistema apenas *parece* o mesmo, mas uma vez que está sendo reinterpretado, o resultado é pouco diferente da introdução de um novo simbolismo. Vale a pena observar, por exemplo, que, no interesse da clareza, alguns insistem que usemos uma notação para quantificadores substitucionais diferente daquela para quantificadores objetuais. E chamei a atenção para o modo como contestações bastante sérias a metaconceitos clássicos ou a concepções clássicas do objetivo da formalização podem frequentemente estar subjacentes a propostas para estender ou restringir o formalismo clássico. Em vista disso, como veremos, não é de todo surpreendente que os conservadores tenham, algumas vezes, considerado que tais sistemas não são realmente *lógicas*.

Mais adiante (cap.12) vou utilizar as distinções feitas aqui para tentar entender as questões epistemológicas levantadas pela existência de uma pluralidade de lógicas. Por enquanto, contudo, minha preocupação é principalmente a de oferecer algum tipo de estrutura para examinar essa pluralidade. As estratégias 1-7 não são exclusivas (nem provavelmente exaustivas). É de algum interesse notar que alguns problemas, aqueles levantados pela possibilidade de termos singulares não denotativos, por exemplo, têm provocado várias delas. Strawson propõe excluir do âmbito da lógica as sentenças que contêm tais termos; Russell, que se ofereça uma nova tradução que revele sua forma lógica real; Hintikka, que se conceba uma lógica restringida.

Uma vez que não me é possível considerar todas as questões levantadas pela escolha entre essas estratégias, vou, antes, examinar com mais detalhe dois exemplos que ilustram muito bem algumas dessas questões. Começo com o problema de como tratar formalmente o *tempo verbal* (*tense*).

Primeiro estudo de caso: a lógica do discurso temporal

Os pioneiros da lógica formal moderna foram motivados fundamentalmente pelo desejo de representar argumentos matemáticos de uma maneira rigorosa. Consequentemente, em razão da irrelevância de considerações sobre o tempo verbal para a (in)validade de argumentos matemáticos, eles foram capazes de ignorar em larga escala o fato de que, em argumentos informais sobre assuntos não matemáticos, o tempo é algumas vezes crucial.

Enquanto esse problema é muito frequentemente descartado – juntamente com problemas correlatos a respeito de expressões dêiticas – com o comentário de que se deve ter cuidado, ao representar argumentos informais em forma simbólica, de que o tempo verbal permaneça constante durante o argumento (uma espécie de versão simplificada da resposta da coisa alguma [*no-item*]), alguns autores tentaram mais seriamente admitir o tempo verbal. E duas estratégias bem distintas foram propostas: Quine insiste que o discurso temporal seja representado dentro do aparato clássico, interpretando que as variáveis do cálculo de predicados variam não sobre indivíduos espaçotemporais que perduram, mas sobre 'épocas'. Prior insiste que o discurso temporal seja acomodado por uma extensão do aparato clássico pela adição de operadores temporais.

Assim, por um lado, Quine propõe tratar o problema por meio de uma inovação semântica, enquanto, por outro, Prior propõe uma lógica ampliada. Uma outra diferença entre as duas estratégias é importante: embora ambas sejam tentativas de acomodar considerações de tempo, a abordagem de Prior o faz levando o tempo verbal a sério, enquanto a abordagem de Quine tenta atingir o mesmo fim num formalismo sem tempo. Uma consequência disso é que Quine precisa fazer ajustes na maneira pela qual o discurso informal temporal é representado formalmente, bem como na maneira pela qual o formalismo é ajustado. Isso significa dizer que sua abordagem combina a inovação semântica com a estratégia da paráfrase nova.

A abordagem de Quine (1960a, §36; suas ideias foram desenvolvidas com mais detalhe em Lacey, 1971, no qual também irei me basear) consiste em representar o que é logicamente relevante, no discurso marcado temporalmente de argumentos informais, dentro do formalismo lógico clássico. Embora Quine admita a relevância do tempo verbal para a validade de argumentos informais, ele o encara como realmente não essencial, um reflexo da propensão da linguagem ordinária em relação à perspectiva temporal do falante. Assim, ele propõe substituir verbos flexionados temporalmente por verbos não flexionados com 'qualificadores temporais' tais como 'agora', 'então', 'antes de t', 'em t' e 'depois de t'. Interpreta-se que as variáveis, 't', 'u' ... etc., variam sobre o que Quine denomina 'épocas', que são parcelas do espaço-tempo de qualquer duração dada, uma hora, digamos, ou um dia. Uma época, explica Quine, é um 'corte do mundo material quadridimensional, espacialmente exaustivo e perpendicular ao eixo do tempo' (1960a, p.172). A referência a indivíduos espaçotemporais ordinários, tais como pessoas, deve ser substituída pela referência a 'estágios temporais' (*time-slices*) de indivíduos, tais como uma pessoa ao longo de um dado lapso de tempo. Assim, sentenças com flexão temporal ordinárias são reescritas da seguinte maneira:

Mary é uma viúva	Mary agora é uma viúva
George casou com Mary	($\exists t$)(t é antes de agora e George em t *casa com* Mary em t)
George vai casar com Mary	($\exists t$)(t é depois de agora e George em t *casa com* Mary em t)

As convenções notacionais são de que verbos sem tempo sejam escritos na forma do presente do indicativo, mas em itálico; a variável 't' deve variar sobre épocas; 'George em t' e 'Mary em t' referem-se a estágios temporais dos indivíduos espaçotemporais George e Mary. 'Agora', é claro, retém o caráter indicativo da linguagem ordinária; mas em algumas ocasiões, Quine vai eliminar isso também, por meio de termos singulares que denotam épocas. Assim, 'agora' será substituído pela data apropriada, e o último traço de um discurso marcado temporalmente eliminado, como:

Mary é uma viúva   Mary *é* uma viúva em 12 de
                          março de 1977

O resultado é que sentenças com flexão temporal, cujo valor de verdade varia com o tempo, são suplantadas pelo que Quine chama de *sentenças eternas*, cujo valor de verdade permanece constante. (Sentenças eternas são, é claro, a resposta de Quine à suposta necessidade de proposições que, em virtude de seu caráter intensional, ele não vai admitir.)

Deveria estar claro a esta altura que a proposta de Quine exige distanciamentos consideráveis de locuções da linguagem ordinária, bem como inovações consideráveis na interpretação das variáveis, termos singulares, e predicados do cálculo de predicados. Não obstante, Quine veria sua proposta, num sentido importante, como uma proposta *conservadora* porque seu objetivo é o de permitir a representação do discurso temporal dentro de um formalismo *extensional*. É por isso que Quine – que encara a extensionalidade como a pedra de toque da inteligibilidade – atribui tanta importância à manutenção da sintaxe usual.

Contudo, Quine acha que sua proposta possui, além disso, uma outra virtude: sua consonância com a física moderna. Pois enquanto o discurso temporal ordinário *isola* o tempo, as representações de Quine tratam a dimensão temporal de modo igual às três dimensões espaciais. As partes temporais de uma coisa são tratadas exatamente da mesma maneira que suas partes espaciais (um ponto que Quine explora (p.171) argumentando que sua abordagem ilumina o problema da identidade pessoal: por que se deveria esperar que as partes temporais de uma pessoa sejam similares, uma vez que suas partes espaciais, por exemplo, sua cabeça e pés, não são?). As descobertas de Einstein, comenta Quine, não deixam 'nenhuma alternativa razoável a não ser tratar o tempo como similar ao espaço' (p.172).

A abordagem de Prior (ver 1957, 1967, 1968) é curiosamente diferente. Ele não acomoda as considerações temporais ajustando as locuções com flexão temporal da linguagem ordinária para enquadrarem-se em um simbolismo atemporal, extensional, mas estendendo o simbolismo clássico de modo a acomodar essas locuções. Prior começa a partir de um cálculo sentencial regular, no qual, contudo, deve-se entender que as letras sentenciais representam sentenças de maneira uniforme no tempo presente. (E, logo, coisas passíveis de mudanças de valor de verdade, em contraste com as sentenças eternas sem tempo verbal de Quine.) Ele então enriquece o simbolismo com operadores temporais 'F' e 'P', que são operadores que formam sentenças a partir de outras sentenças, o primeiro transformando uma sentença no presente do indicativo numa sentença do futuro do indicativo, o último transformando uma sentença do presente do indicativo numa sentença do pretérito. Prior lê 'F' como 'Será o caso que ...' e 'P' como 'Era o caso que ...' Tempos verbais compostos são construídos iterando-se esses operadores. Por exemplo, se 'p' é 'George está casando com Mary', temos:

George casou com Mary	Pp
George casará com Mary	Fp
George terá casado com Mary	FPp

Os operadores de tempo verbal não são extensionais; o valor de verdade de 'Fp' ou 'Pp' não depende unicamente do valor de verdade de 'p'.

São fornecidos axiomas para reger os novos operadores. De fato, Prior apresenta conjuntos alternativos de axiomas, cada um adequado, sugere ele, a visões metafísicas rivais sobre o tempo, tais como se o tempo tem um começo e/ou um fim, se é linear ou circular, se o determinismo é verdadeiro, e assim por diante (ver Prior, 1968).

Prior observa que operadores temporais, em vez de serem tomados como primitivos, poderiam ser definidos em termos de quantificação sobre instantes do tempo; 'Será o caso que p', por exemplo, seria 'Para algum tempo *t* posterior a agora, *p* em *t*'.[1] Isto talvez diminuísse um pouco o contraste com a abordagem de Quine. Mas os 'instantes' são temporais, não espaçotemporais, como as 'épocas' de Quine. E Prior diz, de qualquer forma (1968, p.118), que ele prefere pensar em operadores temporais como primitivos, e em instantes do tempo como 'meras construções lógicas a partir de fatos temporais'.

Assim, a abordagem de Prior consegue uma simplicidade de paráfrase de argumentos informais em simbolismo formal, mas ao mesmo tempo aumenta a complexidade do formalismo, requerendo, em particular, a perda da extensionalidade. E também contrasta com a abordagem de Quine no nível metafísico, pois, embora ofereçam-se conjuntos de axiomas alternativos entre os quais se possa escolher com base numa certa concepção do tempo, a própria sintaxe do sistema conforma-se a uma concepção 'newtoniana' do tempo como algo completamente diferente do espaço. Os principais pontos de contraste entre as duas abordagens estão resumidos na Tabela 2.

Sugeri que o tratamento de Prior está mais de acordo com uma visão do tempo como algo categoricamente diferente do espaço, e o de Quine com uma visão do tempo similar ao espaço. Não é surpreendente, então, que se tenha, às vezes, sugerido que há razões metafísicas para preferir uma ou outra abordagem.[2] Quine, como já relatei, pensa que a ciência moderna 'não deixa nenhuma alternativa razoável' a não ser sua abordagem. Geach, por sua vez, argumenta (1965) que a ontologia de Quine de épocas e objetos espaçotemporais quadridimensionais é defeituosa porque ela acarreta que não existe uma tal coisa como a mudança. Mas isto é falso; a abordagem de Quine

---

[1] As lógicas temporais de Prior são modeladas em estreita relação com os sistemas modais de C. I. Lewis (cf. cap.10); e a definibilidade de operadores temporais via quantificadores sobre instantes corresponde à explicação, na semântica usual para aquelas lógicas modais, da necessidade (possibilidade) como verdade em todos (alguns) mundos possíveis.

[2] Cf. MacTaggart (1908), onde se faz uma distinção entre a 'série-A', na qual os eventos são ordenados por serem passados, presentes ou futuros, e a 'série-B', na qual eles são ordenados como anteriores, simultâneos ou posteriores uns aos outros. A abordagem de Prior enfatiza a primeira, a de Quine, a última. Ver também Strawson (1959), para uma defesa da primeira posição metafísica, e Whitehead (1919), para uma defesa da última.

TABELA 2

Abordagem de Quine	Abordagem de Prior
inovação semântica, estratégias de paráfrase originais	lógica ampliada
elimina tempo verbal	introduz operadores temporais
sentenças eternas, nenhuma mudança de valor de verdade	sentenças temporais, mudança de valor de verdade
formalismo extensional	formalismo intensional
'arregimentação' substancial de argumentos informais	conformidade à linguagem ordinária
de acordo com a teoria da relatividade	espírito newtoniano
ontologia de um mundo espaçotemporal quadridimensional	ontologia de objetos que ocupam espaço e duram no tempo

de fato admite mudança, ocorre apenas que ela representa o que se chamaria ordinariamente de mudança num objeto que permanece no tempo como uma diferença entre estágios temporais (*time-slices*) anteriores e posteriores daquele objeto – assim, por exemplo, meu cabelo tornar-se grisalho seria representado por uma diferença na cor do cabelo de meus estágios temporais anterior e posterior.

Minha preocupação presente, contudo, não é com estas questões metafísicas, mas com algumas questões metodológicas levantadas pela escolha de estratégias.

Em geral, como no caso presente, parece razoável esperar que o preço de persistir (como Quine) num simbolismo austero seja uma falta de naturalidade da paráfrase de argumentos informais. (Para colocar isso em termos russellianos: quanto menos formas lógicas forem disponíveis, mais formas gramaticais terão de ser diagnosticadas como 'enganadoras'.) Se se dá grande importância a algum grau de austeridade – no caso de Quine, à extensionalidade – em certo formalismo, ter-se-á que aceitar uma divergência em relação à linguagem natural. Se se atribui grande importância à conformidade com formas da linguagem natural – como Geach faz – precisar-se-á de um formalismo mais rico. Quanto a mim, concordo que tanto a austeridade do simbolismo seja desejável (afinal de contas, parte do objetivo de formalizar é sistematizar, ter relativamente poucas regras cobrindo relativamente muitos casos), quanto a simplicidade da paráfrase (pois outra parte do objetivo da formalização é fornecer uma técnica para avaliar argumentos informais); receio que seja simplesmente um fato da vida lógica que estes sejam *desiderata* em disputa.

Um fator que pode, algumas vezes, nos ajudar a decidir uma tal competição é que um sacrifício, seja da austeridade do formalismo, seja da simplicidade da paráfrase, será mais bem justificado quanto mais amplo for o escopo das vantagens ganhas por ele. Por exemplo, poderíamos esperar que um formalismo equipado para lidar com o discurso temporal poderia ser também capaz de representar o discurso sobre a ação e o discurso sobre a causação – e claramente, se apenas uma abordagem tivesse sucesso aqui, esta seria uma razão para preferi-la. (Ver Lacey, 1971, para uma discussão relevante; e cf. Davidson, 1968a, onde argumenta-se que para representar enunciados de ação e enunciados causais, é preciso quantificar sobre eventos. Lembremos (p.172) que Davidson, assim como Quine, compromete--se a restringir-se a um formalismo extensional.)

Quine apela para o caráter de teorias físicas aceitas para apoiar sua abordagem; Geach, a favor de Prior, insiste que é completamente inapropriado ajustar a lógica para satisfazer a ciência. As questões aqui estão inter-relacionadas. A atitude de Geach deriva, em parte, do fato de que, aparentemente, ele encara a teoria da relatividade como incoerente, uma vez que ela envolve negar o que ele considera ser uma 'diferença de categoria' entre espaço e tempo. E sua convicção de que *há* uma tal diferença de categoria deriva, por sua vez, de nossos conceitos ordinários de espaço e tempo, tais como eles estão incorporados em nosso discurso ordinário, temporal. Aqueles que, como eu, admitem que desenvolvimentos na física bem possam levar a uma revisão conceitual, vão resistir a esse diagnóstico fácil da teoria da relatividade como 'conceitualmente confusa'.

Contudo, completamente à parte da questão da coerência ou não da física relativista, há um ponto mais profundo em questão. Quine tem expressamente por objetivo, em sua escolha do formalismo lógico, uma 'linguagem adequada para a ciência', e vê a lógica como, por assim dizer, contínua com a ciência; Geach vê a lógica como autônoma da ciência, e na verdade prévia a ela. A história da lógica oferece algum apoio para a primeira concepção; por exemplo, a lógica concebida por Frege e Russell, ao contrário da silogística de Aristóteles, pode expressar relações assim como propriedades; e é apenas por causa dessa superioridade de poder expressivo que a lógica moderna é capaz – o que a lógica aristotélica não era – de representar os tipos de argumentos essenciais para a matemática moderna. É preciso, contudo, distinguir a questão do poder expressivo da lógica da questão de seu conteúdo doutrinário; quero dizer, que conquanto pareça ser irrepreensível modificar o poder expressivo de um formalismo para capacitá-lo a expressar estilos de argumento característicos da ciência, é um assunto mais sério desistir de uma suposta lei da lógica por causa de desenvolvimentos na ciência (da maneira que os lógicos quânticos, por exemplo, insistem em que desistamos da lei distributiva). Isto sugere que extensões da lógica são menos radicais, falando epistemologicamente, do que suas restrições; um ponto ao qual retornarei no Capítulo 12.

Segundo estudo de caso: precisificação *versus* 'lógica difusa'

Uma grande parte do discurso informal é vaga em alguma medida. E, assim, surge a questão de como os lógicos deveriam dar conta deste fato, se este é o caso.

Uma primeira coisa a observar é que uma razão importante para construir sistemas formais de lógica é fornecer cânones *precisos* de validade – uma grande vantagem da lógica formal sobre argumentos informais não sistematizados é seu muito maior rigor e exatidão. Em vista disso, não é surpreendente que Frege e Russell tenham encarado a vaguidade como um defeito das línguas naturais, algo a ser banido de uma linguagem formal aceitável. (E sem dúvida também é relevante aqui, como com relação a seu descaso das considerações de tempo verbal, que eles estivessem fundamentalmente preocupados com a formalização de argumentos matemáticos.)

Isto talvez sugira que seria apropriado simplesmente excluir sentenças vagas por serem inelegíveis para tratamento lógico. Mas penso que esta estratégia é grosseira demais, porque está claro que sentenças vagas podem ocorrer em argumentos informais sem ameaçar sua validade. Há um contraste significativo, aqui, com o caso de sentenças sem significado. Um argumento deve ser composto de sentenças significativas: uma cadeia de símbolos destituídos de significado não *seria* um argumento, e uma sequência de sentenças significativas com uma cadeia sem sentido interposta iria, sendo encarada como um argumento, ser válida ou inválida independentemente dessa cadeia sem significado. Assim, é bastante razoável excluir sentenças sem significado do âmbito da lógica; as 'lógicas da falta de significado' (por exemplo, Halldén, 1949; Routley 1966, 1969) não são, na minha opinião, nem necessárias nem desejáveis.[3] Mas uma sentença vaga *pode* desempenhar um papel genuíno em um argumento ('John gosta de garotas capazes; Mary é capaz e inteligente; logo, John vai gostar de Mary'); e assim os lógicos devem considerar a vaguidade mais seriamente.

Contudo, sentenças vagas parecem de fato apresentar certas dificuldades para a aplicação do aparato lógico usual. Supõe-se que os sistemas lógicos formais são relevantes para a avaliação de argumentos informais; mas os sistemas lógicos clássicos, nos quais toda wff é ou verdadeira ou falsa, parecem inapropriados para a avaliação de argumentos informais com premissas e/ou conclusões que, em razão de sua vaguidade, hesitamos em chamar seja de definitivamente verdadeiras ou de definitivamente falsas. Já que o problema foi colocado desta maneira, parece haver duas abordagens naturais para sua solução: pôr em ordem os argumentos informais vagos antes de submetê-los a avaliação pelos padrões da lógica clássica bivalente, ou

---

[3] Não quero negar que possa haver algumas questões filosóficas interessantes sobre o caráter e origens da falta de significado (consideremos o papel desempenhado pela alegada falta de significado gerada por 'erros categoriais' em Ryle, 1949, por exemplo).

conceber algum sistema lógico formal alternativo que se aplique a eles mais diretamente.

A primeira abordagem requer que os argumentos informais sejam arregimentados de forma que o aparato lógico usual possa ser usado. (O procedimento seria bastante análogo às acomodações normalmente feitas para levar em conta as discrepâncias entre os conectivos funcional-veritativos e suas leituras em português.) Carnap propõe (1950, cap.1) o que ele chama de um programa de precisificação: antes da formalização, o vago deve ser substituído pelo preciso, por exemplo, predicados qualitativos por predicados comparativos ou quantitativos, numa forma tal que (usualmente, mas não invariavelmente) os termos precisos correspondam em extensão, em todos os casos claros e centrais, aos termos vagos que eles substituem, mas que também tenham aplicação bem definida em casos que sejam fronteiriços para termos vagos. Esta proposta envolve elementos tanto da primeira, quanto da terceira das estratégias que distinguimos na p.208: argumentos informais são postos em ordem antes de receber representação formal (estratégia 2), mas de uma tal forma que os argumentos arregimentados sempre evitem a vaguidade dos argumentos originais (sugestões da estratégia 1).

Alguns autores (por exemplo, Russell, 1923, Black 1937) insistiram que as línguas naturais são inteiramente vagas; e se fosse assim, claro, o programa de Carnap não poderia ser executado. Contudo, não se apresentou nenhum argumento muito convincente por que a precisão seria impossível em princípio (cf. Haack, 1974, cap.6), e prosseguirei na suposição de que a precisificação é factível.

Contudo, admitindo que ela seja possível, será desejável? Algum apoio para uma estratégia diferente – de alterar a lógica clássica para adaptar argumentos informais, ao invés dos argumentos informais para se adaptar à lógica clássica – derivou-se da crença de que o tipo de refinamento sucessivo dos conceitos científicos no qual Carnap insistiu pode resultar numa aplicabilidade restrita e numa complexidade inadministrável. De fato, é significativo que o autor responsável pelas propostas mais influentes de uma lógica revisada da vaguidade seja um engenheiro eletricista cujo trabalho anterior (Zadeh, 1963, 1964) foi dedicado a refinar tais conceitos como 'estático' e 'adaptativo', mas que finalmente concluiu (Zadeh, 1972) que ''pensamento difuso (*fuzzy*)' pode não ser deplorável, afinal de contas, se ele torna possível a solução de problemas que são complexos demais para uma análise precisa'. A ideia de que o aumento de precisão possa não ser inteiramente um benefício não é nova; Duhem observou (1904, p.178-9) que os enunciados da física teórica, apenas porque eles são mais precisos, são menos certos, mais difíceis de confirmar, que os enunciados vagos do senso comum. Popper (1961, 1976) também sugeriu que a precisão pode ser um 'falso ideal'.

Qual é a alternativa para a precisificação? Bem, se argumentos informais não devem ser arregimentados de tal forma que o aparato lógico clássico possa ser aplicado, talvez o aparato lógico possa ser modificado de tal forma que possa ser aplicado a argumentos informais não arregimentados. Tem-se sugerido, por exemplo, que uma lógica trivalente seria mais adequada que a lógica bivalente clássica (Körner, 1966). A ideia é que o problema com predicados vagos como 'alto' é que há casos fronteiriços, i.e., casos em que o predicado não é nem decididamente verdadeiro, nem decididamente falso, e que este problema poderia ser solucionado pela admissão de uma terceira categoria, distinta de 'verdadeiro' e 'falso', para acomodar os casos fronteiriços. Mas isto não resolve satisfatoriamente o problema de forma alguma, pois ele requer que uma linha nítida seja traçada entre casos fronteiriços e casos centrais, verdadeiros ou falsos. Contudo, certamente, insistir em que a partir de uma certa altura um homem deixe de ser um caso fronteiriço e se torne definitivamente alto, não menos que insistir em que a uma certa altura um homem deixe de ser não alto e se torne definitivamente alto, impõe uma precisão artificial.

Zadeh também recomenda que uma lógica não clássica seja adotada, mas sua 'lógica difusa' representa um distanciamento muito mais radical da lógica clássica. Vou primeiro esboçar os aspectos formais proeminentes da lógica difusa. (Para detalhes mais completos, cf. Zadeh, 1975, e o estudo de Gaines, 1976.) A lógica não clássica de Zadeh é projetada com base em uma teoria de conjuntos não clássica, a teoria de conjuntos 'difusa'. Enquanto na teoria de conjuntos clássica um objeto ou é ou não é elemento de um conjunto dado, na teoria de conjuntos difusa a pertinência é uma questão de grau; o grau de pertinência de um objeto a um conjunto difuso é representado por algum número real entre 0 e 1, com 0 denotando a *não* pertinência e 1 a pertinência *total*. (Um conjunto difuso, portanto, consistirá de todos aqueles objetos que pertençam a ele em qualquer grau, e dois conjuntos difusos serão idênticos se os mesmos objetos pertencem a eles no mesmo grau.) Ora, a teoria de conjuntos difusa pode ser usada para caracterizar, semanticamente, uma lógica não clássica; como valores das letras sentenciais, em vez dos dois valores clássicos, temos os não enumeravelmente muitos valores do intervalo [0, 1], e conectivos sentenciais podem ser associados a operações da teoria de conjuntos da maneira usual (por exemplo, negação como complemento de conjuntos, implicação como inclusão de conjuntos etc.). O resultado é uma lógica não enumeravelmente polivalente. O caráter exato dessa lógica vai depender da caracterização das operações da teoria de conjuntos difusa; um conjunto de suposições bastante natural gera a extensão não enumeravelmente polivalente da lógica trivalente de Łukasiewicz (p.272). A lógica difusa é construída com base em uma ou outra lógica não enumerativamente polivalente. Há, portanto, uma família de lógicas difusas, cada uma com sua própria lógica de base. Os não enumeravelmente muitos valores de verdade da lógica de base são superados por muitos valores de verdade enumeravelmente difusos, que são subconjuntos difusos do conjunto de valores da lógica de base, caracterizados como:

> *verdadeiro, falso, não verdadeiro, muito verdadeiro, não muito verdadeiro, mais ou menos verdadeiro, bastante verdadeiro, não muito verdadeiro e não muito falso* ...
> (Zadeh, 1975, p.410)

Verdadeiro é definido como um subconjunto difuso especificado do conjunto dos valores da lógica de base, e os outros valores de verdade linguísticos são então definidos; *muito verdadeiro*, por exemplo, é *verdadeiro*^{2}; se o grau de verdade 0,8 pertence a *verdadeiro* com grau 0,7, ele pertence a *muito verdadeiro* com grau 0,49.

O que isso significa, num nível intuitivo, é algo do seguinte tipo. Um predicado vago é tomado para determinar, não um conjunto clássico, mas um conjunto difuso; por exemplo, uma pessoa *a* pode ser alta em algum grau. Se, digamos, *a* pertence em grau 0,3 ao conjunto das pessoas altas, então a sentença '*a* é alta' receberia, na lógica de base, o valor 0,3 ('x é alto' é verdadeiro em grau n sse x ∈ *alto* em grau n). Mas, de acordo com Zadeh, 'verdadeiro' em si é vago e, assim, recebe tratamento análogo; o grau de verdade que 'p' tem pode ser bastante baixo, talvez alto, não muito alto... etc. Pode-se pensar que os valores de verdade linguísticos da lógica difusa correspondem a graus bastante baixos de verdade ('*não muito verdadeiro*'), bastante alto ('*muito verdadeiro*'), não muito alto ('*mais ou menos verdadeiro*') na lógica de base. Assim, para retornar ao exemplo, se a ∈ *alto* em grau 0,3, de forma que 'a é alto' tem valor 0,3 na lógica de base, ela terá, digamos, o valor *não muito verdadeiro* na lógica difusa, uma vez que seu grau de verdade é bastante baixo.

Para resumir, podemos pensar a lógica difusa como o resultado de dois estágios de 'difusificação' (*fuzzyfication*): a passagem da lógica bivalente para a lógica não enumeravelmente polivalente como um resultado de se permitir graus de pertinência a conjuntos denotados por predicados da linguagem-objeto, e a passagem para muitos valores de verdade contavelmente difusos como um resultado de se tratar como vago o próprio predicado metalinguístico 'verdadeiro'. O termo 'lógica difusa' é algumas vezes usado com relação às lógicas de base não clássicas, mas segui o uso do próprio Zadeh, mais restrito, no qual 'lógica difusa' denota uma família de sistemas com valores de verdade difusos. E, de acordo com Zadeh, o segundo estágio da 'difusificação' tem consequências radicais. Entre as mais notáveis – para não dizer alarmantes – estão as seguintes. Resulta que o conjunto de valores de verdade da lógica difusa não é fechado sob as operações de negação, conjunção, disjunção, e implicação: por exemplo, a própria conjunção de duas sentenças, cada uma das quais tem um valor de verdade linguístico naquele conjunto, pode não ter um tal valor. Assim, a lógica difusa tem 'valores de verdade difusos... tabelas de verdade imprecisas... e... regras de inferência cuja validade é aproximada e não exata' (1975, p.407). Consequentemente, afirma Zadeh, na lógica difusa tais preocupações tradicionais como axiomatização, procedimentos de prova, consistência, e completude, são apenas 'periféricos' (Zadeh & Bellman, 1976, p.151). A lógica difusa, em resumo, é não apenas uma lógica para lidar com argumentos em que termos vagos ocorrem essencialmente; ela *própria* é imprecisa. É por esta razão que eu disse que a proposta de Zadeh é muito mais radical do que qualquer coisa discutida antes, pois ela desafia ideias profundamente enraizadas sobre os objetivos característicos e métodos da lógica. Para os pioneiros da lógica formal, uma grande parte da ideia da formalização era que apenas assim se poderia esperar ter cânones *precisos* de raciocínio válido. Zadeh propõe que a lógica se comprometa com a vaguidade.

Defrontamo-nos aqui com um formidável exemplo da estratégia 7, um desafio radical à concepção tradicional do âmbito e objetivos da lógica formal. De fato, vimos que as respostas à vaguidade têm variado consideravelmente desde as mais conservadoras (tentativas de excluir totalmente sentenças vagas do âmbito da lógica), passando pelas moderadamente inovadoras (propostas para uma lógica trivalente da vaguidade), até as mais radicais (a proposta de que a lógica abandone suas aspirações à precisão).

A precisão é certamente um *desideratum* central da formalização e importante demais para que se renuncie facilmente a ele. E, na presente ocasião, penso que se está justificado em perguntar se se pode esperar que os benefícios superem os custos. Obviamente, a adoção de uma lógica difusa resultaria numa perda bastante séria em termos de simplicidade (o próprio Zadeh admite que a lógica difusa é, em diversos aspectos, muito menos simples até mesmo do que sua lógica de base não clássica); e, se nos lembrarmos que a razão que Zadeh alega para preferir tornar a lógica imprecisa, em vez de tornar os argumentos informais precisos, é que esta última tende a introduzir uma complexidade inadministrável, iremos provavelmente nos sentir muito mais em dúvida se isso vale a pena. E mais uma coisa, não está nem mesmo claro que a lógica difusa evite a imposição artificial de precisão. Na lógica de base, embora não se esteja obrigado a insistir que (digamos) Jack deva ser ou definidamente alto ou definidamente não alto, nem que ele deva ser ou definidamente alto ou definidamente não alto ou definidamente fronteiriço, estar-se-á obrigado a insistir que ele seja alto em grau 0,7 ou alto em grau 0,8, ou ... etc.; e na lógica difusa resultante estar-se-á obrigado a insistir que, se 'Jack é alto' é verdadeira com grau 0,8, isto deveria contar como *muito verdadeiro*, ou apenas como *verdadeiro mas não muito verdadeiro*, ou ... etc. Zadeh propõe definir *verdadeiro* como:

verdadeiro = 0,3/0,6+0,5/0,7+0,7/0,8+0,9/0,9+1/1

i.e., como o conjunto difuso ao qual o grau de verdade 0,6 pertence em grau 0,3, 0,7 em grau 0,5, 0,8 em grau 0,7, 0,9 em grau 0,9, e 1 em grau 1 (1975, p.411). Isto não é uma imposição artificial de precisão? É difícil evitar a suspeita de que o programa de Zadeh traga apenas benefícios duvidosos, e a um custo excessivo.

Pós-escrito: graus de verdade

O segundo estágio de difusificação de Zadeh – a extensão da teoria de conjuntos difusos a 'verdadeiro' e 'falso' – é baseado na ideia de que a verdade é uma questão de grau, e é refletida em sua lista de valores de verdade linguísticos, nos quais modificadores adverbiais tais como 'não muito' e 'mais ou menos' (que ele chama de 'cercas' (*hedges*)) são vinculados a 'verdadeiro' e 'falso'. Mas a lista de valores de verdade linguísticos de Zadeh é extremamente peculiar: por exemplo, embora 'muito verdadeiro' e 'mais ou menos verdadeiro' soem aceitáveis, 'bastante verdadeiro', 'ligeiramente verdadeiro' e, a propósito, 'não muito verdadeiro', parecem-me bastante estranhos.* Isso me leva a examinar um pouco mais de perto a evidência linguística.

Entre os modificadores adverbiais que *de fato* se aplicam a 'verdadeiro' temos 'bem' (*quite*) e 'muito'. Ora, 'bem' e 'muito' aplicam-se a predicados de grau, i.e., predicados que denotam propriedades que vêm em graus (bem alto, pesado, inteligente..., muito alto, pesado, inteligente...) onde eles indicam posse da propriedade em grau, respectivamente, modesto ou considerável. E Zadeh aparentemente pensa que, de forma análoga, 'bem verdadeiro' indica a posse de um modesto grau de verdade, e 'muito verdadeiro' a posse de um alto grau de verdade. Mas enquanto 'bem alto (pesado, inteligente)' pode ser aproximadamente igualado a 'bastante (razoavelmente) alto (pesado, inteligente)', 'bem verdadeiro' certamente não significa nada

---

* As expressões usadas, embora sejam semelhantes a expressões do português, de um ponto de vista semântico mais estrito são de difícil compreensão. (N. T.)

como 'bastante verdadeiro' ou 'razoavelmente verdadeiro'. Pois 'bastante' e 'razoavelmente', como outros advérbios que tipicamente modificam adjetivos de grau, simplesmente não se aplicam a 'verdadeiro' (sigo a prática dos linguistas de marcar com asteriscos locuções inaceitáveis):

* bastante verdadeiro
* razoavelmente verdadeiro
* algo verdadeiro
* ligeiramente verdadeiro
* extremamente verdadeiro

De fato, 'bem verdadeiro' pode ser de modo geral identificado com 'perfeitamente verdadeiro' ou 'absolutamente verdadeiro', e (longe de contrastar com ele) 'muito verdadeiro'. Além disso, quando 'bem' (ou 'bastante' ou 'razoavelmente') é ligado a um predicado de grau, como em 'bem (bastante, razoavelmente) alto (pesado, inteligente)', ele não pode se precedido por 'não' ('não bem alto' é inaceitável); ao passo que quando ele é ligado a um predicado absoluto, como em 'bem pronto', ele pode ('não bem pronto'). O comportamento de 'bem' e 'muito' com 'verdadeiro', longe de apoiar a hipótese de que 'verdadeiro' é um predicado de grau, indica que é um predicado absoluto.

Contudo, o que dizer a respeito de outros modificadores adverbiais que se aplicam a 'verdadeiro', tais como 'inteiramente', 'completamente', 'substancialmente', 'largamente', 'parcialmente', 'mais ou menos', 'aproximadamente', 'essencialmente', 'não estritamente', 'não exatamente'... e assim por diante? Suponho que possa ser possível explicar tais locuções sem tratar a verdade como uma questão de grau; de modo geral, poderíamos esperar algo semelhante a ''p' é inteiramente verdadeiro sse o todo de 'p' é verdadeiro', ''p' é parcialmente verdadeiro sse parte de 'p' é verdadeiro', ''p' é aproximadamente verdadeiro sse 'aproximadamente p' é verdadeiro'... etc. Estas questões receberão tratamento adicional no Capítulo 11, p.280.

10
LÓGICA MODAL

Verdade necessária

A lógica modal tem por intenção representar argumentos que envolvem essencialmente os conceitos de necessidade e possibilidade. Alguns comentários preliminares sobre a ideia de necessidade, portanto, não serão inoportunos. Há uma longa tradição filosófica de distinguir entre verdades *necessárias* e verdades *contingentes*. A distinção é frequentemente explicada da seguinte maneira: uma verdade necessária é uma verdade que não poderia ser de outra forma, uma verdade contingente, uma que poderia; ou, a negação de uma verdade necessária é impossível ou contraditória, a negação de uma verdade contingente é possível ou consistente; ou, uma verdade necessária é verdadeira em todos os mundos possíveis (p.250ss), uma verdade contingente é verdadeira no mundo real, mas não em todos os mundos possíveis. Evidentemente, tais explicações não são inteiramente explicativas, em vista de seus '(não) poderia ser de outra maneira', '(im-)possível', 'mundo possível'. Assim, a distinção é algumas vezes apresentada, em vez disso, por meio de exemplos: num livro recente (Plantinga, 1974, p.1), '7 + 5 = 12', 'Se todos os homens são mortais e Sócrates é um homem, então Sócrates é mortal' e 'Se uma coisa é vermelha, então ela é colorida' são dadas como exemplos de verdades necessárias, e 'A precipitação média em Los Angeles é de cerca de 1.800 milímetros', como um exemplo de uma verdade contingente.

A distinção entre verdades contingentes e necessárias é uma distinção *metafísica*; ela deveria ser diferenciada da distinção *epistemológica* entre verdades *a priori* e verdades *a posteriori*. Uma verdade *a priori* é aquela que pode ser conhecida independentemente da experiência, uma verdade *a posteriori*, aquela que não pode. Estas distinções – a metafísica e a epistemológica – são certamente diferentes. Mas é controverso se elas coincidem em extensão, isto é, se todas as verdades necessárias, e apenas elas, são verdades *a priori*, e todas as verdades contingentes, e apenas elas, são verdades *a posteriori*. As opiniões sobre essa questão têm variado: Kant pensava que havia verdades contingentes *a priori*; os positivistas lógicos insistiam na coextensividade do necessário com o *a priori*, bem como do contingente com o *a posteriori*. Recentemente, Kripke (1972) insistiu, por fim, que há verdades contingentes *a priori* (e verdades necessárias *a posteriori*). Não entrarei aqui nessa questão, para a qual a verdade necessária é a preocupação principal; ela terá alguma relevância quando chegarmos à questão do *status* epistemológico da lógica, no Capítulo 12, p.302.

Entre as verdades necessárias, também se costuma distinguir verdades *fisicamente* necessárias (verdades que fisicamente não poderiam ser de outra forma, cujas negações são fisicamente impossíveis, verdadeiras em todos os mundos fisicamente possíveis) e verdades *logicamente* necessárias (verdades que logicamente não poderiam ser de outra forma, cujas negações são logicamente impossíveis, verdadeiras em todos os mundos logicamente possíveis). Algumas vezes, a necessidade física é explicada por meio da necessidade lógica, como compatibilidade lógica com as leis da natureza. Ou, mais uma vez, pode--se recorrer a exemplos: 'Quaisquer dois corpos materiais se atraem com uma força proporcional a sua massa' pode servir como um exemplo de uma verdade fisicamente necessária, 'Se dois corpos materiais quaisquer se atraem com uma força proporcional a sua massa, então dois corpos materiais quaisquer se atraem com uma força proporcional a sua massa', como um exemplo de uma verdade logicamente necessária. Alguns filósofos são céticos com relação a esta distinção; ver, por exemplo, Kneale, 1962a, Molnar, 1969, e cf. Quine,, 'Necessity', em 1966a. E, é claro, a questão se *há* alguma verdade fisicamente necessária levanta questões importantes na filosofia da ciência. Mas as lógicas modais foram concebidas, originalmente, com o objetivo de representar a necessidade e a possibilidade lógicas, em vez de físicas, razão pela qual apenas menciono as intrigantes questões levantadas pela ideia de necessidade física, e não as respondo.

Tem-se pensado, algumas vezes, que a distinção entre verdades logicamente necessárias e logicamente contingentes repousa, por sua vez, naquela entre verdades *analíticas* e *sintéticas*. 'Analítico' e seu oposto, 'sintético', têm sido definidos de maneiras diferentes. Kant definiu uma verdade analítica como aquela em que o conceito de seu predicado está incluído no conceito de seu sujeito, ou – o que, para efeito de argumento, não é equivalente – como aquela cuja negação é contraditória. Frege definiu uma verdade analítica ou como uma verdade da lógica, ou como uma verdade redutível a uma verdade lógica através de definições em termos puramente lógicos (assim, o logicismo é a tese de que as verdades da aritmética são, neste sentido, analíticas). Mais recentemente, as verdades analíticas foram caracterizadas como 'verdadeiras apenas em virtude de seu significado', as verdades sintéticas, como 'verdadeiras em virtude dos fatos', sendo as verdades da lógica pensadas como uma subclasse, verdadeiras em virtude do significado das constantes lógicas, da classe maior das verdades em virtude do significado. (Hintikka, 1973, é elucidativo a respeito da história de 'analítico'. Notemos a mudança característica da explicação quase psicológica de Kant, em termos de *conceitos* envolvidos em *juízos*, para caracterizações linguísticas mais recentes, em termos dos *significados* das palavras componentes das *sentenças*.)

Pensa-se que a analiticidade explica os *fundamentos* da verdade necessária, aquilo que faz uma verdade necessária necessariamente verdadeira. Assim, as distinções necessário/contingente e analítico/sintético coincidem, supostamente, a ideia sendo que uma verdade analítica, sendo verdadeira apenas em virtude de seu significado, não poderia ser outra coisa que verdadeira, sendo, assim, necessária.[1]

---

[1] Contudo, as palavras podem mudar seu significado; e, se elas o fazem, sentenças previamente analíticas não poderiam tornar-se sintéticas ou falsas? Os defensores

Ora, Quine é cético com respeito à distinção analítico/sintético;[2] e seu ceticismo é, como veremos, uma das razões de sua aversão à lógica modal.

A crítica da analiticidade em 'Dois Dogmas' é dirigida, fundamentalmente, contra o segundo disjunto de uma explicação grosseiramente 'Fregeana' de analiticidade, como:

A é analítica sse ou:
(i) A é uma verdade lógica

ou

(ii) A é redutível a uma verdade lógica pela substituição dos termos por seus sinônimos.

Será conveniente chamar a classe de enunciados pertencentes a (i) ou (ii) *amplamente analíticos*, e aqueles que pertencem a (ii) de *estritamente analíticos*. A analiticidade ampla, nesta terminologia, é a verdade lógica mais a analiticidade estrita. O quadro que Quine re-

---

da analiticidade poderiam replicar que, embora uma e a mesma sentença possa, em certa época, exprimir uma verdade analítica, e em outro tempo, uma verdade sintética, ou talvez uma falsidade, a *proposição* originalmente expressa pela sentença permanece analítica, embora a sentença deixe de expressá-la.

[2] Nota histórica: Quine nem sempre rejeitou a distinção analítico/sintético. Em 1947, ele usava o conceito de analiticidade, embora comente em uma nota de rodapé que Goodman estava insistindo no ceticismo a este respeito. E antes de 'Dois Dogmas' aparecer, Morton White (1950) já havia atacado a distinção analítico/sintético como um 'dualismo insustentável'. Foi o ataque de Quine, contudo, que se mostrou o mais influente. Em 1960a o ceticismo de Quine sobre sinonímia foi reforçado por sua tese da *indeterminação da tradução*: a tese de que noções de significado não são apenas obscuras e de duvidoso conteúdo empírico, como ele mantinha antes, mas demonstravelmente indeterminadas. Em 1973, contudo, embora permanecendo oficialmente cético sobre o significado, Quine apresentou sua própria concepção sucedânea de analiticidade: um enunciado é analítico, neste sentido, se todos na comunidade linguística aprendem que ele é verdadeiro aprendendo a compreendê-lo. Notemos que esta concepção é, caracteristicamente, tanto genética, quanto social. No momento vou me preocupar apenas com as opiniões decididamente céticas de Quine, e com o período entre 1951 e 1973; indicamos ao leitor Haack (1977c), onde argumentei que sua nova concepção de analiticidade tende a desfazer-se na concepção tradicional de verdade-em-virtude-do-significado.

jeita é retratado na Figura 5; sua crítica é dirigida ao conceito de analiticidade estrita.

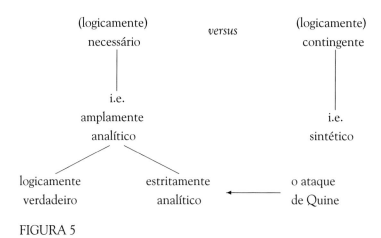

FIGURA 5

Especificamente, a estratégia de Quine consiste em argumentar que nenhuma explicação satisfatória pode ser dada para a segunda cláusula, ou para a concepção de sinonímia na qual ela se baseia. As explicações que têm sido oferecidas, alega ele, ou falham em caracterizar corretamente todas as supostas verdades analíticas (por exemplo, a explicação de Carnap de analiticidade como verdade em todas as descrições-de-estado, ele argumenta, aplica-se apenas a verdades lógicas e não a verdades estritamente analíticas que deveriam se qualificar sob a cláusula (ii)), ou então acabam dependendo, aberta ou veladamente, de uma compreensão de alguma outra noção intensional menos clara que a própria analiticidade. Se, por exemplo, a cláusula (ii) é explicada em termos de substituições com base em definições, isto envolve um apelo indireto aos sinônimos nos quais as definições são baseadas. Além disso, a sinonímia também não pode ser explicada como substitutibilidade em todos os contextos *salva veritate* (i.e., sem mudança de valor de verdade), a menos que contextos como 'Necessariamente...' sejam tomados em conta. Para resumir, explicações de analiticidade nunca podem quebrar um 'círculo intensional' de conceitos que não são mais claros que aquele que está sendo explicado (ver Figura 6).

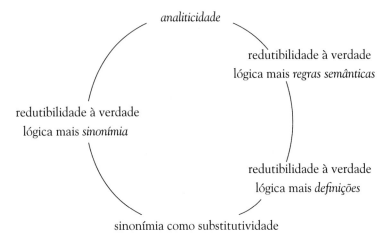
FIGURA 6

Este não é o lugar para uma discussão em grande escala dos argumentos de 'Dois Dogmas' (terei mais a dizer sobre isso no Capítulo 12, p.307). Meu presente objetivo é, antes, o de ressaltar alguns pontos que são especialmente relevantes para a atitude de Quine em relação à lógica modal.

Primeiro: embora bem-sucedido, o ataque de Quine ameaça apenas a analiticidade estrita; verdades lógicas, que se qualificam como analíticas sob a cláusula (i), não são afetadas. A aversão que Quine sente pelo conceito de analiticidade estrita não se estende ao conceito de verdade lógica. Isto será relevante para a discussão (p.243, 256) sobre a possibilidade de compreender que o operador de necessidade nas lógicas modais usuais representa a verdade lógica, ou se ele deve corresponder a uma noção mais ampla de necessidade.

Quine caracteriza uma verdade lógica como 'um enunciado que é verdadeiro e permanece verdadeiro sob todas as reinterpretações de seus componentes, exceto as partículas lógicas' (1951, p.22-3; e cf. 1970, cap.4). Aqui, como em qualquer outro lugar, Quine é descuidado com a distinção entre a ideia relativa a um sistema da verdade lógica de uma wff de uma linguagem formal e a ideia extrassistemática da verdade lógica de um enunciado de uma linguagem natural.

Sugeri (p.41-2) que a ideia extrassistemática de verdade lógica corresponde, inicialmente, apenas a uma ideia não muito precisa de um enunciado que é trivialmente verdadeiro. Contudo, se essa ideia é refinada da mesma maneira que a ideia de um argumento válido como aquele cujas premissas não podem ser verdadeiras e sua conclusão falsa é refinada pela intuição de que um argumento é válido se não há nenhum argumento da mesma forma com premissas verdadeiras e conclusão falsa, o resultado é a ideia de um enunciado tal que nenhum outro enunciado da mesma forma é falso; o que está muito perto da caracterização de Quine.[3]

Segundo: a objeção de Quine à analiticidade estrita baseia-se, no fundo, na ideia de que nenhuma explicação pode ser dada para ela exceto através de outros termos do 'círculo intensional', e que todos esses termos são obscuros. Isso será relevante para a discussão (p.251-3, 256-8) se, na interpretação dos sistemas modais, é realista ter esperança de uma explicação não modal de termos modais.

Antes, contudo, vou ocupar-me de uma caracterização sintática das lógicas modais.

Sistemas modais

Extensões da lógica clássica

Um sistema é uma extensão de outro se compartilha o vocabulário do primeiro e tem os mesmos teoremas e inferências válidas, envolvendo apenas o vocabulário compartilhado, mas também tem um vocabulário adicional, e teoremas e/ou inferências válidas adicionais, envolvendo essencialmente esse vocabulário. Uma 'lógica ampliada' é um sistema que é uma extensão da lógica clássica (cap.1, p.27;

---

[3] Strawson (1957) insistiu, contra Quine, que a explicação da verdade lógica, assim como a explicação da analiticidade estrita, requer apelo à sinonímia. Como vamos saber se 'Se ele está doente então ele está doente' é logicamente verdadeiro, ele pergunta, a menos que tenhamos certeza de que 'ele está doente' significa o mesmo em cada ocorrência? A réplica deveria ser, penso, que onde o apelo ao significado pode ser necessário, isto se dá, ao contrário, com respeito à questão sobre a propriedade de 'Se ele está doente então ele está doente' ser representada, formalmente, como '$p \rightarrow p$'.

cap.9, p.207). As extensões da lógica clássica são frequentemente motivadas pela crença de que os cálculos sentencial e de predicados clássicos, embora inobjetáveis, não chegam a ser inteiramente adequados: seus teoremas são logicamente verdadeiros, e seus sequentes válidos preservam a verdade, mas há outras verdades lógicas e/ou argumentos válidos que envolvem operações para as quais eles carecem de vocabulário, operações que eles não podem nem mesmo exprimir.

A *lógica modal* acrescenta ao vocabulário clássico os operadores unários 'L', a ser lido 'necessariamente', e 'M', a ser lido 'possivelmente', e o operador binário '$\dashv$', a ser lido 'implica estritamente'. (Outras lógicas ampliadas são concebidas de modo bastante próximo da lógica modal, tais como a *lógica epistêmica*, que acrescenta os operadores 'K', a ser lido 'x sabe que', e 'B', a ser lido 'x acredita que'; a *lógica deôntica*, que acrescenta os operadores 'O', a ser lido 'Deve ser o caso que', e 'P', a ser lido 'É permitido que'; e a *lógica temporal* (cap.9, p.212).)

Observações históricas

A lógica das sentenças modais foi discutida por Aristóteles e pelos lógicos medievais; no século XIX, Hugh MacColl (1880, 1906) contribuiu com propostas tanto formais, quanto filosóficas. Mas o desenvolvimento formal continuado veio no século XX, na esteira do desenvolvimento do cálculo sentencial não modal por Frege e Russell. As primeiras axiomatizações da lógica modal sentencial foram dadas por Lewis (1918). A extensão à lógica modal de predicados veio com Marcus (1946).

A motivação original do desenvolvimento feito por Lewis da lógica modal foi a insatisfação com a noção de implicação material – central para a lógica do *Begriffsschrift* e dos *Principia Mathematica*. Uma vez que 'p' implica materialmente 'q' se ou 'p' é falso ou 'q' é verdadeiro, temos os teoremas seguintes, os chamados 'paradoxos' da implicação material:

$$p \to (q \to p)$$
$$\neg p \to (p \to q)$$
$$(p \to q) \lor (q \to p)$$

Lógica modal

A implicação material da lógica clássica, afirmava Lewis, é completamente inadequada para a noção intuitiva de implicação, que requer não apenas que '*p*' não *seja* verdadeiro e '*q*' falso, mas que '*p*' não *possa* ser verdadeiro e '*q*' falso. Assim, ele propôs que a lógica dos *Principia* deveria ser enriquecida com um novo operador, para a implicação *estrita*, que poderia ser definida como a necessidade da implicação material.

Um esboço formal

Apenas um operador modal precisa ser acrescentado, como primitivo, ao vocabulário da lógica clássica; com '*L*' ('necessariamente') como primitivo, '*M*' ('possivelmente') é definido de modo usual como:

$$MA = df -L-A$$

e '⤳' como:

$$A \rightarrow_3 B = df\ L(A \rightarrow B)$$

Ou '*M*' pode ser tomado como primitivo e '*LA*' definido como '–*M*–*A*'. Nas lógicas modais usuais as regras de formação admitem '*LA*' como uma wff sempre que '*A*' é uma wff; isto, é claro, permite *modalidades iteradas*, tais como '*LMp*' ou '*LLp*'.

Ora, não há uma, mas uma classe inteira, de lógicas modais, diferindo umas das outras com respeito à força dos axiomas que regem os operadores modais que admitem. Vou esboçar alguns dos sistemas mais conhecidos, em ordem de força crescente.

S0.5, um dos sistemas modais mais fracos, resulta da adição dos axiomas

1. $Lp \rightarrow p$

e:

2. $L(p \rightarrow q) \rightarrow (Lp \rightarrow Lq)$

juntamente com a regra:

(R)   Se *A* é um teorema do cálculo sentencial, então $\vdash_{S0.5} LA$

O sistema T resulta do fortalecimento de (R) para:

(RN) Se ⊢$_T$ A, então ⊢$_T$ LA

(de modo que ⊢ LA não apenas quando A é um teorema do cálculo sentencial (como com (R)), mas também quando é um dos axiomas acrescentados 1 e 2 etc. Um outro contraste com (R) é que (RN) é iterável, de modo que se obtém ⊢ LLA, ⊢ LLLA etc.).
O sistema S4 resulta de T pela adição do axioma:

3. $Lp \to LLp$

e o sistema S5, de S4 pela adição de:

4. $Mp \to LMp$

Há também outros sistemas modais, mais fracos, mais fortes, e intermediários. O caráter exato da lógica modal quantificada, da mesma forma, pode diferir de acordo com algumas variações na apresentação do cálculo de predicados subjacente. (Para detalhes mais completos, consultar Hughes & Cresswell, 1968.)

Relações entre os sistemas modais

A proliferação de sistemas modais levanta imediatamente a questão se somos obrigados a escolher entre eles, isto é, se cada um deles almeja – e, assim, no máximo um tem sucesso em – capturar somente as verdades lógicas/inferências válidas que envolvem *a* noção de necessidade, ou se, talvez, cada um deles almeja – e, assim, todos podem ter sucesso em – capturar *um* sentido de 'necessário'. Para antecipar uma ideia que discutirei adiante com mais detalhe (cap.12, p.289), esta é a questão se os vários sistemas modais devem ser encarados como *rivais* um do outro. Lemmon (1959) argumentou a favor de uma abordagem tolerante, pluralística. Ele acha que se pode pensar que cada um dos sistemas modais formaliza uma ideia diferente de necessidade: por exemplo, S0.5, a ideia de tautologicidade, S5, a ideia de analiticidade. Outros, contudo (por exemplo, Cargile, 1972), duvidam da exequibilidade das interpretações de Lemmon. Entre aqueles que acreditam que há *uma* lógica modal *correta*, os sistemas mais fortes, S4 e S5, parecem ser os mais frequentemente favorecidos.

Críticas da lógica modal

As dúvidas vão mais a fundo, contudo, que a disputa sobre se há uma lógica modal correta, ou qual lógica modal é a correta. Pois a exequibilidade, e mesmo a inteligibilidade, do empreendimento inteiro da lógica modal foram questionadas; Quine, mais notadamente, a desafiou há muito (mas cf. também as críticas de Bergmann em 1960).

A objeção de Quine é tripla: que a motivação para o desenvolvimento de lógicas modais baseia-se em uma confusão; que lógicas modais não são necessárias, de qualquer modo, para qualquer um dos propósitos legítimos da formalização; e que a interpretação das lógicas modais apresenta dificuldades insuperáveis. Subjacente a estas objeções, é claro, está o ceticismo profundamente assentado de Quine com relação ao conceito de analiticidade. É contra esse pano de fundo de ceticismo sobre o *status* das noções modais que devem ser compreendidas as objeções de Quine às lógicas modais.

A lógica modal 'foi concebida em pecado'

Lewis argumentou que '⥽', ou 'implica estritamente', era necessário por causa da excessiva fraqueza de '→' ou 'implica materialmente'. Ora, Quine salienta que 'implica materialmente' é, de qualquer forma, uma leitura gramaticalmente inapropriada de '→'; pois '→' é um operador que forma sentenças, enquanto 'implica materialmente' é um predicado binário. Assim, a lógica modal foi 'concebida em pecado', aquele de confundir *uso* (como em '$p \to q$') e *menção* (como em "p' implica materialmente 'q"). Parece que Lewis, de fato, sucumbiu a esta confusão, auxiliado, sem dúvida, pelo mau exemplo de Russell. Também fica bastante claro, porém, que esse delito gramatical não precisa viciar o empreendimento da lógica modal (e cf. Belnap, 1974, que discute por que desvios gramaticais podem ser positivamente desejáveis em inovações lógicas). A gramática, como Quine insiste, deplora a leitura de '→' como 'implica materialmente'; contudo, há uma relação que vale entre duas sentenças 'p' e 'q' justamente quando $p \to q$, uma relação fraca, que pode, com toda propriedade gramatical, ser denominada 'implicação material'. E a lógica modal formaliza uma outra relação que vale entre duas sentenças '*p*' e '*q*', uma relação mais forte que pode ser denominada 'implicação estrita'.

A lógica modal não é necessária

As lógicas modais são, como expliquei, extensões da lógica clássica; Quine sugere (por exemplo, em 1960a, §41) que tais extensões não são necessárias. Claro que surge, então, a questão: 'necessárias para quê?'. Quine sustenta que o objetivo da formalização, ou, como ele o coloca, 'arregimentação' de argumentos informais é atingir uma linguagem precisa 'adequada para a ciência'; e para os propósitos da ciência, acredita ele, noções modais não são necessárias.

Penso que a pressuposição de que o objetivo da formalização é uma linguagem 'adequada para a ciência' pode ser desafiada, ainda que Quine compreenda 'ciência' de modo bastante amplo, incluindo a matemática, tanto quanto a física, a química, a biologia, a psicologia e as ciências sociais, e o discurso cognitivo do senso comum, tanto quanto o discurso oficial dos cientistas profissionais. Certamente alguns lógicos encaram como parte de seu trabalho formular uma linguagem adequada também para representar argumentos, por exemplo, no discurso moral (cf. Smiley, 1963), ou o discurso de ficção (cf. cap.5, p.108). A alegação de que noções modais não são essenciais para o discurso científico é, mais uma vez, controversa. É particularmente difícil ter uma perspectiva não distorcida nesta questão, porque o próprio Quine é – bastante naturalmente – inclinado a aplicar padrões especialmente severos ao considerar alegações de que o discurso científico requer a ampla noção de necessidade que ele, de qualquer maneira, rejeita. Em outras palavras, a alegação de Quine de que estes conceitos não são necessários, e sua alegação de que eles são vazios, interagem, sem dúvida, inevitavelmente.

Um exemplo: disposições e o condicional subjuntivo

A melhor maneira de compreender o que está em questão aqui pode ser, portanto, considerar em algum detalhe um caso a cujo respeito tem-se sustentado, embora Quine o negue, que certas locuções são (i) essenciais para o discurso científico e (ii) inexplicáveis exceto em termos modais. Uma família de locuções que aparentemente está profundamente enraizada na linguagem da ciência é o linguajar que envolve *disposições* e seu parente próximo, o *condicional subjuntivo*. Dizer, por exemplo, que x é solúvel em água, é dizer que se x fosse colocado em água, x iria se dissolver. O condicional material do cálculo sentencial funcional-veritativo é inadequado para representar o condicional subjuntivo, pois 'A → B' é verdadeira se 'A' é falsa, ao passo que não se supõe que 'x é solúvel' ou 'se x fosse colocado em água, x se dissolveria' necessite ser verdadeiro apenas porque x nunca foi colocado em água. Alguns autores acreditam que uma representação formal adequada do condicional subjuntivo requer um aparato modal, especificamente, o apelo a possibilidades. Análises modais de condicionais subjuntivos foram oferecidas por Stalnaker (1968) e por D. K. Lewis (1973). Quine, é claro, não põe muita fé em tais propostas, justamente porque elas usam este aparato modal; mas ele também argumentou, de forma mais relevante para a presente questão, que condicionais subjuntivos podem ser acomodados sem tal aparato. Parece que, em certo momento, Quine admitia que termos disposicionais deveriam ser parte de uma linguagem da ciência, e que ele ofereceu uma análise extensional deles: 'x é solúvel', por exemplo, foi explicado no sentido de que '(∃y)(x tem uma estrutura interna como y, que foi colocado em água e que dissolveu)'. Algumas vezes, observou Quine, como no caso da solubilidade, a estrutura relevante é conhecida; outras, como no caso da irritabilidade, a referência a uma estrutura interna não é mais do que uma 'nota promissória' (ver 1960a, §46). Sustentou-se, contudo, que essa explicação não admite a possibilidade, certamente genuína, de que todas as coisas de uma certa espécie tenham uma certa disposição, e que, contudo, nenhuma delas a tenha jamais manifestado, como, talvez, todas as usinas nucleares tenham uma disposição para explodir em certas circunstâncias, ainda que, até agora, precauções de segurança tenham garantido que essas circunstâncias não tenham surgido, de modo que nenhuma jamais explodiu (Mellor, 1974). Posteriormente, de qualquer modo, Quine parece sugerir que termos disposicionais realmente não pertencem, afinal de contas, à linguagem da ciência. Eles são essenciais apenas enquanto o empreendimento da ciência está incompleto, mas podem ser descartados assim que as estruturas relevantes sejam conhecidas. Pode-se ter a sensação de que a tentativa de Quine de excluir expressões disposicionais de uma 'linguagem teórica sistematizada' seria mais convincente não tivesse sido precedida por uma tentativa malfadada de colocá-las num disfarce extensional; e pode--se muito bem sentir desconforto com o apelo a uma ciência acabada, em contraste com uma ciência em marcha, pois uma tal distinção se adpata particularmente mal à abordagem usualmente pragmática de Quine da filosofia da ciência.

Como observei, a convicção de Quine de que podemos passar sem noções modais também se baseia em sua crença de que a interpretação da lógica modal é tão cercada de dificuldades que o uso de um tal aparato não é realmente útil afinal de contas. Assim, é hora de examinar essas dificuldades.

A interpretação da lógica modal é cheia de dificuldades

Essas críticas se dividem em dois grupos: as dificuldades que Quine encontra na interpretação da lógica modal sentencial, e as dificuldades adicionais que ele encontra na interpretação na lógica modal de predicados.

Em 1953b, Quine distingue o que ele chama de 'três graus de envolvimento modal', a saber:

(i) o uso de 'necessário' como um predicado de sentenças. Aqui 'L' aplicar-se-ia a nomes de sentenças, ou sentenças entre aspas, como em 'L '$2+2=4$''; poderia ser lido '... é necessariamente verdadeiro' e teria uma forte analogia com '... é verdadeiro' na teoria de Tarski, onde essa expressão é tratada como um predicado de sentenças;

(ii) o uso de 'necessariamente' ou 'é necessário que' como um operador que forma sentenças a partir de sentenças, como em '$L(2+2=4)$', onde 'L' é tratado como sintaticamente análogo a 'é verdadeiro que ...';

(iii) o uso de 'necessariamente' como um operador tanto sobre sentenças fechadas, como em (ii), como sobre sentenças abertas, como em '$L(2+2=x)$' e sua generalização existencial, '$(\exists x)L(2+2=x)$'.

A lógica modal sentencial vai requerer no máximo o segundo grau de envolvimento modal, enquanto a lógica modal de predicados requer o terceiro. Em 'Três graus' é claro que Quine encara (i) e (ii) como pelo menos preferíveis a (iii), embora de forma alguma não problemáticos, e isto corresponde a sua visão da lógica modal sentencial como pelo menos preferível à lógica modal de predicados, embora de forma alguma não problemática.

Dificuldades na interpretação da lógica modal sentencial

Nas lógicas modais sentenciais do tipo convencional, 'L' e 'N' são operadores sentenciais, como no grau (ii). Contudo, pelo menos enquanto se fica com operadores modais unários, pode-se sempre encarar, digamos, 'L(2+2 = 4)', como uma variante sintática de 'L'2+2 = 4'', como no grau (i).

Uma vez que Quine vê com maus olhos a noção de analiticidade, ele não está nada à vontade mesmo com respeito ao uso de 'necessário' como um predicado sentencial. Contudo, admite os conceitos de teoremicidade e sua contrapartida semântica, a verdade lógica, de modo que a interpretação de 'LA' como ''A' é logicamente verdadeira (um teorema)' é admissível para ele. Mas este tipo de interpretação faz concessão a apenas um fragmento das lógicas modais sentenciais costumeiras, uma vez que deixa em questão o *status* das modalidades iteradas. Isto sugere, contudo, uma interessante linha de pensamento: que se 'LA' fosse interpretado como ''A' é um teorema (fórmula válida) de L', onde L é alguma teoria formal, então 'LLA' poderia ser interpretada como ''LA' é um teorema de M', onde M é a metalinguagem de L. Em outras palavras, operadores modais iterados não seriam unívocos, mas cada um referir-se-ia à teoremicidade ou verdade lógica em uma teoria, pertencendo a uma hierarquia delas. Lógicas modais neste sentido – motivadas pelos tipos de considerações que acabamos de fazer – foram concebidas (Priest, 1976). As lógicas modais usuais, contudo, com seus operadores modais iterados univocamente interpretados, não permitem este tipo de abordagem.

Dificuldades na interpretação da lógica de predicados modal[4]

Se o acréscimo de operadores modais à lógica sentencial é duvidoso, a mistura de operadores modais e quantificadores é, argumenta Quine, desastrosa.

---

[4] Uma apresentação e discussão úteis destas críticas pode ser encontrada em Føllesdal, 1969; há uma réplica de Quine no mesmo volume.

As dificuldades de Quine com a lógica modal quantificada derivam, fundamentalmente, da intersecção de suas opiniões sobre os quantificadores e de suas opiniões sobre a modalidade. De acordo com Quine (cap.4, p.75), uma vez que termos singulares são elimináveis, são os quantificadores que possuem compromisso ontológico; os quantificadores são o mecanismo básico através do qual falamos *sobre coisas*. Entretanto, ele considera que as locuções modais não falam diretamente sobre as coisas, mas sobre *nossos modos de falar sobre elas*: 'necessidade', comenta ele, 'reside na maneira em que dizemos as coisas, e não nas coisas sobre as quais falamos' (1953b, p.174). Para dizer isso de outra maneira, Quine pensa que a modalidade, na medida em que for absolutamente inteligível, é *de dicto* e não *de re*. 'Necessário' e 'possível' são predicados de sentenças, não de coisas extralinguísticas: ''2 + 2 = 4' é necessário' (grau (i)) é compreensível, mas '2 + 2 necessariamente = 4' (grau (iii)) não é (cf. Plantinga, 1974, cap.1, §2, e cap.2). Dada sua visão dos papéis contrastantes dos quantificadores e operadores modais, o tema principal das críticas de Quine à lógica modal quantificada não deveria ser surpresa alguma: quando quantificadores e operadores modais são combinados, fica irremediavelmente confuso sobre *o que* estamos falando.

Algumas das dificuldades aparecem no comportamento anômalo de termos singulares no escopo de operadores modais. Os operadores modais, como Quine o expressa, são *referencialmente opacos* (ou intensionais); a *substitutividade* (a lei de Leibniz) falha em contextos modais, o que quer dizer: dentro do escopo de um operador modal, substituir um termo singular por outro que denota exatamente o mesmo objeto pode mudar o valor de verdade da sentença resultante. Assim, termos singulares dentro do escopo do operador modal *não são puramente referenciais*, ou seja, eles não servem unicamente para indicar seus referentes. (No tocante à opacidade referencial, argumenta Quine, operadores modais são como aspas ou operadores epistêmicos.) Por exemplo (Quine 1943, 1947, 1953b):

$$9 = \text{o número dos planetas}$$

é verdadeira, embora a substituição com base nesta identidade na sentença verdadeira:

$$L(9 > 7)$$

gere a sentença presumivelmente falsa:

L(o número dos planetas > 7)

Contudo, uma vez que Quine não admite nenhuma importância muito fundamental a termos singulares, que, afinal de contas, ele pensa que podem e devem ser eliminados, o cerne de sua objeção jaz no comportamento anômalo de quantificadores e variáveis ligadas dentro do escopo de operadores modais. No cálculo de predicados não modal:

$(\exists x)(x > 7)$

segue-se por generalização existencial de:

$9 > 7$

e no cálculo de predicados modal, analogamente,

$(\exists x)L(x > 7)$

segue-se de:

L(9 > 7)

Mas Quine não pode aceitar que *há algo que seja necessariamente maior do que* 7 ('$(\exists x)L(x > 7)$'); o 'algo', argumenta ele, não pode ser o número 9, pois este é o número dos planetas, e o número dos planetas não é necessariamente, mas apenas contingentemente, maior do que 7. *Ser necessariamente maior do que* 7, insiste Quine, não pode ser a propriedade de um número. Acontece apenas que o fato de um número ser maior do que 7 segue-se necessariamente se ele for especificado de certas maneiras (por exemplo, como o número 9, ou como a soma de 5 e 4), mas não se for especificado de certas outras maneiras (por exemplo, como o número dos planetas). Se o cálculo de predicados modal requer que se aceite que o número 9 tem a propriedade de ser necessariamente maior do que 7, ele está comprometido com o *essencialismo*, a tese de que as coisas têm algumas de suas propriedades necessariamente, ou essencialmente. Mas o essencialismo, de acordo com Quine, é uma 'selva metafísica' (1953b, p.174), para a qual a única resposta apropriada é a 'perplexidade' (1960a, p.199). Quine admite que as dificuldades discutidas até agora poderiam ser evitadas se estivéssemos preparados para colocar restrições suficientemente rigorosas no universo do discurso, especificamente, admitir apenas objetos tais que quaisquer duas condições que os especifiquem sejam necessariamente equivalentes, i.e.:

C: $((y)(Fy \equiv y = x) \& (y)(Gy \equiv y = x)) \to L(y)(Fy \equiv Gy)^5$

A condição C restaura a substitutividade; i.e., dada C:

$(x)(y)((x = y \& Fx) \to Fy)$

Contudo, Quine mostra (1953b, p.155-6) que a substitutividade, junto com a presumivelmente verdadeira:

$L(x = x)$

produz a consequência de que:

$(x)(y)(x = y \to L(x = y))$

isto é, que todas as identidades são necessárias. E isto é duvidoso, pensa Quine. (Por exemplo, alguns proponentes da teoria fisicalista sustentaram que a identidade que eles alegam existir entre a mente e o cérebro é contingente, não necessária. Ela é parecida, por exemplo, com a identidade entre relâmpagos e descargas elétricas na atmosfera. Tais identidades contingentes, supõem eles, são corriqueiras na ciência.) Isto está intimamente relacionado ao primeiro problema discutido, com '$L(\ldots = x)$' substituindo '$L(\ldots > 7)$'. De fato, o 'paradoxo da Estrela Matutina' é uma outra versão bem conhecida do problema

---

[5] Quine salienta (1953a, p.152-3, contra Church, 1943) que restringir o universo do discurso a objetos intensionais, por exemplo, conceitos numéricos em vez de números, não seria suficiente para restaurar a substitutividade. Pois se a é um tal objeto intensional, e p uma sentença que é verdadeira, mas não necessariamente verdadeira, então:

$a = (\imath x)(p \& x = a)$

Mas esta identidade não é analítica, e seus dois lados não são intercambiáveis em contextos modais *salva veritate*.

original: necessariamente (presumivelmente) a Estrela Matutina = a Estrela Matutina. Mas, embora a Estrela Matutina = a Estrela Vespertina, não é necessário, mas contingente, que a Estrela Matutina = a Estrela Vespertina.

Quine argumenta que as consequências adicionais de impor a condição C, de qualquer forma, são ainda piores; as distinções modais desabam, pois, com a condição C, pode-se provar que:

$$p \to Lp$$

o que, em vista do axioma '$Lp \to p$', significa que $Lp \equiv p$, de forma que 'L' é redundante.[6]

Assim, a estratégia da crítica de Quine é esta: o acréscimo de operadores modais leva a um comportamento anômalo por parte dos termos singulares e variáveis ligadas; estas dificuldades podem ser evitadas através de uma restrição do universo do discurso, mas ao custo do colapso das distinções modais. O colapso das distinções modais não poderia, é claro, ser tolerado pelos defensores da lógica modal. A questão é, portanto, se eles podem evitar ou explicar o que Quine vê como 'mau comportamento' por parte de termos singulares e variáveis ligadas em contextos modais. De um modo ou de outro, suas respostas consistem, como seria de esperar, em alegar que o que Quine considera como consequências falsas (ou talvez duvidosamente inteligíveis) da lógica modal quantificada são de fato verdadeiras, quando apropriadamente compreendidas. Por exemplo, defendem-se as modalidades *de re* e o essencialismo (por exemplo, Plantinga, 1974) e argumenta-se que todas as identidades são, de fato, necessárias (Marcus, 1962; Kripke, 1972).

Não posso examinar todas as réplicas que foram feitas às críticas de Quine, mas vou me limitar a algumas que servem bastante bem para ilustrar o que está em questão. Vários autores (por exemplo, Smullyan, 1948; Fitch, 1949) argumentam que, uma vez que se tome cuidado adequado em distinguir entre nomes e descrições, pode-se mostrar que o aparente malogro da substitutividade em contextos

---

[6] O argumento é assim: seja p qualquer sentença verdadeira, e F seja '$p \& y = x$', e G, '$y = x$'; então, de C segue-se que $L(y)(p \& y = x \equiv y = x)$, de onde, em particular, $L(p \& x = x \equiv x = x)$, e assim Lp.

modais é *meramente* aparente. Smullyan argumenta assim:

$$9 = \text{o número dos planetas}$$

não é um enunciado claramente de identidade cujos dois termos são nomes genuínos, mas, em vez disso, tem a forma:

$$9 = (\imath x)Fx$$

E a sentença
$$L(\text{o número dos planetas} > 7)$$

que Quine considera ser decididamente falsa, é ambígua. Dependendo do escopo (p.102) dado à descrição definida ela pode ser entendida ou como:

O número dos planetas é necessariamente > 7

ou como

É necessário que o número dos planetas seja > 7.

Destas, argumenta Smullyan, a primeira segue-se de '$L(9 > 7)$' e '9 = o número dos planetas', mas isto está certo, porque é verdadeiro; enquanto a segunda é falsa, mas isto também está certo, pois ela não se segue.

A distinção de Smullyan bloqueia o argumento original de Quine de uma maneira bastante simples. Contudo, sua solução requer que se aceite a verdade de 'O número dos planetas é necessariamente maior do que 7', que tem, quando a descrição definida é eliminada, a forma:

$$(\exists x)((y)(y \text{ numera os planetas } \equiv x = y) \& L(x > 7))$$

Mas Quine, sem dúvida, objetaria a isso, onde um quantificador (o '$(\exists x)$' inicial) liga uma variável (o 'x' em '$x > 7$') dentro de um contexto modal. É isto, afinal de contas, exatamente seu exemplo do mau comportamento de variáveis ligadas em contextos modais. Aos olhos de Quine, a solução de Smullyan seria insuportavelmente essencialista.

Marcus (1962), contudo, nega que realmente *haja* comportamento anômalo por parte dos quantificadores em contextos modais. As dificuldades de Quine resultam de sua leitura *objetual* do quantificador, como 'Há ao menos um objeto, x, tal que x é necessariamente maior do que 7', e perguntando, então, que objeto poderia ser esse. Marcus propõe, em vez disso, que o quantificador seja lido substitucionalmente, como 'Alguma instância de substituição de '$L(x > 7)$' é verdadeira'. E isto, argumenta ela, é decididamente verdadeiro, uma vez que '$L(9 > 7)$', por exemplo, é uma instância de substituição verdadeira.

Mas Quine, é claro, rejeita a interpretação substitucional dos quantificadores. Além do mais, ele assimila nomes próprios a descrições definidas contextualmente elimináveis. Assim, as atitudes de Quine com relação a quantificadores e termos singulares são tais que (i) eles obscurecem a distinção da qual a resposta de Smullyan depende e (ii) eles assumem uma prioridade dos quantificadores sobre termos singulares que está diretamente oposta à interpretação substitucional de Marcus para a quantificação. O debate segue como era de esperar: as críticas de Quine são respondidas por rejeição das premissas nas quais elas se baseiam. Quine pensa que os quantificadores falam sobre as coisas. De acordo com a interpretação substitucional, os quantificadores falam sobre o discurso sobre as coisas. Quine pensa que a modalidade é um discurso sobre o discurso sobre as coisas. De acordo com o essencialismo, a modalidade é um discurso sobre as coisas.

As opiniões de Quine sobre a quantificação e a necessidade não são sacrossantas, é claro – de fato, eu já expressei algumas reservas a respeito delas. Mas isto não torna menos desagradável a tendência do debate entre Quine e os defensores da lógica modal para cair em um dizer e desdizer, especialmente em vista do fato de que se tende a defender opiniões rivais sobre nomes, por exemplo, pelo apelo a intuições 'essencialistas' (por exemplo, Kripke, 1972, Plantinga, 1974). Que perspectivas há para uma resolução mais independente?

Semânticas para lógicas modais

As críticas de Quine à lógica modal são no sentido não de que ela não seja *formalmente* factível, mas que sua *interpretação* envolve sérias dificuldades filosóficas. Estas críticas deveriam ser vistas à luz do fato de que a lógica modal foi inicialmente desenvolvida sintaticamente, pela introdução de um novo vocabulário, regras de formação, e axiomas modais; e que por um longo tempo depois de seu desenvolvimento sintático, nenhuma semântica estava disponível. Contudo, depois da publicação, nos anos 40 e 50, da crítica de Quine, uma semântica formal para a lógica modal foi desenvolvida (Kanger, 1957a, b; Kripke, 1963; Hintikka, 1969); isto quer dizer que um modelo formal foi concebido – comparável à semântica de tabelas de verdade para a lógica sentencial não modal, por exemplo. E alguns pensaram, bastante compreensivelmente, que isto resolve a questão da interpretabilidade da lógica modal, e mostra que os medos de Quine foram desnecessários. Acontece, como veremos, que isto está longe de ser óbvio.

Semântica formal – um esboço

Uma estrutura de modelo é um terno ordenado $\langle G, K, R \rangle$, onde K é um conjunto do qual G é um elemento e no qual R é uma relação; para T, R deve ser uma relação reflexiva; para S4, reflexiva e transitiva; para S5, reflexiva, transitiva e simétrica. Uma estrutura de modelo quantificada é um par ordenado do qual o primeiro elemento é uma estrutura de modelo como já descrevemos, e o segundo uma função $\Psi(w)$, atribuindo a cada w em K um conjunto de indivíduos. São especificadas condições para a valoração de fórmulas em cada elemento w de K; e então esta construção, feita na teoria de conjuntos, fornece uma definição de 'fórmula válida' para cada sistema tratado: uma fórmula A é válida no sistema S sse a valoração de A é verdadeira para todo w em K na estrutura de modelo quantificada.

Até agora, foi fornecida uma construção feita na teoria de conjuntos em cujos termos a validade pode ser definida e a consistência dos sistemas modais estabelecida. É preciso mais que isso, contudo, para estabelecer que estes sistemas, além de serem formalmente factíveis, têm meios plausíveis para representar o raciocínio modal, raciocínio no qual as noções de necessidade e possibilidade desempenham um papel essencial. Intuitivamente, sugere Kripke, pode-se pensar em K como um conjunto de *mundos possíveis* $w_1 \ldots w_n$, em G como o *mundo real*, em R como uma relação de acessibilidade, que vale entre w_1 e w_2 quando w_1 é possível relativamente a w_2, e em $\Psi(w_i)$ como o *conjunto de indivíduos* que existem no mundo possível w_i. Assim compreendida, a semântica formal nos diz que, por exemplo, 'LA' é verdadeira quando 'A' é verdadeira em todos os mundos possíveis, e 'MA', quando 'A' é verdadeira em algum mundo possível, de forma que se pode com alguma plausibilidade fazer 'L' corresponder a 'necessariamente', e 'M' a 'possivelmente'.

Semântica 'pura' e 'depravada'

Distingui (cap.3, p.60) quatro aspectos relevantes para nosso entendimento da lógica sentencial ordinária, não modal; a distinção se aplica, igualmente, à lógica modal. Temos:

(i)	(ii)	(iii)	(iv)
sintaxe da linguagem formal	leituras informais de (i)	semântica formal para (i) ('semântica pura')	explicação informal de (iii) ('semântica depravada')

No caso do cálculo sentencial, a semântica formal (iii) fornece uma construção matemática na qual ou t, ou f, é atribuído a wffs do cálculo, e em cujos termos a validade (semântica) é definida e são provados resultados de consistência e completude. Apesar de tudo o que a semântica formal nos diz, entretanto, o cálculo poderia ser uma notação que representa circuitos elétricos, com 't' representando 'ligado', e 'f', 'desligado'. (Na verdade (cap.1, p.27), interpretações deste tipo de cálculos bivalentes e polivalentes são igualmente factíveis e úteis.) Mas a pretensão do cálculo de *ser uma lógica sentencial*, de representar argumentos cuja validade dependa de sua estrutura sentencial molecular, depende de nossa compreensão da semântica formal de tal forma que 't' represente verdade e 'f' falsidade; depende, em outras palavras, da explicação informal da semântica formal – nível (iv).

As questões que quero levantar agora dizem respeito ao *status* da semântica depravada. Primeiro, precisamos dela? Bem, já insisti que a semântica pura, por si só, não é suficiente. Para justificar a pretensão de um sistema formal de *ser uma lógica modal* (lógica sentencial), parece essencial alguma explicação intuitiva da semântica formal, conectando aquela construção feita na teoria de conjuntos com as ideias de necessidade e possibilidade (verdade e falsidade). Ao insistir nesta visão estou, é claro, me opondo a uma concepção puramente formalista, de acordo com a qual a lógica consiste em um puro formalismo não interpretado (mas compare Curry, 1951; há também alguma discussão pertinente, expressa em termos menos familiares, em Derrida, 1973). Segundo, quão seriamente devemos tomar a semântica depravada? Sugeriu-se que é apropriado encarar a explicação intuitiva dada para a semântica formal como uma figura ou metáfora, um artifício heurístico para tornar a semântica pura um pouco mais palatável. Mas penso que necessitamos tomar a explicação intuitiva um pouco mais a sério que isto, pensar que a explicação dos mundos possíveis e seus possíveis habitantes aspira à verdade literal (ser a 'verdade metafísica sóbria', na memorável frase de Plantinga). Isto é claro com respeito ao caso não modal; a explicação de 't' e 'f' como 'verdadeiro' e 'falso', afinal de contas, dificilmente será descartada como meramente metafórica.

Receio que uma terceira questão metodológica que surge neste ponto seja tão difícil, quanto importante. Talvez a melhor maneira de apresentá-la seja em termos das críticas de D. K. Lewis às explicações de mundos possíveis em termos de consistência. Tais explicações, argumenta Lewis (1973, cap.4), tendem a ser objetavelmente circulares. Suponhamos que seja dito que *w* é um mundo possível somente se há uma descrição consistente de *w*. Se isto tem significado apenas se houver uma descrição de *w* que seja *possivelmente verdadeira*, deixa de explicar 'possível' de uma maneira adequadamente independente. Lewis alega, além do mais, que sua própria abordagem realista de mundos possíveis é explicativa e não circular. De fato, ele propõe usá-la como um teste de princípios modais controversos, tais como o princípio de S4. Os críticos, contudo, têm insistido que a explicação de Lewis não é mais bem-sucedida, a este respeito, que as alternativas que critica (Richards, 1975; Haack, 1977a).

Contudo, tal como o compreendo, há uma questão mais profunda a ser colocada: estamos autorizados a reivindicar, como Lewis o faz, que a explicação intuitiva que é fornecida no nível da semântica depravada dê um tratamento explicativo, informal, não circular, da semântica formal? O que se requer, penso, é que a semântica depravada seja dada em termos, por assim dizer, epistemologicamente independentes das leituras dos operadores modais: que deveríamos ser capazes de dizer *se há um mundo possível no qual* ocorre A independentemente de nossas crenças sobre se *é possível que* A. Mas isto é factível? Nossas suspeitas podem ser suscitadas, inicialmente, pelo fato de que a explicação de Lewis, como suas rivais, parece não satisfazer o requisito epistemológico. Elas podem ser confirmadas em certo grau pelas seguintes considerações. Aos operadores sintáticos de um sistema lógico formal dão-se tanto leituras em linguagem natural, quanto uma semântica formal que, por sua vez, tem, então, que ser 'interpretada'. Neste estágio, suponho, interpretações *formais* adicionais iriam apenas adiar a questão. Como insisti acima, uma explicação *informal* é necessária. Contudo, ou a explicação informal (vou chamá-la de 'palavreado' (*patter*)) estará intimamente relacionada com as leituras em linguagem natural dos operadores do sistema, ou não. Se não, somos bem capazes de encarar o palavreado como um tanto inapropriado (considere a sugestão de que *w* é um mundo possível apenas no caso em que ele for um país no hemisfério sul, por exemplo; então por que deveria 'L', i.e., 'verdadeiro em todos os mundos possíveis', ser lido como 'necessariamente'?). Todavia, se o palavreado está próximo das leituras, ele tende a violar o requerimento de independência epistemológica. É demais pedir que nem 'necessário', nem 'possível', nem equivalentes deles apareçam no palavreado; explicações de significado devem terminar em algum lugar. Isto não significa dizer, é claro, que não haja nenhuma razão para dar um palavreado que *elabore* a leitura original; afinal de contas, pode-se ajudar alguém a compreender algo dizendo a mesma coisa de outra maneira.

Abordagens de mundos possíveis

É notável que mesmo entre aqueles que tomam os mundos possíveis seriamente haja um desacordo sobre que tipos de coisas os mundos possíveis são. Pelo menos três abordagens podem ser identificadas:

(i) a abordagem linguística, que interpreta o discurso sobre mundos possíveis como um discurso sobre conjuntos maximalmente consistentes de sentenças (por exemplo, Hintikka 1969), no qual a consistência poderia ser compreendida sintática ou semanticamente

(ii) a abordagem conceitualista, que interpreta o discurso sobre mundos possíveis como um discurso sobre as maneiras pelas quais poderíamos conceber o mundo de forma diferente (ver Kripke, 1972)

(iii) a abordagem realista, que aceita o discurso sobre mundos possíveis em seu valor ostensivo, como um discurso sobre entidades reais, abstratas, inteiramente independentes de nossa linguagem ou pensamento (ver D. K. Lewis, 1973, cap.4)[7]

Abordagens de indivíduos possíveis: identidade transmundana

Qualquer que seja a maneira na qual os mundos possíveis são interpretados, é preciso dar alguma explicação de quando indivíduos em diferentes mundos possíveis devam ser considerados o mesmo indivíduo; pois as condições de verdade de sentenças tais como:

$(\exists x)M(Fx)$ ('há um x que é possivelmente F')

ou:

$M(Fa)$ ('a é possivelmente F')

serão 'no mundo real há um indivíduo que em algum mundo possível é F' e 'em algum mundo possível a é F', respectivamente, e, assim, parecem requerer que sejamos capazes de identificar um indivíduo como o mesmo em diferentes mundos possíveis. Consideremos, por exemplo, uma sentença como 'Sócrates poderia ter sido um carpinteiro'. Suas condições seriam dadas assim: 'Há um mundo possível no qual Sócrates é um carpinteiro'. Mas o que determina *qual* indivíduo em um outro mundo possível é *Sócrates*? Suponhamos, por exemplo, que, em w_n, há dois indivíduos possíveis, um exatamente como Sócrates, exceto que é um sapateiro e não um filósofo, o outro sendo

---

[7] As diferentes abordagens são bastante análogas às visões formalista, intuicionista e logicista, na filosofia da matemática, sobre o *status* dos números.

exatamente como Sócrates, exceto que é um carpinteiro e não um filósofo. Qual deles deve ser identificado com o Sócrates real? (ver Chisholm, 1967).

Ora, o problema da identidade transmundana tem se mostrado notavelmente intratável, e permanece um considerável desacordo sobre como ele deve ser mais bem abordado. As alternativas parecem ser:

(1) Algumas das propriedades de um indivíduo são vistas como essenciais para que ele seja aquele indivíduo, e o critério para um indivíduo em um outro mundo possível ser o mesmo indivíduo é que ele possua essas propriedades. (Este é o modelo 'rede' do cap.5, p.92ss.)

(2) O peso do problema é tirado dos predicados e colocado nos nomes. Assim, Kripke nega que os nomes próprios de indivíduos sejam equivalentes em sentido a qualquer conjunto de descrições de seus *denotata*, e contorna a questão: o quanto de um tal conjunto de descrições um indivíduo em um outro mundo possível teria que satisfazer para ser idêntico a, digamos, Sócrates, neste mundo. Os nomes próprios são *designadores rígidos*, denotando o mesmo indivíduo em todos os mundos possíveis. A resposta correta à questão do indivíduo que, em outro mundo possível, é Sócrates, é, simplesmente, 'Sócrates', *aquele* indivíduo. (Este é o modelo 'arpão'.)

(3) Os termos da dificuldade original são rejeitados. Nega-se que seja necessário, de modo a fazer sentido, dizer que indivíduos em mundos diferentes são um e o mesmo, que critérios sejam fornecidos, por meio dos quais possamos escolher que indivíduo em um outro mundo é o mesmo que um dado indivíduo neste mundo. O requisito de que 'critérios de identidade' sejam dados é, de acordo com proponentes de uma tal abordagem (por exemplo, Plantinga, 1974, cap.6), tanto impossível, quanto indesejavelmente exigente (cf. cap.4, p.75). Afinal de contas, observa Plantinga, faz sentido dizer que Georg Cantor foi uma vez um bebê precoce, mesmo que possamos ser inteiramente incapazes de 'localizar' ou 'apontar' aquele bebê, ou especificar que propriedades um indivíduo deva ter para ser o Cantor criança.

(4) Outros rejeitam os termos do problema original, não porque considerem restritivo demais o requisito de que critérios de identidade sejam dados se deve ser significativo identificar indivíduos através de mundos possíveis, mas porque *negam* que o mesmo indivíduo possa existir em diferentes mundos possíveis, de forma que o problema não surge. Leibniz, que deu origem à metafísica dos mundos possíveis, pensava que cada indivíduo existe apenas em um mundo possível. D. K. Lewis (1968) adota essa linha, mas a elabora com o que ele chama de 'teoria dos correlatos' (*counterpart theory*). Cada indivíduo, de acordo com esta teoria, existe em apenas um mundo possível, mas tem correlatos em outros mundos possíveis (não necessariamente em todos os outros mundos possíveis, e talvez mais de um em alguns mundos possíveis). A verdade de asserções tais como 'Sócrates poderia ter sido um carpinteiro' depende agora não de haver um mundo possível no qual Sócrates é um carpinteiro, mas de haver um mundo possível no qual um correlato de Sócrates é um carpinteiro.

Confirmadas as dúvidas de Quine?

As dúvidas de Quine sobre a lógica modal são anteriores ao desenvolvimento da semântica de mundos possíveis. Contudo, Quine, claramente, não pensa que esse desenvolvimento justifique confiança sobre a exequibilidade filosófica, em oposição àquela puramente formal, da lógica modal (ver, por exemplo, Quine, 1976). Sugerirei adiante que os problemas filosóficos levantados pela metafísica dos mundos possíveis e seus possíveis habitantes acabam tornando mais claras, e em certa medida confirmando, as antigas dúvidas de Quine (e que as reservas sobre as opiniões sobre modalidade e quantificação nas quais as críticas originais de Quine se baseavam podem ser, em certa medida, contornadas).

(i) Primeiro, Quine sugeriu que se a modalidade fosse – como ele insiste – compreendida como essencialmente um conceito metalinguístico, os sistemas usuais de lógica modal não seriam apropriados. Montague (1963) investiga em detalhe as restrições que seriam impostas por um tratamento sintático da modalidade, concluindo que 'virtualmente toda a lógica modal, mesmo o fraco sistema S1, deve ser sacrificada' (p.294). Isso significa, além do mais, que são pobres as perspectivas para interpretar os sistemas modais convencionais entendendo mundos possíveis num estilo sintático, como sugerido na primeira abordagem dos mundos possíveis.

(ii) Segundo, Quine duvida que se possa dar uma explicação para as locuções modais que não acabe, eventualmente, requerendo uma compreensão exatamente das ideias que ela se propunha a explicar. A recusa de Quine em se contentar com uma explicação em termos do 'círculo intensional' (analiticidade – sinonímia – definição – regra semântica) de 'Dois Dogmas' pode, penso, ser mais bem compreendida como bastante análoga a uma insistência no requisito de independência epistemológica, discutido antes. A única explicação de mundos possíveis que se mostra muito promissora para satisfazer este requisito é uma explicação linguística puramente sintática, tal que w é um mundo possível somente se há uma descrição consistente dele, onde 'consistente' é entendido puramente em termos sintáticos, tal como 'nenhuma fórmula da forma 'A & –A' é derivável'. Mas uma tal explicação – como observei em (i) acima – leva a uma concepção de necessidade mais fraca do que aquela formalizada pelos sistemas modais usuais. (O fato de que o ceticismo de Quine sobre a analiticidade não se estenda à verdade lógica é pertinente aqui.) As explicações rivais de mundos possíveis parecem todas tender a violar o requisito de independência: a abordagem linguística semântica porque 'consistente' é explicado como 'possivelmente verdadeiro'; a realista, porque não dá nenhum teste de que mundos são possíveis (uma vez que, apesar do hábito de Lewis de falar de outros mundos possíveis como se eles fossem lugares distantes, a Austrália ou Marte, nós não podemos visitar outros mundos possíveis, nem temos, para emprestar uma frase de Kaplan, um Júlio-Vernoscópio através do qual inspecioná-los); a conceitualista porque alguém, que alega ser capaz de imaginar um mundo no qual A, pode ser acusado de descrever erroneamente o que imagina, se A for inconsistente. Contudo, suspeito que o requisito de independência epistemológica seja inaceitavelmente restritivo; e se assim é, aqueles críticos de Quine (por exemplo, Grice & Strawson, 1956) que comentaram que, em 'Dois Dogmas', ele tinha pedido o impossível e reclamado quando não estava disponível, estão, em certa medida, justificados.

(iii) Terceiro, Quine achava que é desesperadamente obscuro aquilo sobre o que as lógicas modais quantificadas quantificam. Ora, penso que se pode razoavelmente compreender que os problemas sobre a identidade transmundana de indivíduos possíveis confirmam algumas das suspeitas de Quine a esse respeito. Pois das 'soluções' delineadas acima, (4) equivale antes a desistir do problema do que a resolvê-lo; (3) depende da rejeição do requisito de que quantificamos apenas sobre coisas para as quais se pode dar condições adequadas de identidade; (2) depende de uma distinção entre nomes e descrições que Quine rejeita; e (1) parece requerer uma forma de essencialismo – essencialismo não sobre *espécies* de coisas, mas sobre *indivíduos* (cf. Parsons, 1969). Isto é, se aceitarmos as concepções de Quine sobre a quantificação, então o problema da identidade transmundana de indivíduos é solucionável apenas ao custo do essencialismo (individual). Claro, isto nos deixa com as opções de rejeitar as concepções de Quine sobre a quantificação ou aceitar o essencialismo, além da opção, que Quine recomenda, de abandonar o empreendimento da lógica modal.

Perspectivas

Eu deveria dizer, para tornar inteiramente claro que as observações seguintes não devem ser tomadas no espírito de uma crítica strawsoniana das inadequações de linguagens formais às sutilezas do inglês, que a formalização, inevitavelmente, envolve uma certa simplificação. É um objetivo legítimo das lógicas modais aspirar a representar o que é vital para o raciocínio sobre possibilidade e necessidade, ignorando aspectos não essenciais do discurso modal na linguagem ordinária. Contudo, em virtude da carga metafísica que as lógicas modais convencionais carregam, penso que seria proveitoso examinar os argumentos informais que elas pretendem formalizar.

Há muitos aspectos do discurso modal em inglês aos quais essas lógicas modais são completamente insensíveis. Por exemplo, 'possível' aceita modificadores, como: é perfeitamente (bem, inteiramente, distintamente, remotamente, apenas, escassamente, ...) possível que...; é uma distinta (remota, real, ...) possibilidade que... Algumas destas locuções sugerem uma ligação com 'provavelmente' (por exemplo, 'é apenas possível que eu vá estar atrasado' parece próximo em significado a 'é possível, mas altamente improvável, que eu vá estar atrasado'). 'Necessário' não aceita os mesmos modificadores – o que pode por si ocasionar algumas dúvidas sobre '$Mp \equiv -L-p$' – mas isto pode ser qualificado de outras maneiras, como: é absolutamente necessário (inteiramente essencial...) para...

Esses aspectos podem resultar logicamente importantes. Mas sinto mais desconforto sobre a desconsideração dos lógicos de alguns outros aspectos do discurso modal inglês,[8] que parecem fazer um apelo *prima facie* muito forte à relevância lógica. Em inglês, precisamos prestar atenção tanto (i) ao tempo verbal do operador modal, quanto (ii) ao tempo e modo do verbo na sentença encaixada. As lógicas modais convencionais são completamente insensíveis tanto ao tempo verbal, quanto ao modo. Contudo, parece fazer uma diferença se se lê:

$$M(\exists x)(Fx)$$

por exemplo, como:

É possível que haja um F (Pode haver um F)

ou como:

É possível que houvesse um F (Poderia haver (Poderia ter havido) um F)

ou se se lê:

$$M(Fa)$$

como:

É possível que a seja F (a pode ser F)

ou como:

É possível que a fosse F (a poderia ser (ter sido) F).

---

[8] Seria uma questão pertinente se eles são compartilhados por outras linguagens.

Ou, de novo, consideremos a diferença entre:

    É possível que ele tenha tido um acidente

dito quando o visitante está atrasado e ainda não chegou, e:

    Era possível que ele tivesse tido um acidente

dito quando o visitante chegou tarde, e se sabe que a demora foi devida a um engarrafamento de trânsito; ou, a importância do tempo verbal do operador modal em:

$$\text{Era possível} \begin{cases} \text{que o governo salvasse o lago} \\ \text{para o governo salvar o lago} \end{cases}$$
mas ele deixou de agir a tempo.

É notório que os filósofos se vejam incapazes de concordar sobre o valor de verdade de fórmulas da lógica modal, especialmente sobre aquelas que envolvem operadores modais iterados. Isto dificilmente é surpreendente em vista do fato de que, sem prestar atenção a considerações de tempo e modo verbais, se tem dificuldades em compreender mesmo sentenças modais com operadores modais únicos. Assim, suponho que venha a se mostrar proveitoso para os lógicos tentar conceber sistemas modais fundamentados em um aparato subjacente no qual o tempo e o modo verbais possam ser representados. Obviamente, contudo, haveria perigos em tentar basear-se nas lógicas temporais disponíveis hoje em dia – pois estes próprios sistemas são construídos por analogia com as lógicas modais convencionais, cujas inadequações instigaram esta suposição em primeiro lugar. E ter-se-á necessidade de mais do que apenas engenhosidade formal, mesmo em combinação com sensibilidade para aquelas complexidades do discurso modal não formalizado que parecem ser inferencialmente relevantes. Por exemplo, a interação entre modalidade e tempo verbal pode muito bem levantar questões metafísicas sobre o determinismo. Mas é exatamente este tipo de interdependência entre formalismo, argumento informal, e argumento filosófico, que torna a filosofia da lógica interessante.

De novo, a implicação: um pós-escrito sobre a 'lógica da relevância'

Os 'paradoxos' da implicação estrita

Uma motivação importante para o desenvolvimento da lógica modal era, como vimos, introduzir uma relação de implicação mais forte, e assim desviar o impacto dos 'paradoxos' da implicação material. E de fato, é claro, a implicação estrita é mais forte que a implicação material (uma vez que $A \prec B \equiv L(A \to B)$). Contudo, permanece controverso se ela satisfaz completamente a necessidade para a qual foi introduzida. Pois a implicação estrita possui seus próprios 'paradoxos', uma vez que, nos sistemas modais regulares, temos os teoremas:

$$Lp \to (q \prec p)$$
$$L{-}p \to (p \prec q)$$

i.e., uma proposição necessária é estritamente implicada por qualquer proposição, e uma proposição impossível implica estritamente qualquer proposição. Não é difícil ver como isto ocorre: pois uma proposição implica estritamente outra exatamente quando é impossível que a primeira seja verdadeira e a segunda falsa; e assim, em particular, se é impossível que a primeira seja verdadeira, ou se é impossível que a segunda seja falsa.

O próprio Lewis defendia que, embora surpreendentes, essas consequências deveriam ser aceitas como verdadeiras. (Nisto ele foi seguido por, entre outros, Kneale, 1945-1946, Popper, 1947, Bennett, 1954.) Ele ainda achava apropriado identificar a implicação estrita como o correlato formal da ideia intuitiva de 'implicação' ou 'acarretamento' (*entailment*). Pois acarretamento, propunha ele, é o inverso da dedutibilidade (A acarreta B sse há uma dedução válida de B a partir de A); e os 'paradoxos' são verdades sobre o acarretamento, uma vez que há, argumentava ele, uma dedução válida de qualquer conclusão necessária a partir de uma premissa arbitrária, e de uma conclusão arbitrária a partir de uma premissa impossível; por exemplo, no último caso, como se segue:

(1) $p \,\&{-}p$ [premissa impossível]
(2) p de (1)

(3) $p \vee q$ de (2)
(4) $\neg p$ de (1)
(5) q de (3) e (4) [conclusão arbitrária]

(Este argumento, é claro, é válido na lógica sentencial clássica. Devemos nos lembrar que é apenas porque, nos sistemas lógicos usuais, qualquer coisa se segue de uma contradição, que a consistência é de tal importância extrema.) O desafio de Lewis aos críticos da implicação estrita consiste em dizer qual é o passo deste argumento, e de seu análogo para o outro 'paradoxo', que poderia possivelmente ser rejeitado.

Outros autores, contudo, acham que os 'paradoxos' da implicação estrita são tão chocantes quanto Lewis considerava os 'paradoxos' da implicação material. Afirmou-se que eles são 'tão completamente vazios de racionalidade [que chegam a ser] uma *reductio ad absurdum* de qualquer opinião que os envolva' (Nelson, 1933, p.271), que eles são 'ultrajantes' (Duncan-Jones, 1935, p.78). Esses autores não admitem que a implicação estrita represente adequadamente a ideia intuitiva de acarretamento. Nelson, por exemplo, argumenta que o que é requerido de A para acarretar B não é apenas que seja impossível para A ser verdadeira e B falsa, mas também que haja alguma 'conexão de significados' entre A e B.[9] Contudo, a dificuldade está em especificar exatamente quando *há* uma 'conexão de significados' entre proposições, e justificar a rejeição de algum(ns) passo(s) das 'provas' de Lewis para os paradoxos da implicação estrita que se considere(m) violar este requisito. Um problema adicional é o de que manobras adotadas para bloquear as provas de Lewis podem se desdobrar em maneiras talvez não antecipadas e não atraentes. Alguns críticos, por exemplo, viram-se obrigados a rejeitar a transitividade do acarretamento. Talvez não seja surpreendente que se tenha tido dúvidas (por exemplo, Suppes, 1957) se a ideia de conexão de significados, ou, de modo mais geral, a ideia de *relevância* de uma proposição para outra, é passível de tratamento formal. Os lógicos da relevância, contudo, pensam de outra maneira.

---

[9] Pode ser mais que historicamente relevante que o próprio Lewis tenha feito algumas propostas em linhas similares à de Nelson em um artigo anterior (1912), atacando a noção de implicação de Russell.

Lógica da relevância

Assim como a lógica modal, não há apenas uma, mas uma classe enorme de 'lógicas da relevância'. Vou me concentrar em R, o sistema da 'implicação relevante' proposto por Anderson e Belnap (1962a, b, 1975) e E, a combinação de R com o sistema modal S4, para dar um sistema de 'acarretamento' (Anderson & Belnap, 1975); cf. Smiley (1959) para uma explanação especialmente clara e útil das alternativas.

Anderson e Belnap concordam que o acarretamento seja o inverso da dedutibilidade, como sustenta Lewis. Contudo, eles insistem que a concepção usual da dedutibilidade é defeituosa, porque ela ignora considerações de relevância. Os lógicos da relevância insistem que é a *sua* concepção da dedutibilidade, e não a noção 'oficial' dos lógicos clássicos, aquela requerida pelo nosso sentido intuitivo e não corrompido daquilo que caracteriza um argumento como válido:

> Um matemático escreve um artigo sobre espaços de Banach, e ... conclui com uma conjectura. Como uma nota de rodapé à conjectura, ele escreve: Além de seu interesse intrínseco, esta conjectura tem conexões com outras partes da matemática que podem não ocorrer imediatamente ao leitor. Por exemplo, se a conjectura for verdadeira, então o cálculo funcional de primeira ordem é completo; ao passo que, se ela for falsa, isto implica que a última conjectura de Fermat é correta. ... o editor replica ... '... apesar do que a maioria dos lógicos diga a nosso respeito, os padrões mantidos por esta revista requerem que o antecedente de um enunciado "se ... então – " deva ser *relevante* para a conclusão tirada.' ...*a fantasia de que a relevância seja irrelevante para a validade nos parece ridícula, e, portanto, tentamos explicar a noção de relevância de A para B.* (Anderson & Belnap, 1975, p.17-8, grifos finais meus)

B é dedutível *de* A, pelos padrões deles, apenas se a derivação de B genuinamente *usa*, e não apenas *faz um desvio através de* A. A ideia de uma premissa ser realmente usada, é claro, continua precisando de explicação. Contudo, é bastante fácil dar exemplos do tipo de argumento que Anderson e Belnap descreveriam como 'provando B *sob* a hipótese A', mas não 'provando B *a partir da* hipótese A'; por exemplo, num sistema em que '$p \to p$' é um axioma:

(1) q hipótese
(2) $p \to p$ axioma
(3) $q \to (p \to p)$ (de (1) e (2), pelo teorema da dedução: se $A \vdash B$ então $\vdash A \to B$)

Assim, o que Anderson e Belnap propõem é, em primeiro lugar, fazer restrições apropriadas à dedutibilidade, de tal maneira que B é dedutível de A somente se A é usado na derivação de B. Estas restrições são resumidas de modo conciso por Fogelin como 'a Regra Nada de Artifícios'. Então eles constroem um sistema de 'implicação relevante' de maneira que A implica relevantemente B apenas quando B é dedutível de A, no sentido *deles* de 'dedutível'. Os axiomas para a implicação relevante são (vou escrever '$\Rightarrow$', para manter uma clara distinção de '$\to$' e '$\dashv$'):

1. $A \Rightarrow A$
2. $(A \Rightarrow B) \Rightarrow ((C \Rightarrow A) \Rightarrow (C \Rightarrow B))$
3. $(A \Rightarrow (B \Rightarrow C)) \Rightarrow (B \Rightarrow (A \Rightarrow C))$
4. $(A \Rightarrow (A \Rightarrow B)) \Rightarrow (A \Rightarrow B)$

(Este é o 'fragmento implicacional' de R, i.e., os axiomas envolvendo apenas a implicação.) Contudo, eles pensam que o acarretamento requer a necessidade, tanto quanto a relevância. Assim, o conectivo que representa o acarretamento deveria ser restringido pela imposição, além das restrições na dedutibilidade que asseguram a relevância, de outras restrições características da implicação estrita, como especificadas por S4. O resultado são estes axiomas, o fragmento implicacional de E, para o acarretamento (o que simbolizarei, por uma analogia óbvia, '$\dashv$'):

1. $A \dashv A$
2. $(A \dashv B) \dashv ((B \dashv C) \dashv (A \dashv C))$
3. $(A \dashv B) \dashv (((A \dashv B) \dashv C) \dashv C)$
4. $(A \dashv (B \dashv C)) \dashv ((A \dashv B) \dashv (A \dashv C))$

O sistema completo E é obtido, finalmente, pela adição de axiomas para os outros conectivos sentenciais.

Resta mostrar como Anderson e Belnap enfrentam o desafio de Lewis: onde está o erro, de acordo com eles, na 'prova' de Lewis de 'q' a partir de '$p \& -p$'? Eles não negam, é claro, a alegação de Lewis de que 'q' é dedutível de '$p \& -p$' por 'alguma forma válida de inferência', *no sentido 'oficial' de 'válido'*. O que eles negam é que 'q' seja dedutível de '$p \& -p$' por uma forma válida de inferência em seu sentido, i.e., o que eles consideram ser *o sentido real de 'válido'*. Anderson e Belnap centram sua crítica no passo de '$p \vee q$' e '$-p$' para 'q'. (Na lógica clássica, é claro, este passo é justificado, sendo uma instância do que é algumas vezes conhecido como o 'silogismo disjuntivo'.) Seu diagnóstico mais detalhado do que está errado com o argumento de Lewis é o seguinte (Anderson & Belnap, 1975, p.165-6). 'Ou' tem dois sentidos, o funcional-veritativo e o intensional; no último, mas não no primeiro sentido, a verdade de '$p \vee q$' requer que os disjuntos sejam relevantes um para o outro. Ora, argumentam eles, o passo de 'p' para '$p \vee q$' é válido somente se '$\vee$' for compreendido funcional-veritativamente, enquanto o passo de '$p \vee q$' e '$-p$' para 'q' é válido somente se '$\vee$' for compreendido intensionalmente. Mais uma vez, eu deveria salientar que por 'válido' eles, neste caso, querem dizer, naturalmente, válido em *seu* sentido. Eles não negam que se '$p \vee q$' (onde '$\vee$' é funcional-veritativo) é verdadeiro, e se '$-p$' é verdadeiro, então, necessariamente, 'q' é verdadeiro, mas eles realmente negam que isto seja suficiente para mostrar que o argumento é válido.

Ora, é claro que, na lógica clássica, uma vez que '$A \rightarrow B$' é equivalente a '$-A \vee B$', o silogismo disjuntivo (de '$-A$' e '$A \vee B$' inferir 'B') é equivalente ao *modus ponens* (de 'A' e '$A \rightarrow B$' inferir 'B'). E, de fato, como poderíamos esperar, em vista desta equivalência, o *modus ponens* para a implicação material falha em E.

Os lógicos da relevância, como deveria agora estar patente, desafiam a lógica clássica de mais de uma maneira.

(i) Mais fundamentalmente, sua objeção diz respeito à concepção clássica de validade. Os lógicos clássicos conceberam a relevância como irrelevante para a validade de um argumento. Se a irrelevância é de alguma forma considerada, tende-se a relegá-la à categoria dos defeitos retóricos. Consequentemente, os lógicos da relevância dão um sentido mais estrito à noção de uma proposição ser dedutível de outra e, portanto, a seu inverso, a noção de uma proposição acarretando outra.

(ii) Assim, os lógicos da relevância apresentam um novo conectivo de acarretamento, '⇛', para estender o aparato lógico clássico.

(iii) E, finalmente, seu diagnóstico de uma 'falácia de relevância' no silogismo disjuntivo, e logo, no *modus ponens* para a implicação material, os leva não apenas a adicionar um novo conectivo ao aparato lógico clássico, mas também a rejeitar certos princípios de inferência *para conectivos clássicos*.

No caso da lógica da relevância, temos, assim, uma *objeção aos metaconceitos clássicos* (estratégia 6 do cap.9, p.210), uma *extensão do aparato clássico* (estratégia 4) e, ao mesmo tempo, uma *restrição* dele (estratégia 5). Entre elas, a objeção ao conceito clássico de validade é a mais básica. Como devemos avaliar esta objeção? Bem, é difícil negar que, num nível informal, a irrelevância seja vista como um defeito em um argumento. A questão é, em vez disso, se ela é mais propriamente encarada como um defeito lógico ou um defeito retórico. A diferença entre preocupações lógicas e retóricas poderia talvez ser indicada, de uma maneira geral, mas apropriada, enfatizando-se a importância da retórica para a audiência à qual o argumento é dirigido. E, nesta avaliação, a relevância – concebida como uma relação entre proposições – tem aparentemente uma pretensão a pertencer à lógica. Uma razão importante pela qual os lógicos se inclinaram a não levar em conta as considerações de relevância, penso eu, é que elas não parecem, diante das circunstâncias, muito prontamente passíveis de tratamento formal. Curiosamente, o comentário de Schiller de que 'a doutrina central da lógica mais predominante ainda consiste em uma negação categórica da relevância' (1930, p.75), citado com aprovação por Anderson e Belnap, é formulado como um argumento contra as pretensões da lógica formal, não como um apelo à formalização da relevância. Se é assim, o empreendimento da lógica da relevância estaria, por assim dizer, justificado por seu sucesso (assim como as alegações de Davidson sobre a aplicabilidade dos métodos de Tarski à linguagem natural) – a possibilidade de formalizar a relevância seria uma razão para considerá-la uma questão lógica. Os esforços dos lógicos da relevância com certeza percorreram um longo caminho até poder refutar a suspeita de que a relevância é irremediavelmente resistente ao tratamento formal. Pode haver, é claro, razões para reservas com respeito às lógicas da relevância hoje disponíveis (e há alguma rivalidade entre elas, também) – alguns acham que a construção de Anderson e Belnap de E é desagradavelmente *ad hoc*, e aqueles, como eu própria, que têm dúvidas sobre lógicas modais convencionais podem não estar completamente contentes com a estrita aliança de E com S4. (Mas a sugestão de Anderson e Belnap, p.28, de que a necessidade pode ser entendida em termos de acarretamento, e não o inverso, é atraente se considerarmos que a lógica se ocupa, em primeiro lugar, da validade; em segundo, da verdade lógica.) E a lógica da relevância será inevitavelmente mais complexa do que a lógica funcional-veritativa clássica; de forma que estamos autorizados a perguntar que vantagens poderíamos esperar que ela traga.

Uma razão pela qual os paradoxos semânticos e da teoria de conjuntos são vistos como catastróficos é que, uma vez que, do ponto de vista da lógica clássica, qualquer coisa se segue de uma contradição, um sistema formal no qual um paradoxo é derivável é sem valor. Alguns autores observaram, contudo, que num argumento informal, os efeitos de uma contradição não são tomados como tão desastrosamente globais, mas vistos como localizados. E alguns deles, bem compreensivelmente, tinham esperança de que um formalismo no qual uma contradição não acarrete uma fórmula arbitrária possa ter vantagens como uma 'lógica do paradoxo'.

Contudo, o interesse da lógica da relevância não deve ficar restrito a questões de filosofia da lógica (isto não precisa causar surpresa; lembremos, afinal de contas, as questões metafísicas para as quais a lógica do tempo é pertinente). Vejo algumas perspectivas para um conceito de relevância em algumas questões interessantes de epistemologia, por exemplo. Consideremos a ideia de Quine, expressa em 'Dois Dogmas do Empirismo', que a base de verificação/falseamento deva ser a totalidade da ciência. Quine argumenta, bastante persuasivamente, que uma sentença isolada não pode ser submetida a um teste empírico isoladamente, e conclui, de uma maneira que parece precipitada, que é a totalidade da ciência que enfrenta 'o tribunal da experiência'. Não seria muito extravagante suspeitar que o fato de que, de quaisquer duas sentenças, ou a primeira implica materialmente a segunda, ou então a segunda implica materialmente a primeira, possa conferir um ar de inevitabilidade ao dilema de que é ou uma sentença isolada, ou então a totalidade da ciência, a base de teste empírico. E é interessante especular se uma noção mais forte de implicação poderia dar lugar a uma terceira possibilidade, que uma sentença é testada junto com aquelas outras sentenças que são relevantes para ela.

Observei anteriormente que E envolve uma restrição da lógica clássica: o *modus ponens*, para a implicação material, falha. As lógicas polivalentes, para as quais agora me volto, também envolvem uma restrição do aparato lógico clássico.

11
LÓGICA POLIVALENTE

Sistemas polivalentes

Restrições da lógica clássica: lógicas alternativas

Um sistema é uma variante de outro se ele compartilha o vocabulário do primeiro, mas tem um conjunto diferente de teoremas/inferências válidas; uma 'lógica alternativa' é um sistema que é uma variante da lógica clássica. (Um sistema pode envolver *tanto* uma extensão, *quanto* um desvio da lógica clássica, se ele adicionar um vocabulário novo e, portanto, novos teoremas/inferências válidas, mas ao mesmo tempo diferir essencialmente da lógica clássica com respeito a teoremas/inferências válidas, envolvendo essencialmente apenas o vocabulário compartilhado. O sistema E, examinado no Capítulo 10, p.264, seria um exemplo disso.) As lógicas polivalentes são lógicas alternativas; compartilhando o vocabulário da lógica clássica, elas via de regra deixam de ter certos teoremas desta, tais como a 'lei do terceiro excluído', '$p \vee -p$'. (Algumas também adicionam um vocabulário novo e, desse modo, entram também na categoria de extensões.)

As lógicas polivalentes que vou considerar neste capítulo foram concebidas a partir de dois tipos principais de motivação: o interesse puramente matemático em alternativas à semântica bivalente da lógica sentencial clássica; e – de interesse mais filosófico – a insatisfação com a imposição clássica de uma dicotomia absoluta entre o verdadeiro e o falso, e, ligada a isso, a insatisfação com certos teoremas ou inferências da lógica clássica. O segundo tipo de motivação é característico – como observei no Capítulo 9, p.208 – de propostas para restringir a lógica clássica.

Observações históricas

As lógicas polivalentes têm uma história tão longa quanto as lógicas modais. Aristóteles já expressa reservas sobre a bivalência (*De Interpretatione*, IX). No começo do século XX, Hugh MacColl fez propostas tanto formais, quanto filosóficas. Contudo, como no caso das lógicas modais, o ímpeto para um desenvolvimento formal detalhado veio na esteira do desenvolvimento formal da lógica bivalente, especificamente, da semântica de tabelas de verdade para a lógica do *Begriffsschrift* e dos *Principia Mathematica*, iniciado por Post e Wittgenstein. Os primeiros sistemas polivalentes foram concebidos por Łukasiewicz (1920) e Post (1921) (ver Rescher, 1969, cap.1, para uma discussão histórica detalhada).

Contudo, em um aspecto, há uma importante diferença entre o desenvolvimento das lógicas modais e o desenvolvimento das lógicas polivalentes: enquanto, no primeiro caso, a sintaxe (vocabulário, axiomas, regras) foi desenvolvida primeiro, e a semântica dada apenas bem mais tarde, no outro caso, o desenvolvimento inicial foi semântico, e a sintaxe foi dada apenas posteriormente, com as axiomatizações das lógicas polivalentes de Łukasiewicz concebidas por Jaśkowski (1934). As lógicas polivalentes começaram, assim, com o desenvolvimento de tabelas de verdade polivalentes. Seria justo dizer, contudo, que a questão da interpretação dos valores dessas matrizes ainda está, na melhor das hipóteses, apenas parcialmente respondida. O problema de semânticas depravadas será uma grande preocupação aqui, como no capítulo anterior.

Esboço formal

Lembremos (do cap.3, p.59) que um sistema é n-valente se n é o menor número de valores que tem qualquer matriz característica para esse sistema. Ao falar de lógicas 'polivalentes', vou restringir-

-me a lógicas n-valentes onde $2 < n$ (logo, a lógica bivalente não é 'polivalente'; isto segue o uso padrão).

Embora haja apenas um sistema de lógica bivalente (no sentido amplo de 'sistema' explicado no Capítulo 2, no qual dois sistemas são o mesmo se, tomando-se em conta diferenças de notação, termos primitivos, e axiomas e regras, eles têm exatamente os mesmos teoremas/inferências válidas), há sistemas alternativos de lógica trivalente (etc.). Isto é pouco surpreendente; pois, uma vez que se tenham 3 ou mais valores, obviamente decisões alternativas são possíveis com respeito ao valor a ser atribuído a fórmulas compostas.

Vou apresentar apenas um esboço de algumas das mais conhecidas lógicas polivalentes, e vou me concentrar nos pontos formais que têm relação com as questões filosóficas levantadas posteriormente. (Um tratamento formal mais detalhado é encontrado em Rosser & Turquette, 1952, Ackermann, 1967, ou Rescher, 1969.) Minha apresentação será semântica, em vez de sintática; isto não apenas está de acordo com a história das lógicas polivalentes, mas também, penso, esclarece as diferenças entre elas de uma maneira mais clara.

A lógica trivalente de Łukasiewicz (Łukasiewicz, 1920, 1930) é caracterizada pelas seguintes matrizes:

A	$-A$
*v	f
i	i
f	v

$A \& B$

A \ B	v	i	f
v	v	i	f
i	i	i	f
f	f	f	f

$A \vee B$

A \ B	v	i	f
v	v	v	v
i	v	i	i
f	v	i	f

$A \rightarrow B$

A \ B	v	i	f
v	v	i	f
i	v	v	i
f	v	v	v

(* indica o valor designado, i.e., o valor que faz que wffs que o tomam uniformemente sejam consideradas tautologias.)

Inicialmente, Łukasiewicz tinha em mente que o terceiro valor, que ele lia como 'indeterminado' ou 'possível', deveria ser tomado por enunciados futuros contingentes, que ele, seguindo Aristóteles, pensava que não poderiam ser ou verdadeiros ou falsos. Nem a lei do terceiro excluído nem a lei da não contradição são uniformemente designadas nessas matrizes, de forma que nenhuma delas é um teorema de Ł₃; '$p \vee -p$' e '$-(p \& -p)$' tomam o valor i quando 'p' o faz. Contudo, uma vez que a tabela de verdade para a implicação atribui o valor v a '$A \to B$', mesmo quando o antecedente e o consequente tomam o valor i, a lei da identidade, '$p \to p$', é um teorema.[1]

A lógica trivalente de Kleene (1952) difere daquela de Łukasiewicz com relação à implicação. Enquanto Łukasiewicz, ansioso por salvar a lei da identidade, atribui v para $|A \to B|$ quando $|A| = |B| = i$, Kleene tem:

	$A \to B$		
B \ A	v	i	f
v	v	i	f
i	v	i	i
f	v	v	v

Diferentemente de Łukasiewicz, Kleene não pensava em i como um valor de verdade intermediário. Em vez disso, ele deveria representar 'indecidível', e ser tomado por sentenças matemáticas que, embora verdadeiras ou falsas, não são nem demonstráveis, nem refutáveis. As matrizes de Kleene são, portanto, construídas de acordo com o princípio de que onde a verdade ou falsidade de uma componente for suficiente para decidir a verdade ou falsidade de uma fórmula composta, esta deveria tomar aquele valor apesar de ter outra(s) componente(s) indecidível(eis); caso contrário, a própria fórmula composta seria indecidível.

O sistema trivalente de Bochvar (1939) foi originalmente destinado a solucionar os paradoxos semânticos (cap.8, p.191), e a inter-

---

[1] Essa lógica trivalente pode ser generalizada. Se representarmos os três valores pelos números $(1, \frac{1}{2}, 0)$, então as matrizes de Łukasiewicz enquadram-se nas regras:

$|-A| = 1 - |A|$
$|A \vee B| = \max\{|A|, |B|\}$
$|A \& B| = \min\{|A|, |B|\}$
$|A \to B| = \begin{cases} 1, \text{ se } |A| \leq |B| \\ 1 - |A| + |B|, \text{ se } |A| > |B| \end{cases}$

('$|A|$' significa 'o valor de A') e estas regras geram matrizes para 4, 5 ... n, e infinitamente muitos valores. Cf. p.223.

pretação que ele tinha em mente para o terceiro valor era 'paradoxal' ou 'destituído de significado'. Baseado no princípio de que uma sentença composta que possui uma componente paradoxal é, ela própria, paradoxal, ele apresentou matrizes nas quais o terceiro valor é, por assim dizer, 'infeccioso':

A	−A
v	f
i	i
f	v

A \ B	A&B		
	v	i	f
v	v	i	f
i	i	i	i
f	f	i	f

A \ B	A∨B		
	v	i	f
v	v	i	v
i	i	i	i
f	v	i	f

A \ B	A→B		
	v	i	f
v	v	i	f
i	i	i	i
f	v	i	v

(Com base nessas matrizes, é claro, não haverá wffs que tomem v para todas as atribuições de suas componentes atômicas, uma vez que tomar o valor i como entrada sempre leva a ter i como resultado. Pois, em cada tabela, as colunas e linhas centrais têm 'i' em todos os casos.) Assim, Bochvar adiciona um 'operador de asserção', que designarei por 'T', uma vez que parece significar algo como 'é verdade que':

A	TA
v	v
i	f
f	f

Isto lhe permite definir conectivos 'externos' da seguinte maneira:

$$-A = -TA$$
$$A \& B = TA \& TB$$
$$A \vee B = TA \vee TB$$
$$A \to B = TA \to TB$$

As matrizes para os conectivos externos, consequentemente, sempre têm v ou f como resultado. E, na verdade, exatamente as tautologias bivalentes clássicas tomam o valor v uniformemente para todas as atribuições às suas componentes. (As matrizes para os conectivos externos são, por assim dizer, tabelas trivalentes para a lógica bivalente, com tanto 'i', quanto 'f' como tipos de falsidade.)

Todas as matrizes consideradas até agora são *normais* (na terminologia de Rescher): elas se assemelham às conhecidas matrizes bivalentes, nas quais apenas os valores iniciais clássicos são contemplados – nos casos em que uma wff composta tem apenas componentes verdadeiras ou falsas, as matrizes trivalentes atribuem o mesmo valor que a tabela clássica atribuiria. (Isto é, as matrizes trivalentes são como as clássicas com respeito aos valores nos cantos da tabela.) As lógicas polivalentes de Post são uma exceção por causa de sua matriz 'cíclica' para a negação:

A	–A
v	i
i	f
f	v

Motivações filosóficas

Não serei capaz de considerar todos os argumentos dados a favor das lógicas polivalentes por seus proponentes, e terei que me restringir ao que, espero, seja uma amostra razoavelmente representativa.

Futuros contingentes

Łukasiewicz apresenta sua lógica trivalente por meio de um argumento derivado de Aristóteles, no sentido de que, a menos que se permita que enunciados sobre o futuro não sejam ainda verdadeiros ou falsos, estar-se-á comprometido com o fatalismo. (A interpretação que Łukasiewicz faz de Aristóteles é discutível, mas não preciso ocupar-me dessa disputa aqui; cf. Haack, 1974, cap.4 para uma discussão relevante.) O argumento de Łukasiewicz é o seguinte. Suponhamos que seja verdade agora que vou estar em Varsóvia ao meio-dia de 21 de dezembro do próximo ano; então eu não posso não estar em Varsóvia ao meio-dia de 21 de dezembro do próximo ano; quer dizer, é necessário que eu esteja em Varsóvia ao meio-dia de 21 de dezembro do próximo ano. Suponhamos, entretanto, que seja agora falso que eu vou estar em Varsóvia ao meio-dia de 21 de dezembro do próximo ano; então eu não posso estar em Varsóvia ao meio-dia de 21 de dezembro do próximo ano; quer dizer, é impossível que eu esteja em Varsóvia ao meio-dia de 21 de dezembro do próximo ano. Assim, se é ou verdadeiro ou falso, agora, que eu estarei em Varsóvia naquela ocasião, é ou necessário ou impossível que eu esteja em Varsóvia naquela ocasião. A única maneira de evitar esta conclusão fatalista, insiste Łukasiewicz, consiste em negar que tais enunciados contingentes, no tempo verbal futuro, sejam ou verdadeiros ou falsos antes do evento. A bivalência, ele conclui, deve ser rejeitada.

Se esse argumento fosse válido, é claro, restaria ainda espaço para desacordo a respeito de tomá-lo como uma prova do fatalismo ou uma refutação da bivalência. (Todos os argumentos vão, em certo sentido, em ambas as direções. Quero dizer, dado um argumento no sentido de que B segue-se de A, pode-se ou aceitar a premissa e, logo, a conclusão, ou, rejeitando a conclusão, rejeitar também a premissa.) Contudo, uma vez que acredito que o argumento é inválido, não preciso deter-me na questão de ser o fatalismo uma conclusão tolerável ou não. Penso que o argumento é inválido porque depende de uma falácia modal, a falácia de argumentar a partir de:

> Necessariamente (se é agora verdadeiro [falso] que vou estar em Varsóvia ao meio-dia de 21 de dezembro do próximo ano, então eu [não] vou estar em Varsóvia ao meio-dia de 21 de dezembro do próximo ano)

que é, é claro, verdadeiro, para:

> Se é agora verdadeiro [falso] que eu vou estar em Varsóvia ao meio-dia de 21 de dezembro do próximo ano, então necessariamente eu [não] vou estar em Varsóvia ao meio-dia de 21 de dezembro do próximo ano

i.e., argumentando de:
$$L(A \to B)$$
para:
$$A \to LB$$

(Se não está óbvio que isto seja uma falácia, consideremos esta instância que claramente não preserva a verdade: $L((p \& q) \to p)$, logo $(p \& q) \to Lp$.)

Se estou certa a respeito disto, o fatalismo *não* se segue da bivalência, assim, mesmo que o fatalismo seja uma tese inaceitável, não há necessidade de rejeitar a bivalência por causa disso, e Łukasiewicz não forneceu uma boa razão para adotar sua lógica trivalente. Contudo, outros autores apresentaram argumentos bastante diferentes a favor da lógica de Łukasiewicz.

Mecânica quântica

Reichenbach argumenta (1944; Putnam, 1957, apoia sua argumentação) que a adoção de uma lógica trivalente (a que ele propõe é exatamente como a de Łukasiewicz, exceto pelo acréscimo de operadores adicionais de negação e implicação) daria uma solução a alguns problemas levantados pela mecânica quântica. Seu argumento tem a seguinte estrutura: se se utiliza a lógica clássica, a mecânica quântica gera algumas consequências inaceitáveis, que ele chama de 'anomalias causais' (de modo geral, enunciados sobre fenômenos da mecânica quântica que contradizem as leis físicas clássicas para objetos observáveis). Estas anomalias causais podem, contudo, ser evitadas sem interferir com a mecânica quântica ou a física clássica, usando-se uma lógica trivalente, em vez de bivalente. Em resumo:

> física clássica & mecânica quântica & *lógica clássica* →
> anomalias causais
> física clássica & mecânica quântica & *lógica trivalente* →
> nenhuma anomalia causal

Reichenbach, como Łukasiewicz, entende o terceiro valor como 'indeterminado'; mas o tipo de enunciado que ele pretende que tome este valor é bem diferente daquele que Łukasiewicz tinha em mente. Em suma, uma das peculiaridades da mecânica quântica é a seguinte: embora seja possível medir a posição de uma partícula, e possível medir seu momento, é impossível – segue-se da teoria que é impossível – medir tanto posição quanto momento simultaneamente. Bohr e Heisenberg sugeriram que enunciados que indicam tanto a posição, quanto o momento, de uma partícula em um certo tempo sejam encarados como destituídos de significado, ou malformados. Reichenbach prefere admitir que eles sejam significativos (afinal, cada componente é, separadamente, inteiramente não problemático), mas nem verdadeiros, nem falsos, e sim indeterminados. O argumento de Reichenbach levanta mais questões do que posso discutir aqui. Por exemplo: são genuínas as dificuldades em virtude das quais Reichenbach quer modificar a lógica? E é metodologicamente adequado, de qualquer maneira, modificar a lógica para evitar dificuldades na física? (mas cf. Haack, 1974, cap.9). Mesmo se Reichenbach estiver certo, contudo, parece haver pouca dúvida a respeito de haver necessidade de uma lógica não clássica; a lógica não clássica específica que ele propõe não satisfaz o que acha ser necessário. A motivação para a adoção de uma lógica não clássica era evitar as anomalias causais sem mexer com a física (ver Reichenbach, 1944, p.159-60, 166). Contudo, uma vez que Reichenbach pretende que todos os enunciados que indicam a posição e o momento simultaneamente sejam indeterminados, ele atribui o valor 'indeterminado' não apenas a enunciados anômalos, mas também a certas leis (por exemplo, o princípio da conservação da energia; 1944, p.166).

É duvidoso, então, que Reichenbach tenha dado boas razões para a adoção da lógica de Łukasiewicz. (Claro, permanece possível que desenvolvimentos na mecânica quântica de fato requeiram a adoção de uma lógica não clássica, talvez o sistema não funcional-veritativo desenvolvido por Birkhoff e von Neumann em 1936; cf. Putnam, 1969.)

Paradoxos semânticos

A lógica trivalente de Bochvar pretendia fornecer uma solução para os paradoxos semânticos: 'esta sentença é falsa' é verdadeira se falsa, e falsa se verdadeira. A proposta de Bochvar é que a ela não sejam atribuídos nem 'verdadeiro', nem 'falso', mas um terceiro valor, 'paradoxal' ou 'destituído de significado'. Já argumentei (cap.8, p.191) que este tipo de abordagem dos paradoxos tende a ir da frigideira – o paradoxo do Mentiroso – ao fogo – o Mentiroso Reforçado ('esta sentença é ou falsa ou paradoxal', verdadeira se falsa ou paradoxal, falsa ou paradoxal se verdadeira). Como no caso da lógica de

Łukasiewicz, contudo, outras razões além daquelas dadas pelo seu criador foram também sugeridas a favor de uma lógica trivalente como a de Bochvar.

A falta de significado

A 'lógica do absurdo' de Halldén (1949), por exemplo, possui matrizes similares àquelas dos conectivos internos de Bochvar, nas quais o terceiro valor ('destituído de significado') contamina qualquer fórmula composta, se for atribuído a qualquer uma de suas componentes. Mas isto, mais uma vez, não fornece nenhuma razão suficientemente forte a favor da lógica de Bochvar. Pois, como argumentei no Capítulo 9, p.220, todo o empreendimento de uma 'lógica da falta de significado' me parece mal concebido em seus próprios fundamentos.

Já comentei sobre o caráter curioso e 'infeccioso', do terceiro valor de Bochvar, indicando que ele tem talvez as consequências bastante desalentadoras de que não há fórmulas, utilizando apenas os conectivos internos, que tomem o valor 'verdadeiro' para todas as atribuições a suas componentes. Uma proposta, contudo, confere um fundamento interessante a isto.

Sentido sem denotação

Lembremos (do cap.5, p.96) que Frege sustentava que a denotação/o sentido de uma expressão composta dependia da denotação/sentido de suas componentes; e, consequentemente, que uma sentença contendo um termo singular que não tem denotação carece, ela própria, de um valor de verdade, e uma sentença composta da qual uma componente é sem valor de verdade é ela própria sem valor de verdade. O próprio Frege preferia, como vimos, assegurar que sua linguagem formal não admitisse nenhum termo sem denotação. Se tais termos fossem permitidos, contudo, uma lógica não clássica seria necessária para tratar deles do modo que requer a teoria de Frege. Smiley (1960) sugere que uma lógica trivalente como a de Bochvar seria o sistema não clássico apropriado. A atribuição do terceiro valor a uma wff indica, aqui, não que ela tenha um valor de verdade intermediário, mas que ela não tem absolutamente nenhum valor de verdade. Ora, o fato de que matrizes para os conectivos internos não atribuam um valor de verdade a uma wff composta se alguma componente deixa de ter um valor de verdade corresponde ao princípio fregeano de que uma expressão composta carece de denotação se a qualquer uma de suas componentes falta uma denotação. E com a ajuda do operador de asserção, a concepção fregeana de pressuposição ('A' pressupõe 'B' se 'A' não é nem verdadeira, nem falsa, a menos que 'B' seja verdadeira) pode ser definida. Assim, penso que esta proposta é admiravelmente bem-sucedida ao representar o sistema formal que resultaria da adoção da teoria de Frege sobre sentido e denotação (consideremos a formalização de Woodruff (1970), que não satisfaz o princípio de Frege de entrada sem valor de verdade/saída sem valor de verdade). É claro, considerar que ela fornece, ao mesmo tempo, um argumento para a adoção da lógica de Bochvar, depende de se aceitar a explicação fregeana de expressões destituídas de denotação.

Sentenças indecidíveis

A lógica trivalente de Kleene pretende, como vimos, acomodar enunciados matemáticos indecidíveis. O terceiro valor representa 'indecidível', e a atribuição desse valor a uma wff não pretende indicar que ela não seja nem verdadeira nem falsa, apenas que não se pode dizer qual. De fato, é exatamente porque Kleene considera que wffs indecidíveis são verdadeiras, ou falsas, que ele adota o princípio de que uma wff composta com uma componente indecidível deveria ser decidível se os valores das outras componentes fossem suficientes para assegurar que o todo é ou verdadeiro, ou falso (por exemplo, se $|p| = i$ e $|q| = v$, $|p \vee q| = v$). Assim, embora a motivação filosófica para a lógica trivalente de Kleene pareça bastante inatacável, o que ele propõe parece ser menos radical, menos um desafio à lógica bivalente clássica do que inicialmente parece (cf. a insistência de Kripke (1975) de que seu uso das regras de valoração de Kleene não representa nenhuma ameaça à lógica clássica; ver cap.8, p.197ss). Estas reflexões levantam algumas questões interessantes sobre como se possa esperar que a adoção de uma lógica polivalente afete a teoria da verdade.

Lógicas polivalentes e valores de verdade

Não é surpreendente que se tenha, algumas vezes, suposto que o uso de uma lógica polivalente iria inevitavelmente envolver uma pretensão de que haja mais do que dois valores de verdade; uma pretensão que tem – de novo, talvez não surpreendentemente – algumas vezes sido uma grande fonte de resistência a lógicas polivalentes. Mas, na verdade, penso que está claro que uma lógica polivalente não precisa requerer a admissão de um ou mais valores de verdade extra além de 'verdadeiro' e 'falso' e, de fato, de que ela nem mesmo requer a rejeição da bivalência.

O uso feito por Smiley da lógica trivalente de Bochvar ilustra o primeiro ponto. A atribuição do terceiro valor a uma wff indica que ela não tem *nenhum* valor de verdade, não que ela tenha um terceiro valor de verdade, não clássico. (Se nos sentirmos tentados a pensar em 'nem verdadeiro, nem falso' como um terceiro valor de verdade, no mesmo nível de 'verdadeiro' e 'falso', a observação de McCall (1970) de que ninguém supõe que 'ou verdadeiro ou falso' é um terceiro valor de verdade, pode ajudar a reforçar nossa resistência.)

Algumas vezes, entretanto, valores intermediários são entendidos não como novos valores de verdade, mas, por assim dizer, como variantes epistemológicas de 'verdadeiro' e 'falso'. Prior sugere as seguintes interpretações dos valores de uma lógica tetravalente:

1 = verdadeiro e puramente matemático (ou, verdadeiro e sabidamente verdadeiro)

2 = verdadeiro, mas não puramente matemático (ou, verdadeiro, mas não sabidamente verdadeiro)

3 = falso, mas não puramente matemático (ou, falso, mas não sabidamente falso)

4 = falso e puramente matemático (ou, falso e sabidamente falso)

Esses exemplos servem também para verificar minha alegação mais forte de que o uso de um sistema polivalente não necessita nem mesmo requerer uma negação da bivalência. Pois esta interpretação acarreta que toda wff é ou verdadeira ou falsa.

Um outro exemplo no qual a ameaça à bivalência acaba sendo apenas aparente é este: Michalski et al. (1976) propõe uma lógica com 12 valores que se diz útil para conceber programas de computador para lidar com dados sobre doenças de plantas. É compreensível um certo estranhamento a este respeito: como vamos interpretar os *dez* valores de verdade adicionais? Em um exame mais detalhado, contudo, resulta que o que se passa é bem menos radical, e bem menos enigmático, do que parece à primeira vista. A ideia é (simplifico, mas, espero, não de modo enganador) que em vez de classificar a informação sobre o aparecimento de sintomas da maneira óbvia, como, digamos:

> Manchas vermelhas aparecem primeiro em janeiro – falso
> Manchas vermelhas aparecem primeiro em fevereiro – verdadeiro
> Manchas vermelhas aparecem primeiro em março – falso
> etc.

podemos classificar, muito mais economicamente, assim:

> Manchas vermelhas aparecem – valor 2

Os 12 valores significam, com efeito, 'verdadeiro-em-janeiro', 'verdadeiro-em-fevereiro' ... etc. Notemos, aqui, que aquilo a que os dois valores de verdade clássicos foram atribuídos ('Manchas vermelhas aparecem primeiro em janeiro etc.) e aquilo a que os 12 valores de verdade não clássicos foram atribuídos ('Manchas vermelhas aparecem') são diferentes.

Isto leva a um ponto importante e mais geral: que o que parece diante das circunstâncias como a atribuição de um valor não usual a uma coisa usual pode acabar sendo mais bem explicável como a atribuição de um valor usual a uma coisa não usual. Isto pode indicar o que há de correto na crítica recorrente (por exemplo, Lewy, 1946, Kneale & Kneale, 1962, p.51ss) de que os proponentes de lógicas polivalentes estão simplesmente confusos com respeito aos portadores de verdade.

A interpretação sugerida para os sistemas polivalentes de Post dá uma ilustração interessante deste ponto. A ideia é, resumidamente, supor que as 'letras sentenciais' representam *sequências* de sentenças, e considerar que as atribuições de valores a estas sequências dependem da proporção de seus elementos verdadeiros em relação a seus elementos falsos (de modo mais exato: numa lógica n-valente, P deve representar uma $(n-1)$-upla, $\langle p_1, p_2, \ldots, p_{n-1} \rangle$, de sentenças regulares, bivalentes, e P deve tomar o valor i quando exatamente $i-1$ de seus elementos são falsos). Isto sugere que se possa entender que as lógicas de Post apresentam um análogo formal da ideia intuitiva de verdade parcial; assim: uma sentença é parcialmente verdadeira se ela for complexa, e parte dela for verdadeira (cf. p.227; e Haack, 1974, p.62-4, para discussão adicional).

O que estive argumentando até agora é que as lógicas polivalentes *não precisam* requerer a admissão de valores de verdade intermediários, e nem mesmo a rejeição da bivalência. Isto não significa dizer, é claro, que elas *nunca* façam esta objeção à concepção clássica da verdade. Por exemplo, o uso das matrizes de Bochvar para representar uma explanação fregeana das expressões destituídas de denotação certamente requer uma negação da bivalência. A atribuição do terceiro valor representa precisamente a ideia de que a fórmula não é nem verdadeira nem falsa. (Lembremos (cap.7, p.143) que a explanação clássica, tarskiana, da verdade é bivalente, e, de fato, que o esquema (T) ameaça excluir teorias da verdade não bivalentes.)

Não terá, talvez, escapado à atenção que, dos argumentos filosóficos pela adoção de lógicas polivalentes discutidos acima, os mais persuasivos foram aqueles que defendiam uma compreensão dos valores intermediários como variantes epistêmicas dos valores de verdade clássicos (Kleene), como atribuição de valores de verdade clássicos a elementos não clássicos (Post), ou como falta de valores de verdade clássicos (Smiley). Isto *pode* ser uma coincidência; mas aqueles que têm suspeitas quanto à inteligibilidade da ideia de valores de verdade intermediários podem encontrar nisso alguma confirmação delas.

Lógicas alternativas não funcional-veritativas

É claro que as lógicas polivalentes são, assim como a lógica clássica, funcional-veritativas. O valor atribuído a uma wff composta depende somente dos valores atribuídos a suas componentes. (As lógicas modais, ao contrário, não são funcional-veritativas. O valor de verdade de uma fórmula modal não depende somente do valor de verdade de suas componentes, e as lógicas modais usuais não têm matrizes características finitas.) A preferência dos lógicos por conectivos funcional-veritativos (cf. cap.3, p.64) é compreensível, uma vez que as tabelas de verdade fornecem um procedimento de decisão simples para lógicas bivalentes e polivalentes.

Quando, no entanto, se reflete sobre a motivação que levou às matrizes de Kleene, a suposição de funcionalidade veritativa pode, penso, ser colocada em questão. Lembremos que o argumento de Kleene sobre a razão pela qual $|p \vee q|$ deveria ser v se $|p| = i$ e $|q| = v$ é que a verdade de *um* disjunto é suficiente para determinar a verdade da disjunção toda, sem considerar qual o valor do outro disjunto; i.e., que '$p \vee q$' *será verdadeiro se 'q' o for, seja 'p' verdadeiro ou falso*. Contudo, as matrizes de Kleene atribuem i a '$p \vee q$' quando $|p| = |q| = i$; e assim, em particular, elas atribuem i a '$p \vee \neg p$' quando $|p| = |\neg p| = i$. Mas, pode-se observar, enquanto '$p \vee q$' não pode ser garantido como verdadeiro independentemente de serem 'p' e 'q' verdadeiros ou falsos, '$p \vee \neg p$' *será verdadeiro se 'p' for verdadeiro ou falso*. E isso sugere que os princípios de Kleene poderiam justificar uma atribuição a '$p \vee \neg p$' *diferente* daquela de '$p \vee q$', quando ambos os disjuntos têm i. Mas isto, é claro, iria requerer uma lógica não funcional-veritativa.

Sobrevalorações

As 'linguagens sobrevaloracionais' não funcional-veritativas de van Fraassen (ver 1966, 1968, 1969) parecem estar mais de acordo com os princípios com os quais Kleene argumenta a favor de suas atribuições que as próprias matrizes trivalentes de Kleene. A ideia, em resumo, é a seguinte: uma *sobrevaloração* atribui a uma wff composta, alguma(s) componente(s) da qual carecem de um valor de verdade, aquele valor que todas as valorações clássicas iriam atribuir, se houver um único tal valor, e, caso contrário, nenhum valor. Uma vez que todas as valorações clássicas – i.e., tanto aquelas que atribuem 'verdadeiro' quanto aquelas que atribuem 'falso' a 'p' – iriam atribuir 'verdadeiro' a '$p \vee \neg p$', a sobrevaloração também atribui 'verdadeiro' a '$p \vee \neg p$'. Contudo, uma vez que a valoração clássica que atribui 'falso' a 'p' e a 'q' atribui 'falso' a '$p \vee q$', enquanto todas as outras valorações clássicas atribuem 'verdadeiro' a '$p \vee q$', não há um valor único atribuído por todas as valorações clássicas a '$p \vee q$', e a sobrevaloração não atribui a ela *nenhum* valor. Não é difícil ver que as sobrevalorações atribuirão 'verdadeiro' a todas as tautologias clássicas e 'falso' a todas as contradições clássicas, mas nenhum valor a fórmulas contingentes. Todavia, embora os sistemas de van Fraassen tenham, assim, exatamente as mesmas tautologias que a lógica clássica, eles diferem dela a respeito das inferências que são admitidas como válidas – por exemplo, o 'dilema disjuntivo' (se $A \vdash C$ e $B \vdash C$, então $A \vee B \vdash C$) falha – e esta seria a razão pela qual eles são alternativos.

Lógica intuicionista

Outra lógica alternativa não funcional-veritativa de substancial interesse filosófico e formal é a lógica intuicionista de Heyting.

Os intuicionistas alegam (ver, por exemplo, Brouwer, 1952, Heyting, 1966) que a lógica clássica é, em certos aspectos, incorreta. É importante notar, contudo, que seu desacordo é mais profundo do que sua rejeição de certas leis clássicas. Pois, em primeiro lugar, a concepção intuicionista do âmbito e caráter da lógica é completamente distinta. Os intuicionistas pensam que a lógica é secundária em relação à matemática, uma coleção de princípios que são descobertos, *a posteriori*, a governar o raciocínio matemático. Isto obviamente rejeita a concepção 'clássica' da lógica como o estudo de princípios aplicáveis a todo raciocínio, independentemente do assunto, como a mais fundamental e geral das teorias, em relação à qual mesmo a matemática é secundária. Contudo, esta concepção diferente da lógica não iria, por si própria, explicar a rejeição dos intuicionistas de certas leis da lógica clássica, se não fosse pelo fato de que eles também têm uma concepção diferente da natureza da matemática. Pois considera-se que as leis lógicas clássicas governam, é claro, todo o raciocínio, inclusive o raciocínio matemático clássico.

De acordo com os intuicionistas, a matemática é essencialmente uma atividade mental, e os números são entidades mentais (cf. o que chamei, no Capítulo 10, p.253, de a visão 'conceitualista' do caráter dos mundos possíveis). A este respeito, o que significa dizer que há um número com tal e qual propriedade é que tal número é construtível. A concepção distintamente psicologista e construtivista da matemática os leva à conclusão de que algumas partes da matemática clássica – aquelas que lidam com totalidades completas, infinitas, por exemplo – são inaceitáveis. E dessa restrição da matemática segue-se uma restrição da lógica; alguns princípios da lógica clássica não são, insiste o intuicionista, universalmente válidos. Por exemplo, argumenta Brouwer, há contraexemplos à lei do terceiro excluído. Suponhamos que não seja possível nem construir um número com a propriedade F, nem provar que não pode haver tal número. Então, pelos padrões intuicionistas, não é verdade que ou há um número que é F, ou não há.

Notemos aqui um contraste interessante com a atitude de Kleene. Kleene não considera o fato de que algum enunciado matemático é indecidível em princípio como qualquer razão para negar que, não obstante, ele seja ou verdadeiro ou falso. Os intuicionistas, ao contrário, veem a ideia de que possa haver um número que não possa ser construído como uma peça de metafísica irremediavelmente confusa (ver Heyting, 1966, p.4). Esta comparação pode ser útil para chamar a atenção para o fato de que a distinção entre o que, na seção anterior, chamei de valores *epistemológicos versus* valores de *verdade* genuínos pode não ser inteiramente neutra, mas encerrar algumas pressuposições discutíveis com respeito às relações entre metafísica e epistemologia.

Por considerar a matemática essencialmente mental, e, logo, pensar o formalismo matemático e, *a fortiori*, o formalismo lógico como relativamente irrelevantes, Brouwer não apresentou um sistema formal dos princípios lógicos que são intuicionisticamente válidos. Contudo, a lógica intuicionista foi formalizada por Heyting, que apresenta os seguintes axiomas:

1. $p \to (p \& p)$
2. $(p \& q) \to (q \& p)$
3. $(p \to q) \to ((p \& r) \to (q \& r))$
4. $((p \to q) \& (q \to r)) \to (p \to r)$
5. $q \to (p \to q)$
6. $(p \& (p \to q)) \to q$

7. $p \to (p \lor q)$
8. $(p \lor q) \to (q \lor p)$
9. $((p \to r) \& (q \to r)) \to ((p \lor q) \to r)$
10. $\neg p \to (p \to q)$
11. $((p \to q) \& (p \to \neg q)) \to \neg p$

('¬' é o símbolo usual para negação intuicionista.) Notemos que essa lista contém axiomas que regem cada conectivo ('&', '∨', '→', '¬'). Na lógica intuicionista os conectivos não são interdefiníveis, de modo que todos devem ser tomados como primitivos. Isto está relacionado, é claro, ao fato de que a lógica intuicionista não tem nenhuma matriz característica finita (cf. comentários sobre a interdefinibilidade de conectivos no cap.3, p.57). A lógica de Heyting não possui alguns teoremas clássicos; notadamente, nem '$p \lor \neg p$', nem '$\neg\neg p \to p$', são teoremas. Contudo, as duplas negações de todos os teoremas clássicos são válidas na lógica intuicionista.

O sistema de Heyting não é o único sistema de lógica intuicionista, embora seja o mais consolidado: de fato, a lógica de Johansson (1936), que não tem o décimo axioma, parece, consideravelmente, ser um melhor pretendente a representar apropriadamente os princípios lógicos que são aceitáveis pelos padrões intuicionistas. Contudo, a lógica de Heyting tem algumas afinidades inesperadas com a lógica modal, afinidades que levantam questões sobre a distinção entre lógica alternativa e lógica ampliada, e esta é a razão pela qual ela vai ter minha atenção pelo resto desta seção.

Há pouca dúvida de que os intuicionistas veem a si próprios a questionar a correção de certos teoremas da lógica clássica. Isto faz com que seja apropriado que eles proponham uma restrição da lógica clássica na qual não valem os teoremas em questão. Contudo, embora o cálculo de Heyting seja considerado uma alternativa à lógica clássica, ele pode também ser interpretado como uma extensão dela. Se tomarmos a negação e a conjunção intuicionistas como primitivas, e definirmos a disjunção ($p \lor q = \text{df } \neg(\neg p \& \neg q)$), a implicação e a equivalência da maneira clássica usual, com base nelas, então todos os teoremas clássicos podem ser derivados na lógica de Heyting. Além disso, é claro que todos os teoremas da disjunção, implicação e equivalência intuicionistas – que não são definíveis com base na negação e na conjunção intuicionistas – também são deriváveis. E isto faz a lógica intuicionista parecer menos uma restrição, e mais uma extensão, da lógica clássica. (Mas nem todas as inferências clássicas são preservadas pela tradução proposta, como, por exemplo, MPP, pois, já que, mediante a tradução, $\neg\neg p \to p$, a validade de MPP implicaria $\neg\neg p \vdash p$.) É também possível interpretar o cálculo de Heyting como uma lógica modal. Consideremos:

$$m(A) = LA(\text{ para sentenças atômicas})$$
$$m(\neg A) = L{-}m(A)$$
$$m(A \vee B) = m(A) \vee m(B)$$
$$m(A \,\&\, B) = m(A) \,\&\, m(B)$$
$$m(A \to B) = L(m(A) \to m(B))$$

('$m(A)$' significa 'a tradução de A'; os conectivos no lado esquerdo são os conectivos intuicionistas, aqueles no lado direito, os clássicos). Neste caso, pode-se demonstrar que uma wff é válida no cálculo de Heyting sse sua tradução é válida em S4 (McKinsey & Tarski, 1948; cf. Fitting, 1969). Dessas duas 'traduções' da lógica de Heyting, a última parece um tanto mais natural do que a primeira; pois Brouwer e Heyting algumas vezes interpretam '$\neg$' como 'é impossível que ...', como, por exemplo, quando eles interpretam '$(\exists x)Fx \vee \neg(\exists x)Fx$' como 'Ou existe um F, ou uma contradição é derivável da suposição de que F existe'. Mas qual é, exatamente, a importância de ter essas traduções à mão?

É natural esperar uma correlação entre, por um lado, propostas para restringir a lógica clássica, e a ideia de que ela esteja, de alguma maneira, equivocada, e, por outro lado, propostas para estender a lógica clássica, e a ideia de que ela seja, de alguma maneira, inadequada. A ideia é que uma lógica restringida (alternativa) exclui alguns teoremas/inferências expressáveis inteiramente em vocabulário clássico e, assim, envolve a negação de que alguns teoremas/regras de inferência clássicos sejam realmente válidos. Mas agora pode-se ver que a questão de uma lógica não clássica realmente ter 'o mesmo vocabulário' que a lógica clássica não é tão simples como (talvez) parecesse. Os intuicionistas se veem como críticos, e o cálculo de Heyting como uma restrição da lógica clássica. A possibilidade de representar o cálculo de Heyting como uma extensão da lógica clássica levanta a questão se os conectivos intuicionistas diferem em significado de seus 'análogos' clássicos. De minha parte, estou inclinada a pensar que o fato de que há mais de uma maneira para representar a lógica de Heyting como uma lógica ampliada justificaria o cuidado a respeito da ideia de que a crítica dos intuicionistas à lógica clássica possa ser inteiramente explicada como resultado de uma variação de significado. Contudo, a questão geral sobre a relevância de considerações de significado para a distinção entre lógica alternativa e ampliada vai se mostrar importante para o argumento do próximo capítulo.

12
ALGUMAS QUESTÕES METAFÍSICAS E EPISTEMOLÓGICAS SOBRE A LÓGICA

Questões metafísicas

O objetivo deste capítulo é abordar algumas das questões sobre o *status* da lógica que são levantadas pela existência de uma pluralidade de sistemas lógicos – uma pluralidade que estive explorando nos capítulos anteriores. Algumas destas questões são metafísicas: por exemplo, há apenas um sistema lógico correto, ou poderia haver vários que seriam igualmente corretos? e o que 'correto' significaria, neste contexto? Outras são questões epistemológicas: por exemplo, como se reconhece uma verdade da lógica? poderia alguém estar enganado com respeito ao que considera serem tais verdades? Começarei com as questões metafísicas, uma vez que as respostas às questões epistemológicas tendem a depender, em certa medida, das respostas a elas.

Monismo, pluralismo, instrumentalismo

Será útil começar por distinguir, *grosso modo*, três tipos gerais de resposta à questão se há um único sistema lógico correto:

monismo: há apenas um sistema lógico correto
pluralismo: há mais de um sistema lógico correto
instrumentalismo: não há uma lógica 'correta'; a noção de correção é inapropriada

Obviamente isto necessita de elaboração e refinamento. Primeiro, alguns comentários sobre a concepção de correção que tanto o monismo, quanto o pluralismo, requerem: essa concepção depende de uma distinção entre validade/verdade lógica relativa-ao-sistema e validade/verdade lógica extrassistemática. De um modo geral, um sistema lógico é correto se os argumentos formais que são válidos no sistema correspondem a argumentos informais que são válidos no sentido extrassistemático, e as fórmulas que são logicamente verdadeiras no sistema correspondem a enunciados que são logicamente verdadeiros no sentido extrassistemático. O monista sustenta que há um único sistema lógico que é correto neste sentido; o pluralista, que há vários.

Agora pode ser totalmente apreciada a importância da distinção entre *extensões* da lógica clássica e *alternativas* a ela. *Prima facie*, ao menos, o lógico modal, por exemplo, parece estar afirmando que há argumentos válidos/verdades lógicas que não podem ser representados no vocabulário da lógica clássica, e, assim, não são argumentos válidos/verdades lógicas dela; de modo que, embora a lógica clássica seja *correta dentro de seu âmbito*, ela não é muito abrangente. O proponente de uma lógica trivalente, ao contrário, parece alegar que há argumentos válidos/verdades lógicas da lógica clássica cujos análogos informais não são válidos/logicamente verdadeiros, de modo que a lógica clássica é, *de fato, incorreta*. (Isto explica de uma maneira mais precisa a ideia, primeiro esboçada no Capítulo 9, p.219, de que as lógicas alternativas fazem uma objeção mais séria à lógica clássica do que as lógicas ampliadas.)

Se as lógicas alternativas rivalizam com a lógica clássica, enquanto as lógicas ampliadas a complementam, isto indicaria que uma atitude monista seria adequada às primeiras (somos obrigados a escolher entre o sistema clássico e sistemas alternativos) e uma atitude pluralista às últimas (poderíamos aceitar tanto a lógica clássica, quanto uma lógica ampliada, como corretas). Entretanto, poder-ser-ia encarar a lógica clássica e extensões dela (ou, ainda, é claro, alguma lógica alternativa e suas extensões) a constituir *juntas* 'a lógica correta'. O ponto é que a diferença entre um pluralismo que admite a lógica clássica e suas extensões (ou uma lógica alternativa e suas extensões) ambos como sistemas lógicos corretos, e um monismo que admite tanto a lógica clássica quanto suas extensões (ou uma lógica alternativa e suas extensões), como ambos fragmentos *do* sistema lógico correto, é apenas verbal. Assim, vou me concentrar daqui em diante na escolha entre as lógicas clássica e alternativas, onde a questão entre monismo e pluralismo é substancial (questões similares surgem com respeito à escolha entre uma lógica alternativa e outra, e talvez entre uma lógica modal e outra – cf. p.238; mas não vou discuti-las aqui). O monista vê a lógica clássica e as lógicas alternativas como afirmações rivais a respeito de que formalismo corretamente representa argumentos válidos/verdades lógicas extrassistemáticos. O pluralista, em resumo, alega que a aparente rivalidade é, de um modo ou de outro, *meramente* aparente. Na verdade, há várias versões de pluralismo, diferentes maneiras de descartar a rivalidade aparente. Alguns pluralistas compartilham com o monista a suposição de que a lógica deveria ser aplicável a raciocínios sobre qualquer assunto. Outros, contudo, insistem que diferentes lógicas podem ser aplicáveis a raciocínios em diferentes assuntos. Assim, pode-se distinguir entre as versões *global* e *local* do pluralismo;[1] vou considerar a versão local primeiro.

De acordo com o *pluralismo local*, diferentes sistemas lógicos são aplicáveis a (i.e., corretos com respeito a) diferentes áreas do discurso; talvez a lógica clássica a fenômenos macroscópicos, e a 'lógica quântica' (p.276) a fenômenos microscópicos, por exemplo, assim como diferentes teorias físicas podem valer para fenômenos macroscópicos e microscópicos. O pluralista local relativiza as ideias extrassistemáticas de validade e verdade lógica, e, portanto, a ideia da correção de um sistema lógico, a uma área específica do discurso. Um argumento não é simplesmente válido, e ponto final! Mas ele é sempre válido-em-*d*.

O *pluralista global*, ao contrário, compartilha a suposição do monista de que princípios lógicos deveriam valer independentemente do assunto. Contudo, enquanto o monista considera que o lógico clás-

---

[1] O contraste entre a ideia de Boole de lógica como um cálculo, e a de Leibniz de lógica como uma linguagem universal, discutida em van Heijenhoort (1967b), pode ter afinidades com a distinção, na qual estou presentemente me baseando, entre abordagens locais e globais da lógica.

sico e o lógico alternativo discordam sobre a validade/verdade lógica, *no mesmo sentido*, de *um e o mesmo* argumento/enunciado, o pluralista global nega ou que os lógicos clássico e alternativo estejam realmente usando 'válido'/'logicamente verdadeiro' no mesmo sentido, ou então que eles estejam realmente discordando sobre um e o mesmo argumento/enunciado. A primeira ideia relaciona-se, obviamente, ao que chamei, no Capítulo 9, p.210, de a 'objeção aos metaconceitos clássicos'; a última, a algumas ideias discutidas no Capítulo 3, p.60, sobre os significados dos conectivos.

De um modo geral, a ideia da segunda versão do pluralismo global é esta: fórmulas/argumentos tipograficamente idênticos nas lógicas clássica e alternativas não têm o mesmo significado, e, logo, não podem ambos representar os mesmos enunciados/argumentos informais. Um argumento a favor desta concepção é que o significado das constantes lógicas depende inteiramente dos axiomas/regras do sistema no qual elas ocorrem; consequentemente, quando uma certa fórmula, '$p \vee -p$', digamos, é logicamente verdadeira em um sistema e não em outro, então estas fórmulas, embora tipograficamente a mesma, têm significados diferentes nos diferentes sistemas: a tese da *variação de significado*.[2] Assim, o que a fórmula '$p \vee -p$' diz, na lógica clássica, *é* logicamente verdadeiro, mas o que a mesma fórmula diz, na lógica trivalente (onde '$\vee$' e '$-$', ou talvez 'p', têm significados não clássicos) *não* é logicamente verdadeiro; assim, a lógica clássica e a lógica trivalente são *ambas* corretas. Deste ponto de vista, o lógico alternativo parece, muito à semelhança, por exemplo, do lógico modal, não estar questionando os velhos argumentos válidos/verdades lógicas, mas oferecendo novos – ele difere do lógico modal apenas em seu hábito desagradavelmente confuso de usar velhos símbolos para sua nova concepção (cf. a discussão da tradutibilidade da lógica intuicionista na lógica modal no cap.11, p.287).

A posição *instrumentalista* resulta de uma rejeição da ideia da 'correção' de um sistema lógico, uma ideia aceita tanto por monistas,

---

[2] Escolhi deliberadamente essa expressão para relembrar a tese de Feyerabend de que os significados de termos teóricos na ciência dependem das teorias nas quais eles ocorrem, de modo que deixa de haver rivalidade entre teorias científicas alternativas, que aparentemente competem (cf. Feyerabend, 1963; e ver Haack, 1974, p.11-4, para exploração adicional da analogia).

quanto por pluralistas. Na concepção instrumentalista não há sentido em falar de um sistema lógico ser 'correto' ou 'incorreto', embora se possa admitir que seja apropriado falar de um sistema como mais frutífero, útil, conveniente... etc. que outro (talvez: para certos propósitos). A rejeição do conceito de correção tende a se basear numa rejeição das ideias extrassistemáticas de verdade lógica e validade que aquela concepção requer; se apenas os conceitos de *verdade-lógica-em-L* e *validade-em-L* são inteligíveis, simplesmente não pode surgir a questão se as fórmulas/argumentos que são logicamente verdadeiros/válidos-em-L correspondem a enunciados/argumentos que são extrassistematicamente logicamente verdadeiros/válidos. Um instrumentalista apenas admitirá a questão 'interna' se um sistema lógico é *legítimo* (*sound*), isto é, se todos e apenas os teoremas/argumentos sintaticamente válidos *do sistema* são logicamente verdadeiros/válidos *no sistema*.

Uma outra versão de instrumentalismo parece derivar de uma recusa a aplicar *qualquer* ideia de verdade, mesmo uma ideia relativa-ao-sistema, à lógica. A lógica, argumenta-se, não deve ser pensada como um conjunto de *enunciados*, como uma *teoria* a ser avaliada como verdadeira ou falsa. Ao contrário, deve ser pensada como um conjunto de *regras* ou *procedimentos* aos quais os conceitos de verdade e falsidade simplesmente não se aplicam.[3] Contudo, a questão da correção ainda surgiria, nessa concepção orientada para regras, com respeito à validade (correspondem os argumentos válidos-em-L a argumentos informais que são extrassistematicamente válidos?), a menos que a concepção extrassistemática de validade seja também rejeitada. Assim, a versão inicial da posição instrumentalista, baseada numa rejeição das ideias extrassistemáticas em correspondência às quais monistas e pluralistas supõem que a correção consiste, é mais fundamental. Essas alternativas podem ser convenientemente resumidas como vemos na Figura 7.

---

[3] Analogamente, a ideia de que as 'leis' da física não devem ser pensadas como enunciados verdadeiros-ou-falsos, mas como princípios de inferência, é frequentemente considerada como característica de uma filosofia 'instrumentalista' da ciência; ver, por exemplo, Toulmin (1953).

FIGURA 7

Meu objetivo foi antes mapear as alternativas de uma maneira tão sistemática quanto possível, do que arrolar posições sustentadas por autores específicos. Mas, de fato, é possível encontrar exemplos de autores que sustentam cada uma das posições que identifiquei. Quine parece tomar como certo algo parecido com o que tenho chamado de posição monista quando, na segunda metade de 'Dois Dogmas' (1951), ele considera a questão (epistemológica) da revisibilidade da lógica. No Capítulo 6 de *Filosofia da Lógica* (1970), contudo, ele parece optar por uma espécie de pluralismo de variação de significado, usando argumentos bastante complexos de sua teoria da tradução para apoiar a alegação de que há mudanças de significado suficientes para evitar a rivalidade. Alguns lógicos quânticos, mais claramente Destouches-Février (1951), mas também provavelmente Putnam (1969), sustentam um pluralismo local. O 'relativismo' de Rescher (1969, cap.3) parece estar bastante próximo ao que tenho chamado de instrumentalismo, mas em 1977 ele parece tentar combinar um instrumentalismo em relação às regras, com a admissão de uma noção extrassistemática de validade.

As questões resumidas

De qualquer maneira, agora está mais claro quais são as grandes questões:

Faz sentido falar que um sistema lógico é correto ou incorreto? Há concepções extrassistemáticas de validade/verdade lógica por meio das quais se possa caracterizar o que significa para uma lógica ser correta?

A posição instrumentalista se caracteriza por uma resposta negativa a essas questões. Monistas e pluralistas respondem a elas afirmativamente. (Deveria também estar claro agora por que observei que algumas questões epistemológicas dependem de respostas a questões metafísicas; a menos que possa *haver* uma lógica correta, a questão de como dizer se uma lógica *é* correta não surge.)

Deve um sistema lógico aspirar a uma aplicação global, i.e., a representar raciocínios independentemente de um assunto, ou pode uma lógica ser localmente correta, i.e., correta dentro de uma área limitada do discurso?

A posição pluralista local distingue-se pela escolha da segunda dessas opções.

As lógicas alternativas rivalizam com a lógica clássica?

O monista responde esta questão afirmativamente, o pluralista global negativamente. As questões todas dizem respeito à relação entre argumento formal e informal, validade relativa-ao-sistema e validade extrassistemática. Assim, a concepção monista pode ser representada tal como na Figura 8. (i) procura representar (iii) de tal maneira que (ii) e (iv) estejam de acordo na 'lógica correta'. O instrumentalista rejeita (iv) completamente; o pluralista local relativiza (iv) a áreas específicas do discurso; o pluralista global ou nega que os argumentos formais de uma lógica alternativa representem os mesmos argumentos informais que aqueles da lógica clássica, i.e., quebra a relação entre (i) e (iii), ou então ele nega que a validade na lógica alternativa vise corresponder à validade extrassistemática no mesmo sentido que a validade na lógica clássica visa fazê-lo, i.e., ele quebra a relação entre (ii) e (iv).

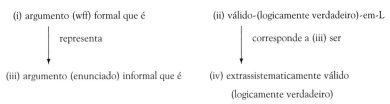

FIGURA 8

Comentários

Acontece bastante frequentemente na filosofia que fazer as perguntas certas é metade do trabalho. Contudo, a outra metade não deve ser negligenciada, e vou agora apresentar alguns comentários sobre o que considero serem as questões principais. Contudo, penso que as questões que foram levantadas aqui são enormemente difíceis, e há um problema sério de encontrar um ponto de partida para o argumento que não incorra em petição de princípio em relação às questões pertinentes. Assim, devo enfatizar que os próximos parágrafos são tentativos tanto quanto, sem dúvida, inconclusivos.

Indiquei anteriormente (cap.2, p.41) que considero *realmente* haver uma ideia extrassistemática de validade à qual os sistemas lógicos formais têm por objetivo dar uma expressão precisa. É bastante claro a partir da história da lógica formal (considere-se Aristóteles, por exemplo, ou Frege) que a motivação para a construção de sistemas formais foi, com base em uma concepção inicial de alguns argumentos como bons e outros como ruins, separar aspectos lógicos de outros aspectos, por exemplo, retóricos, dos bons argumentos, e dar regras que admitissem apenas os argumentos logicamente bons e excluíssem os ruins. Isto, portanto, inclina-me a responder às primeiras questões afirmativamente, e, assim, a rejeitar a posição instrumentalista. Essa inclinação é reforçada, além do mais, por algumas dúvidas persistentes a respeito de poder um instrumentalista ter algo sensato a dizer sobre como se pode escolher entre sistemas lógicos. O instrumentalista normalmente admite, ao menos para certos propósitos, que se pode considerar um sistema lógico melhor do que outro, talvez como mais conveniente, mais profícuo, mais apropriado, produzindo as inferências desejadas... Mas não importa quão conveniente ou frutífero ele possa ser, se se pode inferir 'A e B' de 'A', isto não seria, ou assim me parece, razão *alguma* para preferir um sistema que represente essa inferência como válida. Estou ciente, é claro, de que ao fazer comentários tais como estes estou correndo algum risco de assumir uma concepção extrassistemática de validade, e criticando o instrumentalista por estar deixando de levá-la em conta, quando, é claro, ele assevera que não *há* uma tal concepção (do mesmo modo como Russell e Moore assumiram a correção de uma teoria correspondencial da verdade, e criticaram a teoria pragmatista com base nisso). Não obstante, acho que o fato de Rescher, ao apresentar uma posição instrumentalista, ao final admitir que a exigência de que os argumentos sejam preservadores-de-verdade seja preponderante, pode justificavelmente confirmar minhas suspeitas.

Também indiquei (cap.1, p.27) que considero ser característico da lógica aspirar a apresentar princípios que se apliquem a raciocínios sobre quaisquer assuntos; a ser *global* em seu escopo. Admiti que essa noção de um princípio que se aplique ao raciocínio independentemente do assunto não era perfeitamente clara ou precisa – ela compartilha a vaguidade da concepção extrassistemática de validade como algo que se sustenta em virtude da forma em vez do conteúdo. Ainda assim, embora eu pense que há espaço para duvidar que 'acredita', digamos, ou 'prefere', possa legitimamente ser considerado como forma, em vez de conteúdo, sinto-me bastante confiante de que princípios que valem para raciocinar sobre assuntos biológicos, mas não para raciocinar sobre física, por exemplo, não seriam princípios lógicos (mas, suponho, biológicos). Consequentemente, deveria responder à segunda questão afirmativamente, e estou pouco disposta a aceitar um pluralismo local. Se, por exemplo, resulta, como Birkhoff e von Neumann asseveraram (1936), que, no que diz respeito a fenômenos quânticos, 'A e (B ou C) sse (A e B) ou (A e C)' não é invariavelmente verdadeira, então a lógica clássica, da qual as leis distributivas são teoremas, não é correta. (Estou totalmente disposta a admitir que poderia ser que, enquanto os princípios clássicos são, estritamente, incorretos, eles valem para todo o raciocínio ordinário sobre fenômenos macroscópicos, de modo que seria tão razoável usar a lógica clássica para propósitos de raciocínio ordinário quanto usar a geometria euclidiana para propósitos de agrimensura, apesar do fato de a geometria euclidiana não ser, estritamente, verdadeira sobre o nosso espaço. Contudo, agora duvido que essa concessão vá apaziguar o pluralista local.)

Isto nos deixa com as opções de monismo, por um lado, e alguma forma de pluralismo global, por outro. Mas a esta altura, penso que o caráter do argumento muda. Quero dizer que, enquanto as primeiras duas questões concernem à natureza e às aspirações da lógica, e podem ser respondidas de um modo geral, a última diz respeito às relações entre as lógicas clássica e alternativas, e assim pode não ter uma resposta geral, mas talvez diferentes respostas para diferentes lógicas alternativas. Isto é, pode ser que *alguns* lógicos alternativos estejam usando metaconceitos diferentes daqueles do lógico clássico, e outros os mesmos; ou que a tese da variação de significado seja verdadeira para *algumas* lógicas alternativas, mas não para outras; ou, na verdade, ambas as coisas. Uma abordagem em etapas é mais apropriada daqui em diante. É claro, contudo, que o monismo e o pluralismo são *assimétricos* de uma maneira relevante. Mesmo *uma* instância de uma lógica alternativa que pudesse ser *tão* correta *quanto* a lógica clássica inclinaria a balança para o pluralismo.

Ora, embora eu tenha insistido que há uma ideia extrassistemática de validade que os sistemas formais de lógica aspiram a representar, também observei (p.41-2) que essa ideia não é de maneira alguma inteiramente precisa, e que pode ser refinada e talvez modificada à medida que a lógica se desenvolve. O lógico da relevância (cap.10, p.261) rejeita o princípio de inferir 'B' a partir de 'A' e 'A → B'; o *modus ponens*, insiste ele, é inválido. Ele torna evidente, além do mais, que está falando do *modus ponens* para a implicação ordinária, clássica, material. Contudo, não nega que se 'A' e 'A → B' são verdadeiras, então, necessariamente, 'B' é verdadeira. O que ele quer dizer, quando diz que MPP *não é* válido, não é aquilo que o lógico clássico quer dizer quando diz que MPP *é* válido, uma vez que o lógico relevante concordaria que MPP é válido *no sentido clássico de 'válido'*. Creio que este caso confere algum fundamento para um pluralismo global (e pode ser que haja também algo a ser dito a favor da ideia de que, na lógica intuicionista, uma concepção não clássica de verdade lógica esteja sendo empregada).

Contudo, optar incondicionalmente pelo pluralismo global neste ponto seria, penso, tomar levianamente demais a insistência dos lógicos relevantes de que a concepção de validade dos lógicos clássicos não é somente *diferente* da deles, mas também *inadequada*. Há uma real competição aqui, uma rivalidade genuína, não sobre que argumentos são válidos num sentido aceito de 'válido', mas sobre que concepção de validade é mais apropriada e adequada. (Lembremos a sugestão feita anteriormente, p.265, de que os lógicos da relevância podem ser vistos como quem insiste que a relevância das premissas para as conclusões é realmente um aspecto *lógico* dos bons argumentos, uma questão de validade, o que os lógicos clássicos encaram como um aspecto *retórico* dos bons argumentos em contraste com os ruins.) A devida consideração à importância desse desacordo parece requerer que se combine uma espécie de pluralismo global sobre sistemas lógicos com um reconhecimento de que pode haver real competição no nível dos metaconceitos.

O que dizer, agora, do argumento da variação de significado para o pluralismo? Não é plausível, no meu modo de ver, dizer que quando Łukasiewicz, por exemplo, nega que '$p \vee -p$' represente uma verdade lógica, seu aparente desacordo com o lógico clássico possa ser inteiramente explicado como o simples resultado de dar ele um novo significado a '$\vee$' ou '$-$' ou ambos. Deliberadamente, apresento a questão dessa maneira cautelosa; o que estou negando não é que qualquer lógica alternativa jamais envolva qualquer mudança de significado das constantes lógicas – é razoável suspeitar que há alguma idiossincrasia no significado da negação e quantificação intuicionistas, por exemplo – mas que qualquer desvio da lógica clássica inevitavelmente envolva uma variação de significado em tão larga escala quanto necessário para impedir uma rivalidade real. (Argumentei isto em detalhe, com referência específica aos argumentos derivados da [teoria da] tradução de Quine, em 1974, p.14-21, e 1977c.)

A questão é delicada porque há razões tanto a favor quanto contra a variação de significado. Argumentei no Capítulo 3, p.60, que se pode pensar que o significado dos conectivos deriva em parte dos axiomas/regras do sistema em que eles ocorrem e de sua semântica formal, e em parte também das leituras informais dadas aos conectivos e às explicações informais da semântica formal. Os axiomas/regras e a semântica formal dos sistemas alternativos são, é claro, diferentes daqueles do sistema clássico, e a semântica informal pode diferir também (cf. a discussão se valores intermediários em sistemas polivalentes devem ser encarados como valores de verdade, cap.11, p.280). Isto pressupõe alguma variação de significado. Entretanto, lógicos alternativos usualmente empregam as mesmas leituras informais de seus conectivos ('não', 'e', 'ou', 'se') que o lógico clássico, o que, por sua vez, parece ser uma indicação *prima facie* de que eles pretendem oferecer representações rivais dos mesmos argumentos informais.

No entanto, isto sugere uma ideia que se tem tentado desconsiderar no debate sobre a variação de significado (cf. contudo Quine 1973, p.77ss). A formalização envolve uma certa abstração daquilo que é tido como aspectos irrelevantes ou não importantes do discurso informal. O lógico sente-se livre para ignorar as conotações temporais de 'e', por exemplo, ou a pluralidade implicada por 'alguns'. E isto deixa espaço para, por assim dizer, projeções formais alternativas do mesmo discurso informal; i.e., espaço para a ideia de que, por exemplo, a implicação material, a implicação estrita, a implicação relevante, e outros condicionais formais possam todos ter alguma pretensão a representar algum aspecto de 'se', ou que as disjunções bivalentes ou trivalentes ou não extensionais possam todas ser possíveis projeções de (alguns) usos de 'ou'. E isto confere mais apoio a uma abordagem pluralista, de acordo com a qual, contudo, em vez de diferentes formalismos que procuram representar diferentes argumentos informais, eles possam estar dando diferentes representações dos mesmos argumentos.

Mais uma vez, é provável que vá haver desacordo entre lógicos alternativos e clássicos – mesmo que sua rivalidade no nível dos sistemas lógicos possa ser mitigada como sugeri – sobre o que é a melhor, ou talvez, a maneira apropriada de representar argumentos informais. Contudo, sou cética com respeito à ideia de que se possa esperar haver uma notação formal unívoca e idealmente perspícua na qual a única forma lógica de todo argumento informal seja corretamente representada (daí minha preferência por 'uma forma lógica' em vez de 'a forma lógica' de um argumento, cap.2, p.51). Algumas representações formais podem ser melhores que outras, seja absolutamente, seja para alguns propósitos, mas não estou confiante de que haja uma única melhor. (É possível também que uma representação formal seja preferível em uma área de discurso e outra numa outra; e, se é assim, talvez algo do pluralismo local possa ser resgatado.)

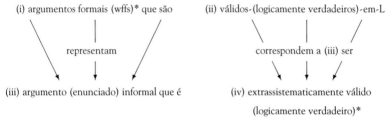

FIGURA 9

Assim, estou inclinada a favorecer uma posição pluralista global: pode haver vários sistemas lógicos que são corretos no sentido que expliquei. A concepção monista (Figura 8) deveria ser substituída por algo mais de acordo com a Figura 9, onde argumentos informais possam ser representados formalmente de mais de uma maneira, e quando validade-/verdade lógica-em-L possam corresponder a diferentes concepções extrassistemáticas de validade/verdade lógica. Contudo, enfatizo primeiramente que isto não significa que *nunca* se tenha que escolher entre uma lógica alternativa e a lógica clássica, apenas que *algumas vezes* não é preciso (assim o meu pluralismo é, por assim dizer, gradual, embora global). E, segundo, que mesmo naqueles casos em que um lógico alternativo e um lógico clássico possam ambos estar corretos, pode haver contudo competição entre eles no nível metalógico, por exemplo, sobre como a ideia de validade pode ser apropriadamente compreendida, ou como certos argumentos informais podem ser mais bem representados formalmente. (Os asteriscos na Figura 9 indicam onde tal rivalidade metalógica deve ser localizada.)

Pode valer a pena indicar que esta posição é capaz de acomodar ao menos algumas das considerações que se têm tomado como indicação de monismo, pluralismo local ou instrumentalismo. Admiti que alguns sistemas lógicos podem realmente competir com outros, no sentido forte de que não podem ambos ser corretos – que é o que o monista fundamentalmente enfatiza. Neguei apenas que sistemas lógicos devam sempre competir desta maneira. Também insisti no reconhecimento da competição metalógica onde penso que a rivalidade lógica pode ser desfeita. E a sugestão de que diferentes representações formais possam ser melhores para diferentes propósitos talvez ofereça algum conforto ao pluralista local. A esta altura, tenho menos a oferecer em matéria de concessões ao instrumentalista. Na próxima seção, contudo, argumentarei a favor de uma abordagem bastante radical da epistemologia da lógica, uma abordagem que será totalmente compatível com aquela de um instrumentalista.

Questões epistemológicas

> ...nenhum enunciado é isento de revisão. Mesmo a revisão da lei do terceiro excluído foi proposta como um meio de simplificar a mecânica quântica; e que diferença há, em princípio, entre tal mudança e a mudança pela qual Kepler superou Ptolomeu; ou Einstein, Newton; ou Darwin, Aristóteles? (Quine, 1951, p.43)

Quine está alegando que *a lógica é revisável*. Penso que ele está certo; mas as questões epistemológicas que esta alegação levantam são muito mais complexas do que se poderia suspeitar a partir do tratamento elegante, mas bastante descuidado, que elas recebem em 'Dois Dogmas'.

É preciso primeiro esclarecer exatamente o que se quer dizer com a alegação de que a lógica é revisável – e, igualmente importante, o que *não* se quer dizer com ela. O que quero dizer, de qualquer modo, não é que as verdades da lógica possam ter sido diferentes do que são, mas que as verdades da lógica possam ser outras que aquelas que supomos, i.e., *poderíamos estar errados com respeito ao que são as verdades da lógica*, por exemplo, ao supor que a lei do terceiro excluído é uma lei.

Assim, uma melhor maneira de colocar a questão, porque ela torna seu caráter epistemológico mais claro, é esta: o falibilismo estende-se à lógica? Mesmo esta formulação, contudo, necessita refinamentos adicionais, pois a natureza do falibilismo é frequentemente mal compreendida.

O que é falibilismo?

Vou usar 'falível' no sentido de cognitivamente falível, isto é, falível *com respeito a crenças*, e não, por exemplo, com respeito a promessas, resoluções etc. Dizer que uma pessoa (ou grupo de pessoas, 'a comunidade científica', por exemplo) é falível é dizer que ela, está sujeita a sustentar crenças falsas. Dizer que um método é falível é dizer que ele está sujeito a produzir falsos resultados. É claro que uma pessoa pode ser falível porque ela usa métodos falíveis de aquisição de crenças – exame de vísceras ou horóscopos, talvez. Parece-me ser inegável que as pessoas são falíveis – todos somos propensos a sustentar ao menos algumas crenças falsas. Sabemos que são falsas algumas crenças que as pessoas sustentavam – houve época, por exemplo, em que as pessoas acreditavam que o sol se move ao redor da terra, que a terra é plana etc. – e é razoável, tanto quanto cauteloso, supor que nós também acreditamos em coisas que são falsas, embora, é claro, não saibamos quais das coisas em que acreditamos são falsas, e naturalmente deveríamos parar de acreditar nelas se soubéssemos.

Contudo, os epistemólogos frequentemente pensaram que, com respeito a certos *tipos* de crença – crenças de alguém sobre suas próprias experiências sensoriais imediatas são um exemplo favorito – as pessoas podem ser *in*falíveis: elas estão sujeitas a ter crenças falsas sobre astronomia, geografia etc., mas elas não estão sujeitas a se enganar com respeito a estarem com dor, vendo uma mancha vermelha etc. E alguns autores argumentaram que também não estamos sujeitos a nos enganar sobre as verdades da lógica. A lógica, pensam eles, possui uma segurança epistemológica especial. Popper, por exemplo, embora enfatize nossa falibilidade com relação a conjecturas científicas, não obstante parece confiante de que a lógica é segura (cf. 1960 sobre seu falibilismo, e cf. 1970 sobre sua recusa de estender o falibilismo à lógica).

O falibilismo estende-se à lógica?

(i) *Necessidade*. Por que deveríamos estar dispostos a admitir que podemos estar enganados sobre o que consideramos serem as leis da física, mas não que poderíamos estar enganados sobre o que consideramos serem as leis da lógica? Uma razão importante – importante ao menos porque está baseada numa confusão importante – deriva da presumida necessidade das leis lógicas. O argumento seria mais ou menos o seguinte: as leis da lógica são necessárias, ou seja, elas não poderiam não ser verdadeiras. Assim, uma vez que uma lei lógica não pode ser falsa, a crença de alguém numa lei lógica não pode estar equivocada, e, assim, é infalível. Tenho pouca dúvida de que este argumento seja ilegítimo. (As verdades da matemática também são supostamente necessárias. Mas, não obstante isso, somos propensos a sustentar crenças matemáticas falsas, o resultado de erros de cálculo, por exemplo. E se as leis da física são, como alguns supõem, fisicamente necessárias, não se pensa normalmente que isso acarrete que sejamos infalivelmente capazes de dizer quais *são* as leis da física.) Mas o que está errado com o argumento de que, uma vez que as leis da lógica são necessárias, o falibilismo não se estende à lógica?

Este argumento está errado por duas razões. Primeiro, ele depende do uso de 'falível' como um predicado, não de pessoas, mas de proposições: um predicado que signifique, presumivelmente, 'possivelmente falso'. Ora, é bem verdade que se as leis da lógica são necessárias, elas não são possivelmente falsas, e, portanto, neste sentido, elas são 'infalíveis'. Mas a tese de que algumas proposições são possivelmente falsas (que chamarei de 'falibilismo proposicional') é uma tese lógica desinteressante, que não deveria ser confundida com a tese epistemológica interessante de que nós estamos sujeitos a sustentar crenças falsas (que chamarei de 'falibilismo de agente'). E o falibilismo proposicional não acarreta o falibilismo de agente. Mesmo que as leis da lógica não sejam possivelmente falsas, isto de modo algum garante que não estejamos sujeitos a sustentar crenças lógicas falsas. Ao alegar que somos falíveis em nossas crenças lógicas (que o falibilismo de agente *de fato* estende-se à lógica) não estou, é claro, afirmando a tese contrária de que, embora, digamos, '$p \vee \neg p$' seja necessária, podemos falsamente acreditar que $p \vee -p$. Em lugar disso, estou alegando que, embora '$p \vee -p$' seja necessária, nós podemos falsamente acreditar que $-(p \vee -p)$, ou então, talvez, embora '$p \vee -p$' não seja necessária, nós falsamente acreditamos que seja. (Deliberadamente, escolho o terceiro excluído como um exemplo de uma pretensa lei lógica, uma vez que há, é claro, uma disputa sobre seu *status*.) Segundo, ao argumento é dada uma plausibilidade enganadora, pela facilidade com que a tese de que algumas proposições são possivelmente falsas é confundida com a tese de que algumas proposições são contingentes. Se as leis da lógica são necessárias, nossas crenças lógicas não serão, de fato, contingentes, mas ou necessariamente verdadeiras, ou necessariamente falsas. Entretanto, 'possivelmente falsa' não deveria ser equiparada a 'contingente', pois crenças *necessariamente falsas* são possivelmente falsas.[4]

A fé de que a lógica é inalterável tem frequentemente sido a base para negar que a lógica seja revisável. Uma vez que esteja claro – como espero que esteja agora – que a necessidade dos princípios lógicos não mostra que somos logicamente infalíveis, também vai estar claro que se a lógica *é* não revisável, *não* é porque ela seja inalterável.

Ora, uma razão para acreditar que somos falíveis no que diz respeito a nossas crenças sobre o mundo é que sabemos que as pessoas uma vez confiantemente acreditavam naquilo que nós agora (assim pensamos) sabemos ser falso. E embora estejamos certos de que eles estavam errados em pensar, por exemplo, que a terra é plana, o fato de que suas crenças resultaram falsas é uma razão para nós admitirmos que algumas de nossas crenças podem também resultar equivocadas. E razões similares operam, pensaria, para uma cautela semelhante sobre nossas crenças lógicas. Por exemplo: Kant escreveu que

---

[4] Se estou certa ao dizer que um falibilismo interessante e genuinamente epistemológico fará de 'falível' um predicado de pessoas em vez de proposições, isto tem a consequência de que é mal orientada a tentativa de Popper de acomodar o falibilismo dentro de uma 'epistemologia sem um sujeito cognoscente' (ver seu artigo com esse título em 1972). E se estou certa ao dizer que o falibilismo de agente pode, de um modo bastante consistente, estender-se a tópicos cujas verdades são necessariamente verdadeiras, não há necessidade de embaraço (tal como mesmo um 'falibilista contrito' como C. S. Peirce manifesta) sobre estender o falibilismo à matemática.

'Em nossos próprios tempos não houve nenhum lógico famoso, e, de fato, não precisamos de quaisquer novas descobertas na Lógica ...' (1800, p.11). Sua confiança de que a lógica era uma ciência completa parece-nos – beneficiados com um conhecimento retrospectivo, depois dos enormes avanços feitos em lógica desde o último quartel do século XIX – exibir um curioso e notável excesso de confiança. (A confiança de Kant na lógica aristotélica era baseada na crença de que a lógica incorpora as 'formas de pensamento', que só podemos pensar de acordo com estes princípios. Uma discussão destas ideias será feita adiante.) Ou, mais uma vez: Frege pensava que a redução da aritmética à lógica garantiria a aritmética epistemologicamente, porque ele tomou as verdades da lógica como autoevidentes. Nós, contudo, sabendo que os axiomas 'autoevidentes' de Frege eram inconsistentes, tendemos a considerar inadequada sua confiança. (Lakatos, 1963-1964, num esplêndido ensaio filosófico sobre a história da matemática, similarmente subverte a tendência a colocar a matemática num pedestal epistemológico.) Uma outra razão contra o excesso de confiança epistemológica é o conhecimento de que outras pessoas sustentam, com o mesmo grau de confiança, crenças incompatíveis com as nossas próprias. E este motivo opera na esfera da lógica também; a própria pluralidade de sistemas lógicos depõe contra nossa posse de qualquer capacidade infalível para determinar as verdades da lógica.

(ii) *Autoevidência*. Ainda assim, a ideia de que as verdades da lógica são autoevidentes precisa de um exame mais atento. O que significa alegar que alguma proposição é autoevidente? Presumivelmente, algo no sentido de que ela é, obviamente, verdadeira. Mas, uma vez assim colocado, a dificuldade com o conceito de autoevidência não pode ser dissimulada. O fato de que uma proposição é óbvia não constitui, lamentavelmente, nenhuma garantia de que ela seja verdadeira. (É relevante que diferentes pessoas, e diferentes épocas, considerem 'óbvias' proposições diferentes e mesmo incompatíveis – que alguns homens são naturalmente escravos, que todos os homens são iguais...) Se alguém diz que os axiomas inconsistentes de Frege apenas *pareciam* autoevidentes, mas não podiam realmente sê-lo, ou que eles *eram* autoevidentes, mas, infelizmente, não eram verdadeiros, a autoevidência deixa de fornecer uma garantia epistemológica. Porque ou (na última suposição) uma proposição pode ser autoevidente, mas falsa, ou então (na primeira suposição), ainda que seja verdade que se uma proposição é autoevidente, então ela é, de fato, verdadeira, não se tem nenhuma maneira certa de dizer quando uma proposição é realmente autoevidente.[5]

(iii) *Analiticidade.* Outra razão para duvidar da revisibilidade da lógica parece derivar da ideia, primeiro, de que verdades lógicas são analíticas e depois, que verdades analíticas são, por assim dizer, manifestas. Se A é verdadeira em virtude de seu significado, a ideia é, então, de que ninguém que a compreenda pode deixar de ver que ela *é* verdadeira. Há lugar, penso, para dúvidas se um argumento realmente convincente pode ser desenvolvido nesta direção. Pois a ideia de 'verdadeiro em virtude do significado' está longe ser transparente, não apenas por causa (como Quine insistiu há muito) do 'significado', mas também por causa do 'em virtude de'. E mesmo supondo que possa, há lugar para dúvidas adicionais se sua conclusão iria seriamente ferir o falibilismo, pois mesmo que, se compreendemos uma verdade lógica corretamente, não poderíamos deixar de reconhecer sua verdade, isto garantiria a correção de nossas crenças lógicas somente se tivermos *também* alguma maneira segura de estarmos certo de ter compreendido corretamente um candidato a ser verdade lógica. (Vale a pena notar a similaridade estrutural entre este comentário e a crítica anterior ao argumento da 'autoevidência'.)

Uma digressão: 'Dois Dogmas' novamente

Este parece ser o lugar apropriado para algumas observações sobre a estrutura do argumento de Quine em 'Dois Dogmas'. O artigo começa (estou simplificando, mas, espero, não de modo enganador) com um ataque à distinção analítico/sintético, e termina com um apelo à revisibilidade da lógica. Qual é a conexão entre as duas coisas?

---

[5] Meus comentários têm muito em comum com a crítica muito astuta de Peirce (1868) da infalível faculdade da 'intuição' que Descartes supunha que possuímos.

Pode-se interpretar que Quine insiste na revisibilidade da lógica como um argumento contra a concepção de analiticidade dos positivistas lógicos. Os positivistas consideram que o sentido de uma sentença é dado por suas condições de verificação; e, portanto, consideram um enunciado analítico, ou verdadeiro em virtude de seu significado, justamente no caso de ser ele verificado em quaisquer condições. Eles fundem a ideia metafísica de analiticidade com a ideia epistemológica de *aprioricidade*; eis por que seria apropriado para Quine atacar a alegação de que a lógica é analítica, nesse sentido, argumentando que a lógica é revisável. Nessa interpretação, a revisibilidade da lógica não é uma conclusão, mas uma premissa, do argumento de 'Dois Dogmas'.

Uma outra possibilidade é ver o ataque à analiticidade como premissa e o apelo à revisibilidade da lógica como conclusão. Contudo, o argumento seria ruim se fosse: se as leis da lógica fossem analíticas elas seriam não revisáveis, mas uma vez que não há verdades analíticas, as leis da lógica não são analíticas, e assim, são revisáveis. Ele é inválido, tendo a forma 'A → −B, −A, logo B'. Uma premissa é falsa, uma vez que, como acabei de argumentar, o fato de A ser analítica não nos impede de estarmos errados a seu respeito. E a outra premissa não foi estabelecida. Quine ataca o segundo disjunto da definição 'fregeana' de uma verdade analítica como: ou uma verdade lógica, ou redutível a uma verdade lógica pela substituição de sinônimos; mas isto dificilmente pode mostrar que verdades lógicas não são analíticas, pois elas se classificam sob o primeiro disjunto.

Não obstante, essa interpretação merece alguma atenção, porque ela nos permite entender o conservadorismo crescente e mais recente de Quine a respeito da lógica. O ataque em 'Dois Dogmas' a respeito da sinonímia etc. *iria* ameaçar uma explicação de verdades lógicas como analíticas enquanto *verdadeiras em virtude do significado das constantes lógicas*. Ora, em *Word and Object*, Quine renova esse ataque cético às noções de significado, mas faz uma exceção no caso dos conectivos lógicos, os quais, ele assevera, têm, de fato, um sentido determinado (1960a, cap.2); e isto prepara o terreno para sua aceitação (1970, cap.6) de um argumento de variação de significado no sentido de que os teoremas das lógicas alternativas e clássica são, similarmente, verdadeiros em virtude do significado dos conectivos (alternativos ou clássicos); o que, por sua vez, parece conduzi-lo a comprometer sua insistência anterior de que o falibilismo se estende até mesmo à lógica.

Revisão da lógica

Se o falibilismo se estende *realmente* à lógica; se, como afirmei, *tendemos* a nos enganar sobre nossas crenças a respeito da lógica, então seria prudente estarmos preparados, se necessário for, para revisar nossas opiniões lógicas. Mas isto não significa dizer que revisões da lógica devam ser empreendidas levianamente, pois a extrema generalidade dos princípios lógicos significa que tais revisões terão consequências de longo alcance. A lógica *é* revisável, mas as razões para revisão têm de ser boas. Como argumentei no Capítulo 11, p.280ss, os argumentos apresentados a favor das lógicas alternativas foram, muito frequentemente, bastante fracos.

Lógica e pensamento

A confiança de Kant na não revisibilidade da lógica aristotélica baseava-se na ideia de que os princípios lógicos representam 'as formas do pensamento', que não podemos pensar senão de acordo com eles: uma ideia que levanta uma grande quantidade de questões intrigantes sobre exatamente o que a lógica tem a ver com 'o modo como pensamos'.

Embora, em certa época, fosse bastante usual supor que os princípios da lógica são 'as leis do pensamento' (ver Boole, 1854), a crítica vigorosa de Frege foi tão influente que houve relativamente pouca defesa, mais recentemente, do 'psicologismo' em qualquer forma ou maneira. Contudo, os argumentos de Frege contra o psicologismo são, suspeito, menos conclusivos, e ao menos alguma forma de psicologismo mais plausível, do que hoje em dia é costume supor. Uma reavaliação em larga escala do psicologismo requereria, contudo, uma explicação mais completa e mais sofisticada da natureza do pensamento do que sou capaz de apresentar; assim, o que se segue pode ser, na melhor das hipóteses, um esboço.

Pode-se começar distinguindo três tipos de posição – a distinção é bem grosseira, mas, não obstante, pode ser útil como um ponto de partida:

(i) a lógica é descritiva em relação aos processos mentais (ela descreve como nós *pensamos*, ou talvez como nós *devemos* pensar)

(ii) a lógica é prescritiva em relação aos processos mentais (ela prescreve como nós *deveríamos* pensar)

(iii) a lógica não tem nada a ver com processos mentais

Pode-se chamar estas posições de *psicologismo forte*, *psicologismo fraco* e *antipsicologismo*, respectivamente. Exemplos: Kant sustentou algo como (i); Peirce, uma versão de (ii); Frege, (iii).

Apresentarei em seguida alguns argumentos a favor de uma forma de psicologismo fraco bastante próxima daquela adotada por Peirce (1930-1958, 3, 161ss): que a lógica é normativa com respeito ao raciocínio. Continuarei, então, apontando algumas vantagens do psicologismo fraco contra o antipsicologismo, por um lado, e o psicologismo forte, por outro.

A lógica diz fundamentalmente respeito a *argumentos*: como, então, pode ela estar relacionada com os processos mentais que constituem o *raciocínio*? Vou abordar esta questão em duas etapas, apresentando, primeiro, uma resposta platônica, e depois uma versão nominalista dessa resposta. A razão para esta estratégia é que a conexão entre a lógica e o pensamento é posta mais em destaque pela explicação platônica, mas penso que ela é mais bem explicada, embora de forma menos simples, na versão nominalista.

A resposta platônica: a lógica diz respeito à (in)validade de argumentos, à conexão entre premissas e conclusão; relações lógicas são relações entre proposições, tais como acarretamento ou incompatibilidade. O raciocínio é um (certo tipo de) processo mental, tal como alguém vir a acreditar que q com base em sua crença de que p (inferindo q de p), ou, vindo a reconhecer que se p fosse o caso, então q seria o caso. Assim, acreditar que p, ou indagar-se se p, ou o que aconteceria se p, é estar em certa relação com uma proposição. Logo, a lógica é normativa com respeito ao raciocínio neste sentido: que se, por exemplo, alguém infere q de p, então, se o argumento de p para q é válido, a inferência é *segura*, no sentido de que ela seguramente não resultará em se sustentar uma crença falsa com base em uma verdadeira.

A versão nominalista: que s acredita que p, ou se indaga se p, ou o que aconteceria se p, pode ser analisada, em última instância, em termos de uma relação complicada entre s e a sentença 'p'; o discurso platônico sobre crer em uma proposição ou levá-la em consideração deve ser encarado como uma abreviatura conveniente para essa análise complicada. A lógica ocupa-se com a validade de argumentos, os quais, contudo, devem ser concebidos (cap.2, p.37) como trechos de discurso/cadeias de sentenças; o discurso platônico sobre relações lógicas entre proposições deve, mais uma vez, ser encarado como uma abreviatura conveniente (especificamente, de requisitos bastante complicados sobre que sentenças devem ser encaradas como intersubstituíveis, cap.6, p.119). Mais uma vez, segue-se que a lógica é normativa, no sentido aqui explicado, com respeito ao raciocínio.

A versão nominalista do psicologismo fraco é, penso, preferível ao platonismo, por razões que provêm da consideração de um argumento de Frege contra o psicologismo.

As objeções de Frege ao psicologismo são bastante complexas, e vou apenas considerar o argumento que é mais relevante para a posição que defendi.[6] Este argumento é formulado da seguinte maneira. A lógica não tem nada a ver com processos mentais, pois a lógica é objetiva e pública, enquanto o mental, de acordo com Frege, é subjetivo e privado. Esta é a razão pela qual Frege está tão preocupado em enfatizar (ver especialmente Frege, 1918; e cf. p.97n) que o sentido de uma sentença não é uma ideia (uma entidade mental), mas um pensamento (*Gedanke*: um objeto abstrato, uma proposição). Uma vez que ideias são mentais, elas são, argumenta Frege, essencialmente privadas; você não pode ter a minha ideia tanto quanto você não pode ter minha dor de cabeça. Se o sentido de uma sentença fosse

---

[6] Vou ignorar completamente os argumentos de Frege contra explicações psicologistas dos números, exceto para observar que, em virtude de seu logicismo, ele teria considerado esses argumentos indiretamente relacionados ao psicologismo com respeito à lógica.

uma entidade privada, mental, uma ideia no sentido de Frege, haveria um mistério sobre a relação entre a ideia de uma pessoa e a de outra:

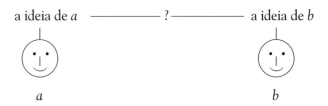

As proposições, contudo, são públicas; você e eu podemos ambos 'apreender' a mesma proposição, e isto é o que torna possível haver conhecimento objetivo, e público.[7]

Esse argumento pode ser questionado em mais de um aspecto: por exemplo, por que Frege supõe que tudo o que é mental é subjetivo e privado? É relevante o fato de que a psicologia com a qual ele estava familiarizado era introspeccionista? Mas, de qualquer maneira, é bastante claro que o argumento *não* obriga ninguém a separar a lógica dos processos mentais da maneira que Frege supõe. Pois a postulação de proposições apenas garantirá a publicidade do conhecimento se elas forem não apenas *objetivas*, mas também *acessíveis*, se nós pudermos 'apreendê-las'; e isto é justamente o que requer a versão platônica do argumento a favor do psicologismo fraco.

De fato, contudo, Frege não tem nada muito substancial a dizer para mitigar o caráter misterioso de nossa suposta capacidade de 'apreender' seus *Gedanken*:

---

[7] As razões de Popper para separar a epistemologia da psicologia são muito similares.

Mas este mistério *pode ser* elucidado concentrando-se, não em ideias (que criam um problema sobre a objetividade), nem em proposições (que criam um problema sobre a acessibilidade), mas em *sentenças*; pois o comportamento verbal dos usuários de uma língua é igualmente *objetivo* e *acessível*:

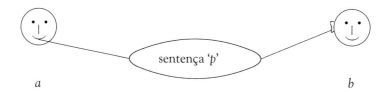

(Dewey percebeu isto: ver 1929, p.196.) E isto nos dá uma razão para preferir, como insisti, a versão nominalista do argumento a favor do psicologismo fraco.

A lógica, sugeri, é prescritiva em relação ao raciocínio no sentido limitado de que a inferência de acordo com princípios lógicos é segura. (É claro, a segurança não precisa ser o requisito supremo; poder-se-ia, bastante racionalmente, preferir procedimentos profícuos, mas arriscados, a seguros, mas relativamente desinteressantes; cf. a defesa de de Bono, por exemplo, em 1969, do 'pensamento lateral'.) É importante, contudo, que na visão psicologista fraca, embora a lógica seja aplicável ao raciocínio, a validade de um argumento consiste em seu caráter preservador de verdade; ela não é em sentido algum uma propriedade psicológica. Consequentemente, o psicologismo fraco evita a dificuldade principal do psicologismo forte, o problema de explicar o erro lógico: pois, uma vez que as pessoas certamente, de tempos em tempos, argumentam de modo inválido, como pode a validade de um argumento consistir em sua conformidade à maneira como pensamos? Isto não significa dizer que o psicologismo forte é categoricamente incompatível com os erros lógicos; mas que os dois podem ser reconciliados apenas através de alguma explicação de tais erros como o resultado de alguma irregularidade ou mau funcionamento de nossos poderes de raciocínio. (De acordo com Kant, os erros lógicos são o resultado da influência não percebida da sensibilidade sobre o juízo.) Não obstante, a reconciliabilidade muito mais rápida do psicologismo fraco com o falibilismo depõe, creio, em seu favor contra o psicologismo forte.

Inevitavelmente, há muitas questões intrigantes que permanecem sem resposta. Por exemplo, o que exatamente distingue o estudo lógico do raciocínio do estudo psicológico? (Não pode ser, como algumas vezes se supõe, que a psicologia, ao contrário da lógica, nunca seja normativa, nem mesmo que ela nunca seja normativa com respeito à verdade; considere-se, por exemplo, os estudos psicológicos sobre as condições da percepção confiável/ilusória.) Que consequências o psicologismo a respeito da lógica teria para perguntas sobre as relações entre epistemologia e psicologia? O que tem a lógica a nos dizer sobre a racionalidade? Quais seriam, para o psicologismo, (em vista, especialmente, da alegação de Chomsky de que certas estruturas gramaticais são inatas) as consequências da conjectura de que a forma lógica pode ser identificada com a forma gramatical?

É bom saber (para tomar emprestada uma frase de Davidson) que não corremos o risco de ficar sem trabalho!

GLOSSÁRIO

Um * ao lado de um termo indica que ele possui um verbete separado. A respeito da terminologia não explicada aqui, o leitor pode achar útil consultar o *Dictionary of Philosophy* (Runes, 1966), ou o verbete *Logical terms, glossary of*, em Edwards (1967).

Analítico/sintético
Um juízo *analiticamente* verdadeiro é aquele em que o conceito de seu predicado está contido em seu sujeito, ou, tal que sua negação é contraditória (Kant). Uma proposição analiticamente verdadeira é ou uma verdade lógica*, ou então é redutível a uma verdade lógica por meio de definições em termos puramente lógicos (Frege: e ver *logicismo**). Um enunciado analiticamente verdadeiro é verdadeiro apenas em virtude do significado de seus termos (positivistas lógicos*). 'Analítico' é geralmente usado de maneira equivalente a 'analiticamente verdadeiro'. A negação* de uma verdade analítica é analiticamente falsa. 'Sintético' é geralmente usado de modo equivalente a 'nem analiticamente verdadeiro nem analiticamente falso'. Ver a discussão da crítica de Quine sobre a analiticidade, p.232-4 e 307-9.

A priori/a posteriori
Uma proposição é *a priori* se ela pode ser conhecida independentemente da experiência, caso contrário, é *a posteriori* (uma distinção epistemológica, em contraste com a distinção metafísica *analítico/sintético**). Ver a discussão do falibilismo com relação à lógica, cap.12, p.302.

Atitude proposicional
Verbos tais como 'sabe', 'acredita', 'espera' etc., que assumem a construção 's Φs que p', são conhecidos como verbos de atitudes proposicionais (Russell).

Atômica
: Uma wff* atômica do cálculo sentencial é uma letra sentencial (por exemplo, 'p'), em oposição a uma wff composta, ou 'molecular' (por exemplo, '$p \vee q$').
Uma wff atômica do cálculo de predicados é uma letra predicativa de grau n* seguida de n variáveis* ou termos singulares. Um enunciado atômico, analogamente, é um enunciado que não contém nenhum enunciado como componente.

Atomismo lógico
: Escola de filosofia (primeiro Wittgenstein, Russell) que procura analisar logicamente a estrutura do mundo em seus componentes mais fundamentais (os 'átomos lógicos'). Ver a discussão sobre a teoria correspondencial da verdade, cap.7, p.133; e sobre afinidades com o programa de Davidson, p.172n.

Axioma
: Uma wff* A é um *axioma* de L se A é afirmada, sua verdade é não questionada, no sistema L (trivialmente, todos os axiomas de L são teoremas* de L). Uma apresentação axiomática da lógica usa tanto axiomas, quanto regras de inferência*. Ver cap.2, p.46.

Bivalência
: Toda wff* (sentença, enunciado, proposição) é ou verdadeira ou então falsa; ver também *terceiro excluído**. Ver cap.11, p.280.

Completo
: (i) um sistema formal é *fracamente completo* se toda wff* que é logicamente verdadeira* no sistema é um teorema* do sistema; ou *fortemente completo* se, sendo acrescentado qualquer novo axioma* independente*, ele seria inconsistente*. Exemplos: o cálculo sentencial é fortemente completo; os sistemas modais usuais são fracamente completos; a teoria de conjuntos e a aritmética são incompletas. Ver a discussão sobre a completude como um critério para considerar se um sistema é um sistema de lógica, cap.1, p.32.
(ii) Para *completude funcional*, consultar *funcional-veritativo**.

Condicional
: Os operadores '→', '⊰', etc. Uma wff* da forma '$A \rightarrow B$' (ou enunciado da forma 'Se A então B'), é também chamada uma wff condicional ou hipotética. 'A' é chamado o *antecedente*, 'B', o *consequente* do condicional. Um condicional *subjuntivo* é aquele que tem um verbo subjuntivo (como: 'Se o imposto de renda fosse reduzido à metade, ficaríamos todos encantados'). Um condicional *contrafactual* é um condicional subjuntivo que implica que seu antecedente seja falso (como: 'Se o imposto de renda tivesse sido reduzido à metade no último orçamento, teríamos ficado encantados'). Ver cap.3, p.60; cap.10, p.261.

Condições necessárias/suficientes
: A é uma *condição necessária* para B, se B não pode ser o caso a menos que A seja; A é uma *condição suficiente* para B, se, sendo A o caso, B é o caso.

Conjectura de Goldbach
: Hipótese de que todo número par maior do que 2 é a soma de dois primos.

Conjunção
　Uma wff* (enunciado) da forma 'A & B' ('A e B').
Conjunto
　'qualquer coleção em uma totalidade ... de objetos definidos, distinguíveis' (Cantor). Contudo, a teoria de conjuntos inclui o conjunto vazio, que não tem elementos. Ver o paradoxo* de Russell, p.187. '$\{a,b,c\}$' significa 'o conjunto que consiste em: a, b, c'. '$\{x \mid Fx\}$' significa 'o conjunto das coisas que são F'. '$a \in \{x \mid Fx\}$' significa 'a é um elemento do conjunto das coisas que são F'. (Na teoria de conjuntos de Gödel-von Neumann-Bernays faz-se uma distinção entre conjuntos, que podem tanto possuir elementos e serem eles mesmos elementos, e classes, que possuem elementos, mas que não podem elas próprias ser elementos.)
Consequência
　Uma wff* (enunciado) B é uma consequência lógica de A sse há um argumento* válido de A para B.
Consistente
　Um sistema formal é *consistente* sse nenhuma wff* da forma 'A & −A' é um teorema*; ou, sse nem toda wff do sistema é um teorema; ou (no sentido de Post, aplicável ao cálculo sentencial) sse nenhuma letra sentencial isolada é um teorema.
Constante
　Uma *constante* é um símbolo empregado sempre para representar a mesma coisa (como, termos singulares tais como 'a', 'b', ... etc., ou operadores como '&', '∨' ... etc.) ao contrário das variáveis* (como, 'x', 'y', 'z'... etc.), que variam sobre um domínio* de objetos.
Contradição
　Wff* da forma 'A & −A'. Enunciado da forma 'A e não A'. *Princípio de não contradição*: −(A & −A), ou: nenhuma wff (sentença, enunciado, proposição) é verdadeira e falsa ao mesmo tempo.
Contraditória
　A contraditória de uma wff* (enunciado) A é uma wff* (enunciado) que deve ser falsa se A é verdadeira e verdadeira se A é falsa.
Contrária
　Wffs* (enunciados) A e B são contrárias se não podem ser ambas verdadeiras, mas podem ser ambas falsas.
Correspondência biunívoca
　Dois conjuntos* x e y estão em correspondência biunívoca se há uma *relação** de *um para um*, R, pela qual cada elemento de x é relacionado com exatamente um elemento de y, e cada elemento de y com exatamente um elemento de x.
Correto (*sound*)
　(i)　Um *argumento* é *correto* se (i) ele é válido* e (ii) suas premissas e, logo, sua conclusão, são verdadeiras.

(ii) Um *sistema lógico* é correto sse todos os seus teoremas são logicamente verdadeiros*; a correção é o inverso da completude*.

Decidível
Um sistema é *decidível* se há um procedimento mecânico (um 'procedimento de decisão') para determinar, para qualquer wff* do sistema, se esta wff é ou não um teorema*. Exemplos: o cálculo sentencial é decidível; o cálculo geral de predicados (incluindo predicados tanto poliádicos* quanto monádicos*) não é. As *tabelas de verdade* fornecem o procedimento de decisão para o cálculo sentencial; um teste de tabela de verdade determina se uma wff é uma tautologia*, e, pelos resultados de correção* e completude*, todas as tautologias* são teoremas*, e apenas elas.

Dedução
Uma sequência de wffs* (de L) é uma dedução (em L) de B a partir de $A_1,\ldots,A_n$ sse é um argumento válido* (em L) com $A_1,\ldots,A_n$ como premissas e B como conclusão.

Dedução natural
Uma apresentação em dedução natural de um sistema lógico baseia-se em regras de inferência*, em vez de axiomas*. Ver cap.2, p.46.

Definição
Uma definição *explícita* define uma expressão (o *definiendum*) por meio de outra (o *definiens*) que pode substituir a primeira onde quer que ela ocorra. Uma definição *contextual* fornece uma substituição para certas expressões mais longas nas quais o *definiendum* ocorre, mas não um equivalente para aquela própria expressão. (Se xs podem ser contextualmente definidos em termos de ys, diz-se algumas vezes que os xs são *construções lógicas* a partir de ys, e que 'x' é um símbolo* incompleto.) Uma definição *recursiva* fornece uma regra para eliminar o *definiendum* em um número finito de passos. Diz-se algumas vezes que um conjunto de axiomas* fornece uma definição *implícita* de seus termos primitivos*. Ver cap.3, p.57, para a interdefinibilidade de conectivos; cap.5, p.102, para a definição contextual de Russell de descrições definidas; cap.7, p.143, para a definição recursiva de Tarski de satisfação; p.147-8, para condições formais sobre as definições.

Dêitico
Expressão cuja referência depende do tempo, lugar, ou falante, por exemplo, 'agora', 'eu', 'aqui'. Ver cap.7, p.165.

Descrição definida
Expressão da forma 'o tal e tal', escrita, formalmente, '$(\imath x)Fx$'. Ver cap.5, p.102.

Desvio
L_1 é um desvio de L_2 se tem um conjunto diferente de teoremas/inferências válidas que envolve essencialmente o vocabulário compartilhado com L_2. Um desvio da lógica clássica é uma *lógica alternativa*. Ver caps. 9, 11, 12.

Disjunção
: Wff* (enunciado) da forma '$A \vee B$'. *Dilema disjuntivo* é a forma de argumento: se $A \vdash C$, $B \vdash C$, então $A \vee B \vdash C$.

Disposicional
: Um predicado disposicional atribui uma tendência ou 'hábito'; em português muitos desses predicados terminam em '-vel' (tais como: 'irritável', 'solúvel'). Enunciados disposicionais ('este torrão de açúcar é solúvel') são equivalentes a *Condicionais subjuntivos** ('se este torrão de açúcar fosse colocado em água, ele se dissolveria'). Ver cap.10, p.240.

Domínio
: (Universo de discurso) – âmbito das variáveis* de uma teoria. Ver cap.4, p.71.

Dupla negação, princípio da
: $A \equiv -\,-A$. Ver discussão da lógica intuicionista, cap.11, p.284.

Entimema
: Argumento com uma premissa suprimida.

Epistemologia
: Teoria do conhecimento.

Equivalência
: Duas wffs (enunciados) são *logicamente equivalentes* se elas têm necessariamente os mesmos valores de verdade. Elas são *materialmente equivalentes* se têm o mesmo valor de verdade.

Esquema (T)
: A condição de adequação material de Tarski requer que qualquer definição aceitável de verdade tenha como consequência todas as instâncias do esquema (T):

$$S \text{ é verdadeira sse } p$$

onde 'S' nomeia a sentença do lado direito. Ver cap.7, p.143-76.

Extensão
: L_1 é uma extensão de L_2 se ela contém um vocabulário novo, além do vocabulário compartilhado com L_2, e tem novos teoremas*/inferências* válidas envolvendo o novo vocabulário essencialmente. Uma extensão da lógica clássica é uma *lógica ampliada*. Ver caps.9, 10, 12.

Extensão/intensão
: A *referência* (*extensão*) *versus* o *sentido* (*intensão*) de uma expressão. Para um termo singular, a extensão é o seu referente; para um predicado, o conjunto de coisas sobre as quais ele é verdadeiro; para uma sentença, seu valor de verdade. Duas expressões com a mesma extensão são coextensivas. Terminologia relacionada: *Bedeutung* (= extensão) *versus Sinn* (= intensão) de uma expressão (Frege); *denotação versus conotação* (Mill); contextos *extensionais versus intensionais**. Ver discussão da teoria de Frege do sentido e referência, cap.5, p.96; cf. a distinção de Quine entre teoria da referência e teoria do significado, p.166.

Extensional/intensional
> Um contexto é *extensional* se expressões correferenciais – termos singulares com a mesma denotação, predicados com a mesma extensão, ou sentenças com o mesmo valor de verdade – são substituíveis dentro dele sem mudar o valor de verdade do todo, '*salva veritate*', i.e., se a *lei de Leibniz* vale para ele; caso contrário, é *intensional*. Exemplos: 'Não é o caso que ...' é extensional, 'Necessariamente...' ou 's acredita que ...' são intensionais. Terminologia relacionada: *contexto oblíquo* (= intensional) (Frege); contexto *referencialmente transparente* (= extensional) *versus referencialmente opaco* (= intensional), *ocorrência puramente referencial* (i.e. ocorrência num contexto extensional) de um termo (Quine); conectivo *funcional-veritativo** (= operador extensional formador de sentenças a partir de sentenças). Ver discussão do programa de Davidson, cap.7, p.165; cf. a crítica de Quine da distinção analítico/sintético, cap.10, p.229.

Finito/infinito
> Um conjunto é *infinito* se tem um subconjunto próprio tal que seus elementos possam ser postos em uma correspondência biunívoca* com os elementos daquele subconjunto próprio. Um conjunto é finito se ele não é infinito. Um conjunto é *enumeravelmente* infinito se pode ser posto em correspondência biunívoca com os números naturais.

Formalismo
> Escola em filosofia da matemática (Hilbert, Curry) caracterizada pela concepção de que os números podem ser identificados com marcas no papel. Ver discussão da abordagem formalista da lógica, p.293.

Funcional-veritativo
> Um *conectivo* (operador formador de sentenças a partir de sentenças) é *funcional-veritativo* se o valor de verdade de uma fórmula composta na qual ele é o conectivo principal depende apenas do valor de verdade de suas componentes, em cujo caso uma *tabela de verdade* pode ser dada para esse conectivo. Um *sistema lógico* é *funcional-veritativo* se todas as suas constantes são funcional-veritativas. Um sistema n-valente é *funcionalmente completo* – tem um *conjunto adequado de conectivos* – se tem conectivos suficientes para exprimir todas as funções de verdade n-valentes. Exemplos: os conectivos dos cálculos sentenciais clássico e finitamente polivalentes são funcional-veritativos; os operadores modais e os operadores epistêmicos não são. Ver a discussão da preferência dos lógicos por conectivos funcional-veritativos, cap.3, p.64; dos cálculos polivalentes e não funcional-veritativos, cap.11.

Implicação
> (i) 'p' *implica materialmente* 'q' ('$p \to q$') se não é o caso que p e não q; 'p' *implica estritamente* 'q' ('$p \mathbin{-3} q$') se é impossível que p e não q ($p \mathbin{-3} q \equiv L(p \to q)$). Ver cap.3, p.60 a respeito de '$\to$' e 'se, então'; cap.10, p.261, sobre relações entre condicionais material, estrito e relevante, e a ideia intuitiva de *acarretamento*.
> (ii) 'Implica' é também usado em uma outra maneira, como em 's implicava que p'

(onde é uma relação entre falantes e proposições, em vez de, como em (i), uma relação entre proposições). Neste uso significa algo como 's insinuou, embora ele não tenha exatamente dito que, p'. Compare discussão da 'implicatura conversacional' de Grice, p.36.

Independente
Os axiomas* de um sistema formal são independentes uns dos outros se nenhum é uma consequência* lógica dos outros.

Indução
(i) Um argumento é *indutivamente forte* se a verdade de suas premissas torna a verdade de sua conclusão provável. Ver cap.2, p.44.
(ii) *Indução matemática*: uma forma de argumento (dedutivamente válida) usada na matemática, para mostrar que todos os números têm uma propriedade mostrando que 0 tem essa propriedade, e que se um número tem esta propriedade, seu sucessor também a tem.

Inferência
Uma pessoa *infere q de p* se chega a aceitar q com base em p, ou vem a aceitar que se p fosse o caso, então q seria o caso. Ver cap.12, p.309, sobre a relevância da lógica para a inferência; e cap.2, p.46, sobre *regras de inferência*.

Interpretação (de um sistema formal)
Um conjunto (o domínio*, D) e uma função que atribui elementos de D a termos singulares*, ênuplas de elementos de D a predicados enários, e funções com ênuplas de elementos de D como argumento e elementos de D como valores a símbolos funcionais. Ver sistemas interpretados e não interpretados, p.27ss; caps.4 e 5; cap.10, p.251, sobre semântica 'pura' *versus* semântica 'depravada'.

Intuicionismo
Escola em filosofia da matemática (Brouwer, Heyting), caracterizada pela concepção de que os números são construções mentais; tem como consequência uma aritmética restrita e uma lógica não clássica. Ver cap.11, p.284.

Linguagem-objeto/metalinguagem
Ao se falar sobre sistemas, o sistema sobre o qual se fala é conhecido como a *linguagem-objeto*, o sistema que é usado para falar sobre ele como a *metalinguagem*. (N.B.: isto é uma distinção relativa, em vez de absoluta; por exemplo, pode-se usar o francês (a metalinguagem) para falar sobre o inglês (a linguagem-objeto), ou o inglês para falar do francês.) Assim, a metalógica* seria o estudo dos sistemas lógicos. Ver discussão do uso de Tarski da distinção na definição de verdade, cap.7, p.156; cf. sua relevância para os paradoxos* semânticos, cap.8, p.195.

Lógica combinatória
Um ramo da lógica formal no qual as variáveis* são eliminadas em favor de símbolos funcionais. Ver a discussão do critério ontológico de Quine, cap.4, p.75.

Logicismo
: Escola em filosofia da matemática, caracterizada pela tese (Frege, Russell) de que as verdades da aritmética são redutíveis à lógica (ou, *analíticas** no sentido fregeano); os números são redutíveis a conjuntos. Ver discussão do programa logicista e a questão do âmbito da lógica, cap.1, p.34; do efeito do paradoxo de Russell, p.188.

Matriz característica
: Uma *matriz* é um conjunto de tabelas de verdade. Uma matriz M é *característica* para um sistema S sse todas e apenas as wffs* uniformemente designadas* (*tautológicas**) em M são teoremas* de S. Um sistema é *n*-valente se ele tem uma matriz característica *n*-valente e nenhuma matriz característica com menos de *n* valores; *polivalente* se ele é *n*-valente para *n* > 2, *infinitamente polivalente* se é *n-valente* para um *n* infinito. Ver cap.3, p.59, e cap.11.

Mecânica quântica
: Uma teoria física que se ocupa da estrutura atômica, emissão e absorção de luz pela matéria. Ver a discussão de 'lógica quântica', cap.11, p.276.

Metafísica
: Tradicionalmente, 'a ciência do ser enquanto tal'. Uso 'metafísico' fundamentalmente para enfatizar a distinção entre questões sobre o modo como as coisas são (por exemplo, 'Há uma lógica correta?') de questões epistemológicas, questões sobre nosso conhecimento de como as coisas são (por exemplo, 'Poderiam as leis da lógica ser diferentes daquilo que pensamos que elas são?'). Ver cap.12.

Metalógica
: Estudo das propriedades formais – p.ex., consistência*, completude*, decidibilidade*, – de sistemas lógicos formais. Ver a discussão das relações entre filosofia da lógica e metalógica, cap.1, p.25; da lógica modal concebida como um cálculo metalógico, p.243.

Modus ponens (MPP)
: A regra de inferência*, de 'A' e 'A → B' inferir 'B'. Ver a discussão da invalidade de MPP na lógica da relevância, cap.10, p.265.

Monádico/diádico/poliádico
: Uma sentença aberta/um conectivo é monádico (de grau 1) se tem um argumento, diádico (de grau 2) se tem dois, poliádico se tem mais de dois argumentos; por exemplo, '... é vermelho' é uma sentença monádica aberta, '... é maior do que – ' é uma sentença diádica aberta. Ver a discussão do papel das sequências de objetos nas definições de Tarski de satisfação/verdade, p.150ss.

Monismo/pluralismo/instrumentalismo
: (i) Em metafísica*, monismo é a tese de que há apenas uma espécie última de coisa, dualismo a tese de que há duas, pluralismo a tese de que há mais do que duas.
(ii) Monismo com respeito à lógica é a tese de que há apenas um sistema lógico correto, pluralismo a tese de que há mais do que um sistema lógico correto,

instrumentalismo a tese de que a noção de 'correção' não se aplica a sistemas lógicos. Ver cap.12, p.289.

Negação
A negação de 'A' é '–A'.

Nominalismo/platonismo/conceitualismo
O *nominalista* nega, o *platônico* afirma, que há *universais reais* (por exemplo, vermelhidão, a propriedade de ser quadrado etc.); o *conceitualista* defende que os universais são entidades mentais. Terminologia relacionada: reificacionismo, materialismo, pansomatismo (formas de nominalismo) *versus* realismo (forma de platonismo). Ver a discussão dos quantificadores de segunda ordem*, cap.4, p.87; do extensionalismo* de Davidson e o nominalismo de Kotarbiński, p.172n; do *status* dos mundos possíveis, cap.10, p.253.

Ontologia
Parte da metafísica que se ocupa da questão sobre os tipos de coisas que existem. Ver cap.4, p.75, para uma discussão das relações entre lógica e ontologia.

Oratio obliqua
Discurso indireto (relatado), como: ''s disse que *p*'. Ver cap.7, p.172.

Paradoxos
(i) (Também conhecidos como 'antinomias'.) Contradições deriváveis na semântica* e na teoria de conjuntos*; eles incluem o *Mentiroso* ('Esta sentença é falsa') e o *paradoxo de Russell* ('O conjunto de todos os conjuntos que não são elementos de si mesmos é um elemento de si mesmo sse não é um elemento de si mesmo'). Ver cap.8.
(ii) Os 'paradoxos' das implicações* material e estrita são teoremas* da lógica clássica bivalente, e da lógica modal ('$p \to (-p \to q)$', '$L-p \to (p \dashv 3 q)$') que parecem ser bastante contraintuitivos se comparados com '$\to$' ou '$\dashv 3$', se entendidos como 'se ...'. Uso aspas porque estes 'paradoxos' não envolvem nenhuma contradição.

Positivismo lógico
Escola de filosofia centrada no *Círculo de Viena* (Schlick, Carnap); caracterizada pelo *princípio de verificação*, de acordo com o qual o significado de um enunciado é dado por suas condições de verificação, e enunciados não verificáveis são destituídos de significado. Ver discussão do ataque de Quine à distinção *analítico/sintético**, cap.10, p.229.

Postulados de Peano
Conjunto de axiomas para a teoria dos números naturais:
1. 0 é um número.
2. O sucessor de qualquer número é um número.
3. Não há dois números que tenham o mesmo sucessor.
4. 0 não é o sucessor de nenhum número.
5. Se 0 tem uma propriedade, e, se um dado número tem essa propriedade, então o sucessor deste número tem a propriedade, então todos os números têm essa propriedade (Axioma da indução*).

Pragmatismo
Escola americana de filosofia iniciada por Peirce e James (outros pragmatistas são Dewey e F. C. S. Schiller); caracterizada pela 'máxima pragmática', segundo a qual o significado de um conceito deve ser buscado nas consequências empíricas ou práticas (Kant – *pragmatische* – empiricamente condicionado; grego *praxis* – ação) de sua aplicação. Ver a discussão da teoria pragmatista da verdade, cap.7, p.140.

Pressuposição
'A' pressupõe 'B' se 'A' não é nem verdadeiro nem falso a menos que 'B' seja verdadeiro. Ver cap.5, p.104.

Primitivo
Termo não definido (ver definição*)

Princípio do círculo vicioso
Poincaré e Russell diagnosticam os paradoxos como resultado de violações do princípio do círculo vicioso (PCV): 'o que quer que envolva tudo de uma coleção não pode ser um elemento dessa coleção'. Ver cap.8, p.192.

Prova
Uma prova (em L) de A é uma dedução* (em L) de A a partir de nenhuma premissa exceto os axiomas* (de L), se houver algum. Uma wff* A é demonstrável (em L) se há uma prova (em L) de A; ela é refutável se sua negação* é demonstrável.

Quantificador
Expressão ('($\exists$...)' – o quantificador *existencial* – ou '(...)' – o quantificador *universal*) ligando variáveis*. Ver cap.4.

Refutar
Mostrar que uma tese (ou teoria etc.) é falsa. (N. B.: negar que *p não* é refutar '*p*'.)

Relação
Um predicado de grau 2 ou superior é chamado um símbolo de *relação*; sua extensão* – o conjunto* de pares ordenados (ternos ... ênuplas) para o qual ele vale – é conhecido como uma *relação-de-extensão*. Uma relação R é *transitiva* caso, se $(x)(y)(z)Rxy$ e Ryz, então Rxz; *simétrica* caso, $(x)(y)$, se Rxy então Ryx; *reflexiva*, caso $(x)Rxx$.

Salva veritate
Sem mudança de valor de verdade.

Satisfação
(i) Na definição de verdade de Tarski (cap.7, p.150): relação entre sentenças abertas e sequências* de objetos (como por exemplo, ⟨Edinburgh, London, ...⟩) satisfaz '*x* está ao norte de *y*').
(ii) Na lógica imperativa (p.126): análogo de um valor de verdade, atribuído a sentenças imperativas (como, por exemplo, 'Feche a porta!' é satisfeita sse a porta é fechada).

Sequência
Par, terno ... ênupla ordenada de objetos (i.e. como um conjunto*, exceto que a ordem importa; enquanto $\{a,b\} = \{b,a\}$, $\langle a,b \rangle \neq \langle b,a \rangle$). Ver o papel de sequências de objetos na definição de Tarski de satisfação*, cap.7, p.150.

Símbolo incompleto
Expressão contextualmente definida*. Ver cap.5, p.102; cap.7, p.177.

Sintaxe/semântica/pragmática
A *sintaxe* é o estudo das relações formais entre expressões; assim, o vocabulário, as regras de formação e os axiomas*/regras de inferência* de um sistema são chamados a sintaxe do sistema. A *semântica* é o estudo das relações entre expressões linguísticas e os objetos não linguísticos aos quais elas se aplicam; assim, a interpretação* de um sistema é chamada a semântica do sistema. (De modo geral, a distinção entre sintaxe e semântica poderia ser comparada àquela entre gramática e significado.) A *pragmática* é o estudo das relações entre expressões e o uso ou usuários destas expressões. Ver explicações sintáticas e semânticas de validade, cap.2, p.40; abordagens sintáticas, semânticas e pragmáticas de proposições etc., cap.6, p.113; relações pragmáticas de implicatura conversacional, p.66; e pressuposição*, p.104ss.

Tautologia
Sentido técnico: uma wff* é uma *tautologia* se ela recebe o valor 'verdadeiro' para todas as atribuições de valores de verdade a suas componentes atômicas* (estendido, no caso de lógicas polivalentes, a: se ela recebe o valor designado* para todas as atribuições a suas componentes atômicas). A prova de correção* para o cálculo sentencial mostra que apenas as tautologias são teoremas*; a prova de completude*, que todas as tautologias são teoremas. Sentido não técnico: um enunciado é *tautológico* se ele diz a mesma coisa duas vezes, e é assim trivialmente verdadeiro. Ver a discussão da ideia pré-sistemática correspondendo à noção técnica de verdade lógica*, p.41-2.

Teorema
Uma wff* A é um teorema de L sse A se segue dos axiomas* de L, se os há, pelas regras de inferência* de L. Ver cap.2, p.40; cap.12, p.289.

Teorema da dedução
Se é o caso que, em um sistema formal L,
  sc $A_1,\ldots,A_n \vdash_L B$, então $\vdash_L A_1 \to (A_2 \to (\ldots(A_n \to B)))$
neste caso o teorema da dedução vale para L.

Teorema (da incompletude) de Gödel
A aritmética é incompleta; há uma wff aritmética que é verdadeira mas nem demonstrável nem refutável (Gödel, 1931). Ver p.191, para comentários sobre o papel da autorreferência na prova de Gödel.

Teorema de Skolem-Löwenheim
Toda teoria que possui um modelo (é consistente*) possui um modelo enumerável (ver o verbete sobre finito/infinito*). Consultar p.85 para sua relação com a quantificação substitucional.

Teoria dos tipos
: A solução formal de Russell para os paradoxos*; a *teoria simples dos tipos* evita os paradoxos da teoria de conjuntos*; a *teoria ramificada dos tipos* evita os paradoxos semânticos*. Ver cap.8, p.192.

Terceiro excluído
: $p \vee \neg p$ (cf. *bivalência**). Ver cap.11, p.269.

Termo de massa
: Expressão que denota um tipo de substância ou material (como: 'água', 'neve', 'grama') ao invés de um objeto individual, como no caso de um 'termo singular' (como: 'copo d'água'). Ver cap.7, p.165.

Válido
: Um argumento formal é *sintaticamente válido-em*-L sse sua conclusão segue-se de suas premissas e dos axiomas* de L, se os há, através das regras de inferência* de L; *semanticamente válido-em*-L sse sua conclusão é verdadeira em todas as interpretações de L nas quais todas as suas premissas são verdadeiras. Um argumento informal é válido sse suas premissas não possam ser verdadeiras e sua conclusão falsa. Ver cap.2, p.40; cap.10, p.261.

Valor designado
: Valor similar à verdade, tal que todas as wffs* compostas que recebem um valor designado para todas as atribuições a suas componentes são *tautologias**.

Variável
: Expressão, como: 'x', 'y' ... (no cálculo de predicados de primeira ordem), *variando sobre* um *domínio** de objetos; em oposição a constantes*, como: 'a', 'b'..., cada uma das quais denota um elemento específico do domínio. Uma expressão que pode ser substituída por uma variável é chamada um *substituendo* para a variável; os elementos sobre os quais ela varia, seus *valores*. Uma variável *ligada* é uma variável dentro do escopo de um quantificador*; uma variável *livre*, é uma variável que está fora dele. Ver cap.4.

Verdade lógica
: Uma wff* é logicamente verdadeira em L sse ela é verdadeira em todas as interpretações de L. Ver cap.2, p.40.

Verossimilhança
: Proximidade à verdade (Popper); ver cap.7, p.163.

Wff
: Fórmula bem-formada (*well-formed formula*), i.e., sequência de símbolos de uma linguagem formal corretamente construída com respeito a suas *regras de formação*. Uma *fórmula* é qualquer sequência de símbolos de uma linguagem formal.

SUGESTÕES DE LEITURA

No texto, apresentei referências completas, para permitir ao leitor a localização da literatura relevante sobre questões específicas. O objetivo da presente seção é fornecer aos iniciantes algumas sugestões para começar a leitura.

Suponho algum conhecimento da *lógica formal elementar*, tal como é apresentada, digamos, em Lemmon (1965), ou então Quine (1950), que é um pouco mais difícil, mas muito mais rico. Uma apresentação resumida de resultados *metalógicos* pode ser encontrada em Hunter (1971) ou Boolos & Jeffrey (1974). Com relação à *história da lógica*, consultar Kneale & Kneale (1962).

Embora haja várias '*introduções*' à *filosofia da lógica*, elas são geralmente mais difíceis, e requerem mais sofisticação do leitor do que seus títulos sugerem. A *Introdução à Teoria Lógica* de Strawson (1952) apresenta uma crítica fundamentada da forma lógica do ponto de vista de uma filosofia da linguagem ordinária, e deveria ser lida em conjunto com a resenha de Quine (1953c). A *Filosofia da Lógica* de Quine (1970) é, embora curta, rica e abrangente, mas pressupõe um bom conhecimento de uma filosofia caracteristicamente 'quineana', e é mais indicada para o estudante mais avançado do que para o iniciante. A *Filosofia da Lógica* de Putnam (1971) é dedicada a uma única questão, a necessidade de entidades abstratas em lógica.

Há várias *coletâneas* de artigos valiosas. Van Heijenhoort (1967a) contém os artigos clássicos desde o início da lógica moderna com o *Begriffsschrift* (1879) até o teorema de incompletude de Gödel (1931). Outras coletâneas úteis de artigos filosóficos mais recentes são Copi & Gould (1967), Strawson (1967), Iseminger (1968).

Para se encontrar material de leitura sobre um assunto específico, sem saber onde começar a procurar, podem ser úteis os artigos sobre lógica e filosofia da lógica na *Encyclopaedia of Philosophy* (Edwards, 1967); eles são geralmente informativos, e têm bibliografias úteis. As resenhas no *Journal of Symbolic Logic* de artigos (tanto filosóficos quanto formais) de outras revistas podem também ser valiosas. Recomendo, em geral, que se comece com material primário, em vez de secundário – que se leiam os artigos do próprio Frege antes dos comentadores de Frege, por exemplo. O leitor vai achar que o material secundário é geralmente muito mais útil se já tiver algum conhecimento do trabalho no qual é baseado.

Algumas sugestões sobre onde começar a leitura de tópicos discutidos no presente livro:

Capítulo
1 Sobre os objetivos do formalismo: Frege (1882a, b).
  Sobre o âmbito da lógica: Kneale (1956); Quine (1970, cap.5).
2 Sobre indução e dedução: Skyrms (1966, cap.1).
  Sobre *logica utens* e *logica docens*: Peirce, 'Why study logic?' *in* 1930-1958 v.2, especialmente 2.185ss.
  Sobre validade e forma lógica: Cargile (1970); Davidson (1970); Harman (1970).
3 Sobre '*tonk*': Prior (1960, 1964); Belnap (1961); Stevenson (1961).
  Sobre 'se' e '→': Faris (1962).
4 Sobre o desenvolvimento dos quantificadores: Frege (1891).
  Sobre as interpretações substitucional e objetual: Belnap e Dunn (1968).
  Sobre tratamentos não clássicos dos quantificadores: Montague (1973).
5 Frege (1892a); Russell (1905); Strawson (1950); Quine, 'On what there is' *in* 1953a; Kripke (1972).
6 Frege (1918 e cf. Popper, 'Epistemology without a knowing subject' *in* 1972); Quine (1970, cap.1); Putnam (1971); Lemmon (1966).
7 Definições versus critérios: Rescher (1973, caps.1 e 2).
  Teorias da correspondência: Russell (1918); Austin (1950); Prior *in* Edwards (1967).
  Teorias da coerência: Bradley (1914); Hempel (1935); Rescher (1973).
  Teorias pragmatistas: Peirce (1877); James (1907); Dewey (1901); Rescher (1977, cap.4).
  A teoria semântica: Tarski (1944; e cf. Quine, 1970, cap.3, Rogers, 1963); Popper 'Truth, rationality and the growth of scientific knowledge' (*in* 1963); 'Philosophical comments on Tarski's theory of truth' (*in* 1972); Davidson (1967).
  A teoria da redundância: Ramsey (1927); Prior (1971); Grover et al. (1975).
8 Russell (1908a); Mackie (1973, cap.7); Kripke (1975).
9 Sobre lógica temporal: Quine (1960a, §36); Prior (1957, 1967); Lacey (1971); Geach (1965).
  Sobre lógica difusa: Zadeh (1975); Gaines (1976).

10 Sobre verdade necessária: Quine (1951).
Apresentação formal de lógicas modais: Hughes & Cresswell (1968).
Questões filosóficas: Quine (1953b); Linsky (1971); Plantinga (1974).
11 Rescher (1969); Haack (1974).
12 Sobre questões metafísicas: van Heijenhoort (1967b); Rescher (1977 caps.13, 14).
Sobre questões epistemológicas: Quine (1951); Putnam (1969); Popper (1970).
Sobre psicologismo: Mill (1843, livro II); Frege (sobre matemática, 1884, especialmente §26; sobre lógica, 1918); Peirce (1930-1958, 3.161ss); Russell (1938).

BIBLIOGRAFIA

* em um item indica a que edição se referem os números de página no texto.

ACKERMAN, R. 1967. *Introduction to Many-Valued Logics* (Routledge and Kegan Paul).
ALSTON, W. P. 1958. Ontological commitments, *Philosophical Studies*, 9; e em Iseminger 1968.
ALTHAM, J. E. J. 1971. *The Logic of Plurality* (Methuen).
ANDERSON, A. R. 1970. St Paul's epistle to Titus, em *The Paradox of the Liar*, org. MARTIN (Yale U.P.)
ANDERSON, A. R. e BELNAP, N. D., Jr. 1962a. Tautological entailments, *Philosophical Studies*, 13.
_____. 1962b. The pure calculus of entailment, *Journal of Symbolic Logic*, 27 (1962a e b foram parcialmente reimpressos em ISEMINGER 1968).
_____. 1975. *Entailment*, v.I (Princeton U. P.).
ANSCOMBE, G. E. M. 1957. *Analysis* puzzle, 10, *Analysis*, 17.
_____. 1959. *An Introduction to Wittgenstein's Tractatus* (Hutchinson).
AUSTIN, J. L. 1950. Truth, *Proceedings of the Aristotelian Society*, Suplemento 24; e em URMSON & WARNOCK (Orgs.) 1961; e PITCHER 1964.
AYER, A. J. 1958. *The Problem of Knowledge* (Macmillan).
BAKER, A. J. 1967. 'If' and '⊃', *Mind*, 76.
BAR-HILLEL, Y. 1957. New light on the Liar, *Analysis*, 18.
BARKER, S. F. 1965. Must every inference be either inductive or deductive?, em *Philosophy in America*, org. por BLACK (Allen and Unwin).
BELNAP, N. D., Jr. 1961. Tonk, plonk and plink, *Analysis*, 22; e em STRAWSON 1967.

_____. 1974. Grammatical Propaedeutic, em *The Logical Enterprise*, org. por ANDERSON, MARCUS & MARTIN (Yale U. P.); e em ANDERSON & BELNAP 1975.
BELNAP, N. D., Jr. & DUNN, M. 1968. The substitution interpretation of the quantifiers, *Noûs*, 2.
BELNAP, N. D., Jr. & GROVER, D. L. 1973. Quantifying in and out of quotes, em *Truth, Syntax and Modality*, org. por LEBLANC (North-Holland).
BENNETT, J. 1954. Meaning and implication, *Mind*, 63.
BERGMANN, G. 1960. The philosophical significance of modal logic, *Mind*, 69.
BINKLEY, R. 1970. Quantifying, quotation, and a paradox, *Noûs*, 4.
BIRKHOFF, G. & VAN NEUMANN, J. 1936. The logic of quantum mechanics, *Annals of Mathematics*, 37.
BLACK, M. 1937. 'Vagueness', *Philosophy of Science*, 4; e em *Language and Philosophy* (Cornell U. P. 1949).
_____. 1948. The semantic definition of truth, *Analysis*, 8; e em MACDONALD, 1954*.
BLANCHÉ, R. 1962. *Axiomatics*, trad. de Beene (Routledge and Kegan Paul).
BLANSHARD, B. 1939. *The Nature of Thought* (Allen and Unwin).
BLUMBERG, A. 1967. Logic, modern, em EDWARDS, 1967.
BOCHVAR, D. A. 1939. On a three-valued logical calculus and its application to the analysis of contradictories, *Matematiceskij sbornik*, 4.
BOOLE, G. 1854. *An Investigation of the Laws of Thought* (Dover 1951).
BOOLOS, G. S. e JEFFREY, R. C. 1974. *Computability and Logic* (Cambridge U. P.).
BRADLEY, F. H. 1914. *Essays on Truth and Reality* (Oxford U. P.).
BRANDOM, R. 1976. Truth and assertibility, *Journal of Philosophy*, 73.
BROUWER, L. E. J. 1952. Historical background, principles and methods of Intuitionism, *South African Journal of Science*, 49.
BURGE, T. 1973. Reference and proper names, *Journal of Philosophy*, 70.
BYNUM, T. Ward (Org.) 1972. *Conceptual Notation* (Oxford U. P.).
CARGILE, J. 1970. Davidson's notion of logical form, *Inquiry*, 13.
_____. 1972. On the interpretation of T, S4 and S5, *Philosophia*, 2.
CARNAP, R. 1931. The logicist foundations of mathematics, em *Philosophy of Mathematics*, (Orgs.) PUTNAM & BENACERRAF (Blackwell 1964).
_____. 1934. *Logische Syntax der Sprache* (Julius Springer); tradução inglesa, *The Logical Syntax of Language* (Kegan Paul, 1937).
_____. 1942. *Introduction to Semantics and Formalisation of Logic* (Harvard U. P.).
_____. 1947. *Meaning and Necessity* (Chicago U. P.).
_____. 1950. *The Logical Foundations of Probability* (Chicago U. P.).
CARTWRIGHT, R. 1954. Ontology and the theory of meaning, *Philosophy of Science*, 4.
_____. 1960. Negative existentials, *Journal of Philosophy*, 56; e em CATON, 1963.
_____. 1962. Propositions, em *Analytical Philosophy*, v.I, org. BUTLER (Blackwell).
CATON, C. (Org.) 1963. *Philosophy and Ordinary Language* (Illinois U. P.).

CHIHARA, C. 1972. Russell's theory of types, em *Bertrand Russell*, org. por PEARS (Anchor).
_____. 1973. *Ontology and the Vicious-Circle Principle* (Cornell U. P.).
CHISHOLM, R. 1967. Identity through possible worlds, *Noûs*, 1.
CHOMSKY, N. 1957. *Syntactic Structures* (Mouton).
CHURCH, A. 1943. Review of Quine, W. V. O., 1943, *Journal of Symbolic Logic*, 8.
CLARK, M. 1971. Ifs and hooks, *Analysis*, 30.
CONEN, L. J. 1962. *The Diversity of Meaning* (Methuen).
COPI, I. 1971. *The Theory of Logical Types* (Routledge and Kegan Paul).
COPI, I. & GOULD, J. A. (Orgs.) 1967. *Contemporary Readings in Logical Theory* (Macmillan).
CURRY, H. 1951. *Outline of a Formalist Philosophy of Mathematics* (North-Holland).
DAUER, F. 1974. In defence of the coherence theory of truth, *Journal of Philosophy*, 71.
DAVIDSON, D. 1967. Truth and meaning, *Synthese*, 17; e em DAVIS, HOCKNEY & WILSON 1969.
_____. 1968a. The logical form of action sentences, em *The Logic of Decision and Action*, org. por RESCHER (Pittsburg U. P.).
_____. 1968b. On saying that, *Synthese*, 19.
_____. 1970. Action and reaction, *Inquiry*, 13.
_____. 1973. In defense of convention T, em *Truth, Syntax and Modality*, org. por LEBLANC (North-Holland).
_____. 1974. Belief and the basis of meaning, *Synthese*, 27.
DAVIDSON, D. & HINTIKKA, J. (Orgs.) 1969. *Words and Objections*: Essays on the Work of W. V. Quine (Reidel).
DAVIS, J. W., HOCKNEY, D. J. & WILSON, W. K. (Orgs.) 1969. *Philosophical Logic* (Reidel).
DE BONO, E. 1969. *The Mechanism of Mind* (Cape; Pelican, 1971).
DERRIDA, J. 1973. *Speech and Phenomena*, org. por GARVER (Northwestern U. P.).
DESTOUCHES-FÉVRIER, P. 1951. *La structure des théories physiques* (Presses Universitaires de France).
DEWEY, J. 1901. A short catechism converning truth, em *The Influence of Darwin on Philosophy* (Henry Holt).
_____. 1929. *Experience and Nature* (Open Court; e Dover, 1958*).
_____. 1938. *Logic, the Theory of Inquiry* (Henry Holt).
DONNELLAN, K. 1966. Reference and definite descriptions, *Philosophical Review*, 75; reimpresso em STEINBERG & JAKOBOVITS, 1971
DUHEM, P. 1904. *La théorie physique*: son objet, sa structure; referências de páginas a *The Aim and Structure of Physical Theory*, trad. de Wiener a partir da 2.ed. (1914) (Atheneum, 1962).
DUMMETT, M. A. E. 1959. Truth, *Proceedings of the Aristotelian Society*, 59; e em PITCHER, 1964.
_____. 1973. *Frege, Philosophy of Language* (Duckworth).

DUNCAN-JONES, A. E. 1935. Is strict implication the same as entailment? *Analysis*, 2.
EDWARDS, P. (Org.) 1967. *Encyclopaedia of Philosophy* (Collier-Macmillan).
FARIS, J. A. 1962. *Truth-Functional Logic* (Routledge and Kegan Paul); apêndice sobre 'se' reimpresso em ISEMINGER, 1968.
FEIGL, H. & Sellars, W. 1949. *Readings in Philosophical Analysis* (Appleton-Century-Crofts).
FEYERABEND, P. K. 1963. Now to be a good empiricist, em *Delaware Seminar in the Philosophy of Science*, v.2 (Interscience); e em NIDDITCH, 1968.
FIELD, H. 1972. Tarski's theory of truth, *Journal of Philosophy*, 69.
FITCH, F. 1949. The Problem of the Morning Star and the Evening Star, *Philosophy of Science*, 17; e em COPI & GOULD, 1967.
FITTING, M. C. 1969. *Intuitionistic Logic, Model Theory and Forcing* (North-Holland).
FLEW, A. G. N. (Org.) 1956. *Essays in Conceptual Analysis* (Macmillan).
_____. 1975. *Thinking About Thinking* (Fontana).
FØLLESDAL, D. 1965. Quantification into causal contexts, *Boston Studies in the Philosophy of Science*, v.2, orgs. COHEN & WARTOFSKY (Reidel); e em LINSKY, 1971.
_____. 1969. Quine on modality, em DAVIDSON & HINTIKKA, 1969.
FREGE, G. 1879. *Begriffsschrift* (Nebert); trad. inglesas em HEIJENHOORT, 1967a, e em BYNUM, 1972.
_____. 1882a. Über den wissenschaftliche Berechtinung einer Beriffsschrift (On the scientific justification of a conceptual notation), *Zeitschrift für Philosophie und philosophische Kritik*, 81; trad. inglesa de Bartlett, *Mind*, 73, 1964; e BYNUM, 1972.
_____. 1882b. Über den Zweck der Begriffsschrift (On the aims of the conceptual notation), *Sitzungberichte der Jenaischen Gesellschaft für Medizin und Naturwissenschaft*, 16, 1882–1883, traduções inglesas de Dudman, *Australasian Journal of Philosophy*, 46, 1968; e BYNUM, 1972.
_____. 1884. *Die Grundlagen der Arithmetik* (Koebner, 1884); tradução inglesa de Austin, *The Foundations of Arithmetic* (Blackwell, 1950).
_____. 1891. Function and Concept, *Jenaische Gesellschaft für Medizin und Naturwissenschaft*, 1891; trad. de Geach em GEACH & BLACK, 1952.
_____. 1892a. Über Sinn und Bedeutung, *Zeitschrift für Philosophie und philosophische Kritik*, 100; trad. de Feigl em FEIGL & SELLARS, 1949; e reimpresso em COPI & GOULD, 1967; trad. de Geach em GEACH & BLACK, 1952.
_____. 1892b. Concept and object, *Vierteljahrsschrift für Wissenschaftliche Philosophie*, 16; trad. de Geach em GEACH & BLACK, 1952.
_____. 1893. *Grundgesetze der Arithmetik* I (H. Pole); tradução inglesa parcial em FURTH *The Basic Laws of Arithmetic* (California U. P. 1964).
_____. 1903. *Grundgesetze der Arithmetik* II (H. Pole); tradução inglesa parcial em GEACH & BLACK, 1952; a seleção de Geach e Black inclui a resposta de Frege ao paradoxo de Russell.

_____. 1918. The thought: a logical inquiry, *Beiträge zur Philosophie der Deutschen Idealismus*; trad. de Quinton e Quinton *Mind*, 65, 1956; reimpresso em KLEMKE, 1968*.
GAINES, B. 1976. Foundations of fuzzy reasoning, *International Journal of Man-Machine Studies*, 8.
GARVER, N. 1970. The range of truth and falsity, em *The Paradox of the Liar*, org. MARTIN (Yale U. P.).
GEACH, P. T. 1956. On Frege's way out, *Mind*, 65.
_____. 1962. *Reference and Generality* (Cornell U. P.).
_____. 1965. Some problems about time, *Proceedings of the British Academy*, 51.
_____. 1967. Intentional identity, *Journal of Philosophy*, 64.
_____. 1976. *Reason and Argument* (Blackwell).
GEACH, P. T. & BLACK, M. 1952. *Translations from the Philosophical Writings of Gottlob Frege* (Blackwell).
GENTZEN, G. 1934. Untersuchungen über das logische Schliessen, *Mathematische Zeitschrift* 39; tradução inglesa de Szabo, *American Philosophical Quarterly*, 1, 1964 e 2, 1965.
GOCHET, P. 1972. *Esquisse d'une théorie nominaliste de la proposition* (Librarie Armand Colin).
GOODMAN, N. 1955. *Fact, Fiction and Forecast* (Harvard U. P.).
_____. 1970. Seven strictures on similarity, em *Experience and Theory*, org. por FOSTER & SWANSON (Massachussets U. P.).
GRICE, P. e STRAWSON, P. F. 1956. In defense of a dogma, *Philosophical Review*, 65.
GROVER, D. L. 1972. Propositional quantifiers, *Journal of Philosophical Logic*, 1.
_____. 1973. Propositional quantification and quotation contexts, em *Truth, Syntax and Modality* org. por LEBLANC (North-Holland).
GROVER, D. L., CAMP, J. & BELNAP, N. D., Jr. 1975. A prosentential theory of truth, *Philosophicala Studies*, 27.
HAACK, R. J. 1971. On Davidson's paratactic theory of oblique contexts, *Noûs*, 5.
HAACK, R. J. & HAACK, S. 1970. Token sentences, translation, and truth-value, *Mind*, 79.
HAACK, S. 1974. *Deviant Logic* (Cambridge U. P.).
_____. 1975. Mentioning expressions, *Logique et Analyse*, 67-8.
_____. 1976a. The justification of deduction, *Mind*, 85.
_____. 1976b. Critical Notice of Weeds, J., 1974, *Canadian Journal of Philosophy*, 6.
_____. 1976c. The pragmatist theory of truth, *British Journal for the Philosophy of Science*, 27.
_____. 1976d. Is it true what they say about Tarski?, *Philosophy*, 51.
_____. 1977a. Lewis's ontological slum, *Review of Metaphysics*, 30.
_____. 1977b. Two fallibilists in search of the truth, *Proceedings of the Aristotelian Society*, Suplemento 51.
_____. 1977c. Analyticity and logical truth in *The Roots of Reference*, *Theoria*, 43.

_____. 1977d. Pragmatism and ontology: Peirce and James, *Revue Internationale de Philosophie*, 121-2.
HACKING, I. M. 1979. What is Logic?, *Journal of Philosophy*, 76.
HALLDÉN, S. 1949. *The Logic of Nonsense* (Upsala Universitets Arsskrift).
HARMAN, G. 1970. Deep structure as logical form, *Synthese*, 21.
_____. 1971. Substitutional quantification and quotation, *Noûs*, 5.
_____. 1975. Moral relativism defended, *Philosophical Review*, 84.
HARRIS, J. H. 1974. Popper's definitions of verisimilitude, *British Journal for the Philosophy of Science*, 25.
HEIDELBERGER, H. 1968. The indispensability of truth, *American Philosophical Quarterly*, 5.
HEMPEL, C. G. 1935. On the logical positivists' theory of truth, *Analysis*, 2.
HERZBERGER, H. 1970. Paradoxes of grounding in semantics, *Journal of Philosophy*, 17.
HEYTING, A. 1966. *Intuitionism* (North-Holland).
HINTIKKA, J. 1962. *Knowledge and Belief* (Cornell U. P.).
_____. 1969. *Models for Modalities* (Reidel).
_____. 1973. *Logic, Language Games and Information* (Oxford U. P.).
_____. 1976. Quantifiers in logic and quantifiers in natural language, em KÖRNER, 1976.
HUGHES, G. & CRESSWELL, M. 1968. *Introduction to Modal Logic* (Methuen).
HUNTER, G. 1971. *Metalogic* (Macmillan).
ISEMINGER, G. (Org.) 1968. *Logic and Philosophy* (Appleton-Century-Crofts).
JAMES, W. 1907. *Pragmatism* (Longman's Green).
_____. 1909. *The Meaning of Truth* (Longman's Green; e Michigan U. P., 1970*).
JAŚKOWSKI, S. 1934. On the rules of supposition in formal logic, *Studia Logica*, 1.
JOHANNSON, I. 1936. Der Mininmalkalkül, ein reduzierter intuitionistischer Formalismus, *Compositio Mathematica*, 4.
JOHNSON, W. E. 1921. *Logic* (Cambridge U. P.).
KANGER, S. 1957a. The Morning Star paradox, *Theoria*, 23.
_____. 1957b. A note on quantification and modalities, *Theoria*, 23.
KANT, I. 1800. *Logik*; tradução de Abbott, *Kant's Introduction to Logic* (Longman's Green, 1885*).
KLEENE, S. C. 1952. *Introduction to Metamathematics* (North-Holland).
KLEMKE, E. D. (Org.) 1968. *Essays on Frege* (Illinois U. P.).
KNEALE, W. C. 1945–1946. Truths of logic, *Proceedings of the Aristotelian Society*, 46.
_____. 1956. The province of logic, em *Contemporary British Philosophy*, org. por LEWIS, série 3 (Allen and Unwin); referências às páginas da 2.ed., de 1961.
_____. 1962a. Universality and necessity, *British Journal for the Philosophy of Science*, 22.
_____. 1962b. Modality, *de dicto* and *de re*, em *Logic, Methodology and Philosophy of Science*: Proceedings of the 1960 International Congress (Stanford U. P.).

_____. 1971. Russell's paradox and some others, *British Journal for the Philosophy of Science*, 22.
KNEALE, W. C. & KNEALE, M. 1962. *The Development of Logic* (Oxford U. P.).
KÖRNER, S. 1966. *Experience and Theory* (Routledge and Kegan Paul).
_____. (Org.) 1976. *Philosophy of Logic* (Blackwell).
KOTARBIŃSKI, T. 1955. The fundamental ideas of pansomatism, *Mind*, 64.
KRIPKE, S. 1963. Semantical considerations on modal logic, *Acta Philosophica Fennica*, 16; e em LINSKY, 1971.
_____. 1972. Naming and necessity, em *Semantics of Natural Language*, org. por HARMAN & DAVIDSON (Reidel).
_____. 1975. Outline of a theory of truth, *Journal of Philosophy*, 72.
_____. 1976. Is there a problem about substitutional quantification?, em *Truth and Meaning*, org. por EVANS & MACDOWELL (Oxford U. P.).
LACEY, H. 1971. Quine on the logic and ontology of time, *Australasian Journal of Philosophy*, 49.
LAKATOS, I. 1963-1964. Proofs and refutations, *British Journal for the Philosophy of Science*, 14; e em coletânea organizada por WORRALL & ZAHAR (Cambridge U. P., 1976).
LEMMON, E. J. 1959. Is there only one correct system of modal logic?, *Proceedings of the Aristotelian Society*, Suplemento 23.
_____. 1965. *Beginning Logic* (Nelson).
_____. 1966. Sentences, statements and propositions, em *British analytical Philosophy*, org. por WILLIAMS & MONTEFIORE (Routledge and Kegan Paul).
LEWIS, C. I. 1912. Implication and the algebra of logic, *Mind*, 21.
_____. 1918. *A Survey of Symboloic Logic* (California U. P.).
LEWIS, D. K. 1968. Counterpart theory and quantified modal logic, *Journal of Philosophy*, 65.
_____. 1973. *Counterfactuals* (Blackwell).
LEWY, C. 1946. How are the calculuses of logic and mathematics applicable to reality?, *Proceedings of the Aristotelian Society*, Suplemento 20.
LINSKY, L. (Org.) 1952. *Semantics and the Philosophy of Language* (Illinois U. P.).
_____. (Org.) 1971. *Reference and Modality* (Oxford U. P.).
_____. 1972. Two concepts of quantification, *Noûs*, 6.
ŁUKASIEWICZ, J. 1920. On 3-valued logic, em McCall, *Polish Logic* (Oxford U. P. 1967)
_____. 1930. Many-valued systems of proposition logic, em McCall, *Polish Logic* (Oxford U. P., 1967).
MCCALL, S. 1970. A non-classical theory of truth, with an application to Intuitionism, *American Philosophical Quarterly*, 7.
MACCOLL, H. 1880ss. Symbolic reasoning, 1-8, *Mind*, 5, nova série, 6, 9, 11, 12, 14 (dois artigos), 15.
_____. 1906 *Symboloic Logic and Its Applications* (Longman's Green).
MACDONALD, M. (Org.) 1954. *Philosophy and Analysis* (Blackwell).

MCDOWELL, J. 1977. On the sense and reference of a proper name, *Mind*, 86.
MACKIE, J. L. 1973. *Truth, Probability and Paradox* (Oxford U. P.).
MCKINSEY, J. C. C. & TARSKI, A. 1948. Some theorems about the sentential calculus of Lewis and Heyting, *Journal of Symbolic Logic*, 13.
MACTAGGART, J. M. E. 1908. The unreality of time, *Mind*, 17; e em *Philosophical Studies*, (Arnold, 1934).
MARCUS, R. Barcan 1946. A functional calculus of first order based on strict implication, *Journal of Symboloic Logic*, 11.
_____. 1962. Modalities and intensional language, *Synthese*, 27; e em COPI & GOULD, 1967.
_____. 1967. Essentialism in modal logic, *Noûs*, 1.
_____. 1972. Quantification and ontology, *Noûs*, 6.
MARTIN, R. L. (Org.) 1970. *The Paradox of the Liar* (Yale U. P.).
MASSEY, G. 1974. Are there any good arguments why bad arguments are bad?, *Philosophy in Context*, 4.
MEINONG, A. 1904. The theory of objects, em *Untersuchungen zur Gegenstandstheorie und Psychologie;* trad. de Levi, Terrel e Chisholm em ISEMINGER, 1968.
MELLOR, D. H. 1974. In defense of dispositions, *Philosophical Review*, 82.
MENDELSON, E. 1964. *Introduction to Mathematical Logic* (van Nostrand).
MICHALSKI, R. S., CHILANSKY, R. & JACOBSEN, B. 1976. An application of variable- valued logic to inductive learning of plant disease diagnostic rules, *Proceedings of the Sixth International Symposium on Multiple-Valued Logic* (Utah State University).
MILL, J. S. 1843. *A System of Logic* (Longman's).
MILLER, D. W. 1974. Popper's qualitative theory of verisimilitude, *British Journal for the Philosophy of Science*, 25.
MOLNAR, G. 1969. Kneale's argument revisited, *Philosphical Review*, 77.
MONTAGUE, R. 1963. Syntactical treatments of modality, *Acta Philosophica Fennica*, 16; e em THOMASON, 1974.
_____. 1973. The proper treatment of quantification in ordinary English, em *Approaches to Natural Language*, org. por HINTIKKA, MORAVCSIK & SUPPES (Reidel); e em THOMASON, 1974.
MOORE, F. E. 1908. Professor James' 'Pragmatism', *Proceedings of the Aristotelian Society*, 8; e em MOORE, 1922.
_____. 1922. *Philosophical Studies* (Routledge, 1922, 1960).
_____. 1952. *Commonplace Book*, org. por Lewy (Allen and Unwin).
_____. 1953. *Some Main Problems of Philosophy* (Macmillan).
NAGEL, E. & NEWMAN, J. R. 1959. *Gödel's Proof* (Routledge and Kegan Paul).
NELSON, E. J. 1933. On three logical principles in intension, *Monist*, 43.
_____. 1946. Contradiction and the presupposition of existence, *Mind*, 55.
NERLICH, G. 1965. Presupposition and entailment, *American Philosophical Quarterly*, 2.

NESS, A. 1938. 'Truth' as conceived by those who are not professional philosophers, *Skrifter utgitt av Der Norske Videnkaps-Akademi (Oslo)* 11: Hist.-Filos Klasse, 4.
NEURATH, O. 1932. Protocol Sentences, em *Logical Positivism*, org. por AYER (Free Press, 1959).
NIDDITCH, P. H. (Org.) 1968. *Philosophy of Science* (Oxford U. P.).
O'CONNOR, D. J. 1975. *The Correspondence Theory of Truth* (Hutchinson).
PARSONS, T. 1969. Essentialism and quantified modal logic, *Philosophical Review*, 77; e em LINSKY, 1971.
_____. 1974. A prolegomenon to Meinongian semantics, *Journal of Philosophy*, 71.
PEARS, D. F. (Org.) 1972. *Bertand Russell* (Anchor).
PEIRCE, C. S. 1868. Questions concerning certain faculties claimed for man, *Journal of Speculative Philosophy*, 2; e em PEIRCE, 1930–1958, 5.213ss.
_____. 1877. The fixation of belief, *Popular Science Monthly*, 12; e em PEIRCE, 1930–1958, 5.358ss.
_____. 1885. On the algebra of logic, *American Journal of Mathematics*, 7; e em PEIRCE, 1930–1958, 3.210–38.
_____. 1930–1958. *Collected Papers*, org. por HARTSHORNE, WEISS & BURKS (Harvard U. P.). (As referências aos artigos escolhidos são feitas por volume e número de parágrafo; por exemplo, 3.117 3 = volume 3, parágrafo 117.)
PITCHER, G. (Org.) 1964. *Truth* (Prentice-Hall).
PLANTINGA, A. 1974. *The Nature of Necessity* (Oxford U. P.).
POPPER, K. R. 1947. New foundations for logic, *Mind*, 56.
_____. 1954. Self-reference and meaning in ordinary language, *Mind*, 63.
_____. 1960. On the sources of knowledge and ignorance, *Proceedings of the British Academy*, 46; e em POPPER, 1963*.
_____. 1961. *The Open Society and Its Enemies* (1945), v.2, 2.ed. (Routledge and Kegan Paul).
_____. 1963. *Conjectures and Refutations* (Routledge and Kegan Paul).
_____. 1970. A realist view of physics, logic and history, em *Physics, Logic and History*, org. por YOURGRAU & BRECK (Plenum).
_____. 1972. *Objective Knowledge* (Oxford U. P.).
_____. 1976. *Unended Quest* (Fontana).
POST, E. 1921. Introduction to the general theory of elementary propositions, *American Journal of Mathematics*, 43; e em HEIJENHOORT, 1967.
PRAWITZ, D. 1965. *Natural Deduction* (Almqvist and Wiksell).
PRIEST, G. G. 1976. Modality as a meta-concept, *Notre Dame Journal of Formal Logic*, 17.
PRIOR, A. N. 1955. *Formal Logic* (Oxford U. P.).
_____. 1957. *Time and Modality* (Oxford U. P.).
_____. 1958. Epimenides the Cretan, *Journal of Symbolic Logic*, 23.
_____. 1960. The runabout inference ticket, *Analysis*, 21; e em STRAWSON, 1967*.
_____. 1964. Conjunction and contonktion revisited, *Analysis*, 24.

_____. 1967. *Past, Present and Future* (Oxford U. P.).
_____. 1968. *Papers on Time and Tense* (Oxford U. P.).
_____. 1971. *Objects of Thought*, org. por GEACH & KENNY (Oxford U. P.).
PUTNAM, H. 1957. Three-valued logic, *Philosophical Studies*, 8.
_____. 1969. Is logic empirical?, em *Boston Studies in the Philosophy of Science*, 5, org. por COHEN & WARTOFSKY (Reidel).
_____. 1971. *Philosophy of Logic* (Harper and Row).
QUINE, W. V. O. 1934. Ontological remarks on the propositional calculus, *Mind*, 43; e em QUINE, 1966a.
_____. 1940. *Mathematical Logic* (Harper and Row).
_____. 1943. Notes on existence and necessity, *Journal of Philosophy*, 40; e em LINSKY, 1952.
_____. 1947. The problem of interpreting modal logic, *Journal of Symbolic Logic*, 12; e em COPI & GOULD, 1967.
_____. 1950. *Methods of Logic* (Holt, Riehart and Winston); 3.ed. 1974 (Routledge and Kegan Paul).
_____. 1951. Two dogmas of empiricism, *Philosophical Review*, 60; e em QUINE 1953a*.
_____. 1953a. *From a Logical Point of View* (Harper Torchbooks).
_____. 1953b. Three grades of modal involvement, *Proceedings of the XIth International Congress of Philosophy*, 14; e em QUINE, 1966a.
_____. 1953c. Review of Strawson, P. F. 1952, *Mind*, 62; e em COPI & GOULD, 1967.
_____. 1955. On Frege's way out, *Mind*, 64.
_____. 1960a. *Word and Object* (Wiley).
_____. 1960b. Variables explained away, *Proceedings of American Philosophical Society*; e em *Selected Logic Papers* (Random House, 1966).
_____. 1966a. *Ways of Paradox* (Random House).
_____. 1966b. Russell's ontological development, *Journal of Philosophy*, 65; e em PEARS (Org.), 1972.
_____. 1968 Ontological Relativity, *Journal of Philosophy*, 65; e em *Ontological Relativity* (Columbia U. P., 1969).
_____. 1969. Replies, em *Words and Objections*, org. por DAVIDSON & HINTIKKA (Reidel).
_____. 1970. *Philosophy of Logic* (Prentice-Hall).
_____. 1973. *The Roots of Reference* (Open Court).
_____. 1976. Worlds away, *Journal of Philosophy*, 73.
QUINE, W. V. O. & ULLIAN, J. 1970. *The Web of Belief* (Random House).
RAMSEY, F. P. 1925. The foundations of mathematics, *Proceedings of the Aristotelian Society*, Suplemento 7; e em RAMSEY, 1931*; e, parcialmente, em PITCHER, 1964.
_____. 1931. *The Foundations fo Mathematics* (Routledge and Kegan Paul).

REICHENBACH, H. 1944. *Philosophic Foundation of Quantum Mechanics* (California U. P.).
RESCHER, N. 1969. *Many-Valued Logic* (McGraw-Hill).
_____. 1973. *The Coherence Theory of Truth* (Oxford U. P.).
_____. 1974. Bertrand Russell and modal logic, em *Studies in Modality* (American Philosophical Quarterly Monograph).
_____. 1977. *Methodological Pragmatism* (Blackwell).
RICHARDS, T. 1975. The worlds of David Lewis, *Australasian Journal of Philosophy*, 53.
ROGERS, R. 1963. A survey of formal semantics, *Synthese*, 15.
ROSS, A. 1968. *Directives and Norms* (Routledge and Kegan Paul).
ROSSER, J. B. & TURQUETTE, A. R. 1952. *Many-Valued Logic* (North-Holland).
ROUTLEY, R. 1963. Some things do not exist, *Notre Dame Journal of Formal Logic*, 7.
_____. 1966. On a significance theory, *Australasian Journal of Philosophy*, 44.
_____. 1969. The need for nonsense, *Australasian Journal of Philosophy*, 47.
RUNE, D. B. 1966. *Dictionary of Philosophy* (Littlefield, Adams).
RUSSELL, B. 1903. *The Principles of Mathematics* (Allen and Unwin).
_____. 1905. On Denoting, *Mind*, 14.
_____. 1906. Review of McColl, 1906, *Mind*, 15.
_____. 1908a. Mathematical logic as based on the theory of types, *American Journal of Mathematics*, 30; e em RUSSELL, 1956*; e em HEIJENHOORT, 1967a.
_____. 1908b. James's conception of truth, *Albany Review*; e em RUSSELL, 1910.
_____. 1910. *Philosophical Essays* (Allen and Unwin, 1910, 1916).
_____. 1918. The philosophy of logical atomism, em RUSSELL, 1956.
_____. 1919. On propositions: what they are and how they mean, em RUSSELL, 1956.
_____. 1923. Vagueness, *Australasian Journal of Philosophy and Psychology*, 1.
_____. 1938. The relevance of psychology to logic, *Proceedings of the Aristotelian Society*, Suplemento 17.
_____. 1956. *Logic and Knowledge*, org. por MARSH (Allen and Unwin).
_____. 1959. *My Philosophical Development* (Allen and Unwin); § sobre as críticas de Strawson à teoria das descrições reimpresso em COPI & GOULD, 1967.
RUSSELL, B. and WHITEHEAD, A. N. 1910. *Principia Mathematica* (Cambridge U. P.).
RUSSELL, L. J. 1970. 'If' e '⊃', *Mind*, 79.
RYLE, G. 1949. *The Concept of Mind* (Hutchinson).
_____. 1952. Heterologicality, *Analysis*, 11; e em MACDONALD, 1954.
_____. 1954. Formal and informal logic, em *Dilemmas* (Cambridge U. P.).
SALMON, W. 1967. *Foundations of Scientific Inference* (Pittsburgh U. P.).
SCHEFFLER, I. 1954. An inscriptionalist approach to indirect quotation, *Analysis*, 14.
_____. 1967. *Science and Subjectivity* (Bobs-Merrill).

SCHEFFLER, I. e CHOMSKY, N. 1958. What is said to be, *Proceedings of the Aristotelian Society*, 59.
SCHILLER, F. C. S. 1912. *Formal Logic: a Scientific and Social Problem* (Macmillan).
_____. 1930. *Logic for Use* (Harcourt, Brace).
SCHLICK, M. 1934. The foundation of knowledge, trad. de Rynin em *Logical Positivism*, org. por AYER (Free Press, 1959).
SCHOCK, R. 1968. *Logics Without Existence Assumptions* (Almqvist and Wiksell).
SEARLE, J. 1969. *Speech Acts: An Essay on the Philosophy of Language* (Cambridge U. P.); p.162-74 reimpressas em STEINBERG & JAKOBOVITS, 1971*.
_____. 1975. The logical status of fictional discourse, *New Literary History*, 6.
SELLARS, W. 1967. *Science, Perception and Reality* (Routledge and Kegan Paul).
SKYRMS, B. 1966. *Choice and Chance* (Dickenson).
_____. 1970a. Return of the Liar: three-valued logic and the concept of truth, *American Philosophical Quarterly*, 7.
_____. 1970b. Notes on quantification and self-reference, em MARTIN, 1970.
SMILEY, T. J. 1959. Entailment and deducibility, *Proceedings of the Aristotelian Society*, 59.
_____. 1960. Sense without denotation, *Analysis*, 20.
_____. 1963. The logical basis of ethics, *Acta Philosophica Fennica*, 16.
SMULLYAN, A. 1948. Modality and description, *Journal of Symbolic Logic*, 13.
SMULLYAN, R. M. 1957. Languages in which self-reference is possible, *Journal of Symbolic Logic*, 22.
STALNAKER, R. 1968. A theory of conditionals, em *Studies in Logical Theory*, org. por RESCHER (Blackwell).
STEBBING, S. 1939. *Thinking to some Purpose* (Penguin).
STEINBERG, D. D. & JAKOBOVITS, L. A. (Orgs) 1971. *Semantics* (Cambridge U. P.).
STEVENSON, J. T. 1961. Roudabout the runabout inference ticket, *Analysis*, 22.
STRAWSON, P. F. 1949. Truth, *Analysis*, 9; e em MACDONALD, 1954.
_____. 1950. On referring, em *Mind*, 59; reimpresso em FLEW, 1956; em COPI & GOULD, 1967; e em STRAWSON, 1971.
_____. 1952. *Introduction to Logical Theory* (Methuen).
_____. 1954. Reply to Mr. Sellars, *Philosophical Review*, 63.
_____. 1957. Propositions, concepts and logical truth, *Philosophical Quarterly*, 7; em STRAWSON, 1967; e em STRAWSON, 1971.
_____. 1959. *Individuals* (Methuen).
_____. 1961. Singular terms and predication, *Journal of Philosophy*, 57; e em STRAWSON, 1971.
_____. 1964. Identifying reference and truth-values, *Theoria*, 30; reimpresso em STEINBERG & JAKOBOVITS, 1971.
_____. (Org.) 1967. *Philosophical Logic* (Oxford U. P.)
_____. 1971. *Logico-Linguistic Papers* (Methuen).
SUPPES, P. 1957. *Introduction to Logic* (van Nostrand).

TARSKI, A. 1931. The concept of truth in formalised languages, em TARSKI, 1956.
_____. 1936. The establishment of scientific semantics, em TARSKI, 1956.
_____. 1944. The semantic conception of truth, *Philosophy and Phenomenological Research*, 4, e em FEIGL & SELLARS, 1949*.
_____. 1956. *Logic, Semantic and Metamathematics*, trad. de Woodger (Oxford U. P.).
TARSKI, A. & VAUGHT, R. L. 1957. Arithmetical extensions of relational systems, *Compositio Mathematica*, 13.
THOMASON, R. (Org.) 1974. *Formal Philosophy* (artigos de Richard Montague) (Yale U. P.).
THOULESS, R. H. 1930. *Straigh and Crooked Thinking* (Hodder and Stoughton, 1930; Pan, 1953).
TICHÝ, P. 1974. On Popper's definitions of verisimilitude, *British Journal for the Philosophy of Science*, 25.
TOULMIN, S. 1953. *Philosophy of Science* (Hutchinson).
URMSON, J. O. e Warnock, G. J. (Orgs.) 1961. *Philosophical Papers of J. L. Austin* (Oxford U. P.).
VAN FRAASSEN, B. C. 1966. Singular terms, truth-value gaps, and free logic, *Journal of Philosophy*, 63.
_____. 1968. Presupposition, implication and self-reference, *Journal of Philosophy*, 65.
_____. 1969. Presuppositions, supervaluations and free logic, em *The Logical Way of Doing Things*, org. LAMBERT (Yale U. P.).
VAN HEIJENHOORT, J. (Org.) 1967a. *From Frege to Gödel* (Harvard U. P.).
_____. 1967b. Logic as calculus and logic as language, *Synthese*, 17.
WALLACE, J. 1970. On the frame of reference, *Synthese*, 22.
_____. 1971. Convention T and substitutional quantification, *Noûs*, 5.
_____. 1972. Positive, comparative, superlative, *Journal of Philosophy*, 69.
WEINSTEIN, S. 1974. Truth and demonstratives, *Noûs*, 8.
WESTON, T. S. 1974. Theories whose quantification cannot be substitutional, *Noûs*, 8.
WHITE, A. R. 1970. *Truth* (Anchor).
WHITE, M. G. 1950. The analytic and the synthetic, em HOOK, S. (Org.), *John Dewey, Philosopher of Science and Freedom* (Dial).
_____. 1956. *Toward Reunion in Philosophy* (Harvard U. P.).
WHITEHEAD, A. N. 1919. *The Concept of Nature* (Cambridge U. P.).
WILLIAMS, C. J. F. 1976. *What is Truth?* (Cambridge U. P.).
WITTGENSTEIN, L. 1922. *Tractatus Logico-Philosophicus*, trad. de Ogden (Routledge and Kegan Paul); e trad. de Pears e MacGuinness (Routledge and Kegan Paul, 1961).
_____. 1953. *Philosophical Investigations*, trad. de Anscombe (Blackwell).
WOLF, R. 1977. Are relevant logics deviant?, *Philosophia*, 7.

WOODRUFF, P. 1970. Logic and truth-value gaps, em *Philosophical Problems in Logic*, org. por LAMBERT (Reidel).
WOODS, J. 1974. *The Logic of Fiction* (Mouton).
VON WRIGHT, G. H. 1957. *Logical Studies* (Routledge and Kegan Paul).
_____. 1963. *Norm and Action* (Routledge and Kegan Paul).
ZADEH, L. A. 1963. On the definition of adaptivity, *Proceedings of the Institute of Electrical and Electronic Engineers*, 51.
_____. 1964. The concept of state in system theory, em *Trends in General Systems Theory*, org. por MESAROVIC (Wiley).
_____. 1965. Fuzzy sets, *Information and Control*, 8.
_____. 1972. Fuzzy languages and their relation to human intelligence; *Proceedings of the International Conference, Man and Computer* (S. Karger).
_____. 1975. Fuzzy logic and approximate reasoning, *Synthese*, 30.
_____. 1976. Semantic inference from fuzzy premises, *Proceedings of the Sixth International Symposium on Multiple-Valued Logic* (Utah State University).
ZADEH, L. A. & BELLMAN, R. E. 1977. Local and fuzzy logic, em *Modern Uses of Multiple-Valued Logic*, org. por EPSTEIN & DUNN (Reidel).
ZIFF, P. 1960. *Semantic analysis* (Cornell U. P.).

ÍNDICE

* indica verbete do glossário

abdução, 38n
acarretamento, 18, 207, 261-8 *passim*, 320, *ver também* implicação
Ackermann, R., 271
adjetivos atributivos, 171
advérbios, 54, 55, 170, 171
    aplicados a 'possível', 258
    aplicados a 'verdadeiro', 226-7
Alston, W. P., 83
alternativas, lógicas, 19, 28, 30, 59, 60, 210, 265-8 *passim*, 269, 286, 288, 290-302 *passim*, 318*
Altham, J. E. J., 65, 73
ambiguidade, 53, 105, 115, 169, 248
âmbito da ciência, 27
âmbito da lógica, 26-36, 47n, 208, 211, 266, 284-5, 322
ampliadas, lógicas, 19, 28, 29, 236, 240, 266, 286-8, 290-302 *passim*, 319*
analítico *versus* sintético, 231-5, 239, 243, 257, 307-8, 315*, 323, *ver também* significado, teoria do; necessidade; sinonímia

Anderson, A. R., 44, 68, 69, 186, 191, 263-7 *passim*
Anscombe, G. E. M., 53, 173n, 203n
a priori versus a posteriori, 230, 315*, *ver também* necessidade
argumentos, 37, 39, 310, *ver também* validade
    ampliativos *versus* não ampliativos, 38, *ver também* lógica indutiva
    explicativos *versus* não explicativos, 38, *ver também* lógica indutiva
Aristóteles, 28, 30, 129, 144, 156, 236, 270-1, 274, 296, 302
aritmética, 30, 34, 36, 188, 316, 322, 325, *ver também* logicismo; matemática
aspas, colocar entre, *ver* citação
assertibilidade, 142, 166n
atitudes proposicionais, verbos de, 114, 172-6, 315*, *ver também* crença; *oratio obliqua*
atomismo lógico, 55, 127, 133-5, 137, 171, 316*
atributivo *versus* referencial, uso, 107-8

atômica *versus* molecular, 133, 316*
Austin, J. L., 123, 127, 135, 136, 160, 161, 328
autoevidência, 36, 306-7, *ver também* falibilismo
autorreferência, 190, *ver também* paradoxos
axioma, 40, 45, 47-50 *passim*, 316*, 318
  esquema de, 49
  lógico *versus* específico, 48
axiomático, sistema, *ver* sistemas axiomáticos
Ayer, A. J., 142

Baker, A. J., 67
Bar-Hillel, J., 119, 191
Barker, S., 38
Bellman, R. E., 224
Belnap, N. D., Jr., 7, 44, 62, 68, 69, 75, 129, 203n, 239, 263-7
Bennett, J., 261
Bergmann, G., 239
Berry, paradoxo de, *ver* paradoxo
Binkley, R., 203
Birkhoff, I., 277, 297
bivalência, 19, 106, 110, 120-3, 126, 146, 156, 180, 270, 274-6, 279-82, 316*, 326, *ver também* terceiro excluído, lei do
Black, M., 156, 221
Blanché, R., 47n
Blanshard, B., 130-2
Blumberg, A., 48
Bochvar, D. A., 34, 191, 195, 197, 200, 272, 273, 277-80, 282
Boole, G., 208, 291n, 309
Boolos, G., 327
Bradley, F. H., 104, 127, 130, 133, 136-40 *passim*, 328
Brandom, R., 166n

Brouwer, L. E. J., 17, 284-8 *passim*, 321, *ver também* lógica intuicionista
Burali-Forti, paradoxo de, *ver* paradoxo
Burge, T., 93, 100, 101, 108, 176

Camp, J., 129
Cantor, paradoxo de, *ver* paradoxo
Cargile, J., 171, 238, 328
caridade, princípio da, 167
Carnap, R., 18, 35n, 48, 105, 137, 174, 175, 182, 221, 233, 323
Cartwright, R., 78, 109, 117
cartão postal, paradoxo do, *ver* paradoxo
categorial, erro, 220n
categorias de tempo e espaço, diferença entre as, 218
'cercas', 226, *ver também* advérbios
Chihara, C., 193
Chisholm, R., 255
Chomsky, N., 56, 79, 170, 314
Church, A., 17, 90, 195, 246n
ciência (relevância para a lógica), 218-9, 240-2
Círculo de Viena, 323, *ver também* positivismo lógico
círculo vicioso, princípio do, 189, 192-5, 199, 201, 202-5 *passim*, 324*, *ver também* paradoxos; a teoria de tipos de Russell
citação (aspas), 149-50, 176, 202-4, 244
Clark, M., 67
coerência, *ver* verdade, teoria da verdade como
comparativos, 176
completude, 26, 32, 35, 316*, 318, 322, 325
completude funcional, 58, 316, 320

compromisso ontológico, critério de
  Quine de, 35, 75-83, 321,
  ver também Quine,
  W. V. O.
conceitualismo, 254, 323*, *ver também* lógica intuicionista
conclusão, 37ss *passim*
conclusão sem premissas, 40, 42, *ver também* teorema
condicional, 316*, *ver também* acarretamento; implicação
  contrafactual, 65, 68, 171, 316
  material, 18, 300
  subjuntivo, 69, 171, 240-1, 316, 319, *ver também* propriedades disposicionais
condições de verdade, 166-76 *passim*
conectivos sentenciais, 17, 19, 26, 57-69, 292-4 *passim*, 318, *ver também* conjunção; disjunção; implicação; negação
  internos *versus* externos, 273
conjunção, 317*, *ver também* 'e' e '&'
  e o quantificador universal, 64, 74, 160
conotação, 92-4 *passim*, *ver também* significado, teoria do; *Sinn versus Bedeutung*
consequência, 317*, *ver também* dedutibilidade
consistência, 26, 190, 250-2, 254, 262, 317*, 322, 325
constante, 52, 317*
construtivismo, 285-8 *passim*, *ver também* lógica intuicionista
construções lógicas, 103, 193, 216, 318, *ver também* a teoria das descrições de Russell
contextos oblíquos, 97n, 320, *ver também* extensionalismo *versus* intensionalismo; atitudes proposicionais, verbos de
contextual, definição, *ver* definição
contradição, 50, 267, 317*
  princípio de não, 317
contraditória, 317*, *ver também* negação
contrafactual, condicional, *ver* condicional
contrária, 317*, *ver também* negação
convenção, 135-6 *passim*
Copi, I., 193, 327
correlatos, teoria dos, *ver também* indivíduos possíveis
correspondência, *ver* verdade, teoria da verdade como
correspondência biunívoca, 317*
correção (*soundness*) (de um argumento), 41, 317*
correção (*soundness*) (de um sistema lógico), 41, 317*, 318
correção de um sistema lógico, 289-302
crença, 33, 65, 114, 171, 174, 177-9, 303, *ver também* atributos proposicionais, verbos de
Cresswell, M., 238, 328
critérios de verdade, *ver* verdade
Curry, H. B., 81, 252, 320

dados dos sentidos, 134
Darwin, C., 302
Dauer, F., 127
Davidson, D., 55, 75, 93, 100, 123, 136, 146, 148, 154n, 156, 161, 164-76, 218, 266, 314, 316, 320, 323, 328
decidibilidade, 26, 32, 58, 279, 318*, 322
de dicto versus de re, modalidade, 244, 247, *ver também* essencialismo; necessidade

dedutibilidade, 261-8 *passim*, *ver também* validade
dedução, 318*
dedução natural, sistemas de, 46-50, 318*
dedução, teorema da, 264, 325*
definição, 231-5 *passim*, 318*, 324
   completa *versus* parcial, 201
   condições sobre, 147-8
   contextual, 102
   dos conectivos, 58, 286
   enumerativa, 158
   implícita, 318, *ver também* analítico *versus* sintético
   recursiva, 151
dêiticos, 136, 160-1, 172, 212, 318*
demonstração, *ver* prova; teorema
denotação, 92-102 *passim*, 319
   distinguida da referência, 107, 278, *ver também* referência; *Sinn versus Bedeutung*
deônticas, lógicas, 19, 28-9, 236, *ver também* discurso moral; 'deve'
Derrida, J., 252
Descartes, R., 307n
descrições, *ver também* teoria das descrições de Russell
   definidas, 80, 102-8, 318
   na lógica modal, 247, 249
   nomes assemelhados a, 96-102
designador rígido, 94-6, 255, *ver também* indivíduos possíveis; termos singulares
Destouches-Février, P., 294
determinismo, 215, 260, *ver também* fatalismo
'deve', 176, *ver também* lógica deôntica; discurso moral
Dewey, J., 18, 129, 140, 142, 324, 328
difusa, lógica, 19, 65, 219-27
dilema disjuntivo, 284, 319, *ver também* disjunção, regra de eliminação da
discurso moral, 240, *ver também* lógica deôntica; 'deve'
disjunção, 319*, *ver também* 'ou' e '∨'
   e o quantificador existencial, 64, 74, 160
   inclusiva *versus* exclusiva, 66
   intensional *versus* extensional, 68, 265, 300
   matriz de Kleene para a, 283
   regra de eliminação da, 47, 319*
disposicionais, propriedades, 69, 241-2, 319*, *ver também* condicional
distributiva, lei, 210
dizer o mesmo, 173-6, *ver também* isomorfismo intensional; *oratio obliqua*
domínio, 74, 319*, 326, *ver também* quantificadores
Donnellan, K., 107, 108
Duhem, P., 168
Dummett, M. A. E., 33, 65, 129, 142, 166n, 180
Dunn, J. M., 75, 328
dupla negação, lei da, 50, 319*, *ver também* intuicionista, lógica

E, 263, 268
'e' e '&', 26, 61, 64, 66, *ver também* conjunção; conectivos sentenciais
'e então', 65
Edwards, P., 315, 327, 328
Einstein, A., 215, 302
eliminabilidade de termos singulares, *ver* termos singulares
eliminação da disjunção, regra de, *ver* disjunção
entimema, 319*

enunciados causais, 171
enunciados protocolares, 137
Epimênides, paradoxo de, *ver* paradoxo
epistêmicas, lógicas, 18, 28-34 *passim*, 236, 244, 297, 320, *ver também* atitudes proposicionais, verbos de
epistemologia, 20, 21, 33, 133, 137-40, 157-60, 162-3, 165, 168, 217, 219, 253, 257, 280, 285, 294, 295, 302-14, 319*
equivalência, 319*
erotéticas (interrogativas), lógicas, 28, 30, 122, 126
erro de raciocínio, 313-4, *ver também* falibilismo, psicologismo
escopo, 46, 103, 244, 248
esquemas de axiomas, *ver* axioma
essencialismo, 245-9 *passim*, 258, *ver também* modalidade *de dicto versus de re*
estoicos, lógicos, 207
Estrela Matutina, paradoxo da, 246, *ver também* lógica modal; quantificadores; termos singulares
estrita, implicação, *ver* implicação
Euclides, 47, 298
extensional *versus* intensional, 77-9, 97n, 166, 320*
extensionalismo *versus* intensionalismo, 117, 158, 172-6 *passim*, 214-9 *passim*, 233-5, 257, 320

falibilismo, 131n, 136-40 *passim*, 163-5 *passim*, 302-9, 314-5
familiaridade, conhecimento por, 134, *ver também* Russell, teoria das descrições de

Faris, J. A., 67, 328
fatalismo, 274-2, *ver também* determinismo
fatos, 133-6 *passim*, 161, *ver também* teoria da verdade como correspondência
fatos negativos, *ver* fatos; negação
fecho semântico, 147-8, 168-9, *ver também* paradoxos
ficção, 92, 108-11, 240
Field, H., 157, 158, 170
'filosofia da lógica', 25, 27, 322
finito *versus* infinito, 320*
fisicalismo, 157-8, 173n, 246-7
Fitch, F., 247
Fitting, M. C., 287
Fitzpatrick, P., 101
Flew, A. G. N., 38
Fogelin, R. J., 72, 264
Føllesdal, D., 243n
forma *versus* conteúdo dos argumentos, 30-2, 51-6, 171, 209, 300, 314
formalismo, 252, 320*
van Fraassen, B. C., 105, 283-4
Frege, G., 13, 14, 17, 27, 34-6, 51, 63, 72, 93, 96, 102-6 *passim*, 110, 121, 170, 170n, 174, 176, 177, 188, 190, 193, 207, 208, 219, 231, 236, 278, 279, 296, 306, 309-14 *passim*, 315, 319, 320, 322, 328, 329
fronteiriços, casos, *ver* vaguidade
funcional-veritativa, lógica, 42, 52, 64, 320, *ver também* lógicas polivalentes
não funcional-veritativa, lógica, 282-8, *ver também* lógica intuicionista; lógica modal; sobrevalorações
fundamentação, 197, 201

futuros contingentes, 122, 274-6, ver também fatalismo

Gaines, B., 222, 328
Garver, N., 191
Geach, P. T., 38, 72, 182, 190, 216-9 passim, 328
Gentzen, G., 47n
geometria, 47, 298
global versus local, 291-302
Gochet, P., 7, 114
Gödel, K., 17
Goldbach, conjectura de, 98, 316*
Goodman, N., 69, 117, 232n
Gould, J. A., 327
gramática, 56, 123, 182, 239-40, 314, ver também Chomsky, N.
graus de envolvimento modal, 242-9, ver também lógica modal
graus de verdade, ver verdade
Grelling, paradoxo de, ver paradoxo
Grice, H. P., 67, 257, 321
Grover, D. L., 7, 129, 179, 180, 182-4 passim, 203n, 204, 328

Haack, R., 7, 120
Haack, S., 21, 34, 38n, 45n, 111, 120, 123, 124, 140n, 141, 159n, 165, 166n, 180, 203n, 210, 221, 232n, 252, 274, 277, 282, 292, 329
Hacking, I. M., 47n
Halldén, S., 220, 278
Hanson, N. R., 38n
Harman, G., 56, 176, 203, 328
Harris, J. H., 165n
Hegel, G., 136
Heidelberger, H., 182
van Heijenhoort, J., 291n, 327, 329
Hempel, C. G., 137, 328
Hemsworth,. P., 7
Henkin, L., 17

Herzberger, H., 197
'heterológico', paradoxo, ver paradoxo
Heyting, A., 284-8 passim, 321, ver também lógica intuicionista
Hilbert, D., 320
Hintikka, J., 33, 72, 170n, 212, 231, 250, 254
hipóteses, regra de, 47
holismo, 168, 169
Holmes, S., 109-11, ver também ficção
Hughes, G., 238, 328
Hunter, G., 327

idealismo, 127, 136-8
ideias, 97n, 311-4
identidade, 28n, 96-7, 246-9 passim de indivíduos possíveis, 254-6
identidade pessoal, 77, 214
identidade, critérios de, 77, 115-7, 121
imperativas, lógicas, 28, 30, 122, 125-6 passim, 324
implicação, 18, 67-8, 207, 239-40, 320*
    estrita, 68-9, 207, 239-40, 300, 320
    paradoxos da, 68, 185n, 261-8 passim, 323*
    material, 265, 300, 320
    paradoxos da, 68, 185n, 236, 261-8 passim, 323*
    relevante, 263-4, ver também acarretamento, 300, 320
implicatura conversacional, 66, 321, 325
incorrigibilidade, 137-40 passim, ver também falibilismo
independência (de axiomas), 47, 321*
indivíduos possíveis, 251-6

indutivas, lógicas, 28, 30, 38-9 *passim*, 44, 321*
indução matemática, 321*, 323
inferência, 309-14 *passim*, 321*, *ver também* raciocínio
informal, argumento, 20, 26, 41-2, 63-4, 113, 124, 126, 219, 260, 266-7, 290-302 *passim*
instrumentalismo, 48, 289-302 *passim*, 322*
interpretação, *ver também* semântica
 de conectivos sentenciais, *ver* conectivos sentenciais
 de quantificadores, *ver* quantificadores
 de sistemas formais, 27, 34, 321*, 325
interpretação objetual dos quantificadores, *ver* quantificadores
interpretação substitucional dos quantificadores, *ver* quantificadores
interpretação, teoria da, 167-8
interrogativos, *ver* lógicas erotéticas
intuicionista, lógica, 17, 28, 50, 59, 142, 210, 254n, 284-8, 292, 321*
investigação, teoria da, 140-2 *passim*
Iseminger, G., 327
isomorfismo intensional, 175

James, W., 129, 137, 140-2 *passim*, 324, 328
Jaśkowski, S., 270
Jeffrey, R., 327
Johansson, I., 286
Johnson, W. E., 67
Jones, A., 173n

Kanger, S., 250

Kant, I., 140n, 208, 230, 231, 305, 306, 309, 310, 313, 315, 324
Kaplan, D., 257
Kepler, 302
Kleene, S. C., 199, 200, 272, 282, 285
 a lógica trivalente de, 272, 279, 283
Kneale, W. C., 32, 48, 101, 119, 121, 191, 230, 261, 328
Kneale, W. C. e Kneale, M., 33, 119, 281, 327
Körner, S., 222
Kotarbiński, T., 173n, 323
Kripke, S., 25, 75, 85, 93-8, 101, 119, 124, 129, 196, 197, 200-2, 230, 247, 249, 250, 254, 255, 279, 328

Ł$_3$, 272
Lacey, H., 213, 218, 328
Lakatos, I., 306
Leibniz, G., 34, 244, 256, 291n
 lei de, 320, *ver também* extensional *versus* intensional; substitutibilidade *salva veritate*
Lemmon, E. J., 45, 120, 238, 327, 328
Leśniewski, S., 33
letras sentenciais (variáveis proposicionais), 19, 26, 118-9, 281
Lewis, C. I., 17, 68, 207, 216n, 236, 237, 239, 261-3, 265
Lewis, D. K., 63, 65, 68, 83, 241, 252-6 *passim*, 257
Lewy, C., 119, 124, 281
ligada *versus* livre, 71, 326, *ver também* quantificadores; variáveis

linguagem-objeto *versus* metalinguagem, 147, 179-81, 195-6, 321*
Linsky, L., 75, 329
livres, lógicas, 28, 109-11
logica utens e *logica docens*, 43-4, 54, *ver também* argumento informal
logicismo, 34-6, 73n, 194, 231, 254n, 311n, 315, 322*
Lotze, R. H., 136
Löwenheim, L., 17
Łukasiewicz, J., 17, 34, 223, 270, 274-7 *passim*
lógica clássica, 28, 30, 31, 207, 210, 220, 265, 269, 284-8 *passim*, 295-302 *passim*, 318, 320
lógica combinatória, 81, 321
'lógica filosófica', 27
lógicas ampliadas, 209

MacColl, H., 14, 15, 18, 207, 236, 270
Mackie, J., 67, 129, 130, 133, 156, 159, 187, 194, 198, 205, 328
MacTaggart, J. M. E., 216n
Marcus, R. Barcan, 75, 86, 204, 236, 247-9 *passim*
massa, termos de, 171, 326*
Massey, G., 51
matemática, 284-7 *passim*, 304, 306, *ver também* aritmética; logicismo
material, condicional, *ver* condicional; implicação
material, implicação, *ver* implicação
materialismo, *ver* fisicalismo
Mates, B., 75
matriz característica, 58, 286, 322*, *ver também* valor designado; tabela de verdade

máxima pragmática, 140
McCall, S., 280
McDowell, J., 108
McKinsey, J. J. C., 287
mecânica quântica, 322
Meinong, A., 103, 110
Mellor, D. H., 241
Mendelson, E., 49
Mentiroso, paradoxo do, *ver* paradoxo
Mentiroso Reforçado, paradoxo do, *ver* paradoxo
Meredith, C. A., 49
metafísica, 289-302, 322*, 323
metalógica, 26, 210, 301, 321, 322*
Michalski, R., 281
Mill, J. S., 93, 319, 329
Miller, D. W., 165n
Mitchell, O., 72
modais, lógicas, 17, 18, 28, 31, 53, 65, 68, 75, 86, 92, 116, 216n, 229-68, 270, 275, 290, 292, 320, 322, *ver também* necessidade
modo, 117, 258-60 *passim*
modus ponens, regra de, 265, 298, 322*
Molnar, G., 230
monádico/diádico/poliádico, 73, 322*
monismo *versus* pluralismo, 21, 26, 32, 138, 238, 289-302 *passim*, 322*
Montague, R., 19, 72, 170n, 256, 328
Moore, G. E., 67, 121, 141, 297
mudança, 216-7
mundos possíveis, 68, 94, 96, 116, 154, 216, 250-8, 323

Nada de Artifícios, Regra, 264
Nagel, E., 191
não contradição, princípio de, *ver* contradição

'não' e '–', 66, ver também negação
não existentes, 108-11, ver também ficção; ontologia
não standard, lógicas, ver lógicas alternativas; lógicas ampliadas
'narrador-de-verdade', paradoxo do, ver paradoxo
natural, língua, 168-76 passim, ver também argumento informal
necessidade, ver também analítico versus sintético; teoria do significado; sinonímia
   e falibilismo, 303-6
   física, 132n, 230
   lógica, 132n, 184n, 216n, 230-5, 242-3
   negação, 319, ver também 'não' e '–'
   de wffs contendo descrições definidas, 102
   e fatos negativos, 134
   interna versus externa, 66
   teoria da redundância e, 179
Nelson, E. J., 105, 262
Nerlich, G., 105
Ness, A., 159
von Neumann, J., 277, 297
Neurath, O., 127, 137-8
neutralidade com respeito ao tema, 30-2, 52, ver também forma versus conteúdo de argumentos
Newman, J. R., 191
Newton, I., 216, 302
nomes logicamente próprios, 103-4
nomes próprios, 72, 92-102, 176, ver também termos singulares
   não denotativos, 108-11
nominalismo, 90, 117, 141, 310ss, 323*
normal, 274

normativo versus prescritivo, 309-14 passim
notação polonesa, 46
notação primitiva, 46, 48, 58, 78, 83, 318, 324*, ver também paráfrase
notacionais, variantes, 46, ver também variação de significado
numéricos, enunciados, 73, ver também aritmética

objetiva versus subjetiva, 161-3 passim, 311-4
objetivos da lógica, 19, 25, 28, 30, 62-6, 69, 296ss passim
O'Connor, D. J., 136
Ockham, William of, 90
   navalha de, 104
ontologia, 21, 35, 75-90, 109-11 passim, 178, 323*
oratio obliqua, 172-6, 323*, ver também atitudes proposicionais, verbos de
'ou' e '∨', 66, ver também disjunção

paradoxo
   de Berry, 187, 189
   de Burali-Forti, 187, 189
   de Cantor, 187, 189
   de Epimênides, 186
   de Richard, 187, 189
   de Russell, 36, 51, 187-205 passim, 323
   do cartão postal, 186, 191
   do Mentiroso, 185, 189, 191, 277
   do Mentiroso Reforçado, 191, 200-1, 277
   do 'narrador-de-verdade', 186
   'heterológico' (de Grelling), 186, 189

paradoxos, 129, 147-8, 162, 169, 180,
    184-205, 267, 272, 277,
    323*, 326
  'da teoria de conjuntos' versus
    'semânticos', 188-9
  soluções para os, 189-201
  'paradoxos' da implicação estrita, ver
    implicação
  'paradoxos' da implicação material, ver
    implicação
parcial, definição, ver definição
parcial, verdade, ver verdade
Parsons, T., 110, 258
paráfrase, 83, 209, 217
Peano, G., 188
Peirce, C. S., 14, 15, 38n, 43, 72, 89,
    129, 140-2 passim, 208,
    305n, 307n, 310-4 passim,
    324, 328, 329
  'pelo menos um' e '∃', 64, ver também
    quantificadores
pensamentos (Gedanken), 311-4
percepção, juízos de, 137-8, 314
performativa, ver verdade, teoria per-
    formativa da
Pitcher, G., 120
Plantinga, A., 60, 111, 229, 244, 247,
    249, 252, 255, 329
platonismo, 89, 117, 310ss, 323*
  'platonismo nominalista', 90
poder expressivo versus conteúdo
    doutrinário, 219, ver tam-
    bém alternativas, lógicas;
    ampliadas, lógicas
Poincaré, H., 193
polivalentes, lógicas, 17-9, 26, 28, 33,
    34, 59, 191, 197, 199, 200,
    222-3, 225, 269-88, 320,
    322, ver também matriz ca-
    racterística
ponto fixo, 199
Popper, K. R., 123, 129, 130, 131n,
    156, 158-65 passim, 190,
    222, 261, 303, 305n, 312n,
    326, 328, 329
portadores de verdade, 34, 113, 119-
    26, 127n, 160, 162, 178-
    9, 191, ver também senten-
    ças, enunciados, proposi-
    ções
positivismo lógico, 127, 308, 315,
    323*
Post, E. L., 17, 207, 270, 317
  lógicas polivalentes de, 274, 281-
    2
postulados de Peano para a aritmé-
    tica, 35n, 323*, ver tam-
    bém logicismo
Potts, T., 72
pragmática, 18, 19, 114, 325*
pragmatismo, 130, 131n, 140n, 324*
pragmatista, ver verdade, teoria prag-
    matista da
Prawitz, D., 47n
precisão, ver vaguidade
precisificação, 219-27 passim
predicados, cálculo de, 17, 28, 71-
    111, 154-6, 318
preferência, lógicas da, 28-31 passim
premissa, 39ss passim
pressuposição, 105-6, 110, 324*,
    325, ver também descri-
    ções definidas
Priest, G. G., 7, 243
primitivos semânticos, 150-1, 157-8
Prior, A. N., 47, 49, 61, 62, 129, 179,
    182, 191, 212-19 passim,
    280, 328
probabilidade, 44, 259, ver também ló-
    gicas indutivas
proformas, 182
pronomes, 72, 182
proposições, 77, 89, ver também sen-
    tenças, enunciados, pro-
    posições
propriedades, 77, 89

prossentenças, 182-4, ver também teoria prossentencial da verdade
prossentencial, ver verdade, teoria prossentencial da
prova, 324*, ver também teorema
psicologismo, 309-14
Ptolomeu, 302
'pura' versus 'depravada', semântica, ver semântica
Putnam, H., 117, 120, 123, 276, 277, 294, 327-9

quantificação de primeira ordem versus quantificação de segunda ordem, ver quantificadores
quantificadores, 17, 19, 21, 29n, 52, 64, 71-90, 324*, ver também variáveis
  de primeira versus de segunda ordem, 29n, 32, 35, 72, 87-90, 178, 181-3, 323n
  e aspas, 149-50
  e nomes, 72, 170n
  intuicionistas, 287
  na lógica modal, 243-9 passim, 258
  não standard, 64-6
  numéricos, 73
  objetuais versus substitucionais, 74-5, 119, 181, 204, 249
'qquc', 183-4 passim
quânticas, lógicas, 28, 59, 219, 276-7, 291
Quine, W. V. O., 18, 28, 35, 52-4, 69, 75, 77-84, 86, 87, 90, 93, 104, 117-9, 122, 137, 140, 141, 149, 154, 166, 168, 174, 190, 203n, 212-9 passim, 230, 232n, 267-8, 294, 299, 300, 302, 307-9, 320, 321, 323, 327-9
  ataque à distinção analítico/sintético, 232, 235, 243, 315
  crítica da lógica modal, 239-49, 256-8
  o critério de compromisso ontológico de, ver compromisso ontológico
  sobre a revisabilidade da lógica, 302-9 passim

R, 263-4
raciocínio, 19, 310, ver também inferência
racionalidade, 314
Ramsey, F. P., 124, 129, 177-84 passim, 188, 194, 328
realismo, 141, 163, 192
recursiva, definição, ver definição
reducionismo, 157-8, ver também fisicalismo
redundância, teoria da verdade como, ver verdade
referência, 96-102 passim, 319, ver também denotação; Sinn versus Bedeutung
  distinta da denotação, 107
referencialmente transparente versus referencialmente opaco, 320, ver também extensionalismo versus intensionalismo; substitutibilidade salva veritate
refutar, 324*
regras de inferência, 40-1, 46-50 passim, 61-2 passim, 293, 316, 321*, 322, ver também dedução natural
Rei da França, 102-8 passim
Reichenbach, H., 276, 277

relações, 72, 317, 324*
relatividade ontológica, a tese de Quine da, 79n, ver também Quine, W. V. O.
relativismo, 294
relevância, lógicas da, 18, 43-4, 68, 261-8, 322
Rescher, N., 28, 33, 127, 129-33, 139-40, 207, 270, 271, 274, 294, 297, 328, 329
retórica, 37, 44, 266-8 passim, 296, 299
revisibilidade da lógica, 21, 294, 302, 307-9, ver também falibilismo
Richard, paradoxo de, ver paradoxo
Richards, T., 252
Rogers, R., 153, 328
Ross, A., 126
Rosser, J. B., 271
Routley, R., 109, 220
Runes, D., 315
Russell, B., 17, 45, 55, 72, 75, 93, 98, 102-4, 106, 109-10, 127, 129, 130, 133-6, 138, 139, 141, 160, 170n, 171, 187, 194, 198, 205, 207-9, 212, 219, 221, 236, 239, 262, 297, 315-8, 322-4, 326, 328, 329
Russell, L. J., 67
Russell, paradoxo de, ver paradoxo
Ryle, G., 30, 52, 194, 198, 205, 220

S0.5, 237, 238
S1, 257
S4, 238, 250, 252, 263, 264, 267
S5, 238, 250
Saccheri, G., 47
Salmon, W., 38
salva veritate, 324*, ver também substitutibilidade salva veritate

satisfação (na definição de verdade de Tarski), 126n, 129, 150-6 passim, 160-1, 324*
satisfação (na lógica imperativa), 126, 324*
Scheffler, I., 79, 138, 174
Schiller, F. C. S., 18, 19, 111, 141, 172, 324
Schlick, M., 137-9 passim, 323
Schock, R., 110
Schönfinkel, M., 81
'se' e '→', 61, 67-9, ver também condicional; implicação
Searle, J., 93, 100, 111
Sellars, W., 159n
semântica, 17, 40-1 passim, 73, 113, 209, 325*
  absoluta versus modelo-teorética, 74, 153, 170
  para a lógica modal, 249-56
  paradoxos semânticos, 185-205 passim
  'pura' versus 'depravada', 60, 251-3, 270
semântica da verdade, teoria, ver verdade
sentencial (proposicional), cálculo, 17, 28, 251, 316, 318
sentença aberta versus fechada, 71, 151-4 passim
sentença declarativa, 115, 125
sentenças eternas, 122, 214, ver também tempo verbal
sentenças, enunciados, proposições, 19, 113-26, 127n, 162, 175n, 191, 310ss, 325, ver também portadores de verdade
sequências, 151-6 passim, 325*
significado, destituído de, 121, 220, 273, 277
significado, teoria causal do, 95-6

significado, teoria do, 117
  de Davidson, 165-76
  versus teoria da referência, 166, 319, *ver também* analítico *versus* sintético; extensionalismo *versus* intensionalismo; necessidade; sinonímia
significado, variação de, 60-1, 286-8, 291-2, 299-301
silogismo disjuntivo, 265
silogística, 28
símbolos incompletos, 102-3, 177n, 318, 325*
similaridade, 115, 117
simplicidade, 225
Sinn versus Bedeutung, 96-8, 278-9, 319, *ver também* denotação; referência
sinonímia, 116-7, 175, 232-5 *passim*, 257, 308, *ver também* analítico *versus* sintético; significado, teoria do; necessidade
sintaxe, 17, 40-1 *passim*, 60, 113, 160, 325*
sistemas axiomáticos, 45-50, 316*
sistemas inconsistentes, 35-6, 50, *ver também* paradoxos
sistemas lógicos, condições de identidade para, 45-51
Skolem-Löwenheim, teorema de, 325*
Skyrms, B., 39, 45, 191, 328
Słupecki, J., 59
Smiley, T. J., 7, 105, 240, 263, 278, 280, 282
Smullyan, A., 247-9
Smullyan, R. M., 190
sobrevalorações, 19, 283
Stalnaker, R., 68, 241
Stebbing, S., 38
Stevenson, J. T., 62, 328

Stout, G. F., 138
Strawson, P. F., 18, 19, 66, 81, 86, 105-7, 111, 115, 119-21, 129, 161, 172, 212, 216n, 235, 257, 327, 328
subjuntivo, condicional, *ver* condicional
substituendo, 74, 326*
substitutibilidade *salva veritate*, 233, 243-9 *passim*, *ver também* extensionalismo *versus* intensionalismo; lei de Leibniz
Suppes, P., 148

T, 237, 238, 250
tabelas de verdade, 18, 58, 270, *ver também* matriz característica
Tarski, A., 56, 85, 123, 124, 126, 129, 131, 143-76 *passim*, 177n, 180, 195-202 *passim*, 203n, 242, 266, 287, 318, 319, 321, 322, 328
  o esquema (T) de, 144-50 *passim*, 159-60, 166, 167, 319*, *ver também* verdade, teoria semântica da
tautologia, 42, 238, 318, 325*
tempo, 212-9 *passim*, *ver também* tempo verbal
tempo verbal, 122, 212-9, 258-60 *passim*
  e quantificação substitucional, 86
temporais, lógicas, 19, 28, 29, 212-9 *passim*, 236
teorema, 26, 40-1 *passim*, 49, 243, 316-9, 325, 325*
teorema da incompletude de Gödel, 35, 51, 191, 325*, 327
teoria da relatividade, 214-9 *passim*

teoria das descrições de Russell, 55, 80, 102-4, 119, 177n, *ver também* descrições definidas
teoria de conjuntos, 31, 32, 35, 185-205 *passim*, 316, 317*
  difusa, 222
  paradoxos da, *ver* paradoxos
teoria de tipos de Russell, 192-5, 201, 326*, *ver também* paradoxo
teoria dos correlatos, 256
terceiro excluído, lei do, 50, 60, 180, 211, 220, 269, 285, 302, 305, 316, 326*, *ver também* bivalência
termos singulares, 71, 91-111
  e ontologia, 84
  e quantificação substitucional, 85-7
  eliminabilidade dos, 79-81
  na lógica modal, 243-9 *passim*
Thouless, R. H., 38
Tichý, R., 165n
tipo *versus* ocorrência, 114
'tonk', 47, 61-2
Toulmin, S., 293n
transmundana, identidade, 254-6, *ver também* identidade; indivíduos possíveis
Turquette, A. R., 271

uso *versus* menção, 239

vaguidade, 19, 33, 64-6, 122, 169, 219-27 *passim*, *ver também* lógica difusa
validade, 19, 25, 30, 37-56, 125-6, 219, 233-5, 265-8 *passim*, 289-302 *passim*, 326*, *ver também* dedutibilidade; lógicas da relevância

valor (de uma variável), 74, 326*
valor designado, 58, 322, 325, 326*
valores de verdade, 118, 272, 278, 280-2
variáveis, 19, 321, 326*, *ver também* quantificadores
  eliminabilidade das, 81
  livres *versus* ligadas, 71
  valores de *versus* substituendos para, 74
Vaught, R. L., 154n
verdade, 17-9, 26, 34, 127-84
  concepção intuicionista da, 211
  condições de adequação para definições de, 143-50, 168-70, 282, *ver também* o esquema (T) de Tarski
  definições *versus* critérios de, 129-33, 138-40, 162
  e os paradoxos, 202-5
  e quantificação substitucional, 83
  em virtude do significado, *ver* analítico *versus* sintético
  graus de, 223-7
  parcial, 227, 282
  teoria da verdade como coerência, 127, 130, 132, 136-40, 146, 162
  teoria da verdade como correspondência, 123, 127, 130, 133-6, 158-63 *passim*
  teoria da verdade como redundância, 90, 124, 129, 133, 159, 177-84, 328
  teoria performativa da, 129
  teoria pragmática da, 129, 130, 133, 140-2, 146, 162
  teoria prossentencial da, 129, 184
  teoria semântica da, 123, 129, 130, 140, 143-76

verdade lógica, 17, 19, 26, 40-1, 160,
    231-5 *passim*, 243, 257,
    267, 289-302 *passim*, 315,
    316, 325, 326*
verossimilhança, 129, 163-5, 326*

Wallace, J., 85, 176
Weinstein, S., 172, 174, 175
Weston, T. S., 86
wff, 39, 155, 326*
White, A., 123
White, Morton G., 83, 232n
Whitehead, A. N., 17, 45, 104, 207,
    216n
Williams, C. J. F., 129
Wittgenstein, L., 17, 55, 93, 99, 100,
    123, 127, 133, 134, 137,
    142, 160, 161, 171, 173,
    207, 270, 316
Wolf, R., 208
Woodruff, P., 279
Woods, J., 111
von Wright, G. H., 52, 65

Zadeh, L., 65, 221-7, 328
Ziff, P., 93

SOBRE O LIVRO

Formato: 14 x 21 cm
Mancha: 25 x 41 paicas
Tipologia: Goudy Old Style 11/14
Papel: Offset 75 g/m² (miolo)
Cartão Supremo 250 g/m² (capa)
1ª *edição:* 2002

EQUIPE DE REALIZAÇÃO

Coordenação Geral
Sidnei Simonelli

Produção Gráfica
Anderson Nobara

Edição de Texto
Nelson Luís Barbosa (Assistente Editorial)
Armando Olivetti (Preparação de Original e Revisão)

Editoração Eletrônica
Lourdes Guacira da Silva Simonelli (Supervisão)
Cezar Augusto Mortari (Diagramação)

Impressão e acabamento